कैसे पाएँ व्यापार में जादुई सफलता

कैसे पाएँ व्यापार में जादुई सफलता

केवल कुछ उद्यमी ही अमीर क्यों बन पाते हैं!

डोनाल्ड जे. ट्रम्प

रॉबर्ट टी. कियोसाकी

अनुवाद : रमेश कपूर

MANJUL

मंजुल पब्लिशिंग हाउस

First published in India by

MANJUL

Manjul Publishing House

• C-16, Sector 3, Noida, Uttar Pradesh 201301, India
Website: www.manjulindia.com

Registered Office:

•2nd Floor, Usha Preet Complex, 42 Malviya Nagar, Bhopal 462 003 - India

Distribution Centres

Ahmedabad, Bengaluru, Kochi, Kolkata, Chennai,
Hyderabad, Mumbai, New Delhi, Pune

Hindi translation of
Midas Touch – Why Some Entrepreneurs Get Rich and Why Most Don't

This edition published by arrangement with Rich Dad Operating Company, LLC.

This edition first published in India in 2014
Seventh impression 2025

ISBN 978-81-8322-514-4

Translation by Ramesh Kapur

Printed and bound in India by Repro India Ltd.

समर्पण

आज के उन उद्यमियों के लिए, जो संघर्ष करते हैं, परिश्रम करते हैं और सफलता प्राप्त करते हैं, और आने वाले कल के उन उद्यमियों के लिए, जो वहाँ भी अपने लिए अवसर तलाश लेते हैं, जहाँ दूसरे केवल बाधाएँ देखते हैं...

और

उन स्वप्नद्रष्टाओं के लिए, जो हिम्मत से कार्य करते हैं और दुनिया के आर्थिक पटल पर छोड़ जाते हैं अपनी अनूठी छाप, अर्थात् अपनी जादुई शक्ति।

लेखकीय वक्तव्य तथा आभार

हम उन सभी व्यक्तियों के आभारी हैं, जिन्होंने उद्यमशीलता सीखने के हमारे जीवन-भर के जुनून में अपना महत्त्वपूर्ण योगदान दिया है। उनके बिना, हमारे निजी अनुभवों पर आधारित इस पुस्तक का प्रकाशन सम्भव नहीं था।

हम अपनी जीत और हार, अपनी सफलताओं और विफलताओं तथा जीवन के उतार-चढ़ावों व व्यक्तिगत व व्यावसायिक प्रगति के भी आभारी हैं, जिनके बिना हम इस मुकाम तक नहीं पहुँच सकते थे, जहाँ हम आज खड़े हैं।

हम मेरेडिथ मेक्आइवर और कैथी हीस्ले के विशेष रूप से आभारी हैं, जिन्होंने हमें सम्पादकीय सहयोग प्रदान किया। द ट्रम्प ऑर्गनाइज़ेशन के ऐलन वीज़ेलबर्ग, माइकल कोएन, रॉना ग्राफ़, जॉनाथन ग्रॉस और केसी कैनेडी, तथा रिच डैड कम्पनी और प्लैटा पब्लिशिंग के माइक सलिवन, मैरियन वैन डाइक, अनीता रोड्रिग्ज़, माइकल जो, रॉन्डा हिचकॉक, तथा मोना गैम्बेटा को भी विशेष धन्यवाद। उन्होंने अपने सामूहिक प्रयासों और अपने उद्यमशीलता के ज्ञान से *'कैसे पाएँ व्यापार में जादुई सफलता'* के हमारे स्वप्न को मूर्त रूप प्रदान करने में हमारी सहायता की।

और अंत में, हम उन सभी उद्यमियों को भी धन्यवाद देना चाहते हैं, जो जीवन में कुछ नया करने, जोखिम उठाने और स्वयं के, अपने परिवार के और विश्व भर के करोड़ों लोगों के जीवन को बेहतर बनाने के लिए हर बाधा पर पार पाने के प्रयासों में लगे हुए हैं।

उद्यमशीलता से श्रेष्ठ कुछ भी नहीं है और हम आपके प्रयासों, आपकी सफलताओं और इस दुनिया में आपके योगदान के लिए आपकी सराहना करते हैं।

प्राक्कथन

मार्क बर्नेट

उद्यमियों का एक ही लक्ष्य होता है, जो उन्हें उनके गन्तव्य तक लेकर जाता है। यह इतनी गहराई से केन्द्रित होता है कि दुनिया की कोई भी ताकत, उन्हें अथवा उनकी योजनाओं को अपने लक्ष्य से दूर नहीं हटा सकती।

डोनाल्ड से मुलाकात के कई वर्ष पूर्व, मैंने उनकी पहली पुस्तक *द आर्ट ऑफ़ द डील* पढ़ी थी। उस समय, मैं लॉस ऐंजिलिस में समुद्रतट पर बच्चों की टी-शर्ट बेचने का काम करता था। अपने ग्राहक से निबटने के दौरान, मैं निरंतर *द आर्ट ऑफ़ द डील* पढ़ता रहता था। मैं विशेष रूप से इस बात की सराहना करता हूँ कि यह पुस्तक मेरे जैसे किसी व्यक्ति के लिए ही लिखी गयी थी - ऐसा व्यक्ति, जो कभी किसी व्यावसायिक स्कूल में नहीं गया था। मैं रियल एस्टेट के इस बादशाह से बहुत अधिक प्रभावित था। मैंने कभी विश्वास नहीं किया था कि मैं अपने जीवन में कभी इस इंसान को देख पाऊँगा और अकेले में उनसे मिलूँगा। मैंने कभी कल्पना भी नहीं की थी कि मैं उनके साथ मिल कर व्यवसाय करूँगा।

द आर्ट ऑफ द डील की सबसे यादगार कहानियों में से एक यह है कि डोनाल्ड किस तरह एक 'असफल' व्यक्ति को ढूंढते हैं। वह बताते हैं कि एक असफल व्यक्ति वह होता है, जो एक गंदी-सी कार पर 'फ़ॉर सेल' का चिन्ह लगा कर बैठता है। हालाँकि, यह बहुत स्वाभाविक-सी बात लगती है, लेकिन यह बहुत आश्चर्यजनक बात है कि एक बड़ी संख्या में लोग, विभिन्न व्यवसायों में विभिन्न तरीकों से ठीक ऐसा ही करते हैं।

रॉबर्ट दुनिया भर के देशों में 3 करोड़ से भी अधिक पुस्तकें बेच चुके हैं। उनका एक स्पष्ट संदेश है कि लोग आपको सुनना चाहते हैं या उन्हें सुनने की ज़रूरत है। वह बुनियादी तौर पर स्वयं को एक शिक्षक मानते हैं और मैं स्वीकार करता हूँ कि मैं डोनाल्ड को भी एक शिक्षक के रूप में ही देखता हूँ। *द अप्रेन्टिस* नामक उनका टेलिविजन शो शैक्षणिक पुट लिए हुए है, जिसमें वह बहुत अच्छी तरह से विषय को समझाते हैं और मैं मानता हूँ कि इसी कारण यह इतना प्रभावशाली और इतने लम्बे अरसे तक चलने वाला टी.वी. शो है। ये दोनों शिक्षक और व्यापार जगत के दो असाधारण व्यक्ति हम सबके लिए एक संकेत देते हैं।

जैसा कि 'कैसे पाएँ व्यापार में जादुई सफलता' नामक यह पुस्तक ध्यान दिलाती

है कि उद्यमशीलता वह चीज़ है, जो इन दिनों एक उत्तरदायित्व बन गयी है, या बननी चाहिए। इसी कारण यह पुस्तक अत्यंत सामयिक है। हमें इस समय ऐसे लोगों की आवश्यकता है, जिनमें रोज़गार के अवसर पैदा करने की योग्यता हो। जिन लोगों में एक उद्यमी बनने का कौशल और क्षमता मौजूद है, उन्हें समाज में अपना योगदान देने के लिए, अपने इस कौशल और क्षमता को विकसित करने की ज़रूरत है। यह पुस्तक बिल्कुल भिन्न पृष्ठभूमि वाले दो अत्यधिक निपुण उद्यमियों द्वारा प्रस्तुत की गयी है, जो अपने अलग नज़रिए से विषय की बुनियादी बातों को उठाते हैं।

जो भी व्यक्ति उद्यमशीलता के इस समूह में प्रवेश करना चाहता है, उसे इस पुस्तक को ध्यान से पढ़ना चाहिए।

उद्यमियों में ये विशेषताएँ बहुत महत्त्वपूर्ण हैं - एक लक्ष्य और शक्तिशाली प्रेरणा। काफ़ी समय पहले ही मैंने डोनाल्ड में इस दृष्टिकोण को देख लिया था और यही दृष्टिकोण रॉबर्ट में भी मौजूद है। मैं आपको पूरे विश्वास से यह बात बता सकता हूँ कि उनका यह दृष्टिकोण अत्यंत स्पष्ट है। वे अपने लक्ष्य की प्राप्ति में कभी रुके नहीं और उनकी सफलता वास्तव ही में उल्लेखनीय है। मैं उम्मीद करता हूँ कि आप उनकी बातों को ध्यान से सुनेंगे।

प्रस्तावना

स्वप्नद्रष्टा... अथवा उद्यमी?

अपने बचपन से ही एक यांत्रिक दिमाग वाले उद्यमी ने, इस दुनिया को बदलने का अपना अवसर देखा। उसने हर जगह लोगों के जीवन में बेहतरी लाने का एक तरीका तलाशा है। इसलिए उसने अपने भाग्य का निर्माण करने के लिए नहीं, बल्कि साधारण लोगों के लिए जीवन का एक नया ढंग प्रस्तुत करने के अपने सपने को साकार करने का बीड़ा उठाया।

उस व्यक्ति ने अपने उत्पाद के अनगिनत संस्करणों को एक प्रारूप देकर, अपने विचार में पैनापन लाने की चुनौती के साथ संघर्ष किया - हर बार अपने उत्पाद में एक मामूली सुधार लाकर और अपनी एक कम्पनी बना कर। लेकिन उसके सामने सबसे बड़ी चुनौती लोगों की ओर से पेश आई, जो उसके दृष्टिकोण को समझ नहीं पाए, जो अपनी दृष्टि को विस्तार नहीं दे पाए और न ही चीज़ों को उस रूप में देख पाए, जैसी वे हो सकती थीं, अपेक्षाकृत जैसी वे थीं। उसके सामने कई प्रकार के संघर्ष थे, लेकिन वह अपने मार्ग पर आगे बढ़ता रहा। उसने कई बार अपने-आप पर भी संदेह किया, उसने अपने मार्ग में कई तरह के बलिदान दिए और कई बार उसके सामने गतिरोध आए। वह अक्सर अपने लक्ष्य को पाने में नाकाम रहा लेकिन चूंकि वह प्रसिद्ध कहावतों को हमेशा पसंद करता था, इसलिए वह असफलता को 'अधिक बुद्धिमानी से... एक नई शुरूआत करने का अवसर' मानता था।

वह अच्छा विद्यार्थी नहीं था और उसने अपने स्कूल में बहुत कम ज्ञान प्राप्त किया था, लेकिन उसे चीज़ों के काम करने के तरीकों से परे हट कर उन्हें देखना बहुत पसंद था। 'घड़ियों के पुर्ज़ों को अलग-अलग करना' उसका सबसे पसंदीदा शौक था। उसके पास कोई ऊंची डिग्री नहीं थी, लेकिन वह अपने कौशल को निखारने के लिए रात्रिकालीन कक्षाओं में जाता था। वह बहुत ही प्रतिभाशाली था और अंत में वह अपने क्षेत्र का एक पसंद किया जाने वाला शिक्षक बन गया। वे छात्र उसे बहुत पसंद करते थे, जो उसकी तरह ही बड़े उत्साही थे। देर रात के समय, वे छात्र स्वेच्छा से विभिन्न परियोजनाओं पर काम करते और इस प्रक्रिया में वे व्यावहारिक ज्ञान प्राप्त करते थे। उसमें प्रतिभाशाली छात्रों को आकर्षित करने और दूसरे लोगों के साथ काम करने की योग्यता बहुत थी। अपने व्यापार में, वह हमेशा उन लोगों से घिरा रहता था, जिन्हें उन चीज़ों का ज्ञान था जिसे वह नहीं जानता था।

वह उन निवेशकों से धन जुटाने में सफल रहा, जिन्हें उसके उत्पादों पर पूरा भरोसा था। लेकिन उसके लिए सबसे बड़ी समस्या यह थी कि वे लोग उसके दृष्टिकोण में हमेशा विश्वास नहीं करते थे। उसमें हताशा बहुत बढ़ गयी थी क्योंकि वे लोग हमेशा पैसे के बारे में ही सोचते रहते थे। एक बिंदु पर आकर तो उसे अपनी ही कम्पनी से बेदख़ल होना पड़ा था, वह कम्पनी, जो उसके नाम पर थी। एक छोटी सोच वाला व्यक्ति इस स्थिति में हथियार डाल देता और नौकरी करने लगता।

कई वर्ष पूर्व, उसने एक प्रसिद्ध कम्पनी में अपनी लगी-लगाई नौकरी छोड़ दी थी। व्यापार करना उनके परिवार के लिए कभी भी फ़ायदेमंद नहीं रहा, इसलिए उसके परिवार को कई बार बड़ी साधारण परिस्थितियों में रह कर गुज़ारा करना पड़ा। संयोग से, जब वह नौकरी कर रहा था, तो उसे अपने उस प्रतिष्ठित नियोक्ता से प्रेरणा मिली, जिसे वह बचपन से ही अपना आदर्श मानता था और एक दिन उससे मिलने का उसे अवसर मिल गया, लेकिन कुछ क्षणों के लिए ही। इस थोड़े से समय में ही उसने अपनी नई सोच का खाका उनके सामने पेश किया। उसके सामने बैठे उस प्रसिद्ध व्यक्ति ने, उसकी योजना सुनकर, उत्साह से मेज़ पर मुक्का मारते हुए कहा, “नौजवान! यही चीज़ है... यही महत्त्वपूर्ण चीज़ है। तुम्हारी सोच में एक चिंगारी है। तुम इसे हमेशा बनाए रखना।”

“उस मेज़ पर पड़े मुक्के की आवाज़ ही मेरे लिए दुनिया में सब कुछ थी।” उस उद्यमी ने अपनी सहनशील पत्नी से कहा, “हो सकता है अगले साल तक तुम मुझे इस स्थिति में न देखो।” यथार्थ में, सफलता को एक वर्ष से अधिक समय लग गया। बल्कि दसियों सालों में उसका वह सपना सच हो पाया।

किसी उपलब्धि की प्राप्ति के क्षण से शायद ही उत्तर प्राप्त होते हों और हेनरी फ़ोर्ड के साथ भी ऐसा ही हुआ था। उन्होंने आसपास की दुनिया को ध्यान से देखा और धीरे-धीरे उन्होंने अपने अवसर और अपने उद्देश्य को पा लिया। उन्होंने दुनिया को दिखा दिया कि एक उद्यमी को किसी नई तकनीक का आविष्कारक होना ज़रूरी नहीं है। उनको मिली भारी सफलता उससे भी अधिक मूल्यवान चीज़ के माध्यम से मिली थी - एक ब्रांड के माध्यम से। ग्राहकों के निर्देशानुसार बनाई गयी कारें, जो वर्तमान समय की मानदण्ड हैं, हेनरी फ़ोर्ड की वैचारिक दुनिया से मेल नहीं खातीं। वह हर व्यक्ति को ऐसे सुख-साधन उपलब्ध कराना चाहते थे, जिन्हें केवल अमीर लोग ही प्राप्त करने में समर्थ थे।

वह पूरी दुनिया को बदल देना चाहते थे और उनका विश्वास था कि इस बदलाव का रहस्य गैस के इन्जन वाली मोटर गाड़ी में छिपा था, जिसे एक कारखाने में पुर्ज़े जोड़ कर बनाया जाता, जहाँ सभी कारें एक जैसी बनती हों। उनके नायक और विख्यात नियोक्ता, थॉमस एडीसन, भी ऐसा ही सोचते थे। यही कारण था कि उन्होंने हेनरी को प्रोत्साहित करते हुए मेज़ पर ज़ोर से मुक्का मारा था और कई वर्षों तक तथा कई असफलताओं के बीच अपने उत्साह को बनाए रखने की सलाह दी थी।

हेनरी ने बड़े सपने देखने का साहस दिखाया था। एक रविवार उन्होंने एक पादरी

का भाषण सुना, 'अपनी गाड़ी को सितारों तक ऊपर उठा दो,' और उन्होंने अपनी बहन से कहा, "मैं वही करने जा रहा हूँ।" यह वर्ष 1893 की बात है। इसके दस वर्ष बाद, जुलाई 23, 1903 के दिन, शिकागो के एक दंत-चिकित्सक, डॉ. अर्नस्ट फ़ेनिंग ने फ़ोर्ड मोटर कम्पनी की सबसे पहली 'मॉडल ए' कार ख़रीदी।

हेनरी फ़ोर्ड ने वह करिश्मा कर दिखाया था। अब वह एक सपना देखने वाले व्यक्ति नहीं रहे थे, वह एक उद्यमी बन चुके थे।

विषय-सूची

परिचय उद्यमी औरों से अलग होते हैं 19

अध्याय 1. अंगूठा : चरित्र की मज़बूती 23
दुर्भाग्य को सौभाग्य में बदलना रॉबर्ट कियोसाकी
अगर यह दुर्भाग्य के लिए न होता डोनाल्ड ट्रम्प
निष्कर्ष
याद रखने योग्य बातें/करने योग्य चीज़ें 64

अध्याय 2. तर्जनी उँगली : ध्यान केंद्रित करना 65
युद्ध में, व्यापार में, जीवन में ध्यान केंद्रित रखें रॉबर्ट कियोसाकी
ध्यान केंद्रित करने की शक्ति डोनाल्ड ट्रम्प
निष्कर्ष
याद रखने योग्य बातें/करने योग्य चीज़ें 107

अध्याय 3. मध्यमा उँगली : ब्रांड 109
क्या आप रोलेक्स हैं - या एक नकली रोलेक्स? रॉबर्ट कियोसाकी
नाम में क्या रखा है? डोनाल्ड ट्रम्प
निष्कर्ष
याद रखने योग्य बातें/करने योग्य चीज़ें 153

अध्याय 4. अनामिका उँगली : सम्बन्ध 155
साझेदारी के ख़तरे रॉबर्ट कियोसाकी
मज़बूत सम्बन्ध महत्त्वपूर्ण होते हैं डोनाल्ड ट्रम्प
निष्कर्ष
याद रखने योग्य बातें/करने योग्य चीज़ें 191

अध्याय 5. कनिष्ठा उँगली : छोटी लेकिन महत्त्वपूर्ण चीज़ें 193
छोटी चीज़ें : बड़ी चीज़ें रॉबर्ट कियोसाकी
सुख-साधन जानकारियाँ : एक छोटी चीज़, जो बड़ी चीज़ बन गयी डोनाल्ड ट्रम्प
निष्कर्ष
याद रखने योग्य बातें/करने योग्य चीज़ें 241

उपसंहार 243

चरित्र की मज़बूती
अपने दुर्भाग्य को सौभाग्य में बदलें

ध्यान केंद्रित करना
सफलता पाने तक एक ही नियम का पालन करें

ब्रांड
आपका दृष्टिकोण क्या है

सम्बन्ध
बुरे साझेदारों के साथ अच्छा सौदा सम्भव नहीं

छोटी लेकिन महत्त्वपूर्ण चीज़ें
सफल उद्यमी औरों से अलग कैसे हैं

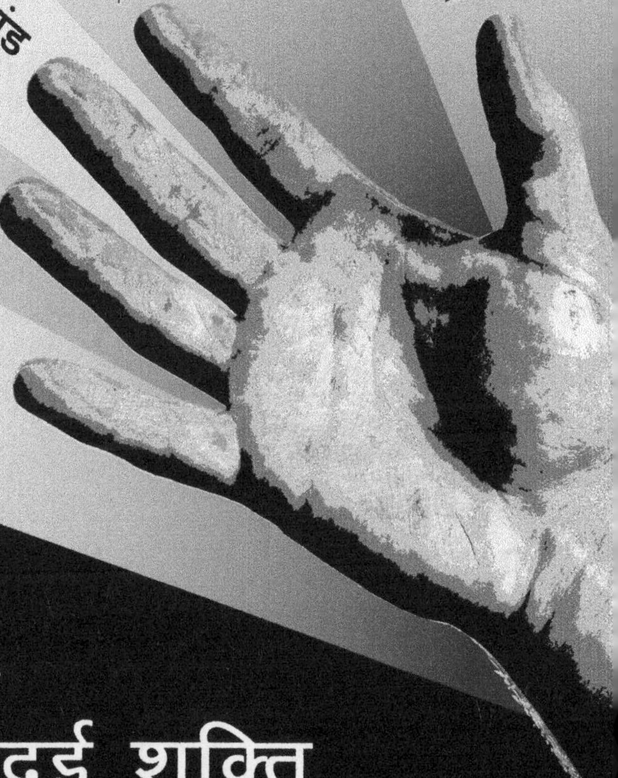

कैसे विकसित करें

अपनी जादुई शक्ति

डोनाल्ड जे. ट्रम्प और रॉबर्ट टी. कियोसाकी

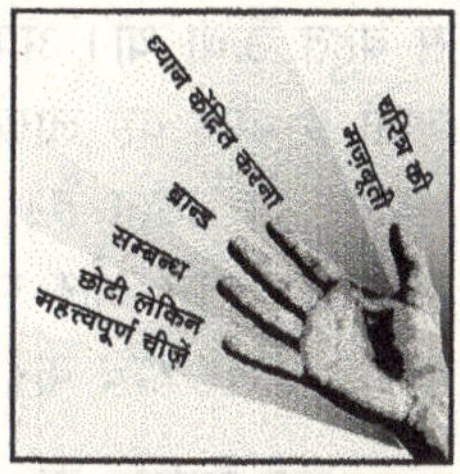

परिचय

उद्यमी औरों से अलग होते हैं

यह पुस्तक उद्यमियों तथा उद्यमियों को औरों से अलग बनाने वाले उनके गुणों के बारे में है। यह पुस्तक उन लोगों के लिए है, जो पहले से ही उद्यमी हैं अथवा जो उद्यमी बनना चाहते हैं।

यह पुस्तक कॉलेज के प्रोफ़ेसरों द्वारा लिखी गयी कोई संदर्भ-पुस्तक नहीं है, जो उद्यमशीलता के विषय में पढ़ाते हैं। यह सफलता के रास्ते पर क़दम-दर-क़दम चलने का कोई मन को भाने वाला चित्र नहीं बनाती या कोई निदान करने वाली तस्वीर नहीं प्रस्तुत करती। ये दोनों ही अयथार्थवादी हैं, लेकिन यह पुस्तक अत्यंत यथार्थवादी है। इसका कारण है कि यह पुस्तक उन दो उद्यमियों ने लिखी है, जो विजयी रहे हैं, असफल हुए हैं और जिन्होंने फिर से विजय पाने के लिए बार-बार संघर्ष किया है। और इस पुस्तक में, हमने बहुत खुल कर अपनी कहानी बयान की है।

इन उद्यमियों की सपने देखने, जीतने, हारने और बार-बार जीतने की योग्यता को अक्सर *उद्यमशीलता की भावना* कहा जाता है। यही भावना एक उद्यमी को व्यापार में अन्य लोगों से अलग बनाती है। और यह भावना एक उद्यमी बनने की इच्छा रखने वाले व्यक्ति को, एक उद्यमी बन सकने वाले व्यक्तियों से अलग बनाती है।

इस पुस्तक को लिखने में हमें कम से कम तीन वर्ष लगे। इसके लिए हमने अपने प्रयासों को जारी रखा, क्योंकि हम दोनों ही यह मानते हैं कि केवल एक उद्यमी ही रोज़गार के अवसरों का निर्माण कर सकता है। और जब दुनिया बेरोज़गारी के अभूतपूर्व स्तर का सामना कर रही हो, तभी दुनिया को नौकरियों की सबसे ज़्यादा आवश्यकता होती है। लम्बे समय तक खिंची बेरोज़गारी, सामाजिक अशांति का कारण बन जाती है, जो एक क्रांति को जन्म दे सकती है। इस सम्बन्ध में, वर्ष 2011 में हुए मध्यपूर्व के दंगों को देखा जा सकता है। ये दंगे उन लोगों की शह पर हुए थे, जो काम करने के इच्छुक थे, सक्षम थे और काम करने को उत्सुक भी थे लेकिन उनके पास रोज़गार के अवसरों की नितांत कमी थी। वे ऐसे समाज में रह रहे थे, जहाँ बेरोज़गारी का स्तर लम्बे समय

से बहुत ऊंचा था। अपने निर्यात के गिरते स्तर के विचार से ही चीन की कंपकंपी छूट जाती है और वह लाखों बेरोज़गार श्रमिकों की संभावना के बारे में सोच-सोच कर ही भयातुर हो उठता है। यही चिंता अमरीकी सरकार को भी सताती रहती है और वह सरकारी कानून और सरकारी कार्यक्रमों के माध्यम से रोज़गार पैदा करने के प्रयास में करोड़ों डॉलर खर्च कर रही है।

यहां समस्या यह है कि कोई भी सरकार, वह चाहे हमारी हो या उनकी, वास्तविक नौकरियां नहीं पैदा कर सकती। केवल देश के उद्यमी ही ऐसा कर सकते हैं। केवल उद्यमी ही भविष्य को देख सकते हैं और उसमें जीवन ला सकते हैं - जोखिम उठाना, असफल होना और जीतना - बारम्बार। इस प्रक्रिया में, वे पूरे विश्व में नए उद्योग लगाते हैं और लोगों के लिए नए अवसर पैदा करते हैं।

दूसरी समस्या यह है कि उद्यमी स्कूलों में पैदा नहीं किए जा सकते। स्कूलों में तो केवल कर्मचारी ही तैयार किए जाते हैं। इसीलिए लोग कहते हैं, "अच्छी नौकरी पाने के लिए स्कूल जाओ।" अधिकांश छात्र, जिनमें एम.बी.ए. पाठ्यक्रम के छात्र भी शामिल हैं, स्कूलों में कर्मचारी बनने के लिए जाते हैं, न कि उद्यमी बनने के लिए। लाखों छात्र हर वर्ष शिक्षा-ऋण का बोझ लिए स्कूलों से निकलते हैं, लेकिन नौकरियां नहीं प्राप्त कर पाते। आज, बहुत बड़ी संख्या में लोग, वे चाहे युवा हों अथवा बुजुर्ग, या तो नौकरियों की तलाश में हैं, या फिर अपनी नौकरियां छूट जाने के डर से त्रस्त हैं। ऐसे में, हमें और अधिक उद्यमियों की आवश्यकता है, जो व्यापार और रोज़गार पैदा कर सकें।

महामंदी की त्रासदी के बाद, वर्ष 2007 में शुरू हुई, विश्व की दूसरी सबसे बड़ी बाज़ार की गिरावट के बाद, बहुत से लोग अर्थव्यवस्था में सुधारों की वापसी की प्रतीक्षा कर रहे हैं। अर्थव्यवस्था में पुनः सुधार होगा, लेकिन यह पहली वाली अर्थव्यवस्था नहीं रहेगी। औद्योगिक युग की पुरानी अर्थव्यवस्था अब मरणासन्न है और सूचना युग की एक नई अर्थव्यवस्था का सूत्रपात हो रहा है। इस नई वैश्विक अर्थव्यवस्था के नियम पूर्व नियमों जैसे नहीं होंगे। औद्योगिक युग में उत्पन्न विचार यथा रोजगार की सुरक्षा, पेंशन, अन्य लाभ व भत्ते और श्रमिक संघ पूर्ववत् नहीं रहेंगे।

औद्योगिक युग में पैदा हुए, आज के फॉर्चून-500 व्यवसाय एक अतीत बन जाएँगे और इस संकट से भविष्य की फॉर्चून-500 कम्पनियाँ विश्वपटल पर उभर कर आएँगी, जिनका नेतृत्व उद्यमशीलता का एक नया युग और उद्यमियों की एक नई पीढ़ी के हाथों में सुरक्षित होगा।

यह पुस्तक उन उद्यमियों और उन लोगों के लिए लिखी गयी है, जो ऐसे उद्यमी बनना चाहते हैं। यह पुस्तक व्यवसाय के सम्बन्ध में नहीं है, अपितु यह एक सफल उद्यमी बनने के लिए वांछित अनिवार्यताओं के सम्बन्ध में है। दो उद्यमियों के रूप में, हम दशकों से संचित अपने मूल विचारों और विश्वासों को, अपनी जीतों और अपनी हारों को आपके साथ साझा करना चाहते हैं। यहाँ आप हमारी सफलता के कारणों को जानेंगे, जबकि

10 में से 9 उद्यमियों के हाथ विफलता लगी। हम इसका खुलासा करेंगे कि हम सफलता और धन के पार जाने में कैसे सफल हुए, कैसे हमने अपने व्यवसायों को अंतर्राष्ट्रीय ब्रांड में परिवर्तित किया - एक ऐसी उपलब्धि, जिसका कई उद्यमी सपना देखते हैं, लेकिन कुछेक ही इसे मूर्त रूप दे पाते हैं। इससे भी महत्त्वपूर्ण है, यह जानना कि जब दूसरों ने परिस्थितियों के समक्ष हथियार डाल दिए, तो हमें किस चीज़ ने गतिशील रखा और हम क्यों और अधिक चुनौतियों की कामना करते हैं। इस पुस्तक में, जो साझा रूप से लिखी हमारी दूसरी पुस्तक है, हम बताएँगे कि हमने कैसे जादुई शक्ति प्राप्त की और इसे आप अपने लिये कैसे प्राप्त कर सकते हैं।

हमने इस पुस्तक को पाँच अध्यायों में बाँटा है और प्रत्येक अध्याय जादुई शक्ति वाले हाथ की पाँच उंगलियों में से एक का प्रतिनिधित्व करता है। प्रत्येक अध्याय में, हमने अपनी व्यक्तिगत कहानी के साथ, एक 'निष्कर्ष' खण्ड को भी सम्मिलित किया है, जो अध्याय के महत्त्वपूर्ण बिंदुओं की वस्तुनिष्ठ समीक्षा प्रस्तुत करता है। "याद रखने योग्य बातें/करने योग्य चीज़ें" प्रत्येक अध्याय को व्यावहारिक बिंदुओं के साथ पूर्ण करता है, जिन्हें आप अपने जीवन में लागू कर सकते हैं।

पाँच उंगलियाँ, पाँच महत्त्वपूर्ण कारकों का प्रतिनिधित्व करती हैं, जिनकी सफलता का सपना प्रत्येक उद्यमी को देख कर, उसमें दक्षता प्राप्त करनी चाहिए। ये कारक किसी स्कूल में नहीं पढ़ाए जाते।

जादुई शक्ति वाला हाथ, उद्यमशीलता की सफलता के लिए, महत्त्वपूर्ण विशेषताओं का प्रतिनिधित्व करने के लिए एक आदर्श लक्षण है। आप प्रत्येक उंगली के मालिक बन जाएँ तो आप उस जादू को खोज लेंगे, जो आपको बताता है कि कुछ उद्यमी बहुत अधिक सफल क्यों हैं और अधिकांश उद्यमी सफल क्यों नहीं हैं?

अँगूठा, हमारे चरित्र की मज़बूती को दर्शाता है। इसके बिना, उद्यमी उन निश्चित असफलताओं और निराशाओं का सामना नहीं कर सकता, जो शून्य से कुछ उत्पन्न करने के प्रयास में आती हैं। पूर्णतः अनजाना या अजनबी क्षेत्र, ख़तरों से भरपूर होता है।

तर्जनी उंगली ध्यान केंद्रित करने को दर्शाती है। उद्यमी को वास्तव में सफलता प्राप्ति के लिए ध्यान केंद्रित करना अत्यंत आवश्यक है।

सबसे लंबी उंगली, मध्यमा आपके ब्रांड के बारे में बताती है, जो आपके दृष्टिकोण को प्रकट करती है। एक शक्तिशाली ब्रांड और दुनिया को उससे परिचित कराने की इच्छा के अभाव में, आप जादुई शक्ति को प्राप्त नहीं कर सकते।

अनामिका उंगली हमारे सम्बन्धों का प्रतिनिधित्व करती है। यह बताती है कि अच्छा साझेदार कैसे तलाश करें, अच्छा साझेदार कैसे बनें और सफलता प्राप्त करने के लिए विभिन्न प्रकार के सम्बन्धों का निर्माण कैसे करें।

और अंत में, कनिष्ठा उंगली छोटी-छोटी चीज़ों का प्रतिनिधित्व करती है। यह विवरणों में केवल महारत हासिल करने के सम्बन्ध में नहीं बताती। आप देखेंगे कि छोटी चीज़ें भी बड़ी चीज़ें बन सकती हैं, जो आपको तेज़ी से सफलता दिला सकती हैं। आप यहाँ उन छोटी चीज़ों को तलाश करना सीखेंगे, जो आपके ग्राहकों के लिए और आपके व्यापार के लिए बड़ी चीज़ बन सकती हैं।

इनमें से प्रत्येक कारक अपने आप में महत्त्वपूर्ण है। जब सारी जागरुकता, प्रवीणता, ज्ञान और शिक्षा आपके हाथों में इकट्ठी हो जाती है, तभी सच्ची जादुई शक्ति वास्तव में प्रकाशमान होती है। और हमारी दुनिया कुछ उद्यमशील प्रकाश का उपयोग कर सकती है। दरअसल, बेरोज़गारी, नौकरी की सुरक्षा का अभाव और वित्तीय सुरक्षा का अभाव जैसी वैश्विक समस्याओं को सुलझाने के लिए, दुनिया को और अधिक उद्यमियों की आवश्यकता है। विशेषतया, हमें व्यापक रूप से सफल जादुई शक्ति वाले उद्यमियों की ज़रूरत है।

डोनाल्ड जे. ट्रम्प

रॉबर्ट टी. कियोसाकी

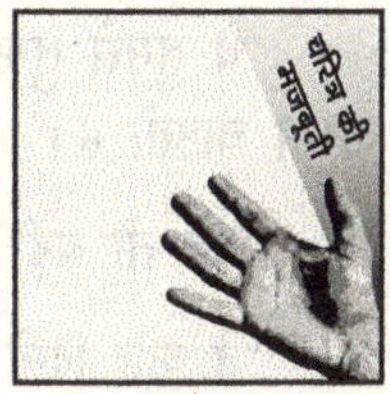

अध्याय 1

अंगूठा

चरित्र की मज़बूती

"जीवन तो पीसने वाले एक पत्थर की तरह है। यह आप पर निर्भर करता है कि आप इसके नीचे रह कर पिस जाते हैं या पहले से अधिक निखर कर ऊपर उठते हैं।"

– अज्ञात

दुर्भाग्य को सौभाग्य में बदलना

रॉबर्ट कियोसाकी

यह, वर्ष 2000 के शुरूआती दिनों की बात है, जब मैं ऑस्ट्रेलिया के एक सुदूरवर्ती क्षेत्र में, अपने कुछ दोस्तों के साथ छुट्टियां मना रहा था और दुनिया के सबसे खूबसूरत भागों में से एक में कठोर जीवन बिता रहा था। ऑस्ट्रेलिया के इस दूर-दराज़ के क्षेत्र में अपने शिविर तक आने के लिए मुझे लगभग एक सप्ताह का समय लग गया था।

एक शाम, अचानक मेरे सैटलाइट फ़ोन की घंटी बजी। यह मेरी पत्नी का फ़ोन था, जो फ़ीनिक्स में, घर वापस आ चुकी थी।

"अंदाजा लगाओ कि मैंने क्यों फ़ोन किया है?" उसने बड़े रोमांचित स्वर में मुझसे पूछा। "ओपरा के प्रोड्यूसर का फ़ोन था और ओपरा ने तुम्हें शिकागो में अपने कार्यक्रम में बुलाया है।"

"वाह, यह तो बहुत अच्छी ख़बर है," मैंने उत्तर दिया। "लेकिन वे मुझे क्यों बुलाना चाहती हैं?"

"वे तुमसे तुम्हारी कहानी और तुम्हारी पुस्तक *रिच डैड पुअर डैड* के बारे में बात करना चाहती है।"

"यह तो बड़ी अच्छी बात है," मैंने कहा, "मुझे ख़बर देती रहना।"

"वे कुछ दिनों के अंदर तुम्हें अपने कार्यक्रम में बुलाना चाहती हैं।"

"कुछ ही दिनों में?" मैंने शिकायत भरे लहज़े में कहा, "मैं अभी-अभी तो यहाँ आया हूँ। तुम्हें पता है, यहाँ तक आने में मुझे कितना समय लगा? दो दिन का हवाई सफर और लगभग चार दिनों की लगातार सड़क यात्रा। क्या हम बाद की कोई तारीख़ तय नहीं कर सकते?"

"नहीं। हमने उनके सवालों के उत्तर देने के लिए वाकई कड़ी मेहनत की है। प्रोड्यूसर ने तो रिच डैड के बेटे को भी बुला कर पुष्टि की थी कि क्या तुम्हारे दोनों डैड की कहानी सच थी या नहीं। वे बहुत रोमांचित हैं और हर हाल में तुमसे अभी मिलना चाहते हैं।" किम ने कुछ क्षण रुक कर कहा, "यह मौका किसी भी कीमत पर मत छोड़ो। इसे थाम लो और अपनी किस्मत बदल डालो। सिडनी एयरपोर्ट पर टिकटें तुम्हारा इंतज़ार कर रही होंगी।" इसके छः दिनों के बाद मैं शिकागो में था।

ओपरा का यह कार्यक्रम उनके अपने स्टूडियो, हार्पो प्रोडक्शन्स से टेलिविज़न पर प्रसारित हुआ था। एक युवा और खूबसूरत सहायक ने ग्रीन रूम से मुझे स्टूडियो पहुँचा दिया, जहाँ ओपरा के प्रशंसक बड़े प्रेम से बैठे हुए थे।

यह कमरा पूरी तरह बिजली से संचालित होता था। ओपरा के प्रशंसक बड़ी बेसब्री से उनके आने की प्रतीक्षा कर रहे थे। एक क्षण के लिए तो मैं भूल ही गया था कि मैं वहाँ किसलिए आया था। मैं भूल गया था कि कुछ ही देर बाद, मैं मनोरंजन व्यवसाय की सबसे ताकतवर महिला के साथ टेलिविज़न पर आने वाला था। मैं जानता था कि अकेले अमेरिका में ही, उनका प्रोग्राम देखने वालों की संख्या 2 करोड़ से ज़्यादा थी और उसे दुनिया भर के 150 देशों में देखा जाता था।

आसपास देखने पर, मुझे मंच के बीचों-बीच दो कुर्सियां पड़ी दिखाई दीं। मैंने अपने मन में सोचा, 'मैं जानता चाहता हूँ कि दूसरी कुर्सी किसके लिए है?' मेरा दिल वहीं थम गया, जब मैंने महसूस किया कि... दूसरी कुर्सी मेरे लिए थी।

जैसे ही ओपरा मंच पर आईं, पूरा कमरा उनकी प्रशंसा से भर उठा। वह अपने असली जीवन में और भी अधिक प्रभावशाली दिखाई दे रही थीं। उनके अपने स्टूडियो के श्रोताओं और अपने टेलिविज़न शो के दर्शकों से दो शब्द कहने के बाद, उनके सहायक ने बहुत धीरे से मेरी कुहनी को छुआ और बड़े ही नर्म स्वर में मुझसे कहा, "चलिए।"

मैंने एक गहरी सांस ली और अपने मन में सोचा, 'मैंने अपना अभ्यास बड़ी देर में शुरू किया।'

एक घण्टे के बाद कार्यक्रम संपन्न हो चुका था। दर्शकों-श्रोताओं ने खूब तालियां बजा कर उनकी प्रशंसा की और ओपरा ने लोगों से विदा ली। जब टेलिविज़न के कैमरे बंद हो गए, तो वह मेरी ओर मुड़ीं, मुस्कराईं और बोलीं, "रिच डैड, मैंने अभी-अभी तुम्हारी पुस्तक की दस लाख प्रतियां बेची हैं।"

उस समय तक, *रिच डैड पुअर डैड* किसी प्रकाशक ने प्रकाशित नहीं की थी बल्कि वह हमने स्वयं प्रकाशित की थी। इसका अर्थ था कि इस पुस्तक से होने वाला लाभ, मुझे किसी प्रकाशक के साथ साझा नहीं करना था। हालांकि मैं गणित में कभी भी इतना अच्छा नहीं रहा, फिर भी मैंने बिक्री से मिलने वाले धन का अनुमान लगा लिया था। सारे ख़र्चे निकालने के बाद, मुझे हर पुस्तक पर पाँच डॉलर का लाभ हुआ था। यदि ओपरा का, पुस्तक की दस लाख प्रतियां बेचने का अनुमान सही था, तो साधारण गणित से मैंने गणना कर ली थी कि मैंने एक घंटे के समय में, कर चुकाने के पूर्व, 50 लाख डॉलर कमा लिए थे। यह दिन कई मामलों में मेरे लिए लाभदायक रहा था। उस समय मुझे पता नहीं था लेकिन मैं एक ही घंटे के अंदर, एक अनजान व्यक्ति से एक विश्व-प्रसिद्ध व्यक्ति बन चुका था। यह तो शायद आप भी जानते होंगे कि प्रसिद्धी, धन से भी कहीं ज़्यादा आकर्षक होती है।

रिच डैड पुअर डैड को स्वयं प्रकाशित करने का कारण यह था कि मैंने जिस भी प्रकाशक के पास यह पुस्तक भेजी, उसने इसे छापने से इन्कार कर दिया। अधिकांश प्रकाशक बहुत विनम्र थे लेकिन उन्होंने सिर्फ़ इतना कहा कि उन्हें इस पुस्तक में कोई दिलचस्पी नहीं है। दो प्रकाशकों ने तो मेरे अंग्रेज़ी के अध्यापक की तरह मुझे समझाया कि मुझे यह सीखने की ज़रूरत है कि कोई किताब किस तरह लिखी जाती है। एक प्रकाशक ने कहा, "तुम्हारी कहानी बड़ी ही ऊटपटांग है। कोई भी पाठक तुम्हारी इस कहानी पर विश्वास नहीं करेगा।" और वित्तीय पुस्तकों के विशेषज्ञ, एक प्रकाशक ने यह कहते हुए मुझे मना कर दिया, "तुम्हें स्वयं नहीं पता कि तुम किस बारे में बात कर रहे हो।" वह *रिच डैड पुअर डैड* में मेरे उस अध्याय का संदर्भ दे रहा था जिसमें मैंने कहा था, "आपका मकान एक संपत्ति नहीं है।" ज़ाहिर है कि सबप्राइम संकट (ऋण न लौटा पाने की क्षमता), लाखों प्रतिबंधों, और वे घर जिनका बाज़ार मूल्य उनके गिरवी-मूल्य से भी कम हो, मुझे आश्चर्य होता है कि क्या इसके बाद वह प्रकाशक *रिच डैड पुअर डैड* में दिए गए मेरे संदेश पर पुनर्विचार करेगा?

प्रकाशकों की नकारात्मक प्रतिक्रिया से आगे बढ़ कर, किम और मैंने इस पुस्तक की 1,000 प्रतियां स्वयं प्रकाशित की और अप्रैल 1997 में मेरे जन्मदिन की पार्टी में हमने इसका चुपचाप लोकापर्ण कर दिया।

वर्ष 1997 से 2000 तक, *रिच डैड पुअर डैड* एक मुंह से दूसरे मुंह, लोगों की प्रशंसा पाती रही। हमारे दोस्तों ने यह पुस्तक पढ़ कर अपने दोस्तों को दी और दोस्तों ने अपने परिवार के सदस्यों को। पुस्तक धीरे-धीरे *द न्यू यॉर्क टाइम्स* की बेस्ट-सेलर

की सूची में स्थान पा गयी। उस समय, सर्वाधिक बिकने वाली पुस्तकों की सूची में, यह एकमात्र ऐसी पुस्तक थी, जो स्वयं प्रकाशित की गयी थी। द *न्यू यॉर्क टाइम्स* की बेस्ट-सेलर की सूची में स्थान पाने के तुरंत बाद, ओपरा के प्रोड्यूसर ने मुझे फ़ोन किया। इसके दस वर्ष पश्चात्, वर्ष 2010 में, मैंने अनुमान लगाया कि ओपरा की मदद पाकर, मैंने 100 से भी अधिक देशों में, *रिच डैड पुअर डैड* की 2 करोड़ 20 लाख से भी अधिक प्रतियां बेच ली थीं। इस पुस्तक का अब तक 50 से भी अधिक भाषाओं में अनुवाद हो चुका है। यह है ओपरा की ताकत!

शो प्रसारित होने के तुरंत बाद, मुझे प्रेस की ओर से फ़ोन आया। अधिकांश लोगों ने मेरे दो डैड की साधारण कहानी को बहुत पसंद किया था। कुछ ही लोग थे, जिन्होंने इसमें अपना संदेह प्रकट किया, आलोचना की या उसकी निंदा की।

असफलता ही सफलता का मार्ग है

कई टी.वी. ऐंकरों और पत्रिकाओं के लेखों ने मुझे, 'रातों-रात सफल हुआ व्यक्ति' बताया। जब भी मैं ये शब्द सुनता या पढ़ता, तो मैं मुस्करा उठता। हालांकि यह सच था कि मैं गुमनामी के अंधेरे से निकल कर, एक ही घंटे में विश्व-प्रसिद्ध हो गया था, लेकिन मैं वास्तव में एक ही रात में सफल नहीं हुआ था। वर्ष 2000 में, मैं 53 वर्ष का था। 53 वर्ष के अधिकांश लोगों के लिए, मैं सफलता से काफ़ी दूर था।

बल्ब के आविष्कारक और जनरल इलेक्ट्रिक के संस्थापक, थॉमस एडीसन ने एक बार कहा था, "मैं असफल नहीं हुआ हूँ, बल्कि मुझे 10,000 ऐसे तरीके मिले हैं, जो काम नहीं करते।"

एडीसन का कथन, संक्षेप में बता देता है कि अधिकांश लोग सफल उद्यमी बनने में असफल क्यों हो जाते हैं। यह कथन यह भी बताता है कि अधिकांश उद्यमी अपनी जादुई शक्ति का विकास करने में असफल क्यों रहते हैं। साधारण सी बात है कि अधिकतर लोग सफल होने से इसलिए रह जाते हैं, क्योंकि वे पर्याप्त रूप से असफल होने में असफल रहते हैं।

जादुई शक्ति के संदर्भ में, अंगूठा आपकी भावनात्मक परिपक्वता और चारित्रिक मज़बूती का प्रतिनिधित्व करता है। बिना अंगूठे के, अन्य चारों उंगलियां, हमारी दैनिक चुनौतियों, उतार-चढ़ावों, जीत और हारों को संभालने में सफल नहीं हो सकतीं। और इन्हीं का सामना प्रतिदिन उद्यमियों को भी करना पड़ता है।

आप के पास किस चीज़ का अभाव है?

कुछ लोगों का कहना है कि उद्यमियों को दो चीज़ें सफल होने से रोकती हैं :

1. पूँजी का अभाव।
2. वास्तविक जीवन में व्यापार के अनुभव का अभाव।

अपने अनुभव से मैं इनमें तीसरी चीज़ भी जोड़ना चाहूँगा :

3. भावनात्मक परिपक्वता और चारित्रिक मज़बूती का अभाव।

इन तीनों में, मैं समझता हूँ कि तीसरी चीज़ अर्थात् भावनात्मक परिपक्वता और चारित्रिक मज़बूती का अभाव, उद्यमियों के रूप में लोगों के असफल होने का सबसे प्रमुख कारण है।

यह दुनिया बुद्धिमान, सुशिक्षित और प्रतिभाशाली लोगों से भरी पड़ी है, जो ईश्वर द्वारा दी गयी अपनी प्रतिभा को विकसित करने में असफल रहते हैं। कितनी बार "सफल होने की सबसे अधिक सम्भावना" वाला छात्र असफल हो जाता है? हममें से अधिकांश लोग, उन लोगों को जानते हैं, जिनके जीवन दुःख, त्रासदी या विश्वासघात की कहानियाँ हैं, जो अपनी असफलता का दोष दूसरों के सिर मढ़ते हैं, या फिर जीवन की ग़लत शुरूआत पर। हम सब ऐसे लोगों को जानते हैं, जिनके पास इस सम्बन्ध में महान विचार मौजूद हैं कि लाखों डॉलर कैसे कमाए जा सकते हैं, लेकिन वे लोग इतने सुस्त हैं कि उन्हें अपने सोफ़े से उठना या हाथ हिलाना भी गवारा नहीं है। हम सब ऐसे लोगों को जानते हैं, जो भविष्य में जीते हैं और वे वर्तमान में कोई कार्रवाई करने में सफल नहीं होते। यहाँ लाखों लोग ऐसे हैं, जो पूरी दुनिया को बदल देना चाहते हैं, लेकिन वे अपने जीवन की परिस्थितियों को नहीं बदल सकते। हम ऐसे लोगों को भी जानते हैं, जो झूठ बोलते हैं, धोखा देते हैं और चोरी करते हैं और फिर अपने आपसे झूठ बोलते हैं और फिर भी मानते हैं कि वे ईमानदार लोग हैं। अंगूठे के प्रतिनिधित्व वाली भावनात्मक परिपक्वता और चारित्रिक मज़बूती के बिना, अधिकांश लोग जादुई शक्ति को प्राप्त नहीं कर पाते।

जो मैं अब जानता हूँ, उसे पहले जान लेता तो...

जब मैं उद्यमी बनने की इच्छा रखने वाले लोगों के समूह से बात करता हूँ, तो मैं अक्सर इससे शुरूआत करता हूँ, "यदि मैं जानता होता कि मैं कितना कुछ नहीं जानता, तो मैंने इसकी शुरूआत ही नहीं की होती।" मैं यह भी कहता हूँ कि "यदि मुझे पता होता कि उद्यमी बनना इतना कठिन है, तो मैंने इसकी शुरूआत कभी न की होती।" हालांकि, मैं आमतौर पर इसमें यह जोड़ देता हूँ कि "मुझे खुशी है कि मुझे पता नहीं था, क्योंकि यदि मुझे पता होता, तो मैं सम्भवतः आज सफल न होता।" और उसके बाद, मैं उन्हें अपनी असफलताओं के बारे में बताने लगता हूँ, क्योंकि असफलता ही मेरी सफलता की राह थी।

आगे और मत पढ़िए

अगले पृष्ठों में, मैं पीड़ा व असफलता के सम्बन्ध में कुछ वास्तविक जीवन के अनुभव आपके साथ साझा करूंगा। मैं आपको अपनी पीड़ा और अपनी असफलता के सम्बन्ध में क्यों बताना चाहता हूँ? यदि मेरी पीड़ा व असफलता आपको एक उद्यमी बनने से हतोत्साहित करती है, तो उस स्थिति में मैंने आप पर एक बड़ा उपकार किया है। हालांकि अधिकांशतः हर व्यक्ति में एक उद्यमी बनने की योग्यता होती है, फिर भी हर व्यक्ति एक उद्यमी बनने की इच्छा नहीं रखता। आपके पास जीवन जीने के अन्य आसान तरीके भी उपलब्ध रहते हैं।

कुछ लोगों के लिए जीवन और सफलता आसान महसूस हो सकते हैं, लेकिन मैं ऐसे किसी भी व्यक्ति को नहीं जानता। जैसा कि मेरी *रिच डैड पुअर डैड* पुस्तक अक्सर कहती है, "सफलता के लिए बलिदान की आवश्यकता होती है।" मुझे अभी भी उस सफल व्यक्ति की तलाश है, जिसने अपनी सफलता के लिए कुछ बलिदान न किया हो। उदाहरण के लिए, डॉक्टर बनने की प्रक्रिया में लोग समय, धन, ऊर्जा और सम्बन्धों के रूप में एक बड़ा मूल्य चुकाते हैं। ऐसा ही बहुत अच्छा प्रदर्शन करने वाले ऐथलीट, फिल्मी सितारे, संगीतज्ञ, राजनीतिक नेता और सामाजिक नेता भी करते हैं। व्यापार में सफलता भी इससे भिन्न नहीं है।

बलिदान वह मूल्य है, जो एक व्यक्ति सफलता प्राप्त करने के लिए चुकाता है। दुर्भाग्यवश, अधिकांश लोग यह मूल्य चुकाने के इच्छुक नहीं होते। एक औसत, आरामदायक और सुरक्षित व्यक्ति होना तथा सफलता से नीचे का जीवन जीना बहुत आसान है।

मेरी अपनी मूर्खता की कहानियाँ

एक बार ऐल्बर्ट आइन्सटाइन ने कहा था : "केवल दो ही चीज़ें असीमित हैं – ब्रह्माण्ड और मानवीय मूर्खता। और मैं ब्रह्माण्ड के बारे में विश्वास से नहीं कह सकता।"

मैं आइन्सटाइन की इस सूक्ष्म दृष्टि का जीता जागता उदाहरण हूँ। मेरी मूर्खता असीमित है।

मेरी मूर्खता के निम्नलिखित उदाहरण हैं, जब मैंने 'रिपर्स' के नाम से, एक नाइलॉन और वेल्क्रो के सर्फ़र-वॉलेट बनाने का अपना पहला व्यवसाय आरम्भ किया था, जो बाद में चल कर एक बड़े व्यवसाय में बदल गया। इस कहानी की प्रस्तावना के रूप में बता दूँ कि 'रिपर्स' से पहले मैंने कई छोटे-छोटे व्यवसाय भी शुरू किए थे, लेकिन कोई भी व्यवसाय मुझे अंतर्राष्ट्रीय स्तर तक नहीं पहुँचा सका, जैसा कि नाइलॉन-वॉलेट के व्यवसाय ने किया था। इसमें दिलचस्प बात यह है कि मैं नाइलॉन-वॉलेट के व्यवसाय में नहीं जाना चाहता था। मैं इस व्यवसाय में अपनी मूर्खता से आ गया था।

कहानी #1 : एक मूर्ख और उसका धन

जैसा कि अधिकांश लोग जानते हैं, कि एक उद्यमी का सबसे बड़ा गुण होता है अपने उत्पाद या सेवा को बेचना, क्योंकि उसकी बिक्री ही उसकी आय होती है। मैंने अपने रिच डैड से सलाह-मशविरा किया और 26 वर्ष की आयु में 'ज़ेरॉक्स कॉर्पोरेशन' में नौकरी करने लगा। ऐसा नहीं था कि मुझे ज़ैरॉक्स मशीनें पसंद थीं, बल्कि इसलिए कि ज़ेरॉक्स में बिक्री के क्षेत्र में बहुत शानदार प्रशिक्षण दिया जाता था। बेशक मैं बिक्री में बहुत अच्छा नहीं था, फिर भी मैंने इसकी शिक्षा ली, इसका अभ्यास किया और इसके लिए अतिरिक्त कक्षाएँ भी लीं, किंतु धीरे-धीरे, लेकिन निश्चित रूप से, मैं तीन वर्ष पश्चात् कम्पनी के सबसे अच्छे सेल्स-एजेंटों में से एक बन गया था और मैंने वाकई थोड़ा बहुत पैसा बनाना शुरू कर दिया। 1974 और 1976 के बीच, मैंने 27,000 डॉलर (जो उस समय बहुत बड़ी रकम थी) बचा लिए थे ताकि मैं अपना पहला व्यवसाय शुरू कर सकूं।

एक कहावत है कि "एक बेवकूफ़ व्यक्ति और उसका धन ज़्यादा देर एक साथ नहीं रहते।" हाँ तो, मैं एक बेवकूफ़ था, और शीघ्र ही मेरा धन समाप्त हो गया। इस प्रकार, मैं और मेरा धन एक-दूसरे से अलग हो गए थे।

एक दिन, मेरे एक दोस्त ने मुझे फ़ोन किया और मुझसे पूछा कि क्या मैं उसकी कम्पनी में निवेश कर सकता हूँ। उसने मुझे आश्वस्त किया कि मुझे एक महीने बाद 20 प्रतिशत ब्याज के साथ, मेरा धन वापस मिल जाएगा। मेरा मित्र जॉन एक बहुत ही सफल व्यवसायी था (कृपया 'था' शब्द पर विशेष ध्यान दें)। इसलिए, मैं उसे एक बुद्धिमान और सफल व्यक्ति समझता था और मानता था कि वह पूंजी की 30 दिन तक ठीक से देखभाल करेगा। इसलिए, मैंने उसे निवेश के लिए पैसे सौंप दिए और उसने मुझे एक 'शपथ-पत्र' थमा दिया।

एक महीने बाद, मैंने जॉन को मेरे 27,000 डॉलर और 5,400 डॉलर ब्याज के, मुझे लौटाने के लिए कहा। आपने जैसा कि अनुमान लगा ही लिया होगा, उसके पास मुझे लौटाने के लिए पैसे नहीं थे। उसने इस सारे घपले का दोष, अपने सी.पी.ए. (प्रमाणित सार्वजनिक अकाउंटेंट), स्टैनली पर मढ़ दिया।

जॉन ने मुझे बताया, "मैंने स्टैनली को और माल ख़रीदने के लिए कहा था, ताकि वो हमारे खुदरा ग्राहकों को भेजा जा सके, लेकिन स्टैनली ने ऐसा करने की बजाय, कुछ पुराने बिलों का भुगतान कर दिया। यदि स्टैनली ने वे उत्पाद ख़रीदे होते, जैसा कि मैंने उसे कहा था, तो मेरे पास आज तुम्हारे पैसे चुकाने के लिए पर्याप्त धन होता।"

हालाँकि, जॉन का स्पष्टीकरण, उसकी व्यावसायिक समझ को दर्शाता था, लेकिन मेरे मन को यह अच्छा नहीं लगा। इसके उत्तर में मुझे कुछ कहना चाहिए था, लेकिन मैंने अपनी जुबान पर लगाम लगाए रखी और उसकी कहानी पर विश्वास कर लिया था क्योंकि मुझे उस पर विश्वास करने की ज़रूरत थी। मैं जॉन पर विश्वास करना चाहता था। यदि मैं उस पर विश्वास नहीं करता, तो मुझे डर था कि मेरा पैसा मुझे वापस नहीं मिलेगा।

स्पष्ट था कि वह सी.पी.ए., स्टैनली मेरे रिच डैड के सबक के बारे में कुछ नहीं जानता था। लेकिन अकेला स्टैनली ही अंधेरे में नहीं था। अधिकांश लोग वही करते हैं, जो स्टैनले ने किया था। वे धन के लिए काम करते हैं, उसके बाद अपने बिलों का भुगतान करते हैं और जो पैसा उनके पास बच जाता है, उसे वे जोड़ते रहते हैं। यही कारण है कि लोग एक तनख़्वाह से दूसरी तनख़्वाह तक जीते हैं। व्यवसायियों को यह अवश्य पता होना चाहिए कि अधिक पूँजी कमाने के लिए, उसे कैसे ख़र्च करना चाहिए। यानि विपणन, विज्ञापन और बिक्री को बढ़ाने के लिए समय और धन ख़र्च करना और विक्रय प्रतिनिधियों को बिक्री पर प्रोत्साहन राशि का प्रस्ताव देना।

उदाहरण के लिए, संकट के समय, जब बिक्री और आय दोनों कम होते हैं, अधिकांश लोग स्टैनली की तरह ही व्यवहार करते हैं - पैसा बचाओ, या बिल अदा करो। सामान्यतया, यह किसी बुरे समय की ओर संकेत करता है। ऐसे संकट के समय, जब आय व बिक्री दोनों कम होते हैं, एक चतुर उद्यमी जानता है कि उन्हें बिक्री और मार्केटिंग को बढ़ाने के लिए राशि ख़र्च करने की आवश्यकता होती है। इसके लिए चाहे उन्हें बाज़ार से उधार भी लेना पड़े। और जब बिक्री बढ़नी शुरू हो जाती है, तो वे अपने बिलों का भुगतान कर सकते हैं और उधार लिया गया धन भी चुका सकते हैं।

वर्ष 2007 में आरम्भ हुए वैश्विक वित्तीय संकट के दौरान, अधिकांश लोगों ने ठीक वही किया जो स्टैनली ने किया था। वे अपनी उधारी चुका कर या उसमें कमी करके, धन बचाने की कोशिश कर रहे थे। नकदी के इस संरक्षण से अर्थव्यवस्था में और भी तेज़ी से मंदी आती है। स्टैनली की इस नीति का अनुसरण करने वाले व्यवसायी या व्यक्ति तब अपनी पुरानी स्थिति को पाने में सक्षम नहीं हो पाते, जब शेष सारी अर्थव्यवस्था अपने पुराने ढर्रे पर लौट आती है। वे बुरे समय में भी अपने व्यवसाय पर पूँजी ख़र्च करने और आगे बढ़ने की गति से कोसों पीछे रह जाते हैं।

कहानी #2 : इतिहास की पुनरावृत्ति

जब मैंने पूछा कि मैं अपना धन वापस कैसे पा सकता हूँ, तो जॉन ने इसके लिए एक ही रास्ता सुझाया कि उसे और धन मुहैया करवाया जाए। सम्भवतः आपने अब यही सोचा होगा कि मैं इतना समझदार तो होऊंगा ही कि मैं यह नीति नहीं अपनाऊंगा, लेकिन मैंने यही नीति अपनाई। अगले तीन महीनों में, मैंने जॉन और उसके जूझते हुए व्यवसाय को बचाने के लिए, अपने मित्रों से 50,000 डॉलर से भी अधिक की राशि जुटाई। आपने पहले ही अनुमान लगा लिया होगा कि जैसे ही मैंने वह राशि जॉन को दी, वह सारी की सारी राशि एक झटके में ही ख़र्च हो गयी।

अब प्रश्न यह है कि आप यह राशि कैसे जुटाते हैं। इसका सीधा-सादा उत्तर है : आपको इसका अभ्यास करना होगा। ज़ैरॉक्स बिक्री प्रशिक्षण के दौरान, हमें सिखाया गया था कि हमें प्राप्त 100 टेलिफ़ोन कॉल्स में से किस प्रकार 10 संभावनापूर्ण कॉल्स बनाई

जाती हैं। उन 10 संभावनापूर्ण कॉल्स में से केवल एक को ही आप बिक्री में परिवर्तित कर सकते हैं।

जॉन के लिए धन जुटाने के लिए, मैंने एक साधारण व्यापार योजना की एक रूपरेखा बनाई और फिर उस योजना के अनुसार, मैंने एक छोटी सी विज्ञापन-पुस्तिका बनाई और उसके बाद लोगों के दरवाज़ों पर दस्तक देना आरम्भ कर दिया। मैंने इसके लिए अपने ज़ैरॉक्स अनुभव का सहारा लिया और तब तक अपने प्रयासों में लगा रहा, जब तक कि मैंने अपने लक्ष्य को प्राप्त नहीं कर लिया।

उस समयावधि में, जॉन की कम्पनी माइक्रोफ़ोन के आकार के एक साबुन की बिक्री कर रही थी। वह उन लोगों के लिए था, जो शावर के नीचे खड़े होकर गाना पसंद करते हैं। मैंने उसकी कम्पनी के लिए निवेशक ढूंढ लिए थे।

मैं अपनी बात को फिर से दोहराता हूँ : एक उद्यमी का सबसे महत्त्वपूर्ण गुण है, अपने उत्पाद या सेवा को बेच पाने की उसकी योग्यता। यदि आप बिक्री के क्षेत्र में इतने अच्छे नहीं हैं, तो आपको अपना एक ऐसा साझेदार चुन लेना चाहिए, जो ऐसा करने में सक्षम हो।

मैं तब ज़ेरॉक्स कम्पनी में ही नौकरी कर रहा था, जब मेरे दोस्तों ने अपना पैसा, 20 प्रतिशत ब्याज के साथ मुझसे वापस मांगना शुरू कर दिया। जैसे-जैसे मेरा डर बढ़ने लगा, जो एक सामान्य-सा नियम है, मेरी विवेक शक्ति कमज़ोर होने लगी।

मैं तब इतना सीधा-सादा था कि मुझे नहीं पता था कि मेरा एक कुप्रबंध वाली कम्पनी के उत्पादों का प्रचार करना और उसके लिए धन जुटाना एक बेवकूफ़ी भरा कार्य था। मैं अनजाने में ही, निवेशकों के साथ धोखाधड़ी करने वाली एक पोंजी योजना का हिस्सा बनता जा रहा था, जो करोड़ों डॉलर के स्कैंडल वाली बर्नी मैडॉफ़ स्कैंडल का ही एक छोटा रूप थी। शुक्र है कि मैं आख़िरकार अपने मित्रों को पैसा लौटाने में सफल रहा।

धीमी और स्थिर गति से दौड़ने से आपको हमेशा विजय प्राप्त होती है। जीवन में ऐसे कई ग्रैंड स्लैम अर्थात् बड़े अवसर भी होते हैं, और किसी व्यापार या विचार को बढ़ावा देने में समय लगता है।

कहानी #3: निवेशक मंडल में शामिल होना

एक बेवकूफ़ की तरह, मैंने दोबारा जॉन से पूछा कि अपना पैसा वापस पाने के लिए मैं उसकी क्या सहायता कर सकता हूँ। उसने एक बहुत बढ़िया विचार मेरे सामने रखा कि मैं अपना पैसा वापस पाने के लिए और उसकी कम्पनी को बचाने के लिए, उसकी कम्पनी में शामिल हो सकता हूँ। और आप अंदाज़ा लगाइए कि तब क्या हुआ होगा? मैंने उसका प्रस्ताव स्वीकार कर लिया। इस प्रकार, मैं ज़ैरॉक्स में, दिन के समय जी तोड़ मेहनत करता और उसके बाद, उसके व्यवसाय को बचाने की योजना तैयार करने के लिए, होनोलूलू में, जॉन के कार्यालय चला जाता।

उद्यमियों को अपने व्यापार के आरंभिक चरण में 24/7 काम करना पड़ता है। कई बार तो उन्हें कई महीनों तक बल्कि कई वर्षों तक भी, मुफ़्त में काम करना पड़ता है। बिना पैसा लिए काम करने के उनके घंटों की संख्या ही एक उद्यमी की पहचान बनाती है और उन्हें अपने कर्मचारियों से अलग करती है।

किसी काम में लगाए गए, आपके श्रम के घंटे अथवा मुफ़्त में काम करने के घंटे, आपकी सफलता के स्तर को भी निर्धारित करते हैं। उदाहरण के लिए, पेशेवर गोल्फ़ खिलाड़ियों को अपना मेहनताना प्राप्त करने से पूर्व, कई वर्षों तक अपने अध्ययन और अभ्यास का निवेश करना पड़ता है।

इसलिए, सबसे अच्छा तो यही है कि आप दिन में अपनी नौकरी करते रहें और अपना शेष समय अपने व्यापार में लगाएं। आप किसी अन्य प्रकार से भी विचार कर सकते हैं लेकिन आपको एक लम्बे समय पर मुफ़्त में काम करने की आवश्यकता हो सकती है।

कहानी #4 : निराशा की एक झलक

सारा धन गवाँ चुकने के बाद, जॉन, स्टैनली और मैं बहुत निराश थे। और यह, वह समय था, जब नाइलॉन और वेल्क्रो के पर्स बनाने का विचार हमारे दिमाग़ में आया। चूंकि हम अक्सर समुद्री यात्राएँ व समुद्र में सर्फिंग करते रहते थे, इसलिए हम पहले ही नाइलॉन से बने पर्स इस्तेमाल करते थे। हमने स्वयं नौकाओं के पुराने पाल की सिलाई करके पर्स बनाने का काम आरम्भ किया।

जॉन के विचार में, ये पर्स लोगों को बहुत पसंद आने वाले थे और उनकी अच्छी बिक्री होने का अनुमान था। उसे पूरा विश्वास था कि नाइलॉन के ये पर्स एक ऐसा उत्पाद सिद्ध होने जा रहे थे, जो उसकी कम्पनी को बचा सकते थे। हालाँकि मेरे विचार जॉन से भिन्न थे, फिर भी हमने अपने इस व्यवसाय की योजना पर काम शुरू कर दिया और जल्द ही, हम नाइलॉन के पर्स बनाने के व्यवसाय में पहले व्यक्ति बन गए।

इस अनुभव का मुझे सबसे बड़ा लाभ यह हुआ कि मैंने पूर्णतः एक नए उत्पाद को डिज़ाइन करना, उसकी पैकेजिंग करना और उसकी मार्केटिंग करना सीख लिया था। बेशक, यह सबक बहुत महँगा था लेकिन निश्चित रूप से यह हमारे लिए, हानि उठाने के बाद अक्ल देने वाला और बहुत अनमोल भी था। भले ही मैं इस सबको फिर से अनुभव नहीं करना चाहूँगा, लेकिन इस भयानक अनुभव ने मेरे *नकदी-प्रवाह* में अवश्य वृद्धि कर दी थी, जिससे आज भी मैं बड़े धैर्य के साथ अपनी आय उत्पन्न कर रहा हूँ।

कहानी #5 : तनाव और भय

जॉन का विचार ग़लत था। नाइलॉन-पर्स का व्यापार बहुत शानदार नहीं था, जैसा कि उसने कहा था। अब हमारे सिरों पर पहले से कहीं ज़्यादा ऋण हो गया था और हम बहुत तेज़ी से टूटने की कगार पर थे।

इस घोर निराशा के दौर में, मैंने जॉन और स्टैनली को, एक नए नाइलॉन उत्पाद का विचार दिया। इस बार, उस उत्पाद को मैंने डिज़ाइन किया था। जॉन और स्टैनली समुद्र में नौका चलाने और सर्फिंग करने के शौकीन थे। मुझे दौड़ना पसंद था। धावकों के साथ एक समस्या रहती है : दौड़ते समय वे अपनी चाबियां, अपने पहचान-पत्र और अपनी धनराशि को कहाँ रखें? धावकों के निकरों में अमूमन जेब नहीं होती और ये सारी चीज़ें उनके जूतों और जुराबों में भी नहीं रखी जा सकतीं। इसलिए मेरे मन में एक छोटा सा पर्स बनाने का विचार आया, जिसे धावकों के जूतों के फीते के साथ बांधा जा सकता था।

अब हमने अपने क्रेडिट-कार्डों की अधिकतम सीमा का इस्तेमाल करके, न्यू यॉर्क खेल-सामग्री प्रदर्शनी में धावकों के लिए अपने 'रिपर्स शू पॉकेट' को प्रदर्शन के लिए उतारा।

आप विश्वास करें या नहीं, लेकिन हमारा वह उत्पाद नई खेल सामग्री उद्योग में वर्ष का सबसे लोकप्रिय नया उत्पाद बन गया। वह इतना लोकप्रिय हुआ कि रिपर्स शू पॉकेट को *रनर्स वर्ल्ड, प्लेबॉय* तथा *जेन्टलमेन्स क्वॉर्टर्ली* जैसी पत्रिकाओं में भी स्थान मिला।

उद्यमियों को तनाव और भय से निबटना अवश्य सीखना चाहिए। इससे उन्हें अधिक रचनात्मक बनने, तेज़ी से सीखने और लोगों व व्यापार के सम्बन्ध में अपने ज्ञान को बढ़ाने के लिए प्रेरणा लेनी चाहिए।

दूसरे शब्दों में, उद्यमियों को बहुत तेज़ी से सीखने वाला, नई जानकारियों, नई पहलों और नए विचारों को जानने का इच्छुक होना अत्यंत आवश्यक है।

भय, उद्यमी के लिए सीखने की प्रेरणा होता है। यदि भय से आप पंगु हो जाते हैं, तो आपके लिए नौकरी में बने रहना ही बेहतर है।

इस सबका वास्तविक अर्थ यह है कि व्यवसाय की प्रगति तभी होती है जब उद्यमी प्रगति करता है।

कहानी # 6 : बैग को पकड़ना

जल्द ही हम पूरी दुनिया को पर्स की आपूर्ति करने लगे थे। हालाँकि हम अंतर्राष्ट्रीय स्तर पर सफल हो चुके थे, लेकिन हमारी कम्पनी के हालात में कोई आश्चर्यजनक बदलाव नहीं आया था। वह अभी भी संघर्ष कर रही थी।

हमारे पास पहले से कहीं ज़्यादा नकदी आ गयी थी, लेकिन स्थिति अभी भी यह थी कि उससे ज़्यादा नकदी बाहर जा रही थी। अपने अंतिम प्रयास के रूप में, जॉन ने मुझे और ज़्यादा धन जुटाने की ज़िम्मेदारी सौंप दी, जिसे मैंने पूरा कर दिखाया। मुझे आज भी वह दिन याद है जब मैं एक निवेशक से 1,00,000 डॉलर का चेक लेकर अपने ऑफिस में आया था। जॉन और स्टैनली ने मुस्करा कर मेरा स्वागत किया था और मुझे धन्यवाद दिया था।

इसके कुछ ही दिनों बाद, मैं शिकागो में एक खेल सामग्री व्यापार शो के दौरान, रिपर्स के उत्पाद बेच रहा था। उस शो के अंत में, मैंने इस शो की रिपोर्ट देने के लिए होनोलूलू फ़ोन किया।

जैना, हमारी रिसेप्शनिस्ट ने मेरे फ़ोन का जवाब दिया। वह उस समय रो रही थी। "जैना, क्या बात हो गयी?" मैंने उत्सुकता से उससे पूछा।

"मुझे यह बताते हुए बहुत बुरा लग रहा है कि जॉन और स्टैनली ने आज कम्पनी बंद कर दी है। वे सारा बचा हुआ धन अपने साथ ले गए हैं और मैं समझती हूँ कि उन्होंने यह शहर भी छोड़ दिया है। और मैं नहीं जानती कि वे कहाँ हैं।"

यदि मुझे उस दिन हार्ट-अटैक नहीं हुआ, तो मैं समझता हूँ कि मुझे कभी भी हार्ट-अटैक नहीं हो सकता। मेरे शरीर के लिए वह आघात इतना गहरा था कि जैसे मुझ पर बिजली गिर गयी हो। मुझे ऐसा लगा, जैसे किसी ने मेरी अंतड़ियों में ज़बरदस्त प्रहार किया है। वह फ़ोन, मेरे जीवन के सबसे निचले बिंदु पर, मेरे पतन की एक शुरूआत थी।"

मैं घोर निराशा से भरा मन लिए, शिकागो के लेक शोर ड्राइव पर स्थित होटल के अपने कमरे में लौट आया और स्तब्ध होकर मिशिगन लेक की ओर एकटक देखता रहा। मैं बार-बार अपने आपसे एक ही प्रश्न पूछता रहा, "मैं इतना बेवकूफ़ कैसे हो सकता हूँ?"

जॉन और स्टैनली जा चुके थे। उनके ऋण चुका दिए गए थे। मेरे पास सिर्फ़ एक बैग रह गया था, जिसमें लगभग 10 लाख डॉलर का ऋण मेरे नाम था, जो मैंने अपने दोस्तों, अपने परिवार और अपने निवेशकों से जुटाया था। अब मेरे पास न नौकरी थी, न व्यापार, न घर और न ही पत्नी। मेरा सारा पैसा ख़त्म होते ही, मेरी पत्नी भी मुझे छोड़ कर चली गयी थी। अपने क्रेडिट कार्ड के पैसे चुकाने के लिए मुझे अपनी अचल संपत्तियां अर्थात् अपार्टमेंट वग़ैरह भी बेचना पड़ा था, ताकि मैं क्रेडिट कार्ड का प्रयोग ज़रूरत पड़ने पर दोबारा कर सकूं।

मैंने दीवार से अपना सिर पीट लिया। मैं अपना दुखड़ा किसी को बता भी नहीं सकता था। जब मैं बार-बार अपने आपसे पूछता था कि मैं इतना बेवकूफ़ कैसे हो सकता था, तो मुझे ऐसा लगता था कि जैसे मेरे भीतर की सारी ताकत निचुड़ कर बाहर निकल गयी हो।

रिच डैड ने लगातार मुझे जॉन और स्टैनली के साथ मिल कर कोई व्यापार न करने की चेतावनी दी थी। वह अक्सर उन्हें 'जोकर' या 'धोखेबाज़ आदमी' कहा करते थे। मेरी समस्या यह थी कि मैं उन्हें सुनना नहीं चाहता था। इसलिए मैंने जॉन और स्टैनली के सम्बन्ध में बोले गए उनके शब्दों और उनकी चेतावनी को पूरी तरह से नज़रंदाज कर दिया था। रिच डैड कहते थे, "जब आप कुछ नहीं के बदले में बहुत कुछ चाहते हैं, तो धोखेबाज़ व्यक्ति आपको केवल धोखा ही दे सकता है।"

शिकागो में अपने होटल के कमरे में अकेला बैठा मैं, रिच डैड के शब्दों पर विचार कर रहा था और अपने आपसे पूछ रहा था, "कुछ नहीं के प्रत्युत्तर में मैं क्या चाहता था?" यदि मैं हिसाब लगाता तो मैं समझ सकता था कि मैं क्यों बेवकूफ़ बन गया था।

काश कि मैं कह पाता कि मुझे मेरे प्रश्न का एक निश्चित उत्तर मिल गया है। लेकिन इतने वर्षों के बाद, अभी तक, मैं अपने लिए केवल यही उत्तर पा सका कि "मैं आलसी और कामचोर था और इसीलिए मैं बेवकूफ़ बन गया।"

यहाँ मैं कुछ उदाहरण दे रहा हूँ, जिससे आपको पता चलेगा कि बेवकूफ़ बनने में आलसी होने का योगदान कितना है :

- वे कर्मचारी, जो एक सुरक्षित नौकरी में विश्वास करते हैं।
- वे मतदाता, जो उन नेताओं को अपना मत देते हैं, जो उनसे मतदाताओं के हितों के प्रति जागरुक रहने का वायदा करते हैं।
- वे निवेशक, जो शेयरों, बॉन्ड्स और म्युचुअल फण्ड में दीर्घकालीन निवेश करने के लिए, अपनी वित्तीय व्यवस्था करने वाले की सलाह में विश्वास करते हैं।
- वे लोग, जो यह मानते हैं कि स्कूल में अच्छे नंबर लाने से, उनके जीवन में नौकरी की सुरक्षा निश्चित हो जाती है।
- वे निराश व्यक्ति, जो लोगों के इस झांसे में आ जाते हैं कि, 'मेरी पुस्तक खरीदो और रातों रात करोड़पति बन जाओ' या 'यह एक गोली खाकर, आप बिना व्यायाम किए, अपना वजन 10 पाउण्ड घटा सकते हैं।'
- कोई भी ऐसा व्यक्ति, जो निम्न वाक्यों के सच होने में विश्वास रखता है :
  - हमें धन की आवश्यकता नहीं है। हम प्रेम के सहारे जीवित रह सकते हैं (जब तक आप अपने माता-पिता के साथ रहते हैं)
  - 'मैं लॉटरी जीत जाऊंगा' (या मेरे ऊपर बिजली गिर जाएगी)
  - 'मेरे पति और मेरे सम्बन्धों में पूरी ईमानदारी है' (यह दावा मुझे करोड़ों डॉलर का पड़ा)
  - 'आपका धन बैंक में रखे धन की तरह सुरक्षित है' (तब तो वह बहुत सुरक्षित नहीं है)
  - 'सरकार इस समस्या का हल निकाल लेगी' (आप वाकई मुसीबत में हैं)

मुझे विश्वास है कि आप इस सूची में अपनी पसंदीदा धोखेबाज़ नौकरी को भी शामिल कर सकते हैं।

आप यह बात नहीं जानते कि आप क्या नहीं जानते हैं

हालाँकि रिच डैड ने मुझे जॉन और स्टैनली के सम्बन्ध में चेतावनी अवश्य दी थी लेकिन उन्होंने मुझे कभी ऐसा करने से रोका नहीं था। बल्कि वह मुझसे कहते थे, "जब तक बच्चे चूल्हे को छूकर नहीं देखते, तब तक उन्हें कैसे पता चलेगा कि गर्म होने के क्या मायने हैं।"...तो वह मुझे गर्म चूल्हे को छूते देखते रहे।

उनका असली सबक था, 'आप यह नहीं जानते कि आप क्या नहीं जानते हैं।' उद्यमी बहुत जल्द सीख जाता है। उसका कहना था, 'जिस क्षण एक व्यक्ति अपनी नौकरी छोड़ कर एक उद्यमी बन जाता है, उसी क्षण वह चीज़ उसके सामने आ जाती है, जिसका उसे ज्ञान नहीं है।'

पहले पाँच वर्षों में, 10 में से 9 व्यवसायों के असफल होने का एक कारण यह है कि उद्यमी जो कुछ नहीं जानता, वह उससे अभिभूत हो उठता है। जिस चीज़ की उसे जानकारी नहीं है, वही चीज़ उसके व्यापार को तबाह करती है, बेशक उसने स्कूल में कितने भी अच्छे परिणाम क्यों न दिए हों।

धोखेबाज़ व्यक्ति, अच्छे शिक्षक हैं

रिच डैड कहा करते थे, "जिस क्षण आप अपना व्यापार आरम्भ करते हैं, उसी क्षण धोखेबाज़ पुरुष व महिलाएं आपके इर्द-गिर्द पैदा हो जाते हैं।" वह यह नहीं कहते कि धोखेबाज़ पुरुष या महिलाएं बुरे होते हैं। उनके विचार में, धोखेबाज़ लोग आप पर एक कृपा करने के लिए पैदा होते हैं, आपको वह सबक सिखाने के लिए, जिसकी आपको सख़्त आवश्यकता होती है। इसीलिए वह अक्सर कहते हैं, "धोखेबाज़ व्यक्ति अच्छे शिक्षक होते हैं।" वह यह भी कहते हैं, "लेकिन आप उन जैसे न बनें।"

उन्होंने मुझे सिखाया कि "उद्यमियों का सबसे महत्त्वपूर्ण काम होता है, अपने कर्मचारियों को वास्तविक दुनिया से बचाना।" इससे उनका मतलब है कि व्यापार की दुनिया आपके काम करने के लिए सबसे प्रतिकूल, क्रूर और ख़तरनाक वातावरण में से एक होती है। एक उद्यमी के रूप में, अपनी प्रगति के दौरान, मैंने अपने सीखे सबकों में से एक सबक यह भी सीखा कि मुझे अपने कर्मचारियों को वास्तविक दुनिया से कैसे बचाना चाहिए।

मैं यह सबक सीखने को बहुत उत्सुक था। मैंने अपने पिता को भी देखा था, जो एक ईमानदार, मेहनती और अत्यंत पढ़े-लिखे शिक्षक और प्रशासक थे, और जब उन्होंने एक बार स्कूल प्रणाली में सीखी गयी सुरक्षा को त्याग दिया तो वह इसका शिकार बन गए। उन्होंने एक बार एक रिपब्लिकन के तौर पर, हवाई राज्य के लेफ़्टिनेंट गवर्नर का चुनाव लड़ा था। 1950 के दशक की शुरूआत में वह चुनाव हार गए थे और बेरोज़गार हो गए थे। अपने जीवन भर की बचत और सेवानिवृति से प्राप्त राशि से उन्होंने एक प्रसिद्ध आइसक्रीम की फ्रैंचाइज़ ख़रीदी थी और अपना सब कुछ उसमें डुबो बैठे थे।

साधारण शब्दों में कहें तो, जब तक वह स्कूल प्रणाली में कार्य करते रहे, वह सुरक्षित थे। वह पांच वर्ष की आयु से ही इस व्यवस्था में थे। जैसे ही 1950 के दशक की शुरूआत में, उन्होंने स्कूल प्रणाली की सुरक्षित व्यवस्था से बाहर, व्यापार की दुनिया में क़दम रखा, उन्हें ज़िन्दा ही निगल लिया गया। एक वर्ष से भी कम समय में, वह अपना सब कुछ गवां बैठे थे, जो उन्होंने अपनी सारी उम्र काम करके कमाया था।

यही कारण है कि व्यापार की दुनिया में भावनात्मक परिपक्वता और चारित्रिक मज़बूती बहुत आवश्यक है।

मर्फ़ी का नियम

हम में से अधिकांश लोगों ने मर्फ़ी के नियम के सम्बन्ध में सुना ही होगा। "कोई भी चीज़ जो ग़लत हो सकती है, वह ग़लत होगी।" अधिकांश उद्यमी इसलिए असफल होते हैं क्योंकि उन्हें साफ़-साफ़ यही पता नहीं होता कि उन्हें क्या चीज़ नहीं पता और वे उन चीज़ों को तलाश पाने में पूरी तरह से असफल रहते हैं, जो चीज़ें उन्हें जानने की ज़रूरत होती है। दूसरे शब्दों में, सफलता, असफलता से ही मिलती है, न कि प्रश्नों के सही उत्तर याद करने से।

यही कारण है कि मेरे पिता जैसे तथाकथित बुद्धिमान और अत्यंत सुशिक्षित लोग, व्यापार में अच्छा प्रदर्शन नहीं कर पाते। वे स्कूली कक्षाओं की दुनिया में बेशक बुद्धिमान हैं, लेकिन व्यापार की दुनिया में नहीं।

सफलता की परिभाषा भिन्न है

स्कूली दुनिया में सफलता का अर्थ है कोई ग़लती न करना। जब आपका रिपोर्ट कार्ड शानदार हो, तो आप ए+ का ग्रेड प्राप्त करते हैं, व्यापार की दुनिया में इसके ठीक उलट होता है।

यदि आप अधिकांश एम.बी.ए. पाठ्यक्रम पर निगाह डालें, तो उनका ध्यान जोखिम कम करने पर और ग़लतियां न करने पर केंद्रित होता है। इसीलिए बहुत कम एम.बी.ए. डिग्री प्राप्त व्यक्ति उद्यमी बनते हैं। अधिकांश लोग ऊंचा वेतन प्राप्त करने वाले कर्मचारी बनने की चाह में एम.बी.ए. की डिग्री प्राप्त करते हैं। कानून और लेखा स्नातकों के सम्बन्ध में भी यही बात सच है। उन्हें ग़लतियाँ न करने के लिए प्रशिक्षित किया जाता है और इसी बात का उन्हें वेतन दिया जाता है।

उद्यमियों की दुनिया में सफल होने के लिए, विशेषतया आरंभिक चरण में, एक व्यक्ति को असफल होना, सुधार करना, सीखना, सीखे हुए ज्ञान को लागू करना और फिर असफल होना अवश्य सीखना चाहिए। यह आपकी जादुई शक्ति के विकास का रास्ता भी है।

यही कारण है कि मैंने नाइलॉन-पर्स के व्यापार में की गयी ग़लतियों की सूची से

यह अध्याय आरम्भ किया। यही कारण है कि मैं डोनाल्ड ट्रम्प का सम्मान करता हूँ। मैंने उनकी जो पहली पुस्तक पढ़ी, वह थी द *आर्ट ऑफ़ द डील*। उनकी अगली पुस्तक जो मैंने पढ़ी, वह थी, *द आर्ट ऑफ़ द कमबैक,* जो पहली पुस्तक से ज़्यादा प्रभावशाली थी, क्योंकि इसमें उन्होंने अपनी ग़लतियों, अपने सीखे सबकों और अपनी वापसी के तरीकों के सम्बन्ध में दुनिया को बताया था। इसने मेरे समक्ष उनके चरित्र की मज़बूती को प्रदर्शित किया था।

दुर्भाग्य को सौभाग्य में परिवर्तित करना

सम्भवतः एक उद्यमी अपने भीतर जो सबसे महत्त्वपूर्ण गुण विकसित कर सकता है, वह है दुर्भाग्य को सौभाग्य में परिवर्तित करने की उसकी योग्यता। इसके लिए उसे भावनात्मक परिपक्वता और चारित्रिक मज़बूती की ज़रूरत होती है।

हम सब ग़लतियां करते हैं। ग़लतियां महत्त्वपूर्ण होती हैं, क्योंकि जब हम असफल होते हैं, तो हमें अपनी भावनात्मक परिपक्वता को तलाशने व विकसित करने तथा अपने चरित्र की मज़बूती में सुधार करने के अवसर प्राप्त होते हैं।

मेरे विचार में, जॉन और स्टैनली के एक बुरे अनुभव से उबर पाने में असफल रहने का एक कारण यह था कि सख़्त हालात में अपनी समस्याओं का सामना करने की अपेक्षा। उन्होंने झूठ बोला, धोखा दिया और वहाँ से भाग खड़े हुए। दूसरे शब्दों में, मुश्किल घड़ी में, उनका वास्तविक चरित्र सामने आ गया। उनके साथ जब बुरी चीज़ें घटीं, तो उन्होंने अपने दुर्भाग्य को बद से बदतर में परिवर्तित कर दिया।

मैं यह नहीं कह रहा कि मैं अपने आपको उनसे ऊपर रखता हूँ। मैं एक संत की सूची में अपना नाम कभी नहीं रखूंगा। हालाँकि मैं एक बहुत अच्छे परिवार में पल कर बड़ा हुआ था, लेकिन मेरे भीतर अपने माता-पिता के उच्च नैतिक मूल्य कभी भी प्रतिबिम्बित नहीं हुए। मैं अपने हाई स्कूल के दिनों में एक अच्छा बच्चा होता था, मैंने न कभी मद्यपान किया था और न ही कभी नशा किया था, लेकिन मैं अपना घर छोड़ने तक इंतज़ार नहीं कर पाया। जिस क्षण मैंने अपना घर त्यागा, मैंने अपने माता-पिता द्वारा दी गई शिक्षा के बिल्कुल विपरीत करने की भरपूर चेष्टा की। कई बार तो मैं जेल जाने से भी बचा था।

मेरे एक उद्यमी बनने की प्रक्रिया में, मुझे अपनी माँ और अपने पिता के जीवन मूल्यों की ओर वापस लौटना था, जिसका अर्थ था कि मैं अब न झूठ बोल सकता था, न लोगों को धोखा दे सकता था और न ही चोरी कर सकता था, विशेषकर अपनी मुसीबत के समय में। यहाँ मैं ऐसे कुछ अवसरों का वर्णन अवश्य करूंगा, जब मैं अपनी भावनात्मक परिपक्वता और चारित्रिक मज़बूती में सुधार करने में सफल रहा था।

जब मैंने निवेशकों का धन गवां दिया, तो मेरे रिच डैड ने मुझे निवेशकों के पास वापस जाने और उनसे क्षमा मांगने के लिए प्रोत्साहित किया था। उसके बाद, मैं उनका

पैसा वापस उन्हें लौटाने पर सहमत हो गया था। मुझे अपने वायदों को पूरा करने में पूरे छः वर्ष लग गए।

अपनी विपदाओं से भागने की बजाय, रिच डैड ने मुझे कम्पनी को दोबारा खड़ा करने की सलाह दी। अपने भाई जॉन और अपने मित्र डेव के साथ, हम रिपर्स के मलबे में से उठ खड़े होने में सफल हुए और हमने अपने व्यापार का पुनर्निर्माण किया। मैंने अपने व्यापार को चलाए जाने की अपेक्षा, अपनी ग़लतियों का सामना करके व्यापार के सम्बन्ध में और कम्पनी के पुनर्निमाण के सम्बन्ध में कहीं अधिक सीखा।

मैंने महसूस किया कि मुझे इससे कहीं ज़्यादा गति से सीखना चाहिए था। क्योंकि मैं आलसी व्यक्ति था, मैंने अपने स्कूल में भी अच्छा प्रदर्शन नहीं किया था। आज, हालाँकि अभी भी मैं एक बुरा विद्यार्थी और बुरा पाठक हूँ, फिर भी मैं लगातार व्यापार के सम्बन्ध में लिखी पुस्तकें और लेख पढ़ता रहता हूँ और इस सम्बन्ध में विभिन्न सेमिनार में भाग लेता हूँ। यहाँ मैं अपनी सीखी हुई कुछ चीज़ें प्रस्तुत कर रहा हूँ :

- *प्रत्येक ग़लती में ज्ञान का रत्न छिपा होता है :*
  मेरे सबसे अच्छे शिक्षकों में से एक, डॉ. आर. बकमिन्स्टर फ़ुलर, जिन्हें आज दुनिया के सबसे विलक्षण व्यक्तियों में से एक माना जाता है, कहते हैं कि "जब तक ग़लतियाँ स्वीकार नहीं की जातीं, तब तक वे केवल पाप होती हैं।" मैं जब भी अपनी किसी ग़लती से परेशान होता हूँ, तो मैं दूसरों को इसका दोष देने की अपेक्षा, उसकी ज़िम्मेदारी अपने आप पर लेता हूँ। उसके बाद मैं अपनी उस ग़लती से ज्ञान के रत्न निकालने पर विचार करता हूँ। एक बार जब मैं रत्न पा लेता हूँ, तो मेरी यह खोज मुझे आगे बढ़ने की शक्ति देती है।

- *दूसरों को दोष देने का अर्थ है स्वयं कमज़ोर पड़ जाना :*
  मैं अक्सर असफल और दुःखी उद्यमियों से मिलता रहता हूँ जो अपनी ग़लतियों के लिए लगातार दूसरों को दोष देते रहते हैं। वे न तो अपनी ग़लतियों से कुछ सीखते हैं और न ही अपने अनुभव से प्रगति करते हैं। वे कभी महसूस ही नहीं कर पाते कि उन ग़लतियों के अंदर ही सकारात्मक भविष्य के लिए ज्ञान छिपा हुआ है। दूसरों को दोष देना सबसे बड़ा पाप है।

- *अपनी ग़लतियों का सामना करें और उन्हें स्वीकारें :*
  कई लोग अपनी ग़लतियों को पकड़ कर बैठे रहते हैं और उनका अफसोस मनाते रहते हैं। या वे ऐसा प्रदर्शित करते हैं जैसे उन्होंने कोई ग़लती की ही न हो और फिर उसी ग़लती को बार-बार दोहराते रहते हैं। और दूसरे कई लोग अपराधी बन जाते हैं और अपनी ग़लतियों के सम्बन्ध में झूठ बोलते हैं। फिर से, वे एक बुरे अनुभव को और भी बुरा बना देते हैं। सच्चाई यह है कि यदि कोई व्यक्ति ग़लती करने के बाद झूठ बोलता है, दूसरों को दोष देता है, अपनी ग़लती का स्पष्टीकरण देता है या

ऐसे दिखाता है कि उसने कोई ग़लती नहीं की, तो वह औरों से पीछे छूट जाता है। वह आगे नहीं बढ़ पाता। इस सम्बन्ध में सबसे अच्छा उदाहरण है राष्ट्रपति बिल क्लिंटन का, जिन्होंने वाइट हाउस की एक कर्मचारी के साथ अपने यौन सम्बन्धों के बारे में दुनिया से झूठ बोला था। वह अमेरिका के सबसे महान राष्ट्रपतियों में से एक हो सकते थे, लेकिन इसकी अपेक्षा उन्हें उनकी नैतिक चरित्रहीनता के लिए, अपनी पत्नी को धोखा देने के लिए और टेलिविज़न पर इसके सम्बन्ध में झूठ बोलने के लिए याद किया जाएगा। अपनी ग़लतियों का सामना करने और उन्हें स्वीकार करने के लिए हिम्मत चाहिए। झूठ बोलने के लिए हिम्मत की आवश्यकता नहीं होती।

ग़लतियाँ आपकी जादुई शक्ति का प्रवेश द्वार हैं

स्कूलों में, ग़लतियाँ करना बुरा माना जाता है। जो विद्यार्थी कम से कम ग़लतियाँ करते हैं, उन्हें अच्छा माना जाता है। लेकिन व्यापार जगत में ग़लती करना, उन्हें स्वीकार करना और उसके बाद दुर्भाग्य को सौभाग्य में परिवर्तित करना, सफलता के लिए अत्यंत अनिवार्य होता है। आइन्सटाइन ने कहा था, "केवल दो ही चीज़ें असीमित हैं - ब्रह्माण्ड और मानवीय मूर्खता।" लेकिन, मैं इन शब्दों में यह जोड़ना चाहूँगा कि इन्सान की सीखने की योग्यता भी असीमित होती है।

एक उद्यमी की हैसियत से आपकी ग़लतियाँ आपके व्यवसाय को चोट पहुँचा सकती हैं और ऐसा ही आपके कर्मचारियों की ग़लतियाँ भी कर सकती हैं। अक्सर, जब आप अपने कर्मचारियों को समझाने और उन्हें ग़लतियों की ज़िम्मेदारी लेने के लिए कहने का प्रयास करते हैं, तो या तो वे नौकरी छोड़ देते हैं, नई नौकरी तलाशने लग जाते हैं और या फिर आपको उन ग़लतियों की कीमत चुकाने को बाध्य करते हैं। यही कारण है कि अधिकांश उद्यमी, कम से कम कर्मचारियों के साथ, छोटे स्तर पर ही बने रहना ज़्यादा पसंद करते हैं। यदि किसी उद्यमी में नेतृत्व क्षमता का अभाव है या वह दूसरों के साथ प्रभावी ढंग से संवाद करने में सक्षम नहीं है, तो कर्मचारी उनके लिए एक देनदारी सिद्ध होते हैं, न कि सम्पत्ति।

यह स्थिति तब और भी बुरी हो जाती है जब कठिन समय आने पर आप पीठ दिखा सकते हैं या जब वे यह मानने लगते हैं कि आपका कमाया हुआ पैसा, उनके गाढ़े पसीने की कमाई है, तो वे अपराधी बन जाते हैं। व्यापार जगत में भी बहुत से लोग बदमाश व चोर हैं। अपराधियों की दुनिया में मुख्य रूप से दो प्रकार के अपराध होते हैं : हिंसात्मक अपराध व आर्थिक रूप से प्रेरित अहिंसक अपराध।

हिंसक अपराधों में सामान्यतया एक पीड़ित व्यक्ति और एक हथियार या शारीरिक चोट शामिल होती है। अधिकांश सभ्य जगत के अपराध अदालतों तक नहीं पहुँचते क्योंकि झूठ बोलने, चोरी करने, धोखा देने या अक्षमता दिखाने जैसे अपराधों को, जिनमें कोई हथियार प्रयोग नहीं होता या किसी पक्ष को शारीरिक चोट नहीं पहुँचती, अदालतों

में प्रमाणित करना बहुत कठिन होता है। दूसरे शब्दों में, सबसे बड़े अपराधी अक्सर ईमानदार और सुशिक्षित व्यक्ति होते हैं, जिनके पास भावनात्मक परिपक्वता और चारित्रिक मज़बूती का अभाव है। जब दुनिया में चीज़ें उनके मुताबिक नहीं होतीं तो वे अपराधी बन जाते हैं।

मैंने अपने जीवन में कभी भी हिंसक अपराधों के चलते पैसा नहीं गवांया। मैंने अपना अधिकांश पैसा उन लोगों के हाथों गंवाया है जो अपने स्कूलों में बहुत अच्छे विद्यार्थी रहे हैं। वे बुद्धिमान लोग थे लेकिन उनका विश्वास था कि वे इस धरती पर सबसे बुद्धिमान व्यक्ति थे और कभी ग़लती नहीं कर सकते थे, न ही कभी ग़लती करना स्वीकार सकते थे। इसे बुद्धिमानी नहीं कहा जा सकता, बल्कि यह अहंकार है, एक दुःखद चारित्रिक दोष। एक अहंकारी व्यक्ति कभी भी इस बदलती हुई दुनिया में जानकारी नहीं प्राप्त कर सकता, न ही वह सीख सकता है या बदल सकता है या सुधर सकता है। वह सबसे पीछे छूट जाता है।

सैनिक स्कूल में सीखे गए सबसे महत्त्वपूर्ण सबकों में से एक था, जानकारी प्राप्त करने की योग्यता। सैनिक स्कूल में पहले दिन, जानकारी वास्तव में आपके चेहरे में झलकती है। यह देखना बहुत अद्भुत था कि कितने ही तेज़-तर्रार युवक, चेहरे की इस झलक के दबाव से टूट गए थे, रो पड़े और स्कूल छोड़ कर चले गए थे।

उद्यमी हमेशा जानकारी लेते रहते हैं, विशेष रूप से अपने ग्राहकों से, बैंकों से, कर्मचारियों से और बिक्री से सम्बन्धित लोगों से। साफ़ और स्पष्ट जानकारियों व सूचनाओं के अभाव में उद्यमी कोई ठोस निर्णय नहीं ले सकते।

यदि उद्यमी 'हाँ' में 'हाँ' मिलाने वाले लोगों से या चापलूसी करने वाले लोगों से घिरे रहें तो इससे व्यवसाय को बहुत बड़ा नुकसान पहुँच सकता है।

संरक्षक अंतर

शेयर बाज़ार में सूचिबद्ध सभी सार्वजनिक कम्पनियों में निवेशक-मण्डल का होना अनिवार्य होता है। ऐसी ही बाध्यता आपके लिए भी है। भले ही अभी आपका व्यवसाय विचार-विमर्श के चरण में ही क्यों न हो, आपको एक अच्छे सलाहकार की आवश्यकता होती है। आपको कम से कम भी तीन सलाहकारों की आवश्यकता होगी : एक चार्टर्ड अकाउन्टेन्ट, एक अटॉर्नी और एक मार्गदर्शक। आपका मार्गदर्शक ऐसा सफल उद्यमी होना चाहिए जिसको उस व्यवसाय का पर्याप्त अनुभव हो, जिसे आप शुरू करने की योजना बना रहे हैं। उदाहरण के लिए, यदि आप एक रेस्तराँ खोलना चाहते हैं तो आपको ऐसे उद्यमी से परामर्श लेना चाहिए जो सफलतापूर्वक अपना कोई रेस्तराँ चला रहा हो। आप उस उद्यमी को अपना मार्गदर्शक बनने के लिए कह सकते हैं।

डोनाल्ड और मेरे, दोनों के पास एक कोच और एक मार्गदर्शक था। हम दोनों के

मार्गदर्शक हमारे रिच डैड थे, जो उद्यमी भी थे।

कई नए उद्यमी किसी सफल उद्यमी को अपना मार्गदर्शक बनाने की अपेक्षा, किसी सफल कर्मचारी से परामर्श लेने की ग़लती कर देते हैं। इन दोनों में बहुत बड़ा अन्तर है।

एक अंतिम विचार

मर्फ़ी का नियम कहता है : "कोई भी चीज़ जो ग़लत हो सकती है, वह ग़लत ही होगी।" इसे आप पीटर के सिद्धांत के साथ मिला दें : "समूहों या पदों के अनुक्रम में प्रत्येक कर्मचारी अक्षमता के अपने स्तर में वृद्धि करता दिखाई देता है।"

कई व्यवसायों के वृद्धि न कर पाने का एक कारण यह होता है कि उद्यमी अक्षमता के अपने स्तर पर पहुँच चुका होता है। उद्यमियों के प्रगति करने के लिए उन्हें अपनी अक्षमता के स्तर को तोड़ने की आवश्यकता होती है, जिसका अर्थ है अपनी अधिकाधिक ग़लतियों से अधिकाधिक सीखना। हो सकता है इसके लिए 10,000 ग़लतियाँ और करनी पड़ें, जैसा कि एडीसन ने बल्ब की खोज करने से पूर्व तब कहा था जब लोग उनसे कई बार असफल होने के उनके अनुभव के बारे में पूछते थे।

मैं पीटर के सिद्धांत की बेहतर ढंग से व्याख्या करने के लिए गोल्फ़ की एक उपमा का सहारा लूंगा। मान लीजिए कि एक गोल्फ़र लगातार 72 स्ट्रोक लगाता है, तो उसे अक्सर 'सामान्य गोल्फ़र' कहा जाता है। अधिकांश गोल्फ़र यह बात जानते हैं कि एक 'सामान्य गोल्फ़र' और एक पेशेवर गोल्फ़र में क्या अंतर होता है। बेशक उनमें केवल कुछेक स्ट्रोकों का ही अंतर होता है। मान लीजिए, एक पेशेवर गोल्फ़र को पेशेवर टूर्नामेंट में बने रहने के लिए 70 स्ट्रोक लगातार करने की आवश्यकता है। कोई भी गोल्फ़र यह बात बहुत अच्छी तरह जानता है कि लगातार 70 स्ट्रोक लगाने वाले खिलाड़ी और लगातार 72 स्ट्रोक लगाने वाले खिलाड़ी में बहुत बड़ा अंतर है।

यह दो स्ट्रोक का अंतर ही जादुई शक्ति है।

अगर यह दुर्भाग्य के लिए न होता

डोनाल्ड ट्रम्प

रॉबर्ट ने जिस सच्चाई को गोल्फ़ का संदर्भ देकर शक्ति के रूप में दो स्ट्रोक के अंतर को समझाया, वह न केवल एक शानदार उदाहरण है बल्कि वह मेरे दिल के बहुत क़रीब भी है। मेरे जानने वाले अधिकांश लोगों को यह पता है कि मुझे गोल्फ़ के बारे में और गोल्फ़-कोर्स विकसित करने के बारे में कितना जुनून है।

इन दिनों मैं स्कॉटलैंड के एबरडीन में एक गोल्फ़-लिंक्स मैदान बना रहा हूं। पाँच वर्ष तक यूरोप के लगभग 200 शहरों में घूम-घूम कर मैंने अंततः यहाँ गोल्फ़ मैदान विकसित करने का फैसला किया। गोल्फ़ कोर्स के लिए एक उत्कृष्ट स्थान ढूंढने के लिए मैंने बहुत धैर्य रखा और आख़िरकार वह ढूंढ ही लिया। द ट्रम्प इंटरनैशनल गोल्फ़ लिंक्स, स्कॉटलैंड अब विकसित होने की प्रक्रिया में है। गोल्फ़ लिंक्स के लिए स्थान का चुनाव करने के पाँच वर्षों के समय के अतिरिक्त भी मुझे कई और वर्ष गहन कार्यों को समर्पित करने पड़े, विशेषतया पर्यावरण सम्बन्धी मामलों को लेकर। समुद्र के बिल्कुल सामने की संपत्ति पर विशाल रेत के टिले होने के कारण मैं भूआकृति विज्ञान (भूआकृतियों और उनको आकार देने वाली प्रक्रियाओं का मूल अध्ययन) का लगभग एक विशेषज्ञ बन गया था। कुछ लोगों ने इस ज़मीन पर, मेरे इस प्रस्तावित गोल्फ़ कोर्स के विकास पर, अपनी असहमति प्रकट की तो दूसरे लोगों ने मेरी इस परियोजना पर बड़ा उत्साह भी दिखाया। इतना तो है कि इस सारी प्रक्रिया से गुज़रने वाले स्कॉटलैंड के एक लेखक का इस पर पुस्तक लिखना, इस गाथा के लिए एकदम सही नुस्खा था। उसके पास इस विषय पर सैकड़ों पृष्ठ लिखने के लिए पर्याप्त सामग्री मौजूद थी (गोल्फ़ पर या महान कहानियाँ लिखने वाले आप लोगों के लिए डेविड ईवन द्वारा विकसित पुस्तक *'चेंज़िंग पैराडाईज़'* बहुत उपयोगी सिद्ध होगी, जिसका उपशीर्षक है 'डोनाल्ड ट्रम्प ऐंड द बैटल फ़ॉर द वर्ल्ड्स ग्रेटेस्ट गोल्फ़ कोर्स।')

गोल्फ़ कोर्स विकसित करने की प्रक्रिया के दौरान मुझे व्यापार जगत के प्रमुख व्यक्तियों, सरकारी संस्थाओं और स्थानीय निकायों से निबटना पड़ा। यहाँ तक कि जब मैं बहुत अधिक विरोध का सामना कर रहा था तो सर शॉन कॉनरी भी मेरे समर्थन में आगे आए। कुछ लोगों को तो पूरा विश्वास था कि मैं इस स्थान को संरक्षित करने की बजाय इसका पूरा बेड़ा गर्क कर दूंगा।

यह अंतर्राष्ट्रीय दिलचस्पी की एक कहानी बन चुकी थी, जिसके अपने पक्ष-विपक्ष थे। एक लोकप्रिय अमरीकी पत्रिका ने एक स्थानीय व्यक्ति पर मुख्य लेख ही लिख डाला था, जो अपने घर को छोड़ना ही नहीं चाहता था, जिसने उसे अभूतपूर्व यश और पहचान दिलाई थी। उसके मकान का वहाँ से हटने या न हटने का हमारी निर्माण परियोजना पर कोई बहुत बड़ा प्रभाव नहीं पड़ने वाला था, लेकिन यह उस सम्पत्ति के मालिक और स्वयं

इस परियोजना के लिए प्रचार का एक स्रोत अवश्य बन गया था।

इस ज़मीन पर पर्यावरणीय मार्गदर्शन सम्बन्धी इतना ज़्यादा विवरण था कि उस पर पाँच इंच मोटी दो पुस्तकें बन गयी थीं। उनमें इस परियोजना के विकास सम्बन्धी व्यापार मामलों सहित हमें हर चीज़ की जानकारी देनी पड़ी थी। यह स्थान स्कॉटलैंड के लिए ऐतिहासिक महत्त्व का था और यह मेरे लिए भी लगभग एक बिलियन पाउण्ड की निवेश राशि के साथ बहुत महंगी परियोजना थी। फिर भी, इसकी निर्माण परियोजना से लगभग 6,230 लोगों को अल्पावधि के रोज़गार प्राप्त होंगे और इसके विकास से लगभग 1,440 दीर्घकालीन नौकरियां लोगों को मिलने का अनुमान था।

व्यापार और पर्यावरण, दोनों पर ही हमारा अध्ययन अत्यंत व्यापक था। इसके लिए हमें स्कॉटलैंड के सार्वजनिक निकाय, स्कॉटिश नैशनल हेरिटेज के साथ मिल कर काम करना पड़ा और हमने प्रत्येक छोटे से छोटे विवरण की जानकारी प्राप्त करने के लिए अनगिनत घंटे खर्च किए। आपको इस परियोजना के कार्यक्षेत्र का अनुमान देने के लिए बता दें कि ट्रम्प इंटरनैशनल गोल्फ़ लिंक्स स्कॉटलैंड में एक गोल्फ़ अकादमी, 950 सह-स्वामित्व, 500 मकान, 450 कमरों का एक होटल, 36 गोल्फ़ विला और 450 स्टॉफ़ सदस्यों के लिए निवास-स्थान की व्यवस्था होगी। यह गोल्फ़ लिंक्स के अतिरिक्त की जाने वाली व्यवस्था है। यह एक बहुत बड़ी विकास परियोजना है और इसे चालू रखना कोई आसान कार्य नहीं था।

जब मैं इस सबका अच्छी तरह से निरीक्षण कर रहा था तो मैंने अपनी सोच को पूरी तरह सकारात्मक बनाए रखा। मैं जानता था कि मेरे भीतर वह दृढ़ता या वह ज़िद थी, जिसे रॉबर्ट जादुई शक्ति कहते हैं और उसके सम्बन्ध में बात करते हैं। मैं जानता था कि मैं इस परियोजना में कुछ चुनौतियों का सामना करना पड़ेगा, लेकिन मैं यह भी जानता था कि अपनी पूरी दृढ़ता के साथ, मैं इस विशाल गोल्फ़ कोर्स को बनाने में सफल रहूँगा, जिससे पर्यावरण पर नकारात्मक प्रभाव पड़े बिना, आस-पास के क्षेत्र की अर्थव्यवस्था का विकास होगा। मेरा जुनून पहले से ही इस परियोजना में था।

मुझे वास्तव में ही इस परियोजना से लगाव था। और मैं सर शॉन कॉनरी के सार्वजनिक रूप से मुझे प्रोत्साहन देने का आभारी हूँ, जिसके कारण लोगों को यह समझ आने लगा था कि यह प्रोजेक्ट स्कॉटलैंड के नागरिकों के हित में क्यों होगा।

इस दौरान मुझे अपने अन्य कई कामों की देखभाल भी करनी थी लेकिन मैंने कभी भी उन्हें कम महत्त्व वाले काम नहीं बनने दिया। मेरे लिए वे भी महत्त्वपूर्ण कार्य थे। अच्छे भाग्य के लिए यह सोच बहुत महत्त्वपूर्ण है। यदि आप एक बड़े स्तर पर उत्कृष्टता प्राप्त करना चाहते हैं तो आपके लिए आपका कोई भी कार्य 'महत्त्वहीन या कम महत्त्व का' नहीं होना चाहिए। प्रत्येक चीज़ अपने स्तर पर महत्त्वपूर्ण है।

बेशक, लोगों को यह लगता होगा कि मेरे किए काम करने के लिए कई महान लोग भी हैं (और वास्तव में मेरी टीम में कई महान लोग थे), लेकिन इसके बावजूद मैं

बड़ी गहराई से इस प्रोजेक्ट से जुड़ा हुआ था। इस प्रोजेक्ट की मुझे एक-एक चीज़ की जानकारी थी। इसके लिए मैंने कई बार स्कॉटलैंड की यात्राएं कीं लेकिन वे यात्राएं कोई मौज-मस्ती या मनोरंजन के लिए नहीं थीं, बल्कि इस प्रोजेक्ट पर मैं स्वयं रहना चाहता था और अपने ठेकेदारों, अधिकारियों और स्कॉटिश नैशनल हेरिटेज के लोगों से निजी रूप से मिलना चाहता था। मेरे पास खाली समय की गुंजाइश बहुत कम थी। जब इस प्रोजेक्ट की बात होती है तो यह वाकई कोई रातों-रात सफलता प्राप्त कर लेने की कहानी नहीं है। बल्कि इसमें की गयी कोशिशों का एक-एक लम्हा महत्त्वपूर्ण था।

ग़लतियाँ होती हैं; चीज़ें बदलती हैं

यह आप में से उन लोगों के लिए है, जो या तो उद्यमी बनना चाहते हैं या फिर अपने व्यापार को बढ़ाना और बेहतर बनाना चाहते हैं, जिससे लोगों पर बहुत ज़्यादा प्रभाव पड़ता है। यह एक महत्त्वपूर्ण विचार है और इसमें हर क्षण मायने रखता है।

यहां मैं सफलता का अपना एक नियम बता रहा हूँ जिसका केवल एक ही अर्थ निकाला जा सकता है। यदि आप किसी परियोजना पर लगाए गए अपने समय को अपनी उंगलियों पर गिन सकते हैं, तब इतना तो निश्चित ही है कि आपने उस परियोजना को पर्याप्त समय नहीं दिया। आपको किसी परियोजना पर तब तक काम करना चाहिए, जब तक आपको यह न लगे कि आप इसमें इससे ज़्यादा कुछ नहीं कर सकते। हो सकता है कि इस दौरान आपको आलोचना और नकारात्मकता झेलने के साथ-साथ, लगातार 'न' भी सुननी पड़े। यह भी संभव है कि इसमें कुछ भी अच्छा होने से पूर्व आपको बुरी चीज़ों का सामना करना पड़े।

लेकिन यदि आप 'जादुई शक्ति' में विजय पाने का अर्थ याद रखें - जिसका अर्थ है चरित्र की भावनात्मक परिपक्वता और उसकी मज़बूती, तो निश्चित रूप से आप अपने लक्ष्य को पा लेंगे। यह बात सब लोग जानते हैं कि मैंने 1990 के दशक की शुरुआत में बहुत बड़े पैमाने पर वित्तीय उतार-चढ़ावों का सामना किया था। हालांकि बहुत से लोग यह भी मान बैठे थे कि मैं दिवालिया हो चुका था, लेकिन मैं कभी दिवालिया नहीं हुआ। हाँ, मुझ पर लाखों डॉलर के ऋण ज़रूर बकाया थे। मेरे लिए यह कोई बहुत अच्छी स्थिति नहीं थी। इसे अपना दुर्भाग्य या असफलता मान लेना बहुत आसान था, किंतु मैं इसे इस दृष्टिकोण से नहीं देखता था।

मैं जानता था कि अर्थव्यवस्था और रियल एस्टेट चक्रों में चलते हैं, लेकिन न्यू यॉर्क में जो कुछ घटित हुआ वह कुछ लोगों के लिए दिल दहला देने वाला था। रियल एस्टेट के कारोबार में बहुत भारी गिरावट आ चुकी थी और शहर बहुत ही कठोर हालात से गुज़र रहा था। उन कठोर हालात में मैं भी फंसा हुआ था। बहुत से लोगों का इस परिदृश्य से सफाया हो चुका था। मेरी सबसे बड़ी ग़लती यह थी कि मैं अपने काम से अपना ध्यान खो चुका था और इस क्षेत्र में बहुत ज़्यादा खेल रहा था। मुझे कई बार

पेरिस में आयोजित होने वाले फ़ैशन शो में जाना पड़ा था, जिससे अपने व्यापार पर मेरी पकड़ ढीली हो चुकी थी। मैंने तो यही सोचा था कि पैसा आने के साथ-साथ सारी चीज़ें ठीक हो जाएंगी। मेरे पिता ने एक बार बताया था कि मैं जिस भी चीज़ को छूता था वह सोना हो जाती थी और मैं इसमें विश्वास भी करने लगा था। उस समय हालात बहुत आसान थे और हर चीज़ मुझे अच्छा परिणाम दे रही थी। उस समय वास्तव में ही ऐसा लग रहा था कि उन पर ज़्यादा ध्यान देने की ज़रूरत नहीं है और मैंने ध्यान दिया भी नहीं। हालांकि मुझे एक चेतावनी इस बीच मिली थी, जब चीज़ें ऊपर जाने की बजाय नीचे की ओर आने लगी थीं।

सौभाग्य से समय के साथ-साथ, मैं फिर से अपने व्यापार पर अपना ध्यान केंद्रित करने और अपने भाग्य को हासिल करने में सफल रहा था। मैं वास्तव में इतने बड़े नुकसान के बाद पहले से कहीं अधिक सफल हो गया था। उसका एक कारण यह था कि मैं स्वयं को एक भाग्यशाली व्यक्ति के रूप में देखता था और अभी भी देखता हूँ।

इस प्रोजेक्ट के बहुत बड़े नुकसान का अनुभव करके भी अपने अस्तित्व के प्रति मेरा नज़रिया बिल्कुल भी नहीं बदला था। मैं इस सबको एक 'लक्ष्य' के रूप में देखता था, और इससे ज़्यादा कुछ नहीं। मैं जानता था कि मुझमें खेल में वापसी करने की क्षमता है। ठीक वैसे ही जैसे एक गोल्फ़र को अपनी क्षमताओं का ज्ञान होता है और वह रेत के ढेर से बाहर निकलने के लिए इस तकनीक का प्रयोग करता है और गेंद को लक्ष्य पर पहुँचाता है।

क्या मैं अभी भी ग़लतियाँ करता हूँ? हाँ, क्यों नहीं। लेकिन जैसे मैंने अपनी वित्तीय-मंदी के दिनों में ग़लतियाँ की थीं, मैं महसूस करता हूँ कि मैं अपनी ग़लतियों के लिए अपने सिवाय किसी अन्य व्यक्ति को दोषी नहीं ठहरा सकता। उनकी पूरी ज़िम्मेदारी मैं अपने ऊपर लेता हूँ क्योंकि उस स्थिति में फंसने के लिए मैं ही ज़िम्मेदार था। जैसा कि रॉबर्ट ध्यान दिलाते हैं, जादुई शक्ति को पाने का यही एक मार्ग है। प्रत्येक व्यक्ति ग़लतियाँ करता है लेकिन जो चीज़ सबसे अधिक महत्त्व रखती है, वह यह है कि आप अपनी ग़लतियों से कैसे निबटते हैं और उनसे क्या सबक लेते हैं। और यही चीज़ आपकी भावनात्मक परिपक्वता और चारित्रिक मज़बूती का एक हिस्सा है।

आपके पास सबसे बड़ा गुण जो होना चाहिए, वह है ज़िम्मेदारी की एक गहन भावना। यह किसी चीज़ के लिए आपको सशक्त बनाती है और जब आप अपने किसी अच्छे या बुरे कार्य की ज़िम्मेदारी लेते हैं तो यह आपकी प्रभावकारिता में आश्चर्यजनक रूप से वृद्धि करती है। अपने व्यापार में और अपने जीवन में यही वह क्षेत्र है, जिस पर आप काम कर सकते हैं। आप जैसे ही किसी कार्य को करने की ज़िम्मेदारी उठाते हैं, तो उस कार्य को असाधारण बनाने की शक्ति आपके अपने हाथ में होती है। मेरे लिए, नियंत्रण की भावना, सफलता का मुख्य स्रोत है।

मेरी वैस्ट साइड की कहानी

आप शायद सोचते होंगे कि ट्रम्प ब्रांड इसलिए सफल है क्योंकि उसका अपना एक प्रभाव है और वह हर चीज़ को सरल बना देता है, किंतु मैं जानता हूँ कि एक ब्रांड के रूप में और एक संगठन के रूप में मैं हमेशा अपनी नियति या भाग्य के नियंत्रण में नहीं होता। इस पर विचार करने वाली कोई बात नहीं है। कई बार ऐसा हुआ है कि मुझे परियोजना के सफलतापूर्वक आरम्भ होने के लिए या स्थितियों के अनुकूल होने के लिए बड़े धैर्यपूर्वक लम्बे समय तक प्रतीक्षा करनी पड़ी है। उदाहरण के लिए, आप विश्वास करें या न करें, मुझे हडसन नदी पर ट्रम्प प्लेस का निर्माण कार्य शुरू करने में 20 वर्ष तक इंतज़ार करना पड़ा। आपमें से कितने लोगों में इतना धैर्य होगा कि इतने लम्बे समय की प्रतीक्षा कर सकें? या किसी कार्य पर अपना ध्यान केंद्रित कर सकें? आप में से कितने लोगों में अपने प्रोजेक्ट में इतना विश्वास होगा कि उन 20 वर्षों के दौरान प्रोजेक्ट में आने वाली मुसीबतों और क्लेशों का सामना कर सकें? 20 वर्ष बहुत लंबी अवधि है, लेकिन इस प्रोजेक्ट के लिए मेरा दृष्टिकोण बिल्कुल स्पष्ट था और मैं उसे किसी भी कीमत पर पूरा करना चाहता था। क्या यह आसान था? नहीं, लेकिन वह प्रोजेक्ट इंतज़ार करने योग्य था और इसमें मुझे अधिक मज़बूत तथा और अधिक दृढ़-प्रतिज्ञ बनाया।

यहाँ मैं कुछ सूचनाएं दे रहा हूँ। यह कहानी वर्ष 1974 में शुरू हुई जब मैंने पैन सेंट्रल रेलरोड से वैस्ट साइड रेल यार्ड को ख़रीदने का पक्का निश्चय कर लिया। तब न्यू यॉर्क शहर में व्यापार की दृष्टि से हालात इतने अच्छे नहीं थे और उस पर यह स्थान भी नदी के बिल्कुल सामने पड़ता था और यह जगह मुझे बहुत कम कीमत पर मिल रही थी।

उस समय मैं अपनी दूसरी परियोजना में व्यस्त था, जिनमें कॉमोडोर/हायट होटल के नवीनीकरण और ट्रम्प टावर का काम भी शामिल था। नदी किनारे वाले प्रोजेक्ट पर मुझे वैस्ट साइड के लोगों के विरोध का सामना करना पड़ रहा था, जो नहीं चाहते थे कि वहाँ ट्रम्प प्लेस बने। इसके अतिरिक्त, सरकारी अनुदान, जिसने मेरे प्रोजेक्ट को लाभदायक बनाया, उस तरह के हाउसिंग प्रोजेक्ट से पीछे हट गए थे, जिस तरह का मैं बनाना चाह रहा था। अकेले इस चीज़ ने ही मुझे बड़ी कठिन परिस्थितियों में खड़ा कर दिया था। केवल इस सौदे को मान्यता देने से ही काम नहीं बनने वाला था। इसलिए, मैंने 1979 में अपने मूल विकल्प को छोड़ दिया और पैन सेंट्रल रेल रोड ने वह रेल यॉर्ड किसी ओर को बेच दिया।

यह मेरा सौभाग्य था कि इसके क्रेता के पास न्यू यॉर्क में काम करने का कोई ज़्यादा अनुभव नहीं था, बल्कि पुनर्क्षेत्रीकरण (रीज़ोनिंग) का अनुभव तो और भी कम था। इस शहर में रियल एस्टेट का यह अत्यंत जटिल पहलू है। उनकी अनुभवहीनता ने उनसे कई ग़लतियाँ करवाईं और अंततः वे यह प्रोजेक्ट बेचने के लिए मजबूर हो गए। यह 1984 की बात है जब उन्होंने मेरे पास संदेश भिजवाया कि इसे बेचने में उनकी दिलचस्पी है। मैं इसे 100 मिलियन डॉलर में खरीदने के लिए सहमत हो गया। यानि मिडटाउन

मैनहटन में तटीय भाग पर प्रति एकड़ एक मिलियन डॉलर की प्रॉपर्टी! यह बहुत बढ़िया सौदा था, लेकिन मैं अभी भी इस प्रॉपर्टी को विकसित करने की मनःस्थिति में नहीं था।

1984 और 1996 के बीच, वास्तव में मेरे धैर्य की परीक्षा थी और ऐसा ही मेरी दृढ़ता के साथ भी था। मुझे इस शहर की विलक्षणताओं से भी निबटना था, जो बड़ी मात्रा में होने के साथ-साथ हास्यास्पद भी थीं। चूँकि इस बिन्दु पर मुझे कहीं ज़्यादा अनुभव था, इसलिए मैंने इस शहर की असुविधाओं और कमियों को भी अपने लाभ के लिए प्रयोग किया।

न्यू यॉर्क में चीज़ें अभी भी बहुत अनुकूल नहीं थीं। 1990 के दशक के शुरूआती वर्षों में भी नहीं, लेकिन वे बेहतर हो रही थीं। एक शुरूआत करने वाले के रूप में, शहर की स्थितियों के कारण मेरे लिए वांछित क्षेत्रीकरण करना काफ़ी आसान था। इस चीज़ ने मुझे सहायता दी, क्योंकि जैसे कि वहाँ का आर्थिक माहौल बेहतर होना शुरू हो गया था, मैं एक अच्छे समय में निर्माण की शुरूआत कर रहा था। समय बहुत सही था। यदि मैं धैर्यवान और मेहनती न होता, तो शायद ऐसा न होता। यह समझना बहुत महत्त्वपूर्ण है कि यह सबसे बड़ी विकास परियोजना थी जिसे न्यू यॉर्क सिटी प्लानिंग कमीशन ने मान्यता दी थी। इसमें 16 गगनचुम्बी और विशिष्ट रूप से डिज़ाइन की गयी आवासीय इमारतें शामिल थीं, जो हडसन नदी के सामने पड़ती थीं।

ट्रम्प प्लेस किसी समय अभिशप्त माना जाता था लेकिन अब सम्पन्न वैस्ट साइड के लोगों के लिए मिलने-जुलने का स्थान बन गया था। इसमें 25 एकड़ के क्षेत्रफल में फैला एक पार्क था, जो मैंने इस शहर के नाम समर्पित कर दिया था। शहर के निवासियों के प्रयोग के लिए अब एक साइकिल-पथ था, लोगों के मिलजुल कर खेलने और पिकनिक मनाने के क्षेत्र थे और लोकप्रिय सामुदायिक उत्सवों के लिए एक घाट और खुला स्थान था। यह सब लोगों के लिए एक बहुत फ़ायदेमंद और उपयोगी स्थिति थी - शहर, यहाँ के निवासी, हमारी कम्पनी, और हमारे ब्रांड, सभी के लिए। मेरी ज़िद और दृढ़-निश्चय ने निश्चित रूप से बहुत फ़ायदा दिया था।

रॉबर्ट उद्यमी बनने की "इच्छा रखने वाले" ऐसे लोगों का ज़िक्र करते हैं जो यह महसूस नहीं कर सकते कि किसी व्यवसाय में बने रहना कितना कठिन होता है - विशेषकर जब वे अपने काम को केवल घसीट ही रहे हों। मैं इससे केवल हमदर्दी प्रकट कर सकता हूँ। मेरा पहला एकल उद्यम इतना पेचीदा बन चुका था कि एक बिंदु पर मैं इसे केवल भूल जाना चाहता था। मुझे खुशी है कि मैंने ऐसा नहीं किया क्योंकि यह मेरी पहली बड़ी सफलता बन गया था और इसने मुझे मैनहटन के मानचित्र में एक डेवेलपर के रूप में स्थापित कर दिया था।

द ग्रैन्ड हायट होटल

हो सकता है आपने न्यू यॉर्क शहर में 'द ग्रैन्ड हायट होटल' का नाम सुन रखा हो। यह ग्रैन्ड सेन्ट्रल स्टेशन के बिल्कुल नज़दीक है। यह एक बहुत सुंदर होटल है। एक कतार में शीशों की चार बाहरी दीवारों वाला यह होटल, अब मिडटाउन मैनहटन का एक सुंदर और फलता-फूलता क्षेत्र बन चुका है। हालाँकि 1970 के दशक में यह ऐसा नहीं था। तब यह क्षेत्र बड़ा जीर्ण-शीर्ण था और सामान्यतः लोग इस क्षेत्र से गुज़रने में परहेज़ करते थे। गुज़रते भी थे तो तभी जब उन्हें इस शहर में आने के लिए या इससे बाहर जाने के लिए ग्रैन्ड सेन्ट्रल स्टेशन से होकर गुज़रना होता था। वहाँ, स्टेशन के ठीक सामने, एक पुराना होटल होता था - द कॉमोडोर होटल। यह स्थान बहुत मुसीबतों भरा था और देखने योग्य भी नहीं था। समूचा क्षेत्र बहुत निराशाजनक था, जहाँ अपराध बहुत होते थे।

मैं जानता था कि पड़ोसी क्षेत्र इसमें काफ़ी बदलाव ला सकता था और मैं विश्वास करता था कि इसके लिए पहला कदम होगा इसे अपने अधीन लेना और फिर कॉमोडोर होटल का पुनर्निर्माण करना। मुझे याद है कि मेरे पिता को भी विश्वास नहीं हुआ था कि मैं इसके सम्बन्ध में गंभीर था। वास्तव में, उन्होंने मुझसे कहा था, "इस समय कॉमोडोर को ख़रीदना, जबकि क्राइस्लर बिल्डिंग भी दिवालिया होने की कगार पर है, टायटैनिक जहाज़ में एक सीट पाने के लिए संघर्ष करने जैसा है।"

हम दोनों जानते थे कि इसमें जोखिम मौजूद था। किंतु मैं पूरी तरह से निश्चित था कि नवीनीकरण से पड़ोस का यह क्षेत्र पुनः एक समृद्ध इलाके में बदल सकता है और बदल जाना चाहिए। मैंने यह देख लिया था और इसीलिए मैं जानता था कि मैं सही था। इसने मुझे बहुत आत्मविश्वास दिया - जिसकी भविष्य में मुझे आवश्यकता पड़ने वाली थी।

एक वर्ष पश्चात्, इस होटल के लिए सौदेबाज़ी आरम्भ करने से पहले, इसके मालिक (पैन सेन्ट्रल रेल रोड) ने इसके नवीनीकरण पर लगभग 2 मिलियन डॉलर की राशि बर्बाद की थी, जिसके कोई सकारात्मक परिणाम नहीं निकले थे। इतना तो स्पष्ट था कि होटल पर अभी भी और काम होना बाकी था और इसके मालिक पर अभी भी 6 मिलियन डॉलर के करों का बोझ लदा हुआ था। वे इसे बेचने को तैयार थे। इसलिए मैं इस होटल को 10 मिलियन डॉलर में खरीदने का एक अवसर ले सकता था। लेकिन इसे खरीदने से पहले मुझे अपने आप में एक कठिन सौदा करना था। मुझे इसके लिए बाहर से ऋण लेने, होटल कम्पनी से एक वचनबद्धता और न्यू यॉर्क सिटी से घरों में कमी के आश्वासन की आवश्यकता होगी। यह सब बहुत पेचीदा मसले थे और इसके लिए बातचीत तथा सौदेबाज़ी में मुझे कई वर्ष लग गए।

इन बातचीतों के दौरान मैं ऐसे प्रतिभाशाली डिज़ाइनर को ढूंढ रहा था जो एक पुराने होटल को शानदार नमूने में परिवर्तित कर दे। मैं एक युवा आर्किटेक्ट, डेर स्कट से मिला, जो मेरी दृष्टि को समझ गया था। मैं उस पूरी इमारत को कोई चमकदार रूप देना चाहता था जो पूरे क्षेत्र को एक नई शक्ल दे दे। मैं निश्चित नहीं था कि यह सौदा

तय होगा किंतु मैं इस क्षेत्र के शानदार बन जाने के सम्बन्ध में इतना आशावादी था कि मैंने डेर स्कट के साथ विचार-विमर्श में काफ़ी समय ख़र्च किया और उसे कुछ रूपरेखा बनाने के लिए उसे काम पर रख लिया, ताकि यदि कोई बात बनती है तो हम तैयार रहें।

मैं यह भी जानता था कि इस बड़े होटल के लिए मुझे किसी ऑपरेटर की आवश्यकता भी होगी, क्योंकि 1,400 कमरे वाले और 15 लाख वर्ग फ़ीट में फैले होटल को संभालना हर किसी के वश की बात नहीं थी। जब मैंने इस व्यवसाय के सबसे अनुभवी नामों पर विचार किया तो सबसे अच्छे ट्रैक रिकॉर्ड के साथ हायट का नाम मुझे सबसे ऊपर दिखाई दिया। मैं आशा कर रहा था कि शायद वे भी इसमें दिलचस्पी दिखाएंगे क्योंकि बेशक आज इस बात पर विश्वास करना कठिन हो लेकिन उस समय न्यू यॉर्क सिटी में हायट समूह का कोई होटल नहीं था। मेरा अनुमान सही था, वे इस होटल को चलाने के इच्छुक थे। हमने दो समान साझेदारों के रूप में सौदा कर लिया और हायट इस होटल का नवीनीकरण पूरा होने के बाद इसके प्रबंधन के लिए सहमत हो गया।

तब तक मेरे पास एक आर्किटेक्ट, एक होटल साझेदार और मोटे तौर पर लागत के अनुमानित आंकड़े मौजूद थे। मेरे पास जो चीज़ नहीं थी, वह था पैसा और शहर से कई मिलियन डॉलर की कर-रियायतें। उस समय मैं केवल 27 वर्ष का था इसलिए मुझे समझदारी इसी में दिखी कि मैं एक बड़ी उम्र के रियल एस्टेट ब्रोकर की तलाश करूं, जिसके पास बहुत ज़्यादा अनुभव हो। किसी परिपक्व व्यक्ति को अपने साथ जोड़ने से मुझे होटल की बेहतर इमेज बनाने में भी सहायता मिल जाती।

कई बाधाओं पर काबू पाने के बाद जब सारा सिलसिला आगे बढ़ रहा था, तो एक और बाधा हमारे सामने आ खड़ी हुई - एक बहुत बड़ी बाधा, जो बहुत दुर्गम लग रही थी। बिना वित्त पोषण (फ़ाइनैन्सिंग) के न्यू यॉर्क सिटी कर-रियायतों पर विचार नहीं करने वाली थी और बिना कर-रियायतों के बैंक ऋण देने के बिल्कुल भी इच्छुक नहीं थे। हर संभावित बाधा से हमारा सामना हुआ। हर संभावित बाधा का मेरा अर्थ है हर बाधा। इसलिए हमने आस-पास के नष्ट होते शहरों की ओर, बैंकों की दिलचस्पी के सम्बन्ध में अपील करने का फैसला किया। शायद वे इससे अपने भीतर अपराध-बोध महसूस करें कि वे इस शहर को दोबारा एक महान शहर बनने में सहायता नहीं कर रहे थे। हमारा यह नुस्खा भी सफल नहीं हुआ।

अपनी ओर से शहर के प्रत्येक बैंक से बात करने के बाद अंततः हमें एक बैंक ऐसा मिल गया जिसकी इस प्रोजेक्ट में रूचि प्रतीत हो रही थी। हमने इस काम पर अपने अनगिनत घंटे खर्च किए थे और अब यह बहुत बढ़िया दिखाई दे रहा था। अचानक ही, पता नहीं कहाँ से निकल कर किसी व्यक्ति ने अपना विचार बदल लिया और एक ऐसे मुद्दे के साथ सामने आया, जिसका इस सौदे में कोई महत्त्व नहीं था। उसने करीब-करीब हमारे सौदे का क़त्ल कर दिया था। हम मन के इस अचानक परिवर्तन से हैरान थे और हमने हर सम्भव तर्क उनके सामने रखने का प्रयास किया लेकिन इसका कोई फ़ायदा नहीं

हुआ। वह व्यक्ति अपनी बात से हिला ही नहीं। मुझे याद है मैंने अपने ब्रोकर की ओर मुड़ते हुए कहा था, "इस सौदे को यहीं समाप्त करो और यहाँ से भाग चलो।"

यह घटना मेरे उन निराशापूर्ण क्षणों में से एक थी जब मैं इस प्रोजेक्ट से हाथ खींच लेना चाहता था। मैं टूट चुका था, निराश हो चुका था। यह जॉर्ज रॉस ही था, मेरा ब्रोकर, मेरा वकील और कभी-कभी 'द अप्रेंटिस' में मेरा सलाहकार, जो मुझे इस प्रोजेक्ट पर चलते रहने के लिए समझाने में सफल रहा था। उसने मुझे बड़ी बुद्धिमानी से समझाया कि मैं पहले ही इतना समय और इतने प्रयास इन प्रोजेक्ट में झोंक चुका हूँ। वह बिल्कुल सही कह रहा था। 'अब क्यों छोड़ रहे हो?' उसने मुझसे पूछा। चूंकि मैं पलायनवादी नहीं था इसलिए मैंने जल्दी से इस प्रोजेक्ट पर टिके रहने का संकल्प किया। इसके अतिरिक्त मैं उद्यमी बनने की "इच्छा रखने वाला" व्यक्ति नहीं बनना चाहता था। यह तो केवल यूं ही सबसे बुरा बिंदु बन गया था। आपको ऐसी कई स्थितियों का सामना करना होगा।

लेकिन मैं इस बुरी स्थिति से भी मजज़बूत होकर लौटा। यह बुरी स्थिति मेरे लिए एक क्रांतिकारी परिवर्तन बन गयी थी और मैंने इस प्रोजेक्ट को पूरा करने के लिए पहले से भी अधिक दृढ़-संकल्प कर लिया था। मेरी नई रणनीति यह थी कि मैं यह सारी स्थिति शहर के सामने स्पष्ट कर दूँ, बिना वित्त-पोषण के भी। द हायट होटल संगठन की निश्चित रूप से न्यू यॉर्क में होटल खोलने में दिलचस्पी थी। हालाँकि, जब तक हमें कर-विभाग सम्पत्ति-करों में रियायत नहीं देता, इस प्रोजेक्ट की लागत बहुत ऊंची थी और हमारे लिए यह एक असम्भव सी बात थी।

मैंने एक प्रभावशाली बात कही और न्यू यॉर्क सिटी का कर-विभाग एक सौदे पर सहमत हो गया था जिसने हर किसी को लाभान्वित किया था और हमें आपस में साझेदार बना दिया था। मैं कॉमोडोर को 10 मिलियन डॉलर में खरीदूंगा और इस पर 40 वर्षों तक सम्पत्ति-कर रियायत प्राप्त करूंगा और 6 मिलियन डॉलर के सम्पत्ति-कर वापस चुकाउंगा। उसके बाद मैं यह होटल शहर के कर-विभाग को 1 डॉलर में बेच दूंगा और वे वापस मुझे वह होटल 99 वर्षों की लीज़ पर दे देंगे।

यदि यह बहुत उलझा हुआ लगता है तो इसलिए, क्योंकि यह उलझा हुआ है। लेकिन इसने सबको फ़ायदा पहुँचाया था। अंततः, हमें दो संस्थानों से पैसा मिल गया और द ग्रैन्ड हायट एक बहुत बड़ी सफलता बन गया था। इसकी शुरूआत 1980 में हुई और यह मिडटाउन और ग्रैन्ड सेन्ट्रल के पुनरोद्धार की शुरूआत के लिए विख्यात हो गया। यह आज भी एक सुंदर होटल माना जाता है।

मैं समझता हूँ कि आप इस बात से सहमत होंगे कि इस प्रोजेक्ट को पूरा करते हुए मुझे दुर्भाग्य के एक दौर से भी गुज़रना पड़ा था, लेकिन मैं समस्याओं से निकल कर काम करने में सफल रहा और सारी चीज़ें ठीक हो गयीं। जैसा कि रॉबर्ट ज़िक्र करते हैं, कभी-कभी हमें यह पता नहीं होता कि कोई चीज़ हमारे लिए कितनी कठिन होने जा रही है। इससे कोई अंतर नहीं पड़ता कि, यदि आप जादुई शक्ति चाहते हैं, तो कौन

सी चीज़ आपको कठिन कार्य होने के बावजूद, उसे जारी रखने को प्रेरित करती है और आप उसे पूरा कर लेते हैं।

जब मैं पहली बार मिस यूनिवर्स और मिस अमेरिका जैसी सौंदर्य प्रतियोगिताओं में नैशनल ब्रॉडकास्टिंग कॉर्पोरेशन (एन.बी.सी.) का साझेदार बना, तो ये प्रतियोगिताएं इतनी अच्छी नहीं रही थीं। वे सांयकालीन प्रसारित होने वाले कार्यक्रमों के मुकाबले में, उनके आस-पास भी नहीं ठहरती थीं। उनके पास बहुत ज़्यादा प्रायोजक भी नहीं थे और दर्शकों के मामले में भी वे पिछड़ रहे थे। कुछ लोग एक व्यापार के रूप में, इसमें मेरे दिलचस्पी लेने पर हैरान होते थे (सुंदर औरतों को छोड़ दें तो) लेकिन मुझे इसमें बहुत अधिक सम्भावनाएं दिखती थीं और मैं जानता था कि यदि इन प्रतियोगिताओं को अच्छी तरह आयोजित किया जाए तो वे बहुत बड़ी संख्या में भीड़ को अपनी ओर आकर्षित करने वाले आयोजन सिद्ध हो सकते हैं। मिस यू.एस.ए. स्पर्धा 2011 को सांयकालीन प्रसारित होने वाले कार्यक्रमों में सर्वोच्च रेटिंग प्राप्त हुई। अब वे बहुत बड़ी राष्ट्रीय व अंतर्राष्ट्रीय प्रतियोगिताएं बन चुकी हैं और उन्हें सौंदर्य प्रतियोगिताओं के लिए उत्कृष्टता की मानक माना जाता है। कुछ लोग कहते हैं, 'आप बहुत सौभाग्यशाली हैं' लेकिन मैं जानता हूँ कि यह इससे कहीं ज़्यादा बड़ी बात थी। हमने इस प्रारूप को आधुनिक बना कर, समान प्रोड्यूसरों को अपने साथ जोड़ कर और एक उच्च गुणवत्ता वाले उत्पाद के लिए लक्ष्य साध कर, उसे एक अच्छा उत्पाद बनाने में बहुत मेहनत की थी। हमारे दृष्टिकोण और ध्यान केंद्रित करने ने हर किसी के लिए बहुत अच्छा कार्य किया था। कभी-कभी सफलता अनायास ही मिल जाती है। और सफलता का सबसे बेहतरीन हिस्सा है, किसी ऐसी चीज़ को हाथ में लेने से मिलने वाला एहसास, जो मुश्किल से सांस ले रही हो और आप उसे किसी जीवित चीज़ में परिवर्तित कर दें।

आस-पास मोड़ ले रही चीज़ों के लिए, चाहे वह पड़ोस हो या एक कार्यक्रम या एक इमारत, एक विशेष चुनौती मौजूद है। जादुई शक्ति का एक अहम भाग है वह दृष्टि जो चीज़ों को उस रूप में देख सकती है जैसे वे हो सकती हैं, अपेक्षाकृत कि जैसी वे हैं। किसी न किसी व्यक्ति को तो यह करना होगा और मेरे पास सुधार के लिए हमेशा वह ऊर्जा और वह दृष्टि मौजूद रहती है। यह मेरे लिए बहुत स्पष्ट हो सकता है और मैं ऐसा व्यक्ति नहीं हूँ जो चुनौतियों से बचने का प्रयास करे। मैं प्रत्येक परियोजना को व्यावहारिक दृष्टिकोण और भावनात्मक नियंत्रण से देखता हूं। फिर भी मैं काम को पूरा करने के लिए आवश्यक उत्साह बनाए रखता हूँ। यह एक महत्त्वपूर्ण संतुलन है।

तेज़ हवाओं वाला शहर

ट्रम्प इंटरनैशनल होटल और टावर शिकागो ने अमेरिका और कैनेडा में सर्वश्रेष्ठ होटल का 'ट्रैवल + लेज़र' पत्रिका का पुरस्कार जीता है। एक शानदार इमारत के लिए यह एक अद्भुत सम्मान था। एक बार फिर, इसके निर्माण के अपने मुश्किलों भरे क्षण... और

महीने थे। उदाहरण के लिए बुनियाद का निर्माण आरम्भ करने के तीन महीने बाद हमें पता चला कि शिकागो नदी का पानी, इमारत के निर्माण स्थल पर रिस रहा था। चूंकि इमारत की नींव नदी के जलस्तर से नीचे रखी जा रही थी, इसलिए नदी की पुरानी दीवार, जो पहले से ही उस स्थान पर थी, हमारे लिए चिंता का विषय साबित हो रही थी। क्या यह मज़बूती से खड़ी रह सकेगी? यह समस्या इस चीज़ से और बढ़ गयी थी कि पानी उस कोने से अंदर आ रहा था जहाँ यह दीवार ओर वैबाश ऐवेन्यू पुल मिलते थे, जिससे एक बहुत गंभीर स्थिति पैदा हो सकती थी। हमने बड़ी ही श्रमसाध्य देखभाल के साथ इस समस्या को दूर किया था। इससे आगे हमें एक और समस्या का सामना करना पड़ा, जो इमारत के संरचनात्मक डिज़ाइन से सम्बन्धित थी। हमने मूल रूप से पहले 14 मंज़िलें डिज़ाइन की थीं, जिसके आधार में स्ट्रक्चरल स्टील का फ्रेम बनाया जाना था, जिसके ऊपर मज़बूत कॉन्क्रीट की इमारत खड़ी होनी थी। बहुत बाद में, इमारत के डिज़ाइन की प्रक्रिया में चीन के औद्योगिक विकास के कारण, जो दुनिया को इस्पात के एक बहुत बड़े भाग की आपूर्ति करता है, हमें इस्पात की वैश्विक कीमतों में एक विशाल बढ़ोतरी का सामना करना पड़ा।

हम एक बार फिर ड्रॉइंग बोर्ड पर इमारत के डिज़ाइन पर दिमाग़ लगाने लगे। हमने इसे दोबारा डिज़ाइन करके, इसे पूरी कॉन्क्रीट की इमारत बना दिया, जिससे हमें कई मिलियन डॉलर की बचत हुई और निर्माण के संचालन और क्रियान्वन में भी बहुत आसानी हो गयी। यह स्पष्ट झटका हमारे लिए बहुत लाभदायक रहा। इस परियोजना का घटनाक्रम इस इमारत को पूरा करने के लिए आवश्यक धैर्य को रेखांकित करता है। हमने इस इमारत के लिए योजना बनाने का काम वर्ष 2000 में आरम्भ किया था और हमने वर्ष 2005 में इसका निर्माण कार्य शुरू किया। इसके साथ-साथ हमारे पास कुछ अन्य लक्ष्य भी थे, किंतु यदि आपको इस इमारत को देखने का अवसर मिला हो तो आप देखेंगे कि हमारे प्रयास बहुत सराहनीय थे। हमने किसी भी 'दुर्भाग्य' को अपने लाभ में परिवर्तित कर दिया था।

मैं आरम्भ से ही अपने परिवार के कारण अपने आपको अत्यंत भाग्यशाली मानता हूँ। मेरे लिए मेरे माता-पिता महान आदर्श थे, मेरे पिता मेरे विश्वसनीय सलाहकार थे और मुझे अच्छी शिक्षा का भी लाभ प्राप्त हुआ। मैं अपने आप से बहुत आशाएं पाल लेता हूँ क्योंकि मुझे कई लाभ दिए गए हैं। मैंने किसी भी दुर्भाग्य की कायापलट करना सीख लिया है। इसीलिए मैं जानता हूँ कि यह सम्भव है।

काम को अंजाम तक पहुंचाना

कई बार ऐसा भी होता है जब मुझे अपने दुर्भाग्य से नहीं बल्कि किसी दूसरे के दुर्भाग्य से भी लड़ना पड़ता है। कभी-कभी अवसरों की प्राप्ति के लिए दूसरे लोगों की समस्याओं को समझना बहुत आवश्यक हो जाता है। 1980 में न्यू यॉर्क सिटी ने घोषणा की कि वे

सेन्ट्रल पार्क में एक पुरानी आइस स्केटिंग रिंक, वोल्मैन स्केटिंग रिंक का नवीनीकरण करेंगे। बर्फ़ का यह मैदान (रिंक) बच्चों, परिवारों व सभी आयुवर्ग के लोगों के लिए हमेशा ही एक आकर्षण का केंद्र रहा है। पिछले छः वर्षों में नवीनीकरण पर 12 मिलियन डॉलर की राशि खर्च करने के बावजूद यह जनता के लिए नहीं खुल पाया था। इसलिए 1986 में सिटी ने घोषणा की कि वे दोबारा से इसका नवीनीकरण करेंगे। लेकिन उनका यह कार्य पूरा नहीं हो पाया। छः वर्षों से मैं इस प्रक्रिया को देख रहा था क्योंकि वोल्मैन रिंक मेरे अपार्टमेंट के बिल्कुल सामने ही था।

मैंने इसके सम्बन्ध में कुछ करने का निश्चय किया। यह शानदार रिंक यहाँ के नागरिकों और बाहर से आने वाले लोगों के लिए अगर उपलब्ध नहीं होता, तो इसका होना एक मायने में व्यर्थ ही है। मैंने इस सम्बन्ध में तत्कालीन मेयर कॉच को पत्र लिखा और छः महीनों के अंदर ही एक नया रिंक बनाने का प्रस्ताव उसके सामने रखा - बिना इस शहर पर किसी खर्चे का बोझ डाले। मैं इस शहर को और नागरिकों को यह रिंक उपहार में भेंट करना चाहता था।

मेरे इस प्रस्ताव को और मेरी ईमानदारी को मेयर ने ठुकरा दिया और उसने मेरे पत्र को एक मज़ाक की तरह न्यू यॉर्क के समाचार-पत्रों में प्रकाशित करवा दिया। उसकी यह रणनीति उसके ही विरुद्ध जा पड़ी, जब समाचार-पत्रों के पत्रकारों ने और यहाँ की जनता ने मेरा पक्ष लिया। समाचार-पत्रों में इसकी कड़ी प्रतिक्रिया हुई और एक समाचार-पत्र ने लिखा कि 'न्यू यॉर्क सिटी ने इसके सिवाय कुछ भी प्रमाणित नहीं किया कि यहाँ कोई भी काम पूरा नहीं हो सकता।'

अगले ही दिन मेयर एड कॉच अपने बयान से पलट गया और अचानक ही सिटी ने वह कार्य मेरे सुपुर्द कर देने की इच्छा जताई। हमारी सिटी अधिकारियों के साथ बैठक हुई जिसमें यह सहमति बनी कि मैं उस रिंक पर पैसा लगाऊँगा और वह कार्य छः महीनों में यानि दिसम्बर 1986 के मध्य तक पूरा करके दूँगा। जब यह रिंक जनता के लिए खुलेगा तो सिटी मेरी लागत (यदि रिंक पूरा हो गया तो), जो 3 मिलियन डॉलर से कम होगी, मुझे वापस लौटा देगी। यदि लागत इससे अधिक बैठती है तो वह मुझे वहन करनी पड़ेगी। मैं वोल्मैन रिंक का काम हाथ में लेकर बहुत उत्तेजित महसूस कर रहा था।

यह एक बहुत बड़ा काम था। यह रिंक लगभग एक एकड़ से अधिक के क्षेत्रफल में फैला हुआ था, जिसमें 22 मील की लंबाई के बराबर पाइप और 35,000 पाउण्ड की दो रेफ्रिजरेशन यूनिट की आवश्यकता पड़ने वाली थी। स्केटिंग करने वाले लोगों के कमरे में पानी का रिसाव भी था और उनकी छत में छेद भी हो चुके थे। इस काम को करते हुए नेतृत्व की गम्भीर समस्या भी आने वाली थी। मैं जानता था कि इस काम को पूरा करने के लिए मुझे पूरी मुस्तैदी दिखानी पड़ेगी। मैंने कई विशेषज्ञों से बात की और सबसे अच्छे स्केटिंग-रिंक के निर्माता को ढूंढ लिया। मैं हर रोज़ स्वयं वहाँ जाकर और अपने अपॉर्टमेंट से भी, इस रिंक की दैनिक प्रगति की जाँच-पड़ताल करता था।

इस प्रोजेक्ट पर दो महीने बिताने के बाद मेरे सामने कई ऐसे क्षण आए जब मुझे लगा कि यदि यह शानदार योजना मैं समय से पूरी नहीं कर पाया तो मेरी ख्याति को क्षति पहुँच सकती थी और निश्चित रूप से मीडिया तुरंत मुझ पर चढ़ बैठेगा। मैंने अपनी दृष्टि को एक पूर्ण और शानदार स्केटिंग रिंक को देखने के लिए बरकरार रखा और महसूस किया कि इस प्रोजेक्ट से जुड़े हर व्यक्ति के लिए यह कितना सौभाग्यशाली होगा! यह शहर और इसके नागरिक पहले ही छः साल का दुर्भाग्य झेल चुके थे और अब मैं उसे बदल देना चाहता था।

पांच महीने के काम के बाद मैंने देखा कि हम अपने कार्यक्रम से एक महीना आगे चल रहे थे और वह भी अपने बजट के अंदर। मुझे यह देख कर बहुत राहत मिली और गर्व महसूस हुआ। रिंक बहुत सुंदर बन रहा था और शहर इसका पूरा आनंद लेने के मूड में दिख रहा था क्योंकि छुट्टियों के मौसम के लिए यह निश्चित समय पर तैयार होता दिखाई दे रहा था। हमने इस शानदार उद्घाटन समारोह के लिए, अन्य लोगों के अलावा पैगी फ़्लेमिंग, डौरोथी हैमिल और स्कॉट हैमिल्टन को भी आमंत्रित किया था ताकि हम इसे एक विशेष दिन बना सकें। अंततः वोल्मैन स्केटिंग रिंक के खुल जाने से बहुत शानदार महसूस हो रहा था। मैंने इस परियोजना का सारा लाभ दान में और उद्यान विभाग को दे दिया था। यह है बड़े पैमाने पर और हर किसी के लिए दुर्भाग्य को सौभाग्य में परिवर्तित करना! और यही है जादुई शक्ति!

निष्कर्ष

पहले अध्याय में प्रस्तुत की गयी हमारी कहानियाँ यह दर्शाती हैं कि चरित्र की मज़बूती जादुई शक्ति के लिए सबसे बुनियादी चीज़ है। हमारा अँगूठा उस ताकत को दिखाता है, क्योंकि यही वह उँगली है जो हमारी पकड़ को मज़बूत बनाती है और चीज़ों को अपने नियंत्रण में रखती है। यह हमें शेष प्राणि-जगत से भिन्न बनाता है क्योंकि इसी से हमारी हथेली एक पूर्ण हाथ में परिवर्तित होती है। प्रतीक रूप में देखें तो जब अन्य लोग किसी काम को छोड़ कर भाग जाते हैं या छिप जाते हैं या हार मान लेते हैं या अपनी असफलताओं के लिए दूसरों को दोष देते हैं, तो यह अँगूठा किसी उद्यमी के दृढ़-निश्चय की योग्यता को दर्शाता है। यह किसी सफल उद्यमी की कोशिशों को अपनी जीत में बदल देने की योग्यता को भी दर्शाता है।

यदि जीत सुनिश्चित हो जाए तो अधिकांश लोग उद्यमी बन जाएँगे। आपने सम्भवतः कई लोगों को उत्साह से यह कहते सुना होगा, "निश्चित रूप से अपना बॉस होना बहुत अच्छा लगता है।" आपका अपनी इच्छा से कार्य करना और अपने पसंदीदा तरीके से काम करना बहुत अच्छा महसूस होता है। दूसरों के लिए, एक व्यवसाय को खड़ा करने की संतुष्टि और सम्भवतः बहुत अधिक धन और प्रसिद्धी को प्राप्त कर लेना, उद्यमशीलता के पूरे विचार को अत्यंत आकर्षक बना देता है। और यदि इसमें असफल होने का डर होता तो?

इसीलिए अधिकांश लोग उद्यमी नहीं बनते। उन्हें अपनी जीत की इच्छा की अपेक्षा असफल होने का डर सताता है। दुर्भाग्य से, हमारा जीवन उतार-चढ़ावों से भरा हुआ है, जिसका अर्थ है कि यदि आप जीतने की इच्छा रखते हैं तो आपको अपनी हार को स्वीकार करना चाहिए। इन दोनों स्थितियों के बीच में जीवन जीना असम्भव है। चाहे हमें पसंद हो या न हो, लेकिन जीवन हमें चोट पहुँचाता ही रहता है और जीवन में केवल जीत की आशा करना पूर्णतः अव्यावहारिक है। जो चीज़ जादुई शक्ति वाले उद्यमियों को अन्य उद्यमियों से अलग करती है, वह यह है कि जब वे हानि का सामना करते हैं तो वे बड़ी तेज़ी से उस से उबर जाते हैं, अपनी ग़लतियों से सबक सीखते हैं और आगे बढ़ जाते हैं। सफल उद्यमी जानते हैं कि अपनी ग़लतियों से सबक सीखने की प्रक्रिया उन्हें विवेक देती है और अगली चुनौतियों के लिए उन्हें मज़बूती प्रदान करती है। जहाँ असफलता कई लोगों को असफल बना देती है, वहीं वह जादुई शक्ति वाले उद्यमियों को और भी चतुर और बुद्धिमान बना देती है।

स्कूल की कक्षा बनाम जीवन

यहाँ एक विरोधाभास है। यदि 'ए' श्रेणी के छात्रों को सबसे योग्य माना जाता है, तो वे सभी अत्यंत धनी उद्यमी क्यों नहीं बन जाते? इसका उत्तर यह है कि अधिकांश 'ए' छात्र, कम से कम ग़लतियाँ करके और कम से कम असफल होकर अपनी कक्षा में विजेता छात्र बनते हैं। वहाँ वे सीखते हैं कि ग़लतियाँ और असफलताएं बुरी चीज़ होती हैं। इसलिए वे श्रेष्ठ बनने के लिए अपना सर्वश्रेष्ठ प्रयास करते हैं। इसके विपरीत, उद्यमशीलता की वास्तविक दुनिया में जो लोग सबसे अधिक ग़लतियाँ करते हैं और अपनी ग़लतियों से सबसे जल्दी सबक लेते हैं, वहीं अंततः विजेता होते हैं। व्यापार इसी तरह लोगों को पुरस्कृत करता है।

इसका अर्थ यह है कि पारम्परिक शिक्षा या तो उन चुनौतियों से बचने का प्रयास करती है जहाँ हम ग़लतियाँ कर सकते हैं या वे उन चुनौतियों से बड़े चौकन्नेपन से बचते हैं और हिचकिचाहट से उनका सामना करते हैं। यह कोई बहुत बढ़िया दृष्टिकोण नहीं है। कुछ लोग ऐसी स्थितियों में बिल्कुल पंगु हो जाते हैं और कोई निर्णायक फ़ैसला नहीं ले पाते। तब यह हैरानी की बात नहीं है कि अधिकांश लोग जोखिम से बचते हुए अपना जीवन व्यतीत करते हैं। यहाँ ऐसे भी लोग हैं जो एक बंधी-बंधायी नौकरी और वेतन को ज़्यादा तरज़ीह देते हैं, अपेक्षाकृत अपने व्यापार और बहुत सारे धन के। यदि आप ऐसा ही चाहते हैं तो यह भी बुरा नहीं है।

दूसरी ओर वे उद्यमी, जिनमें से कई 'ए' श्रेणी के छात्र नहीं रहे हैं, चुनौतियों को प्यार करते हैं। वे अपनी ग़लतियों, अपनी कुंठाओं, अपनी रुकावटों और अपनी असफलताओं को पूरी तरह जानते हैं और उन्हें स्वीकार करते हैं। वे जानते हैं कि ग़लतियों पर विजय पाने की चुनौती ही उनकी कक्षा है और उनके बेहतर उद्यमी बनने का मार्ग है।

ऐसा नहीं कि वे असफल होना चाहते हैं। अंतर केवल यही है कि चुनौतियों से बचने की अपेक्षा उद्यमी यह जानते हैं कि वे ग़लतियाँ जो वे कर सकते हैं और आगे आने वाली जोखिम भरी स्थितियां उन्हें अधिक बुद्धिमान, बेहतर तथा और भी अधिक धनी उद्यमी बनने को प्रेरित कर सकती हैं। अधिकांश व्यावसायिक स्कूल छात्रों को जोखिम कम करना सिखाते हैं। जहाँ अधिकांश 'ए' श्रेणी के छात्र जोखिम को एक बुरी चीज़ के रूप में देखते हैं, वहीं अधिकांश उद्यमी जोखिम को एक चुनौती के रूप में लेते हैं। वे उन अवसरों का भी लाभ उठाने की कोशिश करते हैं जिनसे अधिकांश व्यक्ति बचने का प्रयास करते हैं। जोखिम उनके भीतर की रचनात्मकता को उकसाता है और उनके आत्म-विश्वास को चुनौती देता है। जब वे जीत जाते हैं तो उद्यमियों को उपलब्धि की एक बड़ी भावना प्राप्त होती है जो उनकी सामर्थ्य अथवा मज़बूती के लिए ईंधन का काम करती है। जब ग़लतियाँ होती हैं और वे होती ही हैं, तो उद्यमी का असली चरित्र सामने प्रकट होता है और आगे विकास भी होता है।

कुछ निजी प्रश्न

यदि आप जानना चाहते हैं कि आपके पास एक उद्यमी बनने के लिए वांछित चारित्रिक मज़बूती है या नहीं, तो आप एक जादुई शक्ति वाले उद्यमी को अकेला छोड़ दें और फिर अपने भीतर झांक कर अपनी पिछली उपलब्धियों पर निगाह डालें। आपके आगे बढ़ने के लिए यहाँ कुछ प्रश्न दिए जा रहे हैं :

- आप पराजय से कैसे निबटते हैं?
- आप भय से कैसे निबटते हैं?
- क्या आप बिना पारिश्रमिक लिए कई वर्षों तक किसी ऐसी परियोजना पर कार्य करने के इच्छुक हैं जिसके शुरू होने की भी संभावना न हो?
- क्या आपके साथ कभी विश्वासघात हुआ है?
- आप विश्वासघात से कैसे निबटते हैं?
- क्या आपमें दबाव में भी एक विश्वसनीय व्यक्ति बने रहने की योग्यता है? या महत्त्वपूर्ण क्षणों में, जब स्थितियां वास्तव में कठिन हों, आप लोगों की पीठ में छुरा घोंप देते हैं?
- यदि किसी दूसरे की ग़लती का ख़ामियाज़ा आपको भुगतना पड़े तो आपको कैसा लगता है? क्या आप अपने किसी मित्र पर या अपने किसी पारिवारिक सदस्य पर गुस्सा कर सकते हैं?
- आप अपने स्वभाव से उदार हैं या लालची?
- जब आपके पास पैसे समाप्त हो जाएँ, तो आप कैसा महसूस करते हैं?
- जब आपके पास पैसे समाप्त हो जाएँ तो आप :

- माँ को पुकारते हैं?
- डैडी को पुकारते हैं?
- सरकारी संस्था के पास जाते हैं?
- नौकरी की तलाश करते हैं?
- वापस अपने स्कूल में जाते हैं?
- अपनी वित्तीय समस्या के लिए किसी दूसरे को दोष देते हैं?

यदि आप इन प्रश्नों के उत्तर नहीं जानते या आप अपने आपको वस्तुनिष्ठ महसूस नहीं करते, तो आप अपने ऐसे किसी मित्र को सहायता के लिए कहें जो आपके साथ बहुत बेबाक हो। आप देखेंगे कि एक सफल उद्यमी बनने के लिए आपको फ़ीडबैक से निबटने में समर्थ होना अत्यंत आवश्यक है। यदि आप बेबाक और प्रत्यक्ष फ़ीडबैक से निबट पाने में सक्षम नहीं हैं, तो बेहतर होगा कि आप अपनी नौकरी को जारी रखें। कमज़ोर चरित्र वाले लोग प्रत्यक्ष फ़ीडबैक नहीं ले पाते। फ़ीडबैक अत्यंत महत्त्वपूर्ण होता है क्योंकि व्यापार और कुछ नहीं, बल्कि एक विशाल फ़ीडबैक प्रक्रिया है। बेशक आप कितने भी बड़े व्यापारी अथवा बड़े व्यक्ति हों, ऐसा नहीं होता कि आपका फ़ीडबैक हमेशा ही शानदार हो और आपको यह स्वीकार करने में समर्थ होना चाहिए। यदि बाज़ार में आपके ग्राहकों को आपका उत्पाद पसंद नहीं आता, तो वे इसे नहीं ख़रीदेंगे। यही फ़ीडबैक है अर्थात् प्रति-सूचना। एक कम्पनी, जिसके ख़र्चे अधिक हों और आय कम, यह फ़ीडबैक है। यदि आप किसी कर्मचारी को कोई कार्य करने को कहते हैं और वह ठीक इसके विपरीत करता है, तो यह फ़ीडबैक है। यदि आप अपने विश्वसनीय साझेदार को आपसे कोई सूचना या तथ्य छिपाते देखते हैं, तो यह भी फ़ीडबैक है। यदि आप अपने बैंक को ऋण देने के लिए कहते हैं और आपको नकारात्मक उत्तर मिलता है, तो यह अस्वीकृति एक फ़ीडबैक है।

आप कोई ऐसा मित्र ढूंढें जो सीधे आपको सूचना दे। वह सूचना चाहे कितनी भी दुःखदायी हो, आप इससे उबरने की कोशिश करें। यदि आपको उनकी दी जानकारी पसंद नहीं आती, तब भी आप उनसे फ़ीडबैक अवश्य लें। इसे आप चरित्र मज़बूत बनाने के एक अवसर की तरह लें। आप देखेंगे कि तब आपको इसकी अधिक से अधिक आवश्यकता होगी। जैसा कि हमने कई बार आपको बताया है, कि बाज़ार से फ़ीडबैक लेने की अपेक्षा अपने किसी मित्र से फ़ीडबैक लेना अधिक आसान है और सस्ता भी।

आप इस पुस्तक को पढ़ने के दौरान सीखेंगे कि एक सफल उद्यमी बनना, एक उत्कृष्ट उत्पाद, पैसे, शिक्षा या एक मज़बूत व्यापार योजना से कहीं बढ़ कर है। एक श्रेष्ठ उद्यमी बनने के लिए बुद्धि की आवश्यकता होती है, किंतु विशेष रूप से उस प्रकार की नहीं, जैसी हम बुद्धिमान लोगों की तस्वीर अपने ज़ेहन में बनाते हैं।

प्रतिभाएं सात प्रकार की होती हैं। विशेष रूप से एक प्रकार की उत्कृष्टता के बारे में सोचें तो आपके पास जादुई शक्ति को प्राप्त करने का आधार मिल जाएगा।

सात प्रतिभाएँ

हॉवर्ड ग्रेजुएट स्कूल ऑफ एजुकेशन में विकास मनोवैज्ञानिक और ज्ञान व शिक्षा के प्रोफ़ेसर, हॉवर्ड गार्डनर ने एक सिद्धांत प्रतिपादित किया कि प्रतिभा केवल एक प्रकार की नहीं बल्कि सात प्रकार की होती है। उनमें से एक, विशेष रूप से जादुई शक्ति के लिए अनिवार्य है। जब तक आप इस प्रकार की प्रतिभा में कुशल नहीं हो जाते, जादुई शक्ति आपसे दूर रहेगी।

हॉवर्ड गार्डनर का विश्वास है कि लोगों के पास विभिन्न प्रकार की प्रतिभा होती है जिससे वे कई प्रकार से सीखते हैं और जानकारी तैयार करते हैं। आप बेशक उनके साथ सहमत हों या नहीं, हम सब उन लोगों के बारे में सोच सकते हैं जो एक या एकाधिक क्षेत्रों में गुणवान होते हैं, जिसे गार्डनर प्रतिभा का नाम देते हैं। हम ऐसे कई लोगों को जानते हैं जो स्वाभाविक संगीतकार या ऐथलीट हैं। हम ऐसे लोगों को भी जानते हैं जो गणित के जादूगर हैं या अद्‌भुत डिज़ाइनर हैं।

इस सात प्रतिभाओं में, एक उद्यमी के रूप में सफल होने के लिए एक प्रतिभा का होना अत्यंत आवश्यक है। यह आवश्यक नहीं कि आप में यह प्रतिभा जन्मजात हो, लेकिन यदि ऐसा नहीं है तो आपको यह प्रतिभा हासिल करनी पड़ती है। चलिए, उद्यम से संबंधित ज्ञान प्राप्त करने के लिए हम इन सभी पर एक दिलचस्प निगाह डालते हैं। क्या आप अनुमान लगा सकते हैं कि उद्यमशीलता सम्बन्धी सफलता प्राप्त करने के लिए कौन सी प्रतिभा सबसे ज़्यादा आवश्यक है?

मौखिक-भाषाई

वे लोग जो स्कूल में अच्छा प्रदर्शन करते हैं और 'ए' श्रेणी के विद्यार्थी रहे हैं, उनमें मौखिक-भाषाई प्रतिभा जन्मजात होती है। वे बहुत धुरंधर पाठक और लेखक होते हैं। वे प्रसिद्ध लेखकों की कही बातें बता सकते हैं और निबंध परीक्षाओं में बहुत अच्छा परिणाम ला सकते हैं। व्यापार में, वे विद्यार्थी जो भाषा के स्तर पर बहुत अच्छे होते हैं विधिवक्ता या वकील बन सकते हैं।

तार्किक - गणितीय

ये लोग अंकों और गणितीय समस्याओं को सुलझाना बहुत पसंद करते हैं। ये किसी संख्या के अंश के बराबर दशमलव में परिणाम इतनी तेज़ी से दे सकते हैं, कि जितनी तेज़ी से आप अपने सेलफ़ोन पर भी गणना नहीं कर सकते।

आमतौर पर, ये 'ए' श्रेणी के विद्यार्थी होते हैं, और उनमें से कई विद्यार्थी उच्च श्रेणी की डिग्रियां प्राप्त करते हैं। कई लोग शिक्षा के क्षेत्र में रह कर शिक्षक, प्रोफ़ेसर और शोधकर्ता बन जाते हैं। वे विश्वविद्यालयों, व्यावसायिक संगठनों और सरकार के लिए भी कार्य कर सकते हैं। वे विद्यार्थी जो गणित में अच्छे परिणाम लाते हैं वे अकाउंटिंग, कम्प्यूटर प्रोग्रामिंग अथवा इंजीनियरिंग के क्षेत्र में चले जाते हैं।

शरीर को गतिशील रखने वाले

अधिकांश ऐथलीटों में यह प्रतिभा जन्मजात होती है। ऐसे लोगों में अधिकांश प्रतिभाशाली व्यक्ति, पेशेवर ऐथलीट या नर्तक बनते हैं। कुछ लोग स्वास्थ्य तथा मनोरंजन के व्यवसाय में भी जाते हैं।

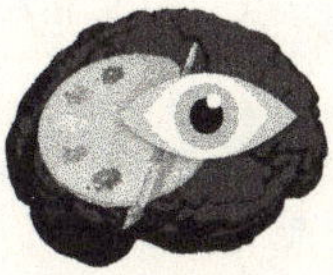

आकाशीय

ऐसी प्रतिभा वाले अधिकांश व्यक्तियों का कला के प्रति झुकाव होता है और वे कला विद्यालयों में जाते हैं और उनमें से कुछ सफल चित्रकार बन जाते हैं। आकाशीय प्रतिभा वाले लोग अक्सर वास्तुकार, इंटीरियर डिज़ाइनर, ग्राफ़िक आर्टिस्ट या वेबसाइट डेवेलपर बनते हैं।

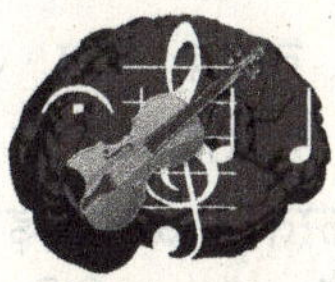

संगीत-प्रेमी

ऐसी प्रतिभा वाले विद्यार्थी रॉक स्टार या एक संगीत-मण्डली में प्रमुख गायक बनने का सपना देखते हैं। कुछ लोग सिम्फ़नी ऑर्केस्ट्रा के साथ जुड़ने की कल्पना करते हैं। वे वाद्ययंत्रों में प्रवीण होकर शीघ्र ही प्रसिद्धी प्राप्त कर लेते हैं। वे संगीत सुनते हैं और आश्चर्यजनक रूप से सुने जाने वाले संगीत की तान को पहचान लेते हैं। इस प्रकार की प्रतिभा वाले लोग संगीत बजाते हुए बहुत खुश होते हैं और संगीत कला के प्रदर्शन में अपना करियर तलाशते हैं।

अंतर्वैयक्तिक

यह प्रतिभा दूसरों के साथ संवाद स्थापित करने वाले पेशेवर लोगों, जैसे राजनीतिज्ञों, उपदेशकों, बिक्री एवं प्रचार विशेषज्ञों के लिए अत्यंत आवश्यक है। ऐसी योग्यता रखने वाले लोग विभिन्न बैठकों में और नए लोगों को अपने साथ जोड़ने में व्यवसायिक सम्बन्ध बनाने में और दोस्तों को जीतने में बहुत कुशल होते हैं। वे 'यारों के यार' होते हैं।

अंतःवैयक्तिक

जहाँ अंतर्वैयक्तिक प्रतिभा दूसरों के साथ संवाद स्थापित करने की आपकी योग्यता को दर्शाती है, वहाँ अंतःवैयक्तिक प्रतिभा अपने आप के साथ संवाद बनाने में आपकी कुशलता को प्रकट करती है। ऐसी प्रतिभा के धनी लोगों का अपने विचारों पर पूरा नियंत्रण होता है।

इस विषय पर थोड़ा और विस्तार से बताएं तो अंतःवैयक्तिक प्रतिभा को अक्सर भावनात्मक प्रतिभा भी कहा जाता है। यह आपकी भय, लालच, क्रोध, उदासी और प्रेम जैसी भावनाओं को नियंत्रित करने की योग्यता है। उदाहरण के लिए, जब आप डरे हुए होते हैं तो क्या आप प्रतिक्रिया प्रकट करते हैं और दौड़ पड़ते हैं अथवा आप बड़ी शांति से अपने आप से बात करते हैं, अथवा प्रतिक्रिया की अपेक्षा प्रत्युत्तर देते हैं? जब आप गुस्से में होते हैं, तो क्या आप अपने मनोभावों को नियंत्रित कर लेते हैं या आपका दिमाग़ भड़क उठता है, या आप ऐसी बातें कह जाते हैं जिन पर आपको बाद में पश्चाताप होता है? ये एक व्यक्ति के अंतःवैयक्तिक प्रतिभा के कुछ उदाहरण हैं।

अंतःवैयक्तिक प्रतिभा को *सफलता दिलाने वाली प्रतिभा* भी कहा जाता है, क्योंकि अन्य सभी प्रतिभाओं के साथ, सफलता के लिए इस प्रतिभा की भी आवश्यकता पड़ती है। उदाहरणार्थ, एक व्यक्ति मौखिक-भाषाई क्षेत्र में विलक्षण बुद्धि वाला हो सकता है, लेकिन बिना अंतःवैयक्तिक अथवा भावनात्मक प्रतिभा के, वह पढ़ाई-लिखाई नहीं कर सकता और वह मौखिक-भाषाई कौशल में कमज़ोर विद्यार्थियों के समान ही असफल हो जाएगा। शरीर को गतिशील रखने वाली प्रतिभा वाले स्वाभाविक ऐथलीट यदि स्वयं से वार्तालाप करने में अभ्यास और नियंत्रण में असफल हो जाते हैं, तो वे पेशेवर स्थिति नहीं प्राप्त कर सकते।

ठीक यही बात संगीत-प्रेमी प्रतिभा के साथ भी है और अन्य सभी प्रतिभाओं के साथ भी। क्या आपने किसी गोल्फ़-उद्घोषक को यह कहते सुना है कि गोल्फ़र ने, 'दिमाग़ी खेल में निपुणता प्राप्त कर ली है?' उद्घोषक केवल यही कहेगा कि गोल्फ़र ने उच्च कोटि की अंतःवैयक्तिक प्रतिभा हासिल कर ली है। यही कारण है कि इसे सफलता की प्रतिभा कहा जाता है।

इस पुस्तक में, अँगूठा ही अंतःवैयक्तिक प्रतिभा है। यह वह प्रतिभा है जो किसी

उद्यमी को व्यापार की दुनिया में एक लाभ की स्थिति प्रदान करती है। अंतःवैयक्तिक प्रतिभा उद्यमी को उस कार्य को करने की शक्ति प्रदान करती है जिस कार्य को करने से दूसरे लोग डरते हैं या जिस कार्य को वे करना नहीं चाहते। आप सम्भवतः उन लोगों को जानते होंगे जिन्होंने अपने स्कूल में तो अच्छे परिणाम दिए हैं, किंतु जो वास्तविक जगत में अच्छा प्रदर्शन करने से चूक गए हैं। इसका एक कारण यह हो सकता है कि वे भाषा या गणित अथवा व्यवहार के स्तर पर तो जन्मजात प्रतिभाशाली हैं लेकिन उनके पास वास्तविक दुनिया की चुनौतियों का सामना करने के लिए भावनात्मक नियंत्रण अर्थात् अंतःवैयक्तिक प्रतिभा का अभाव है।

अधिकांश आदतों जैसे नशीले पदार्थ, भोजन, सहवास और धूम्रपान के व्यसनों में लिप्त लोगों में अंतःवैयक्तिक प्रतिभा कम होती है। दूसरे शब्दों में, व्यसनों और बुरी लतों पर विजय पाने के लिए बहुत अधिक अंतःवैयक्तिक प्रतिभा की आवश्यकता होती है।

अंतः वैयक्तिक प्रतिभा देरी से संतुष्टि प्रदान करने में भी बड़ी भूमिका निभाती है। कम अंतःवैयक्तिक प्रतिभा वाले लोगों को अपनी संकल्पशक्ति से भी जूझना पड़ता है। वे तुरंत संतुष्टि प्राप्त करना चाहते हैं ताकि जब वे उदास हों तो ख़रीदारी के लिए जा सकें, जब वे ऊब महसूस कर रहे हों तो वे कप-केक खा सकें, जब वे बेचैन हों तो शराब पी सकें, वे पढ़ने की अपेक्षा टेलिविज़न देख सकें, जब हालात कठिन हों तो वे हाथ खड़े कर दें, जब वे कुछ कहने की स्थिति में न हों तो अपना नियंत्रण खो दें, या अपनी ग़लतियों के लिए दूसरों को दोष दे सकें।

यदि आप अभी भी अनुमान नहीं लगा पाए हैं तो हम आपको बता दें कि अंतःवैयक्तिक प्रतिभा उर्फ़ भावनात्मक प्रतिभा अथवा सफलता दिलाने वाली प्रतिभा किसी भी उद्यमी के लिए सबसे महत्त्वपूर्ण है।

क्या आप अंतःवैयक्तिक प्रतिभा विकसित कर सकते हैं?

इसका उत्तर है - हां। लेकिन यहाँ एक जटिल स्थिति भी है, कि अंतःवैयक्तिक प्रतिभा अपने भीतर विकसित करने के लिए भी अंतःवैयक्तिक प्रतिभा की आवश्यकता होती है। दूसरे शब्दों में, एक उद्यमी के रूप में आप जितनी अधिक और जितनी अच्छी तरह से चुनौतियों का सामना करेंगे, आपकी अंतःवैयक्तिक प्रतिभा उतनी ही मज़बूत बनेगी। परिणामस्वरूप, आप उतने ही बेहतर उद्यमी बनेंगे। इसीलिए कहा जाता है कि एक उद्यमी बनना जीवन भर के वैयक्तिक विकास की एक शैक्षिक प्रक्रिया है। आप अपने अंगूठे की ओर देखें। अगली बार किसी चुनौती का सामना करते हुए इस अंगूठे को याद रखें कि जिस चुनौती का आप सामना कर रहे हैं, वह आपके चरित्र को मज़बूत करने और जादुई शक्ति प्राप्त करने का एक अवसर है।

याद रखने योग्य बातें/करने योग्य चीजें

अंगूठे का अर्थ है मज़बूती और एक उद्यमी बनने के लिए चारित्रिक मज़बूती का होना अत्यंत आवश्यक है। स्कूलों के बुद्धिमान छात्र और गलियों के बुद्धिमान लड़के एक जैसे नहीं हो सकते।

- प्रतिभाएँ सात प्रकार की होती हैं। उद्यमियों के लिए सबसे आवश्यक प्रतिभा होती है - अंतःवैयक्तिक। जब आप के पास बहुत प्रभावशाली अंतःवैयक्तिक प्रतिभा होती है, तो आप आत्म-वार्तालाप को नियंत्रित कर सकते हैं, जो आपको रोके रखती है और आपकी सफलता को कमज़ोर बना देती है।
- आप चाहें या न चाहें लेकिन फ़ीडबैक अवश्य ही घटित होता रहता है, इसलिए इसे प्राप्त करना सीखें और इससे सबक लें। सफल उद्यमी फ़ीडबैक का स्वागत करते हैं और इसे अपने लाभ के लिए प्रयोग में लाते हैं।
- एक उद्यमी होने का अर्थ यह नहीं कि आप शीघ्र ही अमीर हो जाएँगे। बलिदान इस यात्रा का एक अभिन्न हिस्सा है। इसे जारी रखने के लिए चरित्र की मज़बूती अत्यंत आवश्यक होती है।
- स्कूलों के बुद्धिमान छात्र और गलियों के बुद्धिमान लड़के एक जैसे नहीं हो सकते। एक उद्यमी बनने के लिए आपको मज़बूती और कठोरता की ज़रूरत होती है, जो आप स्कूल से नहीं गली से प्राप्त करते हैं।
- मज़बूती का अर्थ यह कदापि नहीं है कि आप घमण्डी, मतलबी, अप्रिय या मनमानी करने वाले भी होंगे। मज़बूती एक नज़रिया है, एक अनुशासन, दृढ़ निश्चय और प्रबल प्रेरणा है। आप अपनी मज़बूती को तलाश करें।
- बाज़ार हर रोज़ आपको काम पर रखता है और हर रोज़ काम से निकाल देता है। जादुई शक्ति प्राप्त उद्यमी गिरने के बाद फिर से उठते हैं, अपने आपको साफ़ करते हैं और फिर से अपने काम में जुट जाते हैं।

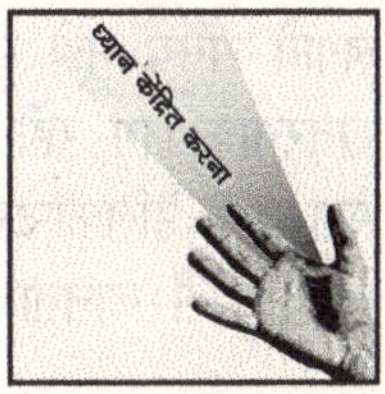

अध्याय 2

तर्जनी उँगली
ध्यान केंद्रित करना

"अपने सभी विचारों को, अपने वर्तमान कार्य पर केंद्रित रखें। जब तक सूर्य की किरणें एक जगह केंद्रित न हों, तब तक वे कागज़ को जलाती नहीं।"

- एलेक्ज़ेंडर ग्राहम बेल

युद्ध में, व्यापार में, जीवन में ध्यान केंद्रित रखें

रॉबर्ट कियोसाकी

जून 1971 में, मैं विमान की ओर बढ़ा, जहाँ वह मेरी प्रतीक्षा कर रहा था। इस बार वह हैलिकॉप्टर बहुत भिन्न था। यह वह विमान नहीं था, जिस पर मैं पिछले दो वर्षों से प्रशिक्षण ले रहा था। उस दिन, मेरे विमान पर रॉकेट पॉड, पायलट निर्देशित चार मशीनगनें और दरवाज़े पर दो मशीनगनें लगी हुई थीं। एक पायलट के रूप में प्रशिक्षण प्राप्त करने का मेरा उद्देश्य था, अपने दृष्टिकोण को पूर्णतः वास्तविक बनाए रखना। मेरा विमान भी बदल गया था और जिसका अर्थ था कि मुझे भी अब बदलना पड़ना था।

उस दिन तक, मैंने केवल एक सह-विमान चालक और एक चालक दल के प्रमुख के साथ ही उड़ान भरी थी, कुल मिला कर हम चालक दल के तीन लोग थे। इनमें कोई भी हथियारबंद व्यक्ति नहीं था। रॉकेट के दो पॉड, छः मशीनगनों, हथियारों के कई डिब्बों और पाँच चालक-दल के सदस्यों के साथ उड़ते हुए वह बिल्कुल ही अलग विमान लग रहा था। यह न केवल बहुत भारी था, जो उड़ने में बिल्कुल ही अलग अहसास दे रहा था, बल्कि यह उड़ने में भी अधिक समय ले रहा था, जिसका अर्थ था कि मुझे विमान से बहुत आगे रहना था। मुझे पहले ही यह जानना था कि मुझे आगे क्या करना था, गोता

लगाते समय मुझे मुड़ने या वापस आने का भी अनुमान लगाना था। यह उड़ान बहुत ख़तरनाक लग रही थी। मेरा हैलिकॉप्टर अब कोई प्रशिक्षण विमान नहीं था। उस दिन, मेरा जंगी हैलिकॉप्टर किसी प्रशिक्षण विमान से युद्ध के एक साधन में परिवर्तित हो गया था और मैं जानता था कि उसके साथ-साथ मुझे भी बदलना था।

एक युद्ध कथा

फ़्लोरिडा में पेन्साकोला के नौसेना वायु स्टेशन में एक पायलट बनने के लिए, मुझे दो वर्ष के कठिन प्रशिक्षण से गुज़रना पड़ा था। अप्रैल 1971 में, मुझे अंततः नेवल/मरीन गोल्ड ऑफ़ विंग्स से सम्मानित किया गया था। वह मेरे जीवन के सबसे गौरवपूर्ण दिनों में से एक था। स्नातक स्तर की पढ़ाई के बाद, मैं उच्च प्रशिक्षण शुरू करने के लिए कैम्प पैनडल्टन जाने के लिए कैलिफोर्निया रवाना हो गया, जो सैन डिएगो से लगभग 50 मील उत्तर में, एक विशाल मरीन कॉर्प्स का अड्डा था।

पेन्साकोला में लाइट-स्कूल से स्नातक होने के बाद, मेरे अधिकांश सहपाठियों को ट्रांसपोर्ट-हैलिकॉप्टर वायुसेना की टुकड़ी में नियुक्ति मिल गयी थी। ट्रांसपोर्ट-पायलट, जंगी जहाज़ के पायलटों से बिल्कुल भिन्न तरीके से विमान उड़ाते हैं। वे बहुत बड़े आकार के हैलिकॉप्टर उड़ाते हैं, जैसे टैन्डम रोटर सी.एच. 46 सी नाइट और सी.एच. 53 सी स्टैलियन, जिन्हें अक्सर 'जॉली ग्रीन जायंट' कहा जाता था। जंगी-जहाज़ों के स्कूल में, हम में से कुछेक लोगों को ही ह्यू गन्स और ह्यू कोबरा जैसे विमान उड़ाने को मिलते थे।

कैम्प पैन्डल्टन में मैं जिन विमान चालकों को सबसे पहले मिला, वे अभी-अभी वियतनाम से लौटे थे। वे फ़्लोरिडा में मेरे प्रशिक्षक पायलटों से भिन्न थे। यहाँ, मेरे जंगी-जहाज़ों के प्रशिक्षक अधिक गंभीर, शांत, कम विनम्र और ग़लतियों को क्षमा करने वाले नहीं थे। हालाँकि, तकनीकी रूप से मैं एक योग्यता प्राप्त समुद्री सेना का विमान चालक था, फिर भी मेरे नए अनुभवी प्रशिक्षक मेरे साथ ऐसा व्यवहार करते थे, जैसे मैं बिल्कुल अनाड़ी विमान-चालक था। अप्रैल से जून तक, मुझे कई परीक्षणों से गुज़रना पड़ा था और मैं जोखिम भरे युद्धाभ्यास प्रदर्शन करने के लिए धकेल दिया गया था। मैं सौगन्ध खाकर कह सकता हूँ कि वे प्रदर्शन मेरे लिए बहुत असम्भव से थे। यदि कोई नया पायलट सफल हो जाता, तो दण्डस्वरूप उसके कार्यों में बंदूकें और रॉकेट भी शामिल कर दिए जाते थे और फिर पहले से कहीं अधिक कड़े प्रशिक्षण का एक नया चरण शुरू हो जाता था। यदि पायलट नियमित रूप से प्रशिक्षण में आते, तो उन्हें उपहारस्वरूप, कार्यालय में कोई सौंप दिया जाता था, जिसे वे 'डेस्क उड़ाना' कहते थे।

टॉम क्रूज़ द्वारा अभिनीत फिल्म, 'टॉप गन' को सैन डिएगो के उत्तर में, माइरामार नेवल एयर स्टेशन पर कैम्प पैन्डल्टन की सड़कों पर फिल्माया गया था। हालाँकि 'टॉपगन' में हवा से हवा में होने वाले युद्ध प्रशिक्षण को बड़ी गहराई के साथ चित्रित किया गया था, जहाँ एक अच्छा पायलट होना ही पर्याप्त नहीं था।

कैम्प पैन्डल्टन में, हमें हवा से ज़मीन पर किए जाने वाले युद्ध में प्रशिक्षित किया जा रहा था, जिसका अर्थ था कि हम बहुत कम ऊंचाई पर विमान उड़ाने का प्रशिक्षण प्राप्त कर रहे थे। आकाश में विमानों से युद्ध करने की अपेक्षा, हमें ज़मीन पर सैनिकों से लड़ने का प्रशिक्षण मिल रहा था। वहाँ मुझे पता चला कि वियतनाम में जंगी जहाज़ों के पायलटों के जीवित बचने का अनुपात, लगभग 31 दिन का था और जैसे-जैसे दुश्मन अनुभव के साथ-साथ और अधिक अत्याधुनिक उपकरण प्राप्त करता जाता था, यह अनुपात और भी कम होता जाता था। हमारा प्रशिक्षण बहुत गंभीरता और बहुत तेज़ी से चल रहा था।

चेतावनी

पहले दिन ही मेरे विमान में बंदूकें व रॉकेट लगा देना मेरे लिए एक चेतावनी थी। उस दिन तक, मैं हमेशा एक 'सी' ग्रेड का विद्यार्थी रहा था। प्रारंभिक स्कूल से लेकर हाई स्कूल, सैनिक स्कूल और फ़्लाइट स्कूल तक, मैं हमेशा एक औसत दर्जे का विद्यार्थी रहा हूँ।

अब मैं जानता हूँ कि मैं एक औसत विद्यार्थी था क्योंकि मैं बहुत सुस्त और नीरस होता था। लेकिन मुझे यह पता था कि स्कूल में ग्रेडिंग की रेखा एक घंटी की आकार की होती थी और प्रत्येक कक्षा में बच्चों को बुद्धिमान, औसत और मूर्ख की श्रेणी दी जाती थी। एक ओर कुछ बुद्धिमान बच्चे होते थे, तो दूसरी ओर कुछ मूर्ख बच्चे होते थे, लेकिन इनके बीच में बहुमत औसत बच्चों का होता था।

अपने आपको मध्यम श्रेणी में खुश पाकर, मैं बहुत कम पढ़ाई करता था। मैंने पूरी तरह से गणना कर ली थी कि मुझे मध्य में टिके रहने के लिए, दो चीज़ें करनी थीं :

1. यह जानना कि मेरे से अधिक सुस्त कौन-सा बच्चा था। जब तक मेरे से भी सुस्त विद्यार्थी वहाँ मौजूद थे, मैं जानता था कि मैं सुरक्षित था।
2. यह पता लगाना कि किन प्रश्नों को हमारे अध्यापक महत्त्वपूर्ण मानते थे। इतना जान लेने के बाद, उन के उत्तर अच्छी तरह याद कर लेना और फिर परीक्षा देना।

अधिकांश मामलों में, पढ़ाई करने और अध्यापकों की बातों को देखने समझने का तरीका, मुझे ठोस 'सी' श्रेणी के विद्यार्थियों में शामिल कर देता था। मुझे अपने कार्यों पर गर्व नहीं है, लेकिन मैंने इसी तरीके से, बिना पढ़े अपनी स्कूली शिक्षा पूर्ण की। जून 1971 में, जब मैं अपने विमान से, जो अब रॉकेटों और मशीनगनों से लैस हो चुका था, बाहर निकला तो, 'सी' श्रेणी के छात्र के रूप में मेरे वे दिन अचानक ही समाप्त हो गए थे। यहाँ 'सी' श्रेणी के छात्र के रूप में, मैं अपनी और अपने चालक दल की जान को ख़तरे में डाल सकता था।

लगभग छः महीने बाद, जनवरी 1972 में, मैं वियतनाम के तट पर एक विमानवाहक

पोत पर तैनात कर दिया गया था। इसके कुछ सप्ताह बाद, जब हम वियतनाम में, डा नैंग के मिशन नॉर्थ पर थे, तो दुश्मन के पहले जत्थे ने एक पहाड़ी की चोटी से मेरे विमान पर गोलाबारी कर दी। मेरे चालक दल के प्रमुख ने, जो वियतनाम के अपने तीसरे दौरे पर थे, मेरे हैलमेट पर हल्के से थपथपाया, फिर मेरे चेहरे पर लगे मास्क को मेरे चेहरे से हटा दिया और फिर मेरे चेहरे को अपनी ओर मोड़ लिया ताकि वह मुझसे आमने-सामने बात कर सकें। उसके बाद वह बोले, "क्या तुम जानते हो कि हमारे इस काम की सबसे बुरी चीज़ क्या है?"

"नहीं," मैंने केवल अपना सिर हिलाते हुए कहा। बिना मुस्कराए, उन्होंने चिल्ला कर कहा, "हममें से कोई एक अपने घर जा रहा है। या तो दुश्मन घर जाएँगे या फिर हम। लेकिन हम दोनों घर नहीं जा रहे।"

उद्यमी, ध्यान रखो!

जब उद्यमी, अपना व्यवसाय आरम्भ करते हुए भाग्य की छलांग लगाते हैं, तब ठीक वैसे ही लगता है, जैसे कोई जंगी जहाज़ का चालक मशीनगनों और रॉकेटों से लैस होकर, युद्ध के लिए उड़ान भर रहा हो। एक उद्यमी के रूप में, युद्ध में, अच्छा होना ही, पर्याप्त रूप से अच्छा होना नहीं होता। इसलिए 10 में से 9 व्यवसाय, अपने पहले पाँच वर्षों के दौरान असफल हो जाते हैं। यदि मैं 'सी' श्रेणी के विद्यार्थी के अपने दृष्टिकोण को जारी रखता, तो किसी भी कीमत पर डोनाल्ड ट्रम्प के साथ मिल कर यह पुस्तक नहीं लिख सकता था। सबसे पहले तो मैं तब इतना सचेत न होता। और दूसरे, डोनाल्ड एक 'औसत' क्षमता वाले व्यक्ति को सह ही नहीं सकते थे।

मैं यह नहीं कह रहा कि एक उद्यमी बनने के लिए आपको एक नौसैनिक बन कर किसी युद्ध के लिए तैयार होना ज़रूरी है। मैंने अपने विमान में और स्वयं मुझमें होने वाले बदलावों का केवल इसलिए ज़िक्र किया है, क्योंकि यह परिवर्तन के लिए एक वास्तविक जीवन का प्रतीक है, जिसे नौकरी करने वाले कर्मचारियों को, यदि वे उद्यमी बनना चाहते हैं, तो इस पर बहुत अच्छी तरह ध्यान देना चाहिए। जब लोग एक सुरक्षित नौकरी, नियमित वेतन, भत्तों व सेवानिवृत्ति योजना की दुनिया का त्याग कर देते हैं, तो वे भी स्वयं को एक अलग विमान में बैठा पाते हैं और स्वयं को एक अलग ही दुनिया के लिए तैयार कर लेते हैं, एक ऐसी दुनिया, जहाँ कुछ ही लोग अपने आपको जीवित रख पाते हैं और उनसे भी कम लोग कामयाब हो पाते हैं।

ध्यान केन्द्रित करने पर ध्यान केंद्रित करें

यदि मैं अपनी सुस्ती को अलग रख दूँ, तो मैं अपने स्कूल में इसलिए अच्छे परिणाम नहीं दे पाया, क्योंकि मैं अपने ध्यान को अपनी शिक्षा पर केंद्रित नहीं कर पाया था। यदि

आप ए.डी.डी. (अटेंशन डेफ़िसिट डिसॉर्डर) अर्थात् ध्यानभाव विकार की परिभाषा को किसी शब्दकोश में ध्यान से देखें, तो वहाँ आपको मेरी तस्वीर अवश्य मिलनी चाहिए। मैं कभी-कभी कॉकरोचों पर भी ध्यान नहीं दे पाता। दरअसल, जिन विषयों में मेरी रूचि नहीं है, मैं उन पर अपना ध्यान केंद्रित नहीं कर पाता। मेरे लिए स्कूल बहुत उबाऊ जगह थी और मैं वहाँ जाने से घृणा करता था। जब समुद्र की लहरें ऊँची उठती, तो मैं अपना सर्फबोर्ड लेकर सर्फिंग के लिए समुद्र में निकल जाता था। कम से कम लहरें तो मेरा ध्यान अपनी ओर केंद्रित रखने में मदद करती थीं।

एक साधारण विमान चालक से युद्धक विमान के चालक में बदलना मेरे लिए बहुत अच्छा था। मैं वहाँ सही मायनों में एक विद्यार्थी बन कर प्रशिक्षण ले रहा था। मुझे वह सीखना ही था। मुझे अपना ध्यान उस पर केंद्रित करना था। न केवल मेरे अपने जीवन को सुरक्षित बनाने के लिए, लेकिन मेरे चालक दल के लोगों और उनके परिवारों की सुरक्षा के लिए भी। जिस प्रकार सर्फिंग ने बहुत ऊँची-ऊँची लहरों पर मेरे ध्यान को केंद्रित रखने को बाध्य किया, उसी प्रकार युद्ध के सम्बन्ध में भी था। युद्ध में, दूसरी सर्वश्रेष्ठ जैसी कोई चीज़ नहीं होती। आश्चर्यजनक रूप से, युद्ध मेरे अंदर की सर्वश्रेष्ठ क्षमता को सामने लाने में सफल रहा। ऐसा ही उद्यमशीलता भी करती है- आपकी सर्वश्रेष्ठ क्षमता को बाहर लाती है।

ध्यान केंद्रित करना एक शक्ति है

ध्यान-केंद्रण एक बहुत साधारण-सा शब्द है। और इस सादेपन के कारण ही इस शब्द को सम्मान देने की अपेक्षा, इसका दुरुपयोग किया जाता है। इसे हमेशा ग़लत समझा जाता है। अधिकांश लोग इस बात से पूरी तरह अनजान हैं कि ध्यान केंद्रण एक शक्ति है, एक ताकत। वे लोग जो अपना ध्यान किसी चीज़ में केंद्रित कर सकते हैं, वे अपनी सभी योग्यताओं को इकट्ठा करने में भी सफल रहते हैं और अपने हाथ में लिए कार्य या लक्ष्य पर अपना ध्यान केंद्रित करने में सक्षम होते हैं। सफलता के लिए ध्यान का केंद्रित होना बहुत आवश्यक है और सफल लोग ही वे लोग होते हैं, जो ध्यान केंद्रित कर सकते हैं।

हम सब अपने आस-पास के उन लोगों को जानते हैं, जिनके जीवन में दिशा का अभाव होता है। उनके जीवन में एक स्पष्ट दृष्टि अथवा ध्यान केंद्रण की भी कमी होती है। हम ऐसे लोगों को भी जानते हैं जो हालात कठिन होने पर पलायन का रास्ता अपना लेते हैं, धन की कमी जैसी छोटी-छोटी बाधाएं भी उनके आगे बढ़ने का मार्ग रोक लेती हैं। हममें से अधिकांश लोग तो आगे बढ़ना आरम्भ ही नहीं कर पाते क्योंकि उनके असफल होने का डर, उन्हें पहला क़दम उठाने से भी रोकता है।

हम ऐसे लोगों को भी देखते हैं जो डाइटिंग पर होते हैं, लेकिन चॉकलेट को देखते ही उनके इरादे डावांडोल होने लगते हैं। ऐसा ही व्यायाम के साथ होता है। लोग एक हफ़्ता तो व्यायाम करते हैं और उसके बाद व्यायाम करना बंद कर देते हैं, और फिर

अपनी मांसपेशियों में होने वाले दर्द से राहत पाने के लिए शराब पीना शुरू कर देते हैं।

और हम उन लोगों को भी जानते हैं जो अमीर बनना चाहते हैं, लेकिन बहाने बनाने लगते हैं कि "मेरे पास पैसे नहीं हैं" और हम ऐसे लोगों से भी परिचित हैं जो अपनी उस नौकरी को तो छोड़ने के लिए तैयार हैं जिससे वे नफ़रत करते हैं, किंतु फिर भी बहाना बनाते हैं कि "मुझे घर के सारे खर्चे भी तो चलाने हैं।" और वे इसी कारण अपने आठ घंटे की नौकरी को जारी रखते हैं। एक व्यक्ति के लिए अपना ध्यान केंद्रित करने के लिए स्वास्थ्य, धन और खुशियाँ उसकी योग्यता को प्रकट करते हैं। यह उनकी निजी शक्तियों पर ध्यान केंद्रित करने की क्षमता ही है, जो उनके जीवन की वांछित चीज़ों को प्राप्त करने में मदद करती है।

अपने लक्ष्यों पर ध्यान केंद्रित करना

लोग ध्यान केंद्रित करने अथवा लक्ष्य साधने की अपनी योग्यता को विकसित कर सकते हैं और वे अपनी इस क्षमता में सुधार भी कर सकते हैं। मैं इसका जीता जागता उदाहरण हूँ। फ़्लाइट स्कूल में सफल होकर, एक विमान चालक बनने के लिए ध्यान केंद्रित करने की क्षमता की आवश्यकता होती है। एक जंगल के ठीक ऊपर किसी शक्तिशाली विमान को उड़ाने की योग्यता के लिए, और हमें मार गिराने का प्रयास करते हुए किसी बंदूकधारी सैनिक पर अपना ध्यान केंद्रित करने के लिए, कहीं अधिक ध्यान केंद्रित करने की आवश्यकता होती है। यदि मेरे दुश्मन की ध्यान केंद्रित करने की क्षमता मुझ से अधिक होती तो मेरा दुश्मन जीवित वापस जाता। लेकिन मैंने और मेरे चालक दल के सदस्यों ने ऐसा नही होने दिया। आज, मैं उसी ध्यान केंद्रित करने की शक्ति का इस्तेमाल अपने व्यवसाय में, अपने भोजन में और अपने व्यायाम में करता हूँ। यदि मैं यह कहूँ कि मैं कोई काम करने वाला हूँ तो ध्यान केंद्रित करने की मेरी क्षमता ही उस कार्य को पूरा करने में मदद करती है।

हम सभी अलग-अलग चीज़ों पर अपना ध्यान केंद्रित करते हैं। यही चीज़ हमें एक-दूसरे से अलग बनाती है। कई लोग केवल इसी कारण ही एक उद्यमी के रूप में अच्छे परिणाम देने में असफल हो जाते हैं, क्योंकि उनका अधिकांश ध्यान अपने जीवन की सुरक्षा पर केंद्रित होता है। कई 'ए' श्रेणी के छात्रों का ध्यान केवल इसीलिए अच्छे अंक लाने पर होता है, ताकि उन्हें नौकरी की सुरक्षा प्राप्त हो सके। अधिकांश नौकरीशुदा कर्मचारी नौकरी के निश्चित घंटों, निश्चित वेतन, निश्चित भत्ते, सप्ताहांत पर छुट्टी और गारंटीशुदा सेवानिवृत्ति चाहते हैं। सुरक्षा भावना उन्हें सर्वोत्तम परिणाम देने के लिए प्रेरित करती है। दूसरे लोगों में यही कार्य अनिश्चितता करती है।

जनवरी 1973 में, मैं युद्ध से वापस लौटा था। वियतनाम में मेरा समय समाप्त हो चुका था। घर आकर, मैंने अपने पिता से पूछा कि मुझे आगे क्या करना चाहिए। उनका विचार था कि मुझे पुनः घर जाकर मास्टर डिग्री प्राप्त करनी चाहिए, सम्भव हो

तो पी.एच.डी. की डिग्री लेनी चाहिए और उसके बाद एक सरकारी नौकरी हासिल करनी चाहिए। दूसरे शब्दों में, उनका सुझाव था कि मुझे नौकरी और सेवानिवृत्ति की सुरक्षा पर अपना ध्यान केंद्रित करना चाहिए। मैंने उन्हें तुरंत ऐसा करने से मना कर दिया। मैं जानता था कि ऐसे वातावरण में मेरी इच्छाएँ मर जाएँगी। यह ऐसे ही होगा, जैसे अपने शेष जीवन को स्कूल में फंसा देना और स्कूल की घंटी बजने का इंतज़ार करते रहना। इस चीज़ से पार पाने में मुझे कई वर्ष लगे और मुझे लम्बे समय तक संघर्ष करना पड़ा।

जब मैंने इस विचार पर 'न' में सिर हिलाया, तो उन्होंने मुझे सुझाव दिया कि मुझे किसी एयरलाइन्स में नौकरी कर लेनी चाहिए, जैसा कि मेरे कई साथी मरीन पायलट कर रहे थे। उन्होंने नाराज़गी में अपना सिर हिलाया, जब मैंने उनसे कहा कि "डैड, मेरे लिए ऐसा करना, वापस जाने की तरह होगा। मैं पहले ही विमान उड़ाना जानता था। मुझे युद्ध में जाना अच्छा लगता है। मैं युद्ध के वातावरण से वापस लौटा हूँ। किसी एयरलाइन्स के लिए विमान उड़ाना मेरे लिए बस चलाने के समान होगा।" मैं जानता था कि मैं यह काम भी नहीं कर सकता था। मेरे ग़रीब पिता का ध्यान हमेशा सुरक्षा पर ही लगा रहता था। एक बार फिर, यह स्पष्ट हो गया था कि उनका लक्ष्य, मेरा लक्ष्य नहीं था। वर्ष 2009 में, 'द हर्ट लॉकर' ने एक अकादमी पुरस्कार जीता। उस फिल्म में, एक युवा सैनिक इराक से एक ई.ओ.डी. (एक्सप्लोज़िव ऑर्डिनेंस डैमोलिशन) तकनीशियन बन कर वापस लौटता है, एक ऐसा व्यक्ति जो युद्ध में सबसे घातक कार्य अर्थात् तात्कालिक विस्फोटक उपकरणों को निष्क्रिय करने का कार्य करता है। अपनी तथाकथित सभ्य दुनिया में, कई महीने अपने घर पर व्यतीत करने के बाद, फिल्म के अंतिम दृश्य में उसे एक बार फिर बम-निरोधक सूट पहन कर, इराक में एक सड़क पर चलते हुए दिखाया गया है।

जब मैं वियतनाम युद्ध से अपनी सभ्य दुनिया में वापस लौटा तो मैंने भी एक बार फिर युद्ध में लौट जाने पर या अफ़्रीका में किराए का लड़ाकू बनने का या सी.आई.ए. के लिए एशिया में विमान उड़ाने पर विचार किया था। मैं अपने दिल से यह भावना कभी निकाल नहीं पाया कि नौकरी की सुरक्षा देने वाली यह सभ्य दुनिया मेरी अभिलाषा का क़त्ल कर देगी और अंततः मेरा भी। यही कारण है कि मैं एक उद्यमी बन गया था।

ध्यान केंद्रित करने की परिभाषा

मुझे 'ध्यान केंद्रित करना' शब्द बहुत पसंद है, जिसका अपने शब्दों में अर्थ निकालूं तो वह होगा - सफलता तक एक ही नियम का पालन करना। इस पूरी पंक्ति में दो शब्द मेरे पसंदीदा शब्द हैं - सफलता तक। ध्यान केंद्रित करना, जिसका प्रतिनिधित्व तर्जनी उंगली करती है, आपकी जादुई शक्ति का विकास करने में बहुत महत्त्वपूर्ण है और आपका सारा ध्यान आपकी सर्वश्रेष्ठ क्षमताओं को बाहर लाने पर केंद्रित होना चाहिए।

ध्यान केंद्रित करना, समय की कसौटी पर खरी उतरी एक शक्ति भी है। उदाहरण के लिए, मेरे लिए ब्रेकफ़ास्ट से लेकर लंच तक, अपने भोजन पर ध्यान रखना बहुत

आसान है। लेकिन कई वर्षों तक अपनी डाइटिंग पर ध्यान टिकाए रखना, सच में ही ध्यान केंद्रित रखने की एक असली ताकत है। मैं कई बार डाइटिंग पर रह कर अपना वज़न कम किया है, दोबारा अपना वज़न बढ़ाया है और उसके बाद फिर वज़न कम किया है। इसे कहते हैं ध्यान की कमी!

ठीक ऐसा ही पैसे की दुनिया में भी होता है। लोग धनी हो जाते हैं और फिर से धन खो बैठते हैं। लॉटरी जीतने वाले और खेलों के सितारे ध्यान खो बैठने के सबसे अच्छे उदाहरण हैं। कई पेशेवर ऐथलीट, पेशेवर खेलों में बहुत सारा पैसा बनाने के लिए, कड़ा अभ्यास करते हुए कई-कई साल व्यतीत कर देते हैं, लेकिन वे खेलों से रिटायर होने के पाँच वर्ष बाद टूट जाते हैं। वे खेलों पर अपना ध्यान साधते हैं, लेकिन अपनी वित्तीय योग्यता पर नहीं।

इस पुस्तक के पहले अध्याय में, अंगूठे के महत्त्व पर लिखते हुए, मैंने अपनी कुछ असफलताओं का वर्णन किया था। यदि मेरे पास ध्यान केंद्रित करने की शक्ति नहीं होती, तो मैं सम्भवतः पलायन कर जाता। दूसरे शब्दों में, अधिकांश उद्यमी इसलिए असफल हो जाते हैं, क्योंकि उनके पास चरित्र की मज़बूती, जिसका प्रतिनिधित्व अँगूठा करता है और ध्यान केंद्रित करने की शक्ति, अर्थात् सफलता प्राप्त होने तक एक ही नियम का पालन करने का अभाव होता है।

ध्यान केंद्रित करने का अर्थ *लक्ष्य से परे* अपनी सफलता को कायम रखना भी होता है। इसका मतलब है, धन बनाने के बाद उसको मज़बूती से थामे रखना और इसे गवाँ देने के बाद, मानसिक बोझ से राहत महसूस करना।

विमान चालकों के रूप में, हमें अपने लक्ष्य पर ध्यान केंद्रित करना होता था, हालाँकि दुश्मन हमें मार गिराने की पूरी कोशिश करता था। ध्यान केंद्रित करने से हमें शांत रहने, स्पष्ट रूप से सोचने और निर्णायक कार्रवाई करने की शक्ति प्राप्त होती है। जब तक हमारा विमान और चालक दल, हमारे विमानवाहक पोत पर सही सलामत वापस नहीं आ जाते, तब तक हम अपना ध्यान भटकने नहीं देते। हम व्यापार में भी ऐसे ही ध्यान केंद्रित करने लगते हैं। व्यापार से पैसा बनाने का अर्थ यह नहीं होता कि व्यापार करना सुरक्षित होता है।

लाखों लोग ऐसे होते हैं जिन्हें सफलता नहीं मिलती, क्योंकि उनके पास ध्यान केंद्रित रखने की शक्ति का अभाव होता है। जब लोग ध्यान केंद्रित रखने की स्थिति में होते हैं, तो 'मैं यह नहीं कर सकता;' 'मैं कोशिश करूंगा;' 'मैं यह कल करूंगा' और 'हो सकता है' जैसे शब्द उनकी शब्दावली से हट जाते हैं। कई मायनों में, ध्यान केंद्रित रखने का अर्थ है, 'करो या मरो' और 'जब तक यह होता है।' जब स्थितियां कठिन हो जाती हैं, तो कई लोग अपने ध्यान से भटक जाते हैं और परिस्थितियों से हार मान बैठते हैं। वे किसी आसान कार्य की तलाश करते हैं। और सबसे बुरी बात यह है कि अधिकांश लोग, अपने कार्य की शुरूआत ही नहीं कर पाते, क्योंकि वे 'मैं कोशिश करुंगा' और 'मैं यह

कल करूंगा' जैसे शब्दों को अपने विचारों पर हावी होने देते हैं।

क्या आपने कभी इस बात पर ध्यान दिया है कि जिन लोगों में ध्यान केंद्रित रखने का अभाव होता है, उनमें अक्सर सही दिशा में देखने की भी कमी होती है। वे भटकते रहते हैं, एक चीज़ से दूसरी चीज़ की ओर। निवेश की दुनिया में, स्थितियों को बदतर बनाने के लिए, कई तथाकथित वित्त-विशेषज्ञ लोगों को बेहतर प्रदर्शन करने वाली सम्पत्तियों पर ध्यान केंद्रित करने की अपेक्षा, अपने निवेश पोर्टफोलियो में विविधता लाने की सलाह देते हैं। यही कारण है कि कई निवेशकों के पोर्टफ़ोलियो ऊँचा मुनाफ़ा दे पाने में असफल रहते हैं या बाज़ार में गिरावट आने पर उनका बिल्कुल सफ़ाया हो जाता है। एक बार फिर, वे अपना ध्यान केंद्रित करने में असफल रहते हैं।

सच्चाई : जीवन आसान नहीं है

कई लोगों के सफलता न प्राप्त कर पाने का दूसरा कारण यह है कि वे इस ग़लत धारणा पर अपना ध्यान केंद्रित रखते हैं कि जीवन बहुत आसान है, इसीलिए वे हमेशा आसान मार्ग चुनते हैं। वे उसी सलाह को मानते हैं, जो आसान है और वे छोटे और आसान लक्ष्यों पर अपना ध्यान लगाते हैं। इसलिए, वे हमेशा छोटे ही बने रहते हैं। मेरे रिच डैड अक्सर कहते हैं, "सफल व्यक्ति उन्हीं लक्ष्यों पर अपना ध्यान केंद्रित करते हैं, जो स्वयं उनसे भी बड़े होते हैं। एक व्यक्ति, जिसका लक्ष्य 10 डॉलर पाना है, वह अगली बार 100 डॉलर पर लक्ष्य साधेगा। और जब उसके पास 100 डॉलर आ जाएँगे, तो वह 1,000 डॉलर को अपना लक्ष्य बनाएगा। बड़े लक्ष्यों पर ध्यान केंद्रित करने से बड़े लोग पैदा होते है।"

हालाँकि, रिच डैड ने एक मूर्ख स्वप्नदर्शी बनने के विरुद्ध चेतावनी भी दी थी। इससे उनका अर्थ था कि कई लोग मूर्खतापूर्ण लक्ष्य सामने रख लेते हैं। ऐसे लक्ष्य, जो उनके व्यक्तित्व से भी बड़े होते हैं। मैं यहाँ उन लोगों की बात कर रहा हूँ, जिनको धन के बारे में कोई ज्ञान नहीं है और वे करोड़पति बनने का सपना देखते हैं। न ज्ञान, न ही योजना लेकिन किसी प्रकार यह अत्यंत चमत्कारिक ढंग से हो जाता है। रिच डैड कहते हैं, "शिक्षा, योजना, मार्गदर्शन और सही कार्रवाई के बिना स्वप्न देखने से, भ्रांतिपूर्ण लोग पैदा होते हैं, जिन्हें स्वप्नदर्शी भी कहा जाता है।"

जब मैं अपने पहले व्यापार में अपना सब कुछ खो चुका था, तो मेरा सारा ध्यान निवेशकों के एक मिलियन डॉलर की बड़ी धनराशि उन्हें वापस लौटाने पर केंद्रित था। मैंने सबसे पहले छोटे निवेशकों को निबटाया, उसके बाद उससे बड़े निवेशकों को। इस प्रकार, सभी निवेशकों का मैंने पैसा चुकता किया। वे हमारी योजना के कुछ शुरूआती क़दम थे। उस गहरे गड्ढे से निकलने में हमें कई वर्ष लगे, किंतु कठिनाइयों भरी हमारी वह यात्रा हमारे लिए बहुत महत्त्वपूर्ण थी, क्योंकि बड़े निवेशकों का पैसा लौटाने तक हम बहुत विवेकशील हो चुके थे। अपने उन्हीं अनुभवों से, किम और मैंने 'हम डूबी हुई

रकम से कैसे उबरे' (हाउ वी गॉट आऊट ऑफ बैड डेट्स) नामक एक सी.डी. और एक कार्य-पुस्तिका (वर्कबुक) तैयार की, जो उन लोगों के लिए थी, जो हमारे फ़ॉर्मूलों का पालन करना चाहते थे।

जब 1986 में, मैं और किम शादी के बंधन में बंधे, तो हमारा लक्ष्य करोड़पति बनने का नहीं था। हालाँकि करोड़पति बनना हमारा एक सपना था। इसके लिए, हमने सबसे पहले अपने निवेशों से 100 डॉलर प्रति माह धन अर्जित करने पर ध्यान केंद्रित किया, उसके बाद 10,000 डॉलर और इसी प्रकार हम आगे बढ़ते गए। हमारे पहले कुछ लक्ष्य आपको बहुत छोटे लग सकते हैं। मैं जिस लक्ष्य के बारे में बात कर रहा हूँ, उसके विपरीत वे वास्तव ही में बहुत छोटे लक्ष्य थे। लेकिन जब आपके सिर पर लगभग एक मिलियन डॉलर के ऋण का बहुत बड़ा बोझ हो, तो 100 डॉलर की आशावादी राशि हमारे लिए उस समय एक बहुत बड़ा लक्ष्य था।

लेकिन महत्त्वपूर्ण बात यह है कि किम और मेरे, हम दोनों के कुछ सपने थे, लेकिन हमने कभी भी अपने ध्यान को अपने लक्ष्य से भटकने नहीं दिया। और जैसे-जैसे हम आगे बढ़ते गए, हमने अपने लक्ष्यों को बढ़ाना जारी रखा। दूसरे शब्दों में, हमारे ध्यान केंद्रित करने ने ही हमें आगे बढ़ने में सहायता की। ध्यान में कमी उन लोगों के लिए है, जो बहुत आरामपरस्त हैं। वे या तो अपनी वर्तमान स्थिति में बने रहना चाहते हैं या फिर वे बहुत ज़्यादा प्रगति नहीं करना चाहते।

ध्यान केंद्रित करने के लिए शिक्षा की ज़रूरत

जब मुझे मालूम हुआ कि वियतनाम मेरा अगला पड़ाव था, तो मैं पहली बार अपने जीवन में एक वास्तविक विद्यार्थी बन गया था। मैं कुछ सीखना चाहता था क्योंकि मेरे लिए सीखना बहुत आवश्यक था। तब न केवल मेरा अपना जीवन पटरी पर था, बल्कि मेरे क्रू के सदस्यों का जीवन भी बहुत सही दिशा में चल रहा था। एक उद्यमी के रूप में, आज मैं वैसा ही महसूस करता हूँ। मेरा सबसे महत्त्वपूर्ण कार्य है, अपने कर्मचारियों की नौकरियों को बचाना। जब मैं इसमें असफल होता हूँ, जैसा कि कई बार मेरे साथ हुआ है, तो मेरे भीतर कुछ ऐसा है, जो मर जाता है।

मैं अपने स्कूल में एक 'सी' श्रेणी का विद्यार्थी था, शायद ही कभी पढ़ता था और हमेशा बेवकूफ़ियां करता रहता था। किंतु अपने व्यापार में, मैं अपने 'सी' श्रेणी के विद्यार्थी होने की बात सहन भी नहीं कर सकता। अब मैं हमेशा अध्ययन करता रहता हूँ, पुस्तकें पढ़ता हूँ, सेमिनार में शामिल होता हूँ और नए-नए विचारों की तलाश करता रहता हूँ। सबसे महत्त्वपूर्ण बात यह है कि मैं बुद्धिमान पुरुषों और बुद्धिमान महिलाओं यानि शिक्षकों की तलाश में रहता हूँ।

कैम्प पेन्डल्टन में, मुझे एहसास हुआ कि सभी प्रशिक्षक एक जैसे नहीं होते। वे सब

अलग-अलग प्रकार के हैं। फ़्लोरिडा में, मेरे फ़्लाइट स्कूल में, प्रशिक्षकों से मैंने विमान उड़ाना सीखा। कैम्प पेन्डल्टन में, प्रशिक्षकों ने मुझे दुश्मन को मार देना या खुद मर जाना सिखाया। विमान उड़ाने की साधारण योग्यता से परे, मुझे बहुत कुछ सीखना पड़ा था।

कैम्प पैन्डल्टन में सीखे गए सबक को मैं आज भी याद रखता हूँ। मैंने बहुत ध्यान से अपने शिक्षकों का चुनाव किया। हाई स्कूल में, मेरे पास अपने शिक्षकों को चुन पाने का कोई विकल्प नहीं था। यदि उस समय मुझे कोई बुरा शिक्षक मिल जाता या ऐसा शिक्षक मिलता, जिसका मैं सम्मान नहीं कर सकता था तो मैं मुश्किल में पड़ जाता था। अपना समय व्यर्थ हो जाने की अपेक्षा, एक बुरा या अक्षम शिक्षक मेरे दिमाग़, मेरे विचारों और उसके बाद मेरी क्रियाशीलता को पूरी तरह ख़राब कर सकता था। एक उद्यमी के रूप में, मैंने अपने शिक्षकों को बहुत ध्यान से चुना, बहुत ही ध्यान से। मैं उन लोगों के प्रति बहुत सजग रहता हूँ, जिनके साथ मैं अपना समय बिताता हूँ और जिन्हें मैं सुनता हूँ।

डोनाल्ड ट्रम्प उस तरह के शिक्षक हैं, जिनका मैं सम्मान करता हूँ, जिनसे मैं सीखना चाहता हूँ और मैं जिनके जैसा बनना चाहता हूँ। यही कारण है कि मुझे उनके साथ समय बिताना बहुत अच्छा लगता है। स्कूल के मेरे अधिकांश शिक्षक उन योग्यताओं पर खरे नहीं उतरते। मैं यह नहीं कह रहा हूँ कि वे बुरे शिक्षक थे। मैं उनके जैसा बिल्कुल भी नहीं बनना चाहता। जब मैंने महसूस किया कि मैं वियतनाम के रास्ते पर था, ऐसा स्थान जहाँ का नियम था, 'मारो या मरो,' तब मुझे पता चला कि हमारे समुद्री सेना के प्रशिक्षक, युद्ध के अनुभवी क्यों थे। क्योंकि, जो कुछ वे पढ़ाते थे, उसी का अभ्यास भी करते थे। वे सचमुच युद्ध से बचकर निकल आए थे और हमें अपने युद्ध के अनुभवों के बारे में बता रहे थे।

पीछे मुड़ कर देखने पर, मैं पैन्साकोला में अपने प्रशिक्षकों को अपने कॉलेज के प्रोफ़ेसरों के समान ही पाता हूँ। इनमें एक शिक्षक लोगों को विमान चालक बनना सिखाता है, तो दूसरा कर्मचारी बनना सिखाता है। कैम्प पैन्डल्टन में, हमारे शिक्षकों ने हमें लड़ना और मारना सिखाया - एक ऐसा कौशल, जो विमान उड़ाने से बहुत दूर तक जाता है। इसीलिए, अब मैं ऐसे शिक्षकों का चुनाव करता हूँ, जो उद्यमशीलता और निवेश की वास्तविक दुनिया में जीने वाले हैं।

जब आप, एक बार अपने जीवन के उद्देश्यों या लक्ष्यों पर अपना ध्यान केंद्रित कर लेते हैं, तो आपको अपने प्रशिक्षकों पर ध्यान केंद्रित करने की आवश्यकता होती है, ताकि आप यह सुनिश्चित कर सकें कि वे आपको उन्हीं चीज़ों का ज्ञान दे रहे हैं, जिन्हें आप जानना चाहते हैं। वे पहले ही उस स्थान पर होने चाहिए, जहाँ आप जाना चाहते हैं और वे आपको बताने के लिए, उस अनुभव से गुज़र चुके हैं। आज मेरी कम्पनी, द रिच डैड कम्पनी, यह सुनिश्चित करती है कि हमारे शिक्षक, प्रशिक्षक और मार्गदर्शक व्यापार की दुनिया में अत्यंत सफल व्यक्ति हैं। उन्होंने इस जीवन को जीया है और अभी भी जी रहे हैं।

एक अन्तिम विचार

एक लड़ाकू विमान का चालक बनने ने मुझे ध्यान केंद्रित करना और अपने संदेहों, डरों और अपनी सीमाओं से परे जाना सिखाया। वियतनाम युद्ध में सीखे गए अपने सबकों को मैं एक उद्यमी के रूप में प्रयोग कर रहा था। ऐसा नहीं कि मैं निर्भय हो चुका हूँ। मुझे भी अन्य किसी व्यक्ति की तरह, कई तरह के डर सताते हैं। हिम्मत का अर्थ डर का न होना नहीं है। हिम्मत एक आध्यात्मिक शक्ति है, जो हम सबके पास होती है। यह डर पर विजय पाने की एक शक्ति है, जो हमारे जीवन को सीमित कर देती है। हमारा ध्यान केंद्रित करना और हमारी हिम्मत, दोनों मिल कर हम जो कुछ हैं, उससे भी ऊपर जाने की शक्ति देते हैं, जो हम कहते हैं उसे प्राप्त करने की शक्ति देते हैं और इस प्रक्रिया में, हम जो कुछ बनना चाहते हैं, वही बनने की शक्ति देते हैं।

मुझे ऐसे बहुत से एम.बी.ए. के स्नातकों से मिलने का अवसर प्राप्त नहीं हुआ, जो बहुत अच्छे उद्यमी बने हों। डोनाल्ड एक अपवाद हैं। मैंने देखा है कि अधिकांश एम.बी.ए. स्नातक, किसी कम्पनी के सी.ई.ओ. बनने के लिए अपना सारा ध्यान एक सुरक्षित नौकरी पर केंद्रित करते हैं। यदि यही उनका चुनाव है, तो शायद एम.बी.ए. की डिग्री प्राप्त करना एक अच्छा क़दम हो सकता है।

शायद आपको यह पहले ही पता होगा कि हमारे सबसे बेहतरीन उद्यमियों के पास एम.बी.ए. की डिग्रियां नहीं हैं और कइयों ने तो कॉलेज से स्नातक की डिग्री भी नहीं ली। उन महान लोगों में से एक हैं माइक्रोसॉट के संस्थापक, बिल गेट्स, ऐपल के संस्थापक स्टीव जॉब्स, जनरल इलैक्ट्रिक के संस्थापक थॉमस एडीसन, वर्जिन के संस्थापक, रिचर्ड ब्रैन्सन, डिज़्नी स्टूडियो और डिज़्नीलैंड के संस्थापक, वाल्ट डिज़्नी।

आज, कई महाविद्यालयों और विश्वविद्यालयों में, उद्यमशीलता के पाठ्यक्रम हैं। बहुत कम ही लोग हैं जो बिज़नेस स्कूल में जाते हैं और डोनाल्ड ट्रम्प जैसे उद्यमी बनते हैं। ऐसा इसलिए है, क्योंकि अधिकांश महाविद्यालयों और विश्वविद्यालयों के शिक्षक, पैन्साकोला में मेरे शिक्षक की तरह बड़ी एयरलाइन्स, जैसे यूनाइटेड एयरलाइन्स या ब्रिटिश एयरवेज़ में विमान चालक बनने का प्रशिक्षण देते हैं।

कैम्प पैन्डल्टन के हमारे शिक्षक हमें विमान उड़ाना सिखाने के अलावा, लड़ाकू विमान चालकों के रूप में हमें युद्ध क्षेत्र में भी ले गए थे और उन्होंने हमें दुनिया के सबसे ख़तरनाक वातावरण के लिए तैयार किया। मेरे विचार में, अधिकांश कॉलेजों व यूनिवर्सिटी में उद्यमशीलता के पाठ्यक्रम नहीं होते क्योंकि स्कूलों में "बस ड्राइवर" नियुक्त किए जाते हैं, जो विद्यार्थियों को "लड़ाकू विमान चालक" बनाने का प्रयास करते हैं। इनमें दोनों ही "उड़ाना" जानते हैं। लेकिन समस्या यह है कि उनमें से केवल एक के पास ही ऐसे उद्यमियों को प्रशिक्षित करने की क्षमता होती है, जो जादुई शक्ति को प्राप्त कर सकते हैं।

ध्यान केंद्रित करने की शक्ति

डोनाल्ड ट्रम्प

रॉबर्ट लड़ाकू विमानों और सैन्य प्रशिक्षण का ज़िक्र करते हैं। मैंने भी सैन्य स्कूल में भाग लिया है और मुझे भी उन गुणों की जानकारी है, जो एक मरीन कॉर्प के विमानचालक के लिए आवश्यक होते हैं। लेकिन वह अपने लक्ष्य पर ज़ोर देते हैं, बेशक आपने किसी सैन्य स्कूल में प्रशिक्षण लिया हो या नहीं। जीवन में उबरने और सफलता प्राप्त करने के लिए, सबसे महत्त्वपूर्ण चीज़ है ध्यान केंद्रित करना।

इस संदर्भ में, मुझे उस पत्रकार का ध्यान आता है, जो मेरे ऑफिस, द ट्रम्प आर्गेनाइज़ेशन में एक दिन आया था। वह इस मुलाकात को 'डोनाल्ड ट्रम्प के साथ खन्दक में एक दिन' कहता है, क्योंकि हमने उस दिन बहुत मेहनत की थी और बड़ी जल्दी अपना काम निबटा दिया था। मैंने कभी-कभी व्यापार की तुलना युद्ध-क्षेत्र से की है, क्योंकि ऐसा होना सम्भव है। इसका अर्थ यह है कि आपको अपने होश, अपने संवेदन-तंत्र को पूरी तरह चौकस रखना होगा और अपने ध्यान को सौ प्रतिशत अपने लक्ष्य पर केंद्रित करना होगा।

मैं आपको पहले ही यह बता चुका हूँ कि 1990 के दशक में मेरे बहुत बड़ी वित्तीय समस्या में फंस जाने का कारण था, मेरे ध्यान का भटक जाना। कभी भी बुरे ढंग से सबक मत सीखें, जैसा कि मैंने किया था, जो कि आपकी सफलता के लिए बहुत महत्त्वपूर्ण चीज़ है। और ध्यान केंद्रित रखने में भी एक विरोधाभास दिखाई देता है। आपके सफलता प्राप्त करने के लिए, आपका ध्यान इतना व्यापक होना चाहिए कि आपमें एक ही समय में बड़ा सोचने की क्षमता होनी चाहिए। आप इस अध्याय में देखेंगे कि यह सबक कैसे काम करता है।

अधिकतर लोगों को अब ट्रम्प टावर के सम्बन्ध में पता चल ही गया होगा। यह न्यू यॉर्क शहर के सबसे प्रमुख पर्यटक स्थलों में से एक है और ध्यान केंद्रित करने की शक्ति का बहुत शानदार उदाहरण है। हमने 1983 में शुरुआत की थी और इस ऊँचाई तक पहुँचने के पीछे भी एक कहानी है। जैसा कि मैं हर चीज़ अलग तरह से करने का आदी हूँ , मुझ पर सब कुछ सही करने का इतना जुनून सवार था कि मैंने ब्रेशिया पर्निस नाम के इटैलियन मॉर्बल का सही स्लैब खोजने के लिए, व्यक्तिगत रूप से इटली में खदानों की यात्रा की। ब्रेशिया पर्निस, इटली में पाया जाने वाला एक दुर्लभ और बहुत खूबसूरत संगमरमर का पत्थर है, जिसकी आपूर्ति बहुत अनियमित होती है। मैंने उनमें से एक सबसे बेहतरीन स्लैब को काले टेप से चिन्हित कर दिया था। शेष पत्थर किसी अन्य ग्राहक को बेच दिया गया था।

ट्रम्प टावर महागाथा - भाग एक

उस समय तक ट्रम्प टावर का निर्माण आरम्भ हो चुका था और यह वाकया इस कहानी में काफ़ी बाद में आया। इसमें होने वाली प्रगति की एक अलग ही कहानी है। मैं जिस शख़्स से इस प्रोजेक्ट के लिए ज़मीन ख़रीदना चाहता था, उससे उत्तर पाने में मुझे लगभग तीन वर्ष लग गए थे। इस समयावधि में मैंने उसे केवल एक पत्र नहीं लिखा या एक बार फ़ोन नहीं किया, बल्कि मुझे कई-कई बार ऐसा करना पड़ा। आगे चल कर, मुझे मेरी तपस्या की कीमत मिल गयी, लेकिन तीन वर्षों के लम्बे समय के बाद। रॉबर्ट इसे उद्यमियों के लिए आवश्यक 'विश्वास की छलांग' कहते हैं। मेरे मामले में यह एक छलांग नहीं थी, बल्कि मेरे लिए यह अपनी उम्मीद को पकड़े रखने जैसा था।

मेरी इच्छा थी कि मैं टिफ़नीज़ के स्टोर से सटी ज़मीन पर अपना ट्रम्प टावर बनाऊं। और मुझे ट्रम्प टावर बनाने के लिए और वहां पर विकास करने के अधिकार ख़रीदने के लिए, उन्हें सहमत करना था। उनके शानदार स्टोर पर एक गगनचुम्बी इमारत का निर्माण करने के लिए, मुझे उनके अधिकार ख़रीदने के लिए 5 मिलियन डॉलर की राशि खर्च करनी थी। इसमें कोई भी टिफ़नीज़ की इमारत को गिरा भी नहीं सकता था और न ही कोई और टावर बना कर, मेरे टावर से दिखाई देने वाले खूबसूरत दृश्यों को रोक सकता था।

उसके बाद, मुझे न्यू यॉर्क सिटी से 'लैन्ड यूज़' की मंजूरी भी लेनी थी। मैं यह जानना चाहता था कि क्या मुझे पहले निर्माण के अधिकार प्राप्त करने थे? उस समय, ज़मीन का मालिक, वॉल्टर होविंग एक महीने की छुट्टियों पर कहीं बाहर जा रहा था। उसने मुझे बताया कि वह छुट्टियों से वापस लौटने पर मुझसे संपर्क करेगा। मैं उस एक महीने में ढेर सारे काम निबटा सकता था, लेकिन बिना यह जाने कि मेरे पास निर्माण के अधिकार हैं भी या नहीं, यह सम्भव नहीं था। सौभाग्य से, होविंग को मेरा विचार पसंद आ गया और उसने मुझसे वादा कर लिया और यह भी कहा कि इस सम्बन्ध में उसके शब्द ही काफ़ी थे। और ऐसा ही हुआ था।

अभी एक ओर न्यू यॉर्क शहर क्षेत्रीकरण विनियमन का नियम था कि किसी भी भवन-निर्माता को अपनी इमारत के पीछे न्यूनतम 30 फ़ीट का खुला क्षेत्र छोड़ना आवश्यक था। इसके लिए हमने अपनी इमारत का जो डिज़ाइन बनाया था, हमें उसके पिछले बरामदे में 30 फ़ीट की जगह को कम करने की ज़रूरत थी, अन्यथा हम टिफ़नीज़ से सटी भूमि का एक छोटा सा टुकड़ा ले सकते थे। इस ज़मीन का मालिक लियोनार्ड कैन्डल था, जिसे अपनी ज़मीन बेचने में कोई दिलचस्पी नहीं थी। फिर भी, मैंने टिफ़नीज़ के साथ हुए सौदे के दस्तावेज़ों में एक धारा ढूंढ ली थी, जिसके अंतर्गत टिफ़नीज़ के पास उस विशेष समयावधि में कैन्डल की ज़मीन को ख़रीदने का एक विकल्प दिखाई दिया था क्योंकि वह ज़मीन टिफ़नीज़ के स्टोर से सटी हुई थी। मैं वापस टिफ़नीज़ में होविंग के पास यह पूछने के लिए गया कि क्या मैं टिफ़नीज़ के साथ अपने समझौते के एक हिस्से

के रूप में, कैन्डल की ज़मीन पर उसके विकल्प को खरीद सकता था। होविंग इसके लिए मान गया था। लेकिन कैन्डल ने मुझे बताया कि चूंकि वह विकल्प टिफ़नीज़ से संबंधित था, इसलिए वह हस्तांतरणीय नहीं था। शायद वह सही कह रहा था।

मैंने महसूस किया कि मैं इस प्रश्न पर सम्भवतः मुक़दमा कर सकता था और वहाँ मुक़दमे की संभावना थी भी, जिसे मैंने कैन्डल को स्पष्ट कर दिया था। चूंकि हम दोनों में से कोई भी ऐसा नहीं चाहता था, इसलिए हम ने आपस में एक समझौता कर लिया, जिससे हम दोनों को ही लाभ पहुँचा। कैन्डल मेरी लीज़ का समय 20 वर्ष से 100 वर्ष करने पर सहमत हो गया। इससे मुझे आर्थिक प्रबंध करने का पर्याप्त समय मिल गया था और उस ज़मीन के 'लैन्ड यूज़' के ख़िलाफ रोक भी हट गयी थी। होविंग और कैन्डल, दोनों ही बड़े सज्जन व्यक्ति थे। मैं खुशनसीब था कि मैं उनके साथ सौदा कर रहा था।

कैन्डल के साथ सौदा करने में मुझे असल में केवल आधा घंटा ही लगा। वह हिस्सा बड़ी आसानी से निबट गया था। लेकिन आपको यह एहसास होना चाहिए कि होविंग से पूछताछ के मेरे पत्रों की प्रतिक्रिया जानने के लिए मुझे तीन वर्ष का समय लग गया था। इस दौरान, मैं अपने दिमाग़ में ही ट्रम्प टावर की इमारत बना रहा था। मैं जो कुछ करना चाहता था, एक क्षण के लिए भी मैंने अपना ध्यान उससे नहीं हटने दिया। मेरी योजनाएं सटीक होने के साथ-साथ बहुत स्पष्ट भी थीं।

मैं जब सारी चीज़ों को इकट्ठा करने के लिए, अपनी तलाश को जारी रखे हुए था, जो ट्रम्प टावर के निर्माण के लिए बहुत महत्त्वपूर्ण थी, तो इस दौरान अक्सर मुझे न्यू यॉर्क शहर के इतिहास में एक प्रसिद्ध हस्ती, रॉबर्ट मोज़ेज़ की बहुत याद आती रही और साथ ही उसकी यह टिप्पणी भी कि 'आप अण्डों को तोड़े बिना आमलेट नहीं बना सकते।' मैं जानता था, मेरे पास तोड़ने के लिए कुछ और अण्डे पड़े हुए थे।

ट्रम्प टावर महागाथा – भाग दो

मैं जिस ज़मीन पर ट्रम्प टावर बनाने की सोच रहा था, वह जेनेस्को के कब्ज़े में थी। इसी ज़मीन पर प्रसिद्ध डिपॉर्टमेंटल स्टोर, बॉनविट टैलर बना था। यह मेरे लिए सौभाग्य की बात थी कि मैं सौदेबाजी में बहुत अच्छा था, क्योंकि इस सौदे के पूरा होने में, मुझे इस क्षेत्र में बहुत अधिक अनुभव की ज़रूरत थी। जेनेस्को और मैंने इस सौदे को कुछ समय के लिए गुप्त बनाए रखा। हमें कुछ महीने के अंदर ही, इस अनुबंध पर हस्ताक्षर हो जाने की उम्मीद थी... और उसी समय यह ख़बर सार्वजनिक हो गयी। अचानक ही कई बड़े ख़रीदार, जेनेस्को में दिलचस्पी लेने लगे थे, जिनमें तेल से समृद्ध, अरब के कई निवेशक भी शामिल थे। और उतनी अचानक ही, जेनेस्को भी इस सौदे से बाहर निकल जाने की कोशिश कर रहा था।

आपको तीन वर्ष तक लिखे मेरे पत्रों की याद है? वे पत्र, जेनेस्को में, जैक हैनिगन नाम के एक व्यक्ति के पास जा रहे थे और सौभाग्य से, मुझे उस व्यक्ति की ओर से एक पृष्ठ का आशय-पत्र प्राप्त हुआ। मैंने जेनेस्को को बता दिया था कि यदि उन्हें हमारे सौदे को पूरा करने में दिलचस्पी नहीं है तो मैं उन पर मुक़दमा कर सकता हूँ और करूँगा और मैं बॉनविट की ज़मीन को बिकने से भी बड़े प्रभावशाली तरीके से रोक सकता हूँ। इस बिंदु पर, मैं पूरी तरह से निश्चित नहीं था कि वह पत्र कानूनी रूप से बाध्यकारी होगा या नहीं। लेकिन वहाँ यह भी सम्भावना थी कि मैं एक बड़ी परेशानी में फंस सकता था। ऐसा लग रह था, जैसे कि इस बिंदु पर सारी चीज़ें 'यदि ऐसा हुआ तो क्या होगा?' पर लटकी हुई थीं।

रॉबर्ट अक्सर, एक उद्यमी बनने में जोखिम का उल्लेख करते हैं और आगे जो कुछ हुआ, वह एक बहुत बढ़िया उदाहरण है। मुझे *द न्यू यॉर्क टाइम्स* से एक फ़ोन आया। उन्होंने बॉनविट इमारत के सम्बन्ध में जेनेस्को से हुए मेरे सौदे के बारे में सुना था। हालाँकि हमने इस सौदे को गुप्त रखा था, फिर भी मैं जानता था कि यह सही चाल चलने का समय था क्योंकि जेनेस्को दूसरे विकल्पों पर विचार कर रहा था। मैंने फ़ोन करने वाले पत्रकार को बताया कि हमारा अनुबंध पूरा हो चुका था, कि बॉनविट की ज़मीन पर मेरी योजना एक गगनचुम्बी टावर बनाने की थी और टिफ़नीज़ स्टोर कुछ महीनों में ही बंद हो जाएगा। मैंने अन्दाज़ा लगाया कि इससे जेनेस्को पर थोड़ा-बहुत दबाव पड़ेगा।

घटनाएं बहुत तेज़ी से घट रही थीं। अगले दिन समाचार-पत्र में वह लेख प्रकाशित होते ही, जितना जल्दी हो सकता था, बॉनविट के सभी कर्मचारी, दूसरे बड़े स्टोरों में जाकर अपने लिए नई नौकरियां तलाश करने में जुट गए थे। इसके परिणामस्वरूप, बॉनविट को अपना स्टोर चलाने में दिक्कत होने लगी। उसके पाँच दिनों के बाद, जेनेस्को से मैं औपचारिक अनुबन्ध पर हस्ताक्षर कर चुका था। जैसा कि मैं पहले भी कह चुका हूँ कि व्यापार भी एक युद्ध की तरह हो सकता है। और मैं मज़ाक नहीं कर रहा था। मैं ढेर सारे अण्डे तोड़ने के लिए तैयार था।

हम पहले ही कुछ लड़ाइयां देख चुके थे और हमने अभी तक ट्रम्प टावर के निर्माण का कार्य शुरू भी नहीं किया था। लेकिन अपने पिछले इतिहास को साझा करना, अपने लक्ष्य पर ध्यान केंद्रित करने और चीज़ों को आगे बढ़ते रहने के लिए युद्ध जीतने का उदाहरण देता है। जैसा कि रॉबर्ट ने कहा था कि जीवन आसान नहीं है, इसलिए जीवन के आसान होने की अवधारणा पर अपना ध्यान केंद्रित करने से आपको कुछ भी प्राप्त नहीं होता, सिवाय दुःख के।

यदि हर उद्यमी पूरी गम्भीरता से इस बात पर अपना ध्यान केंद्रित करे कि वह क्या कर रहा है और क्या प्राप्त करना चाहता है, तो वह व्यापार रूपी युद्ध को जीतने का हुनर अवश्य जान जाएगा। इसलिए, जब भी ज़रूरत पड़े, आप जोखिम उठाने और उसे सहन करने के लिए तैयार रहें। आज जब लोग ट्रम्प टावर को देखते हैं तो वे सिर्फ़

उसकी खूबसूरती को देखते हैं और इससे मुझे बहुत अच्छा लगता है। मैं भी उसकी खूबसूरती को देखता हूँ, लेकिन चूंकि मैं उस दौर से गुज़र चुका हूँ, इसलिए मुझे इसे शुरू करने के लिए किए गए संघर्ष भी याद आते हैं। मैं एक बार फिर कहूँगा कि यह बहुत शानदार अनुभव था।

न्यू यॉर्क से सीधा प्रसारण... यह शनिवार की रात है!

ध्यान केंद्रित करना कई रूप में हमारे सामने आता है। ऐसा ही जोखिम भी होता है। मुझे कई वर्ष पहले का वह दिन याद आ रहा है, जब मैंने *'सैटर्डे नाइट लाइव'* का आयोजन किया था। मैं यह बात बहुत अच्छी तरह से जानता था कि मैं कोई पेशेवर एन्टरटेनर नहीं था, लेकिन यह बहुत मज़ेदार लग रहा था और एक नया चुनौती भरा काम भी था और निश्चित रूप से इसमें एक जोखिम तो था ही। मुझे ठीक वैसे ही महसूस हो रहा था, जब मैंने *'द अप्रेन्टिस'* करने का विचार बनाया था। तब मुझे पता चला था कि मेरे एक नई टेलिविज़न पर्सनैलिटी होने के कारण कुछ समस्याएं भी होने वाली थीं, बेशक इसका लाभ भी था। मैंने किसी भी कीमत पर इसे करने का मन बनाया और मैंने 'सैटर्डे नाइट लाइव' का काम भी अपने हाथ में ले लिया। इस बार, मेरा सारा ध्यान केवल अच्छा काम करने पर और उसका पूरा आनन्द उठाने पर था। मैं निश्चित रूप से अपना सर्वश्रेष्ठ ही देता हूँ।

शो करने के लिए सहमत होना एक बात थी। बाद में जिस चीज़ ने मेरे भीतर घबराहट भर दी, वह यह थी कि वह एक 'लाइव' शो था, जहाँ काट-छाँट करने या सुधार करने की कोई गुँजाइश नहीं थी और यदि वह शो किसी भी कारण असफल सिद्ध हुआ या उसमें कोई गड़बड़ हो गयी, तो बिना कोई दूसरा अवसर मिले या बिना सुरक्षा मिले, मैं लाखों लोगों के सामने बहुत बड़ी मुश्किल में पड़ जाऊँगा। उसमें बहुत सी चीज़ें थीं जो मुझे अभी सीखनी थीं और उन्हें ठीक से प्रस्तुत करके दिखाना था, जिसका अर्थ था कि मुझे अपना शत-प्रतिशत देना था और वह भी पूरी ताकत के साथ। मैं अभी तक, एक सार्वजनिक वक्ता या नेता के रूप में, एक बनी बनायी सामग्री को जनता के सामने प्रस्तुत कर देने का आदी था, लेकिन *'द अप्रेन्टिस'* में मुझे दर्शकों से सीधे-सीधे सम्बोधित होना था, बिना किसी लिखित आलेख के, इसलिए मेरे लिए यह एक नया क्षेत्र था।

निर्धारित 'सैटर्डे नाइट लाइव' शो से पहले, मंगलवार के दिन, मैं एक घन्टे के लिए, लोर्न माइकल की लेखकों की टीम से मिला, जिसका नेतृत्व टीना फ़े कर रही थीं। उन्होंने मुझसे कई प्रश्न पूछे, कार्यक्रम की अवधारणा पर अपना दृष्टिकोण प्रस्तुत किया और अपने विचारों की रूपरेखा मेरे सामने रखी। बृहस्पतिवार को हम उन लोगों की प्रस्तुत रूपरेखा का अध्ययन कर रहे थे। मैंने देखा कि उन्होंने बहुत तेज़ी से और बड़े प्रभावपूर्ण तरीके से अपने काम को अन्जाम दिया था। उन्होंने छोटे-छोटे रूपकों में मुझे कुछ भूमिकाएँ दीं, जिनमें एक की-बोर्ड प्लेयर, एक हिप्पी, एक वकील और डैरल हेमन्ड

के साथ *'द प्रिन्स ऐन्ड द पॉपर'* के एक चरित्र और नाचते गाते चूज़ों के साथ, 'ट्रम्प्स हाउस ऑफ विंग्स' के लिए प्रवक्ता की भूमिका शामिल थी। मैंने उसके लिए चमकीला पीले रंग का, पोलिएस्टर का सूट पहना था। लेकिन मेरा वह आत्मगत भाषण, जिसमें कई आवाज़ें बना कर बोलना था, सबसे पहले उसे ही प्रस्तुत करना था। इस चरित्र की शर्त थी कि उसे बहुत अजीब और बहुत मज़ेदार ढंग से पेश आना था, किसी हास्य-नाटक की तरह। हर कोई जानता है कि यह काम आसान नहीं है। तब क्या होगा, अगर मैं उस मज़ेदार चरित्र को ठीक से न निभा पाया तो? अब मैं सोचता हूँ कि मैंने वाक़ई में अपने आपको उसी रूप में ढाल लिया था। इसके अलावा, मेरा सारा ध्यान, उस रूपक की उन पंक्तियों पर, कई बार अपने वस्त्र बदलने और कई अलग-अलग स्थितियों और कलाकारों पर भी था। शुक्रवार के शो से पहले, मैं सेट पर गया, जहाँ सभी मंच बनाने वाले लोग और बढ़ई अपना काम करने में व्यस्त थे। मैंने उनसे कहा, "अरे, मैं यहाँ क्या कर रहा हूँ? मुझे भी आपकी तरह यहाँ काम करना चाहिए था। मैं भी तो आप लोगों की तरह हो सकता हूँ।" मुझे सच में ऐसा लग रहा था कि मैं खुद को किसी मुश्किल में डाल लूँगा और इससे बेहतर था कि शनिवार रात को जो 'शो' होने जा रहा था, मैं उसे खेले जाने से पहले उसकी योजना पर ध्यान देता।

हमारा हर शनिवार, इस 'शो' में शामिल होने वाले सभी लोगों के लिए एक मैराथन सिद्ध होता था। दिन के समय हम 'शो' की अच्छी तरह रिहर्सल करते थे और शाम को हम तीन सौ दर्शकों के सामने अपने 'शो' की प्रस्तुति करते थे, जिसे हम 'असली शो का पूर्वाभ्यास' मानते थे। इसमें हमें यह तय करने में भी सहायता मिलती थी कि हमें इस पूरे नाटक में कौन सा हिस्सा काटना था और कौन-सा नहीं। दर्शकों में लोकप्रिय होने वाले अधिकांश नाटकों में काट-छाँट अवश्य होती थी। इसका अर्थ यह था कि शो शुरू होने से आधा घन्टा पहले तक, मुझे पता नहीं चल सकता था कि कौन सा हिस्सा शो में शामिल होगा या फिर उनका प्रस्तुति का क्रम क्या होगा।

मेरा पसंदीदा नाटक, जिसमें मैंने एक उपन्यासकार की भूमिका अभिनीत की थी, उसे भी काटा-छाँटा गया था। उस नाटक में मुझे पता चला था कि उसमें अंतिम क्षणों में शामिल किया गया एक गीत मुझे गाना था। मेरे लिए सबसे बड़ी चुनौती थी, ऐन मौके पर मुझे गाने के लिए सुनाया गया नया आदेश और उसकी तैयारी के लिए दिया गया बहुत ही कम समय। मैं जानता था कि उस समय मेरी हालत बहुत बुरी थी, लेकिन इसी कारण ही मैं अपने गीत पर ध्यान केंद्रित करने में सफल रहा था। यह समय मेरे लिए अन्तिम क्षणों में कोई कार्य सम्भव कर दिखाने वाला सिद्ध हुआ था।

'सैटर्डे नाइट लाइव' में एक चीज़ ने हर किसी की मदद की थी, लेखक से लेकर आयोजन-मण्डल के सदस्यों तक, मेकअप करने वाले से लेकर कलाकारों तक, और वह चीज़ थी इसके साथ जुड़े सभी पेशेवर लोग। वे सभी बहुत ही सहयोग देने वाले थे और बहुत ही मज़ेदार लोग थे। मुझे उस सेट पर कब प्रवेश करना था और कब वहाँ से

हटना था, इसमें उन लोगों ने मेरी बहुत मदद की। और जब अन्त में 'शो' आरम्भ होने का समय हुआ, तो मैं अपने भीतर बहुत उत्तेजना महसूस कर रहा था। मैं अपने ड्रेसिंग रूम में जाकर, कुछ देर के लिए टी.वी. पर गोल्फ़ देखने लगा और अपने दिमाग़ में 'शो' की बहुत बड़ी तस्वीर बनाने लगा। सब कुछ अच्छी तरह निबट जाएगा, मेरा ध्यान पूरी तरह 'शो' पर केंद्रित था। मैं हर किसी के लिए अच्छे समय की कामना कर रहा था।

और यही कुछ था, जो घटित हुआ। मुझे भी पीला पोलिएस्टर का सूट पहन कर, नाचते-गाते चूज़ों के साथ अभिनय करने में कोई परेशानी नहीं थी। सच कहूँ तो, वह रूपक मेरा पसंदीदा रूपक बन गया था। वह शाम मेरे लिए बहुत यादगार बन गयी थी और एक बेहतरीन सबक भी। शो पर मेरे ध्यान केंद्रित करने ने निश्चित रूप से महत्त्वपूर्ण भूमिका निभायी थी। और वह जोखिम लेकर क्या मैं बहुत खुश था? निश्चित तौर पर! अपने लक्ष्य पर ध्यान साधने की शक्ति प्रमाणित हो चुकी थी। मेरे मन में उन सभी लोगों के लिए बहुत सम्मान की भावना थी, जिन्होंने मंच पर और टेलिविज़न पर मेरे इस 'शो' में हिस्सेदारी की थी।

मेरे विचार में जोखिम उठाना मेरे खून में ही था, या कम से कम बड़ी चुनौतियों की तलाश करना मेरे खून में था। अपने बचपन से ही मुझे यह पता था कि मैं गगनचुम्बी इमारतें बनाना चाहता था। वास्तव में, उन दिनों मैं बिल्डिंग-ब्लॉक्स के साथ इमारतें बनाया करता था। ऊँची इमारतें बनाने के लिए मैं अपने भाई से उसके ब्लॉक भी उधार माँग लेता था। लेकिन समस्या तो तब होती थी, जब मैं सभी ब्लॉक को गोंद से चिपका देता था ताकि वे ब्लॉक मुझे अपने भाई को वापस न करने पड़ें। अपनी छोटी उम्र से ही गगनचुम्बी इमारतें बनाना निश्चित रूप से मेरे जीवन का लक्ष्य रहा था।

हमारी इमारत, जो आज द ट्रम्प इंटरनैशनल होटल एन्ड टावर, न्यू यॉर्क नाम से बहुत प्रसिद्ध हो चुकी है, एक ऐसी इमारत है, जिसे कई पुरस्कार मिल चुके हैं, जिनमें प्रतिष्ठित मोबिल फाइव-स्टार पुरस्कार भी शामिल है। न्यू यॉर्क में सर्वश्रेष्ठ होटल के रूप में इसकी बहुत ख्याति है, लेकिन इसके इतिहास के बारे में बहुत कम लोगों को ही जानकारी है। यह एक दिलचस्प कहानी है और यह ध्यान केंद्रित करने का एक सबक भी देती है, क्योंकि यह कोई आसान काम नहीं था। एक समय तो ऐसा भी आया था, जब इस इमारत की बोली मेरे हाथ से खिसक ही गयी थी और ऐसा, इस को प्राप्त करने में लगे लम्बे समय और मेरी कोशिशों की कठिन प्रक्रिया के बाद हुआ था। यह इमारत पूर्व में गल्फ़ एन्ड वेस्टर्न/पैरामाऊन्ट बिल्डिंग के नाम से जानी जाती थी। उस समय इस इमारत में जनरल इलैक्ट्रिक का कार्यालय हुआ करता था। जब मैंने इसे 1995 में अपने अधीन लिया तो यह वैस्ट साइड में बनी कुछेक गगनचुम्बी इमारतों में से एक थी। इसका निर्माण 1960 के दशक की शुरूआत में हुआ था और यह उस स्थान पर इतनी ऊँची इमारतों पर प्रतिबंध लगाने वाले ज़ोनिंग कानून बनाने से पहले बनाई गयी थी।

इस इमारत से जुड़ी समस्याओं की जानकारी मुझे पहले से ही थी, मेरे द्वारा इस

इमारत को ख़रीदने से भी पहले। एक बड़ी समस्या यह थी कि यह इमारत हवा में एक ओर झुक जाती थी और शीर्ष से यह हिचकोले खाने लगती थी। ऐसा बहुत तेज़ हवाएँ चलने पर नहीं होता था बल्कि 15 मील प्रति घन्टा की गति से चलने वाली हवाओं में भी ऐसा होता था। तेज़ हवाओं वाले दिनों में, इसका एलिवेटर (लिफ़्ट) काम नहीं करता था। इस इमारत में कार्य करने वाले अधिकांश लोग इसमें समुद्र की तरह, जी मितलाने की शिकायत करते थे। यह सच है कि सभी गगनचुम्बी इमारतों में थोड़ा बहुत लचीलापन तो होता ही है लेकिन यह इमारत तो चरम पर थी। दूसरे, इसमें एस्बेस्टॉस का बहुत प्रयोग किया गया था जो कि एक जाना-माना कैंसर पैदा करने वाला कारक है। और इसे वहाँ से हटाए जाने की ज़रूरत थी। इतना ही पर्याप्त नहीं था बल्कि इस इमारत का बाहरी हिस्सा शीशे और सस्ते एल्यूमीनियम का बना था।

जब मैंने इस इमारत के बिकाऊ होने की ख़बर सुनी, तो मैंने तुरन्त उसके स्वामियों में से एक, डेल फ़्रे को बुलाया। आपको शायद हैरानी हो रही होगी कि मैं इतनी ज़्यादा कमियों वाली उस इमारत में इतनी रूचि क्यों ले रहा था। मेरी दिलचस्पी इसलिए थी क्योंकि उस इमारत का ढांचा बहुत उत्कृष्ट था और इसमें छतें बहुत ऊँची थीं। मुझे यह भी पता था कि यदि इस इमारत को गिरा कर, नई इमारत खड़ी की जाए तो इसमें नए क्षेत्रीकरण कानून के अनुसार केवल 19 मंजिलें ही बनाई जा सकती थीं, अपेक्षाकृत इसकी वर्तमान 52 मंजिलों के।

कई दूसरे बड़े भवन-निर्माता भी इस इमारत में अपनी दिलचस्पी दिखा रहे थे इसलिए मैंने एक बैठक बुलाने का सन्देश उनके पास भेजा। मैंने इस इमारत पर अनुसंधान भी शुरू कर दिया था कि इस इमारत की कमियों से निबटने के लिए हम क्या कर सकते थे। मैंने कई विशेषज्ञ लोगों को इस काम में लगा दिया था, जिनसे मुझे पता चला कि हम इसके स्टील के ढाँचे को मज़बूत बना सकते थे। इसका अर्थ था कि हम इस इमारत की सर्वश्रेष्ठ विशेषताओं को यथावत् रख सकते थे, जैसे ऊँची छतें, जो आवासीय इमारतों के लिए बहुत उत्तम थीं। कोलम्बस सर्कल में सेन्ट्रल पार्क पर, यह भव्य और आरामदेह आवासीय भवन के लिए एक शानदार स्थान सिद्ध हो सकता था।

हमने स्पष्ट रूप से बहुत सारा शोध कार्य कर लिया था और मैंने जो कुछ प्रस्तुत किया था, जनरल इलैक्ट्रिक ने उस पर बहुत अच्छी प्रतिक्रिया दी थी। लेकिन, मैं तब हक्का-बक्का रह गया, जब डेल फ़्रे ने मुझे फ़ोन करके बताया कि उन्होंने इमारत की बिक्री नीलामी के माध्यम से करने का फैसला किया है। उन्होंने मेरी प्रस्तुति के बावजूद, देश के सबसे बड़े रियल एस्टेट के व्यवसायियों को इस नीलामी में शामिल होने का निमंत्रण दिया था। यदि मैं चाहूँ तो मैं भी इसमें भाग ले सकता था। मैं अपने आपको बहुत पस्त महसूस कर रहा था। पूरी तरह से निरुत्साहित और गुस्से में! ...लेकिन मेरे पास विकल्प क्या थे? मेरी वास्तव में ही इसमें दिलचस्पी थी। इसलिए, मैंने अपनी प्रतिष्ठा के प्रश्न से पार पाकर, एक बार फिर अपना पूरा प्रयास करने का निश्चय किया।

हमने बहुत विस्तृत और अच्छी तरह से शोध करने के बाद बनाई गयी प्रस्तुति पर और मेहनत की। मैंने अपना और समय इस पर लगाया। मैंने इस सम्बन्ध में प्रत्येक प्रश्न को, इसके हरेक पहलू को, पूरे विस्तार से समेटना सुनिश्चित किया। यदि मैं सोचता था कि हमने उस पर पहले बहुत मेहनत की थी, तो मैं ग़लत सोचता था। इस बार, हमारे पास जो कुछ भी था, हमारे पास जितना भी समय था, हमने इसमें झोंक दिया था। हमने इस प्रॉपर्टी की लाभप्रदता और इससे संबंधित छोटी से छोटी जानकारी पर अधिक से अधिक काम किया (आपको एस्बेस्टोस का समस्या याद है? उसका इलाज बहुत महँगा होने वाला था) हालाँकि, मैं जानता था कि मैं उन पर अच्छा प्रभाव छोड़ूँगा, फिर भी मैंने अपनी ख्याति या अपने अच्छे कार्यों से दूसरे की कृपा-दृष्टि को इसमें शामिल नहीं किया था। जब रॉबर्ट युद्ध की बात करते हैं और उन लोगों की बात करते हैं जो वापस लौट कर और भी उत्कृष्ट प्रदर्शन करना चाहते हैं, तो मैं अपने आपको उनकी बात से जोड़ कर देखता हूँ। मैंने पुनः अपने आपको बेहतरीन तरीके से सामने लाने का निश्चय किया। अब मेरा ध्यान पहले से कहीं अधिक तीव्रता से अपने लक्ष्य पर केंद्रित हो गया था।

मैं पूरे यकीन से यह नहीं बता सकता कि मेरी प्रस्तुति के बाद, मुझे कितना समय लगा, लेकिन जनरल इलैक्ट्रिक ने अन्ततः मुझे बुलावा भेजा। यह जी.ई. विद्युत समूह था, जिसमें जैक वेल्च, डेल फ़्रे और जॉन मायर्स वग़ैरह शामिल थे। उन्होंने मेरे प्रस्ताव को स्वीकार कर लिया था। मैं बहुत प्रफुल्लित था। एक बार फिर अपने लक्ष्य पर अपना ध्यान टिकाए रखने की शक्ति ने मुझे प्रतिफल दिया था।

हमारी योजना के मुताबिक, इस इमारत का नवीनीकरण आरम्भ करने पर हम केवल स्टील के ढाँचे को ही यथापूर्व रखते। यह वर्ष 1995 की बात है। इस परियोजना में कोस्टास कोंडिलीस एन्ड असोसिएट्स के अलावा फ़िलिप जॉनसन हमारे आर्किटेक्ट थे, इसलिए मैं जानता था कि इसके परिणाम बहुत ही सुरूचिपूर्ण और आधुनिक समय के अनुसार ही होंगे। हमने इसे एक होटल-सहस्वामित्व बनाने का भी निश्चय किया था। उस समय इमारतों का मिश्रित-उपयोग (मिक्स यूज़) एक नई अवधारणा थी। जहाँ तक व्यवहारिक समझ की बात थी, तो मैं इसे कोई नई अवधारणा नहीं मानता था। तब से, पूरे विश्व में इस प्रारूप को व्यापक रूप से अपना लिया गया था और यह बहुत सफल भी रहा था। यह सभी उद्यमियों के लिए अपनी सामान्य बुद्धि प्रयोग करके लाभ प्राप्त करने का एक अच्छा उदाहरण था। यह वास्तव में समय बचाने वाला एक नया विचार सिद्ध हो सकता है।

यह कहानी इस बात का जीता-जागता उदाहरण है कि यदि आप एक बार प्रयास करते हैं तो आपको दोबारा भी प्रयास करना चाहिए।

आप अपना ध्यान वहीं लगाएं, जहाँ उसे होना चाहिए - जीतने में। इसी तरीके से पुरानी गल्फ़ एन्ड वेस्टर्न/पैरामाऊन्ट बिल्डिंग न्यू यॉर्क का अव्वल नम्बर का होटल बन गयी थी - 1, सेन्ट्रल पार्क वैस्ट स्थित द ट्रम्प इंटरनैशनल होटल एन्ड टावर।

अब मेरे स्वामित्व में कई गोल्फ़ कोर्स हैं लेकिन मेरे ट्रम्प नैशनल गोल्फ क्लब लॉस ऐंजिलिस की कहानी बहुत ही विशेष है। यह इस अध्याय के लिए बहुत प्रासंगिक है क्योंकि इसका सम्बन्ध हमारे लक्ष्यों से, ध्यान केंद्रित करने से और हमारी दृष्टि से है। यह गोल्फ़ कोर्स सुन्दरता में पेबल बीच का मुकाबला करता है और यह प्रशान्त महासागर के बिल्कुल सामने बना है तथा यह सचमुच बहुत शानदार है। हालाँकि, इसे ख़रीदते समय इसकी समस्या भी बहुत शानदार थी- इसका 18वाँ छेद समुद्र में बह गया था, जिसके कारण इसके साथ सटे अन्य तीन छेदों को भी बड़ी गम्भीर हानि पहुँची थी। 18 छेदों वाला यह गोल्फ़-मैदान अब 15 छेदों का बन गया था और इसे किसी अविश्वसनीय पुनरुद्धार की आवश्यकता थी। इसके मालिक भी दिवालिया हो चुके थे। मैं जानता था कि यह बहुत बड़ा काम था लेकिन मैं इसे जितना हो सके, उतना ही अच्छा बनाना चाहता था। मैंने इस गोल्फ़-मैदान की सम्भावनाएँ देख ली थीं और जानता था कि इसके पुररुद्धार की प्रक्रिया में कुछ और सबक मेरा इन्तज़ार कर रहे हो सकते थे, लेकिन फिर भी मैं इसे यूँ ही छोड़ कर जाने वाला नहीं था।

मैंने इस गोल्फ़-कोर्स के लिए 27 मिलियन डॉलर चुकाए थे, जिसमें इसकी ज़मीन, क्लब हाउस और गोल्फ़ कोर्स शामिल थे। मेरे इस सौदे का विवरण देते हुए, 'फ़ेयरवेज़ एन्ड ग्रीन्स' नामक पत्रिका में लिखे एक लेख में 18वें छेद को '61 मिलियन डॉलर से अधिक का लक्ष्य' कहा था क्योंकि इसमें 17 एकड़ ज़मीन समुद्र में खिसक जाने से हुए नुकसान की मरम्मत की लागत इतनी ही आँकी गयी थी। उससे भी बढ़ कर, जल मार्ग के नीचे पानी की लाइनें बिछायी गयी थीं, जो और भी तबाही का कारण बनी थी।

इस गोल्फ़-मैदान के पुनर्निमाण में, एक संरचनात्मक परत का निर्माण किया जाना था, जो पालोस वर्देस चट्टानों से बनी दीवारों की एक श्रृँखला के नीचे से होकर समुद्र तक ले जाई जानी थी और इसको मज़बूत बनाने के लिए हर 10 फ़ीट की दूरी पर इस्पात के प्लेटफ़ॉर्म बनाए जाने थे। यह बहुत ही जटिल प्रक्रिया थी और एक छेद के लिए 61 मिलियन डॉलर एक बहुत बड़ी राशि थी। लेकिन मैं इस काम को पूरा करना चाहता था और बहुत अच्छे ढंग से पूरा करना चाहता था, जिससे मेरे वे सारे सन्देह भी दूर हो जाते, जो इस लम्बी और कठिन प्रक्रिया के दौरान मेरे दिल में उठे थे।

मेरे पास एक विकल्प यह भी था कि मैं केवल 18वें छेद को वहाँ तैयार कर दूँ और शेष मैदान को यथावत् रहने दूँ क्योंकि यह बहुत ही अच्छा मैदान था। या फिर मैं इसको पूरी तरह से दोबारा मरम्मत करके इसे शानदार शक्ल दे दूँ। जैसा कि आपने भी अनुमान लगा लिया होगा, मैंने इसे शानदार बनाने का विकल्प चुना। इसकी लागत मुझे लगभग 265 मिलियन डॉलर की पड़नी थी (नष्ट हो चुके उस होल के पुनर्निर्माण सहित), लेकिन मैं जानता था कि इससे वह गोल्फ़-कोर्स उतना ही सुन्दर बन जाता, जितना वह बन सकता था या जितना सुन्दर उसे होना चाहिए था।

मैं इसमें झरने, गोल्फ़ के खिलाड़ियों के अभ्यास के लिए एक ड्राइविंग रेंज और

बंकरों के लिए ग्रेनाइट के टुकड़े चाहता था। इस सम्बन्ध में, गोल्फ़-कोर्स डिज़ाइन करने वाले एक दिग्गज़, पीट डाय ने अपना जादू दिखाया। इसमें हर चीज़ प्रथम-श्रेणी की थी और हर चीज़ बहुत महँगी थी। लेकिन वह सर्वश्रेष्ठ ही होनी थी, अन्यथा वह हमारा ब्रांड नहीं होती। ट्रम्प नैशनल गोल्फ़ कोर्स लॉस ऐंजिलिस असाधारण रूप से खूबसूरत है और यह ज़बरदस्त सफलता बन चुका है। क्यों? क्योंकि इसके पीछे मेरा दृष्टिकोण काम कर रहा था। और मैंने पूरी प्रक्रिया के दौरान अपने ध्यान को एक ही स्थान पर केंद्रित रखा था। किसी चीज़ के पीछे आपका एक दृष्टिकोण होना, आपकी उपलब्धि के लिए एक बहुत शक्तिशाली ताकत हो सकता है। यह निश्चित कर लीजिए कि आपका दृष्टिकोण मुकम्मल है। अपने आपको एक विजेता के रूप में देखना, एक बहुत बड़ा पहला क़दम है और इस दृष्टिकोण को अपने मार्ग के हर क़दम पर बनाए रखना चाहिए। वे लोग, जो अपने निश्चय पर अटल रहते हैं और वे लोग, जो जोखिम उठाते हैं, उनके पास जादुई शक्ति को प्राप्त करने का एक सुनहरा अवसर होता है। सबसे महत्त्वपूर्ण है, कभी हार न मानना। और आप सीखना कभी न भूलें। प्रतिदिन, एक नई चीज़ अवश्य सीखें। मैं ऐसा ही करता हूँ।

निष्कर्ष

प्रत्येक उद्यमी के लिए एक कसौटी है : क्या आप सफलता प्राप्त करने तक एक ही सिद्धान्त का पालन कर सकते हैं? अगर परिस्थितियाँ कठिन भी हो जाती हैं, तो जैसा कि स्पष्ट रूप से हम दोनों के साथ हुआ है, क्या आप सही चीज़ों पर अपना ध्यान केंद्रित करके रख सकते हैं? बहुत अधिक कमज़ोर उद्यमी यही कहेंगे, "इससे कुछ लाभ नहीं हो रहा," और फिर अपना ध्यान किसी दूसरी चीज़ पर लगा देंगे। वे कभी जादुई शक्ति नहीं प्राप्त कर सकते।

लीडरों के पास एक दृष्टि होती है, जो उनकी भविष्य में देखने की क्षमता से अधिक कुछ नहीं है। उद्यमी बिल्कुल भिन्न होते हैं। उन्हें दृष्टि के अतिरिक्त भी कई चीज़ों की ज़रूरत होती है। उद्यमियों के पास उनकी दृष्टि के अलावा, अपने लक्ष्य पर ध्यान केंद्रित करने की शक्ति भी अवश्य होनी चाहिए। हम यह कहना चाहते हैं, वह यह है कि एक उद्यमी के पास भविष्य में देखने की क्षमता अवश्य होनी चाहिए और फिर उस दृष्टि को एक लाभकारी सच्चाई में परिवर्तित करने का कौशल भी होना चाहिए। आप देखेंगे कि बहुत से उद्यमी, लगभग 10 में से 9, बहुत अच्छी दृष्टि होते हुए भी असफल हो जाते हैं। उनके असफल होने का कारण यह है कि वे पैसा बनाने वाले व्यापार में जो कुछ देखते हैं, उसे परिवर्तित करने की शक्ति का उनमें अभाव होता है। आप उन अनगिनत कम्पनियों पर दृष्टि डालें, जो आज निःशुल्क एप्लीकेशन सॉटवेयर (ऐप्स) बना रही हैं। सम्भव है, उन्हें अपने उत्पाद में कोई सम्भावना दिखाई देती हो, किन्तु वे अपनी दृष्टि को एक लाभकारी व्यापार में परिवर्तित करना नहीं जानते। हो सकता है, किसी दिन कोई व्यक्ति कड़ी मेहनत करके सफलता प्राप्त कर ले, लेकिन अधिकांश लोग ऐसा नहीं कर

पाते। हमारी कहानियों से प्रेरित होकर प्रत्येक उद्यमी को अपने आप से यह प्रश्न करना चाहिए : सफलता प्राप्त करने तक, ध्यान केंद्रित करने की मेरी योग्यता कितनी विकसित है? एक क्षण के लिए स्वयं से ये प्रश्न पूछ कर, शीघ्रता से अपना मूल्याँकन करें :

- परिस्थितियों के कठिन होने पर, आप कितना संघर्ष कर सकते हैं?
- आप कितनी आसानी से विचलित हो जाते हैं?
- आप कितनी अच्छी तरह अपने विचार दूसरों को बेच सकते हैं?
- क्या आप लोगों को मात्र एक दृष्टिकोण में उनका समय और उनका धन निवेश करने के लिए सहमत कर सकते हैं, एक ऐसी चीज़ जिसका कोई स्थूल अस्तित्व ही न हो?
- आपने शून्य से शुरू करके कितनी परियोजनाओं को विकसित किया है?
- आप उद्यमियों की दुनिया में क़दम रखने के लिए कितने तैयार हैं?
- जब आपके अपने मन में सन्देह हो, तो क्या आप उस स्थिति में भी आगे बढ़ सकते हैं?

बिना ध्यान केंद्रित किए, किसी भी क्षेत्र में सफल हो पाना असम्भव है। अब गोल्फ़ को ही लें। आप ऐसे कितने महान शौकिया गोल्फ़ खिलाड़ियों को जानते हैं, जो कभी-कभी सत्तर से कम या साठ से अधिक शॉट लगा सकते हैं? बहुत ज़्यादा खिलाड़ियों को तो नहीं, लेकिन सम्भवतः आप एक या दो खिलाड़ियों को जानते हों। सबसे अधिक सम्भावना यही है कि उन लोगों में स्वाभाविक क्षमता हो और वे प्रत्येक सप्ताह कई-कई बार गोल्फ़ के मैदान में उतरते हों। लेकिन जो चीज़ उन्हें पेशेवर गोल्फ़ खिलाड़ियों से अलग करती है, वह है फोकस यानि ध्यान केंद्रित करना। पेशेवर गोल्फ़र खेल पर इतना ध्यान केंद्रित रखते हैं कि जब वे गेंद पर शॉट लगाने के लिए तैयार होते हैं, तो दिमाग़ी तौर पर वे गेंद की उड़ान का सही अनुमान लगा लेते हैं। जब वे शॉट लगाते हैं तो वे मैदान पर गेंद और होल के बीच की 'रेखा' को भी देख लेते है। हालाँकि यह केवल उनके दिमाग़ में ही होता है। शौकिया और पेशेवर गोल्फ़ खिलाड़ियों में यह अन्तर होता है कि पेशेवर खिलाड़ियों में गेंद को, अपनी दृष्टि में उड़ती हुई गेंद तक पहुँचाने की क्षमता होती है या होल की ओर लुढ़काने की क्षमता होती है। उद्यमियों को ध्यान केंद्रित करने की यही शक्ति, व्यापार में भी विकसित करनी चाहिए।

हमारी तर्जनी के अंगूठे के सबसे नज़दीक होने का भी एक कारण है। तर्जनी को अपनी ताकत को बढ़ाने के लिए अंगूठे की भावनात्मक मज़बूती की आवश्यकता होती है। अँगूठा उद्यमियों को आगे बढ़ते रहने की शक्ति प्रदान करता है। तर्जनी उद्यमियों का ध्यान एक दूरदर्शिता प्राप्त करने पर केंद्रित रखती है। जिन लोगों के पास दूरदर्शिता होती है, लेकिन अंगूठे की मज़बूती का अभाव होता है, उनके पास केवल दूरदर्शिता ही होती है। और अंगूठे की मज़बूती के बिना दूरदर्शिता का होना केवल सपने दिखाता है और भ्रम उत्पन्न करता है। आप भी शायद ऐसे कुछ लोगों को जानते होंगे।

आपका ध्यान कहाँ है?

स्कूल इन मायनों में आदर्श हैं कि वे हमें अधीनस्थ कर्मचारियों की वास्तविक दुनिया में प्रवेश करना सिखाते हैं। दरअसल, अधिकांश बच्चों को स्कूलों और कॉलेजों में, एक अच्छी नौकरी प्राप्त करने के लक्ष्य पर उनका ध्यान केंद्रित करना सिखाया जाता है। यही कारण है कि बहुत से अभिभावक अपने बच्चों को अच्छी तनख़्वाहों वाली नौकरियाँ प्राप्त करने के लिए स्कूल भेजते हैं या उनके अध्यापक भी बच्चों को यही कहते हैं, "यदि आप अच्छे अंक नहीं लाएंगे, तो आपको एक अच्छी नौकरी नहीं मिल पाएगी।" हम मीडिया में भी यही कुछ पढ़ते और सुनते हैं। इसी कारण बहुत से लोग अपना ध्यान नर्स, पुलिस-अधिकारी, और व्यापार अधिकारी बनने पर लगाते हैं। 'ए' श्रेणी के कुछ छात्र ऊँची आय वाले पेशेवर अधिकारी, जैसे डॉक्टर, वकील, इंजीनियर, या अकाउंटेंट बनने पर अपना ध्यान केंद्रित करते हैं। इनके अतिरिक्त उनके दिमाग़ में कोई विचार आता भी नहीं क्योंकि जब तक उनके माता-पिता या उनके परिवार के अन्य सदस्य उद्यमी न हों, वे उद्यमी बनने का विचार करते भी नहीं।

नकदी-प्रवाह (कैशफ़्लो) चतुर्भाग लोगों के ध्यान को निखार कर उसे पुनः परिभाषित करता है :

रॉबर्ट की पिछली पुस्तक में वर्णित पुअर डैड एक स्कूल अध्यापक थे। वह उन्हें एक अच्छी कम्पनी में नौकरी प्राप्त करके एक कर्मचारी बनने पर ध्यान केंद्रित करने की बार-बार याद दिलाते हैं। या फिर वह उन्हें स्कूल-कॉलेज में अच्छी श्रेणी प्राप्त करने पर ध्यान केंद्रित करने की सलाह देते हैं, ताकि वह उच्च आय वाला स्व-रोजग़ार प्राप्त या विशेषज्ञ पेशेवर व्यक्ति बन सके।

रॉबर्ट के रिच डैड उन्हें व्यापार का स्वामी या एक निवेशक बनने की सलाह देते हैं। डोनाल्ड के पिता ने भी उन्हें यही क्षेत्र अपनाने के लिए प्रोत्साहित किया। डोनाल्ड

की भी किसी दूसरे व्यक्ति के लिए काम करने की कोई इच्छा नहीं थी। यह कभी एक विकल्प रहा भी नहीं था। शुरू से ही उनका सारा ध्यान केवल व्यापार का स्वामी बनने या निवेश करने पर रहा।

तो, इस सब के आखिर क्या मायने हुए? यही कि यदि बहुत से उद्यमी असफल हो जाते हैं, तो इसमें कोई आश्चर्य नहीं है। इसका कारण मात्र यही है कि उनका पालन-पोषण और उनकी स्कूली शिक्षा उन्हें एक कर्मचारी बनने पर ही ज़ोर देती है। या फिर अगर वे 'बुद्धिमान' निकलते हैं, तो वे कोई पेशेवर व्यक्ति बन सकते हैं। आप इस बारे में विचार करें - हममें से अधिकांश लोगों की परवरिश एक कर्मचारी बनने या एक पेशेवर व्यक्ति बनने के लिए ही हुई थी। हमें कभी भी एक व्यापार का स्वामी या निवेशक बनने की प्रेरणा या प्रशिक्षण नहीं दिया गया।

चलिए, अब हम कर्मचारी, स्वरोज़गार प्राप्त व्यक्ति, व्यापारी अथवा उद्यमी या निवेशक का विस्तृत रूप से वर्णन करते हैं। आप यहाँ देखेंगे कि प्रस्तुत चित्र में दर्शाये गए लोगों के लिए एक उद्यमी बनना इतना कठिन क्यों होता है, विशेष रूप से एक जादुई शक्ति प्राप्त उद्यमी बनने में।

कर्मचारी (ई अर्थात् एम्प्लॉई) : किसी संगठन में एक कर्मचारी का पद कुछ भी हो सकता है - एक चौकीदार या रिसेप्शनिस्ट से लेकर विभाग-प्रबंधक और मुख्य कार्यकारी अधिकारी तक। कर्मचारियों को अक्सर 'अन्य सुविधाओं के साथ एक सुरक्षित नौकरी' की तलाश रहती है। यह मानसिकता कर्मचारियों को नौकरी की सुरक्षा, नियमित वेतन, अवकाश और पदोन्नति पर ध्यान केंद्रित करने के लिए मजबूर कर देती है।

समस्या : यदि आपकी मानसिकता नियमित वेतन और नौकरी की सुरक्षा पर ध्यान केंद्रित रखती है, तो आपके लिए एक लक्ष्य साधक उद्यमी बनना बहुत कठिन है। पिछली मंदी और दूसरी आर्थिक गिरावटों से मिले सबकों को देखते हुए, वैसे भी नौकरियाँ कितनी सुरक्षित रह जाती हैं? या यह केवल एक भ्रम ही है?

स्वरोज़गार उद्यमी, छोटे व्यापारी और विशेषज्ञ (एस अर्थात् सेल्फ़-एम्प्लॉइड, स्मॉल बिज़नेस, स्पेशियलिस्ट) : जब अधिकतर लोग अपनी नौकरियाँ छोड़ कर, अपना व्यापार आरम्भ करते हैं, तो वे अधिकांशतः स्वरोज़गार के क्षेत्र में जाते हैं। ऐसे लोग सफलतापूर्वक एक सुरक्षित नौकरी, नियमित वेतन और अन्य सुविधाओं को त्याग कर स्वयं अपना बॉस बनने पर अपना ध्यान लगाते हैं और अपने तरीके से काम करते हैं। इस क्षेत्र में काम करने वाले अधिकांश लोगों का एक ही मंत्र होता है, 'यदि आप कोई कार्य अच्छे ढंग से चाहते हैं, तो आप वह कार्य खुद करें।'

रॉबर्ट हमेशा 'तीव्र बुद्धि' वाले व्यक्तियों की बात करते हैं। इसीलिए इस वर्ग में

वर्णित व्यक्ति अर्थात् डॉक्टर, वकील, और अकाउंटेंट उच्च आय वाले व्यक्ति बनने में सफल होते हैं। चित्र में वर्णित अन्य विशिष्ट पेशेवर लोग होते हैं - रियल एस्टेट के दलाल, व्यापार-सलाहकार, रेस्तराँ के मालिक, सौंदर्य-प्रसाधनों की दुकानों के स्वामी, और अधिकांशतः अपने घरों से व्यापार संचालित करने वाले व्यापारी। कर्मचारी वर्ग के लोगों का स्वरोज़गार/पेशेवर व्यक्तियों के क्षेत्र में न जाने का एक कारण यह होता है कि स्वरोज़गार में निश्चित वेतन या अन्य सुविधाओं या भत्तों जैसी सुरक्षा या निश्चिंतता नहीं होती।

समस्या : स्वरोज़गार उद्यमी जब अपना व्यापार बन्द कर देता है, तो उसकी आय के सारे साधन भी बन्द हो जाते हैं। कर्मचारी वर्ग के लोग वेतन, वेतन के साथ बीमारी की छुट्टियों तथा वेतन के साथ छुट्टियां व्यतीत करने का भी लाभ प्राप्त करते हैं। अधिकांश स्वरोज़गार उद्यमी इस विलासिता से वंचित रहते हैं, कम से कम व्यापार के शुरूआती दिनों में तो ऐसा ही होता है। कोई व्यापार बन्द हो जाने से आपको चौबीस घन्टे, दिन-रात अपने ध्यान को केंद्रित रखना पड़ता है। और इन हालात में, आपके पास किसी चीज़ की कोई गारन्टी नहीं होती। कई नए उद्यमियों को तो बिना किसी साप्ताहिक अवकाश के अपने काम में जुटे रहना पड़ता है।

इसमें दूसरी समस्या यह है कि स्वरोज़गार में लगे व्यक्तियों को अन्य क्षेत्र के व्यक्तियों की अपेक्षा अधिकांश करों का भुगतान करना पड़ता है। इनके अतिरिक्त, जो लोग सबसे अधिक करों का भुगतान करते हैं, वे 'कर्मचारी' वर्ग के होते हैं।

व्यापारी या उद्यमी (बी अर्थात् बिज़नेस ओनर) : इस क्षेत्र में हमारे 500 से अधिक कर्मचारियों वाले व्यापारियों को सम्मिलित किया गया है। व्यापारी वर्ग में शामिल व्यक्ति सबसे कम करों का भुगतान करते हैं। स्वरोज़गार में लगे व्यक्तियों के विपरीत, जो सारे काम स्वयं अपने हाथों से करते हैं, व्यापार के स्वामियों या उद्यमियों को हमेशा अच्छे लोगों की तलाश रहती है। उन्हें अपने व्यापार के लिए सर्वश्रेष्ठ व्यक्तियों की तलाश रहती है, क्योंकि वे अपने आप को सर्वश्रेष्ठ नहीं मानते। वे ऐसे व्यक्तियों की खोज में रहते हैं, जो वे सभी काम कर सकें, जिन्हें व्यापारी स्वयं नहीं कर सकते। वे दूसरे लोगों की प्रतिभा और उनके समय का उपयोग करने का प्रयास करते हैं। अधिकांशतः उद्यमी लोग अपने व्यापार को चलाने के लिए कर्मचारी वर्ग और स्वरोज़गार में लगे व्यक्तियों को अपने यहाँ नौकरी पर रखते हैं।

समस्या : स्वरोज़गार में लगे ऐसे बहुत ही कम व्यक्ति होंगे, जो चित्र में वर्णित व्यापारी वर्ग तक पहुँच पाते होंगे क्योंकि व्यापारी वर्ग के लोगों को एक भिन्न प्रकार के कौशल और ध्यान केंद्रित करने में एक विशेष बदलाव की आवश्यकता होती है। हालाँकि यह बदलाव अर्थात् स्वरोज़गार वर्ग से व्यापारी वर्ग में स्थानांतरित होना, इतना आसान नहीं है, लेकिन जब कभी भी, सफलतापूर्वक ऐसा सम्भव हो

जाता है, तो उनके सामने धन और समृद्धि की एक अनंत दुनिया में प्रवेश करने के रास्ते खुल जाते हैं। धन-सम्पदा के इस आकर्षण के कारण ही कई लोग सीधे कर्मचारी वर्ग से व्यापारी वर्ग या निवेशक वर्ग में कूद जाने की कोशिश करते हैं। उनका विश्वास होता है कि वे स्वरोज़गार के रास्ते को बाईपास करके जा सकते हैं। हम दोनों ही ऐसी किसी लम्बी छलाँग की सलाह नहीं देते।

हालाँकि हम दोनों के ही पिता अमीर और समृद्ध हैं, जो हमारे मार्गदर्शक और हमारे आदर्श भी हैं, फिर भी हमने एक छोटे स्तर पर अपना काम शुरू किया, उसमें अनुभव प्राप्त किया और धीरे-धीरे हम चित्र में वर्णित व्यापारी वर्ग और निवेशक वर्ग में पहुंचे। हम महत्त्वाकांक्षी उद्यमियों से यही कहते हैं, "आप अपनी नौकरी करते रहें और साथ में अंशकालिक व्यापार भी शुरू कर दें।" हम अक्सर अच्छी गुणवत्ता वाले नेटवर्क-मार्केटिंग संगठनों की सलाह देते हैं, क्योंकि ऐसे अच्छे संगठन, बिना ज़्यादा लागत के अच्छे व्यापार-कौशल का प्रशिक्षण प्रदान करते हैं। ये संगठन आपकी अंतर्वैयक्तिक तथा अन्तः-वैयक्तिक प्रतिभा को परखने तथा उसे प्रखर करने का अवसर भी प्रदान करते हैं जो कि उद्यमशीलता की सफलता के लिए सबसे महत्त्वपूर्ण प्रतिभाएँ हैं।

निवेशक (आई अर्थात् इन्वेस्टर) : चित्र में वर्णित कर्मचारी वर्ग में शामिल कई कर्मचारियों के अन्य लाभों में सेवानिवृत्ति भी शामिल होती है। अमेरिका में, सबसे लोकप्रिय योजना 401 (के) मानी जाती है। स्वरोज़गार में लगे अधिकांश व्यक्तियों के पास वैयक्तिक सेवानिवृत्ति खाता होता है या छोटे व्यापार के स्वामियों के लिए विशेष रूप से बनी अन्य सेवानिवृत्ति योजनाएँ होती हैं। हालाँकि इन सेवानिवृत्ति योजनाओं में शामिल होने का तकनीकी अर्थ है कर्मचारी वर्ग और स्वरोज़गार वाले व्यापारी द्वारा निवेश करना, लेकिन रॉबर्ट की परिभाषा के अनुसार, उन्हें निवेशक नहीं माना जा सकता। आपकी जादुई शक्ति के विकास के लिए अपेक्षित निवेशक कौशल, आपके 401 (के) अथवा वैयक्तिक सेवानिवृत्ति खाते का चयन करके उसमें पैसा डालने की अपेक्षा, नाटकीय रूप से बिल्कुल भिन्न होता है। इन माध्यमों से, आप अपने ही पैसे का उपयोग करके, निवेश करते हैं और सम्भवतः पैसा कमाते हैं। जादुई शक्ति वाले निवेश का अर्थ होता है, दूसरे लोगों के पैसों से अपने लिए पैसा बनाना। यह पूर्णतः भिन्न होता है और यही चीज़ धनी वर्ग को मध्यम श्रेणी से अलग करती है। हम दोनों द्वारा शुरू-शुरू में, छोटी प्रॉपर्टी ख़रीदने का कारण यही था कि हम दूसरे लोगों के धन को प्रयोग करने का अभ्यास करना चाहते थे अर्थात् हम बैंकों के पैसे से निवेश करना चाहते थे। यह जानना कि पैसा बनाने के लिए पैसा कैसे उधार लिया जाता है और उस प्रक्रिया के साथ कैसे सहज महसूस किया जाता है, व्यापार के स्वामी तथा निवेशक वर्ग के लोगों में वर्णित एक उद्यमी के जादुई शक्ति विकसित करने के लिए बहुत महत्त्वपूर्ण है। इस अभ्यास के माध्यम से ही हमने ग़लतियाँ करके और उनसे सबक सीख कर, लोगों से धन उगाहने

का कौशल प्राप्त किया। हमें उन सौदों को तलाश करने का ज्ञान है, जिनमें लोग निवेश करने के इच्छुक हैं। हमने इसमें कई कम्पनियों के कर्मचारी निवेशकों को भी शामिल किया है। हमने अपने लिए तथा औरों के लिए पैसा बनाने के लिए, दूसरे लोगों के पैसे का उपयोग किया। कई उद्यमियों के लिए यह क्षमता अभी भी एक ख़्वाब की तरह है।

समस्या : दुर्भाग्य से, स्वरोज़गार की श्रेणी में व्यापार करने वाले उद्यमियों के लिए पैसा जुटाना बहुत मुश्किल होता है। वे कई बार तो कुछ बोलते भी नहीं, लेकिन यदि वे बोलते भी हैं, तो निवेशक श्रेणी के निवेशक उनके स्वरोज़गार वाले व्यापार में अपना पैसा निवेश नहीं करते, जब तक कि स्वरोज़गार श्रेणी के व्यापारी अपने व्यापार को व्यापारी-श्रेणी के व्यापार तक विस्तार नहीं देते। केवल उसके बाद ही, निवेशक उन्हें ऋण देने या उनकी शेयर पूँजी में हिस्सेदारी करना पसन्द करते हैं। किन्तु यदि स्वरोज़गार उद्यमी इसके लिए सहमत नहीं होता, जैसा कि अधिकांश मामलों में होता है, तो उस उद्यमी के पास अपने मित्रों, अपने परिवार और लघु व्यापार प्रशासन से धन उधार लेने के अतिरिक्त कोई विकल्प नहीं होता। अपने व्यापार को आगे बढ़ाने की उनकी योग्यता ऐसी स्थिति में बहुत सीमित होकर रह जाती है।

इसके विपरीत, आप के विचार में निवेश प्रबंधक स्वरोज़गार उद्यमियों और कर्मचारियों की सेवानिवृत्ति योजनाओं के माध्यम से जो पैसा, 401 (के) और वैयक्तिक सेवानिवृत्ति खातों में लाते हैं, वह करोड़ों डॉलर कहाँ निवेश करते हैं? आपने सही अनुमान लगाया है। वे व्यापारी और निवेशक श्रेणी में वर्णित व्यापारों और परियोजनाओं में लगाते हैं। दूसरे शब्दों में कर्मचारी और स्वरोज़गार व्यापारी अपना पैसा बैंकों में या निवेश कम्पनियों के पास जमा करते हैं। व्यापारी और निवेशक, अपने आपको अमीर और समृद्ध बनाने के लिए वह पैसा, बैंकों और निवेश कम्पनियों के माध्यम से, कर्मचारियों और स्वरोज़गार व्यापारियों से उधार लेते हैं। ऐसा ही पारम्परिक पेंशन-निधि के साथ भी होता है। नौकरीपेशा लोगों की पेंशन निधि व्यापारियों और निवेशकों की कई परियोजनाओं को पैसा उपलब्ध कराती हैं।

एक बार जब आप नकदी-प्रवाह (कैशफ़्लो) के चार्ट को समझ लेते हैं, तो आपके लिए यह जानना आसान हो जाएगा कि प्रत्येक उद्यमी व्यापार व निवेश के क्षेत्र में छलाँग लगाने की कामना क्यों करता है। हमें स्कूलों में जो कुछ सिखाया जाता है, यह उसके बिल्कुल विपरीत है।

पूँजीवादी पर ध्यान केन्द्रित करना

अमेरिका अपने देश में पूँजीवादी अर्थव्यवस्था होने पर गर्व करता है। इस पद्धति ने एक लम्बे समय तक हमारे देश में बहुत अच्छा काम किया है। जब आप व्यापारी और

निवेशक श्रेणी के व्यक्तियों के कौशल पर अपना ध्यान केन्द्रित करते हैं, तो आप वास्तव में एक पूँजीवादी की क्षमताओं के लाभों पर अपना ध्यान केन्द्रित करते हैं। असली पूँजीवादी पैसा कमाने के लिए काम नहीं करते। इसकी अपेक्षा वे दूसरे व्यक्तियों के समय और पैसे का उपयोग करने में अपना ध्यान लगाते हैं। दूसरों का समय और पैसा इस्तेमाल करके, हमारे कर-कानून इन पूँजीवादियों को करों में छूट देते हैं और नौकरीपेशा कर्मचारियों और स्वरोज़गार उद्यमियों पर कर लगाते हैं। इसका अर्थ यह हुआ कि कर्मचारी और स्वरोज़गार उद्यमी, पैसा कमाने के किए जितनी अधिक मेहनत करते हैं, उन्हें उतने ही अधिक कर चुकाने पड़ते हैं और पैसा बनाने के लिए व्यापारी और निवेशक श्रेणी के लोग जितना अधिक दूसरों के समय और दूसरों के धन का उपयोग करते हैं, वे उतने ही कम करों का भुगतान करते हैं। यह बात किसी से छिपी हुई नहीं हैं। हमारी सरकारों द्वारा लोगों को अपना व्यापार आरम्भ करने के लिए प्रोत्साहन देने का यह एक तरीका है और यही व्यापार लोगों को रोज़गार देते हैं।

आप शायद सोच रहे होंगे कि, "एक मिनट रुकें। मैं ऐसे कई उच्च वेतन पाने वाले कर्मचारियों और अपनी गली के किनारे वाले प्लास्टिक सर्जन को जानता हूँ, जो बहुत पैसा कमा रहे हैं।" हम जानते है कि आप सही हो सकते हैं। यह कर्मचारियों व स्वरोज़गार उद्यमियों के लिए उनसे संबंधित चतुर्भागों में बहुत सारा पैसा बनाना पूरी तरह सम्भव हो सकता है। लेकिन जैसा कि हमने स्पष्ट रूप से दिखाया है कि पूँजीवाद में मोटा पैसा और असली जादू, उद्यमियों ने ही पैदा किया है, जिन्होंने व्यापार और निवेश के क्षेत्र में अपने कौशल को विकसित करने पर अपना ध्यान केन्द्रित किया है। जब आप पूँजीवादी के असली जादूगरों जैसे स्टीव जॉब्स, बिल गेट्स, रिचर्ड ब्रैन्सन, सर्गेई ब्रिन, मार्क जुकरबर्ग इत्यादि का विचार करते हैं, तो इन व्यक्तियों ने अपना यश और भाग्य व्यापार और निवेश से ही बनाया है। उन्होंने अपने व्यापार, व्यापार चतुर्भाग से बनाए और निवेश चतुर्भाग ने उनके बेहतरीन प्रयासों के लिए उन पर धन बरसाया।

क्या आपका ध्यान बहुत संकुचित है?

आप जितना अधिक समय स्कूलों में बिताते हैं, आपका ध्यान उतना ही संकुचित होता चला जाता है, क्योंकि आप जितना अधिक किसी विषय के सम्बन्ध में जानते हैं, आप उतने ही विशेषज्ञ बनते जाते हैं। इसे इस प्रकार सोच कर देखें : आप हाई स्कूल से ग्रैजुएट होकर निकलते हैं, उसके बाद कॉलेज और फिर ग्रैजुएट स्कूल। हर डिग्री के साथ, आप अधिक से अधिक विशेषज्ञ बनते जाते हैं। यदि आप गणित में अच्छे हैं, तो हो सकता है आप एक अकाउंटेंट बन जाएँ। यदि आप पढ़ने-लिखने में श्रेष्ठ हैं, तो आप एक वकील बनने के लिए किसी लॉ-स्कूल में जा सकते हैं या पत्रकारिता विद्यालय में एक संवाददाता या ब्लॉगर बनने के लिए जा सकते हैं। अगर आप विज्ञान में बहुत प्रतिभाशाली हैं, तो आप किसी मेडिकल स्कूल में जा सकते हैं, जिसका अर्थ है एक विशेषज्ञता में और अधिक प्रशिक्षण और जब हर चीज़ को जोड़ा जाए, तो इसमें एक

दशक या उससे भी अधिक समय लग सकता है। यदि आपकी व्यापार करने में दिलचस्पी है, तो आज के युग में यह स्वाभाविक है कि सफलता के किसी भी स्तर पर एक एम. बी.ए. होना बहुत आवश्यक है।

जब तक आज जे.डी. या एम.डी. या पीएच.डी. की डिग्री प्राप्त करते हैं, तो आप दुनिया में उन व्यक्तियों में से एक हो जाते हैं, जिन्हें सबसे कम चीज़ों के बारे में सबसे अधिक ज्ञान होता है। आप एक सामान्य व्यक्ति से, एक विशेषज्ञ बन चुके होते हैं।

हम दोनों इसके विपरीत ही जीते और सांस लेते हैं। हमें बहुत सारी चीज़ों के बारे में जानकारी है और हम कई क्षेत्रों में सफलतापूर्वक कार्य कर सकते हैं। हमारे पास अनेक विषयों की जानकारी रखने वाला विवेक है, अपेक्षाकृत किसी विशेषज्ञ की गहरी जानकारी के।

क्या आप बड़ी तस्वीर नहीं देख पा रहे हैं?

हमारे सामान्यज्ञ और विशेषज्ञ की अवधारणा को प्रकाश में लाने का एक ही उद्देश्य, यह बताना था कि जब आप बहुत अधिक विशेषज्ञता प्राप्त कर लेते हैं, तो आप व्यापार की बड़ी तस्वीर को देखने से वंचित हो जाते हैं। जब लोग अपनी गहरी विशेषज्ञता को 'एक अच्छी नौकरी प्राप्त करने के लिए' अपने स्कूल के ज्ञान के साथ मिला देते हैं, तो इसमें हैरानी नहीं होती कि अधिकांश लोगों के लिए एक व्यापार आरम्भ करने या एक निवेशक बनने की अवधारणा उद्देश्यपूर्ण नहीं सिद्ध होती। वे व्यापारी अथवा निवेशक बनने की अपेक्षा, नौकरीपेशा बनेंगे या स्वरोज़गार उद्यमियों के रूप में जीने और कार्य करने में अधिक व्यस्त रहते हैं। वे बड़ी तस्वीर या बड़े फ़लक को देख पाने में समर्थ नहीं होते। यदि आप भी इस श्रेणी में हैं, तो आप हिम्मत जुटाइये। आपकी गिनती भी अधिकांश लोगों में होती है लेकिन अब आप ज्ञान की दुनिया में प्रवेश करने वाले हैं।

यह अवधारणा उद्यमियों पर कैसे लागू होती है

हम अपने अनुभव के आधार पर आपको जो कुछ बता रहे हैं, वह यह है कि जादुई शक्ति प्राप्त उद्यमियों को अनेक विषयों की जानकारी होती है, जो अपने लिए काम करने के लिए सर्वश्रेष्ठ लोगों की तलाश करने और उन्हें अपने यहाँ नौकरी पर रखने की हर सम्भव कोशिश करते हैं। सामान्यज्ञों के रूप में काम करते हुए, वे अपने व्यापार को और विशेषज्ञों को सफल बनाते हैं। व्यापारी-निवेशक त्रिकोण व्यापार की 8 अखंडताओं को प्रदर्शित करता है, जिसमें प्रत्येक तत्त्व एक अखंडता है। जादुई शक्ति वाले उद्यमियों अर्थात् सामान्यज्ञों को त्रिकोण की समूची अखंडता पर ही अपना काम करना चाहिए। वे त्रिकोण के भीतर कार्य करने के लिए विशेषज्ञों को नौकरी पर रखते हैं।

उदाहरण के लिए, हम ऐसे व्यक्ति के सम्बन्ध में बात कर रहे हैं जिसके पास

चॉकलेट से बने बिस्किट बनाने की विधि है। हर किसी को चॉकलेट पसंद है और लोग हमेशा उन्हें ख़रीदते रहते हैं, इसलिए ब्रेड-बिस्किट बनाने वाला इसी व्यापार में चला जाता है। वह बिस्किट बनाने में बहुत अच्छा है, लेकिन जब बात आती है हिसाब-किताब रखने की, बिक्री और विपणन (मार्केटिंग) की और कानूनी मामलों की, जो किसी भी व्यापार के अत्यंत महत्त्वपूर्ण पहलू हैं, तो इसके लिए उसके पास पूर्ण जानकारी या ज्ञान नहीं होता और वह अपने व्यापार का अब और आनंद नहीं उठा पाता। वह बिस्किट बनाना चाहता है। अब, अचानक ही वह बेकार भी नहीं रहा। अब वह एक अकाउंटेंट है, वकील है और मार्केटिंग करने वाला व्यक्ति है और ये सारे ही काम वह ठीक से नहीं कर पाता। ठीक यही कहानी किसी अकाउन्टेंट के साथ भी हो सकती है, जो व्यापाार आरम्भ करता है और वहाँ जाकर वह देखता है कि उसे तो मार्केटिंग और बिक्री के क्षेत्र में काम करना चाहिए था। या एक वकील, जो व्यापार में कानूनी पहलुओं को इतना अधिक देखता है कि अपने व्यापार को सम्भाल नहीं पाता। शायद यहाँ तक आपको बात समझ आ गयी होगी। किसी व्यापार में सारे काम स्वयं करना असम्भव है, बेशक अपने स्कूल में कितने भी उत्कृष्ट परिणाम दिए हों। इसलिए, अधिकांश व्यापार असफल होते हैं।

सैनिक स्कूल में जाकर हम दोनों ने जाना कि त्रिकोण की अखंडता पर कैसे जिया जाता है और कैसे काम किया जाता है। वहीं पर हमने नेतृत्व करने की शिक्षा प्राप्त की। यह प्रशिक्षण पूरी तरह से उद्यमियों के अनुकूल है, जहाँ उद्यमी का मुख्य काम होता है अपने कार्य को परिभाषित करना, टीम को खोजना और उसे प्रेरित करना और उसका नेतृत्व करना। यदि सैनिक स्कूल में हम अपनी अखंडता से बाहर जाकर काम करना सीखते हैं, तो पारम्परिक स्कूल हमें अपनी अखंडता के भीतर रहकर जीना और कार्य करना सिखाते हैं।

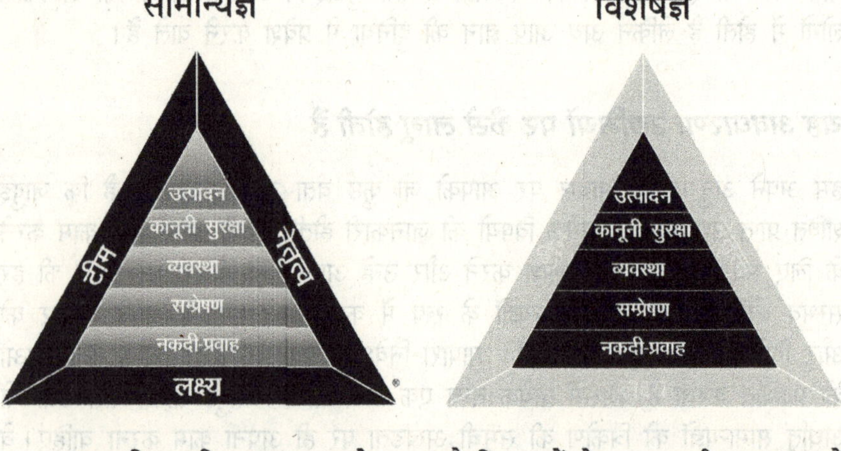

अगला चित्र अधिक स्पष्ट रूप से बताता है कि 10 में से 9 व्यवसायी असफल क्यों होते हैं। इसका कारण यह है कि कर्मचारी और स्वरोज़गार में लगे उद्यमी, जो व्यापार और निवेश के चतुर्भाग में हस्तांतरित हो रहे हैं, अखंडताओं से अति-उत्साहित हो जाते हैं।

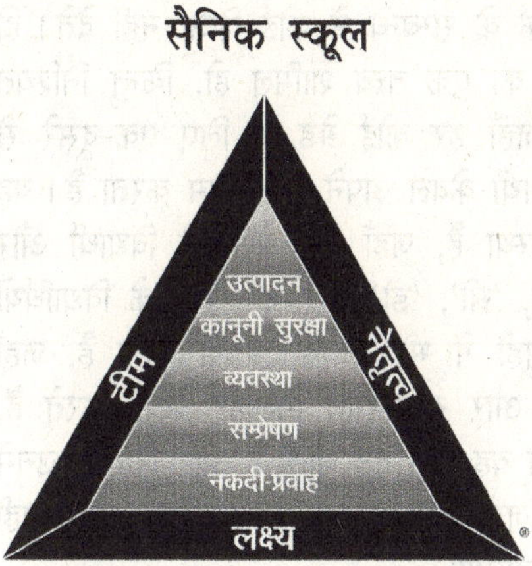

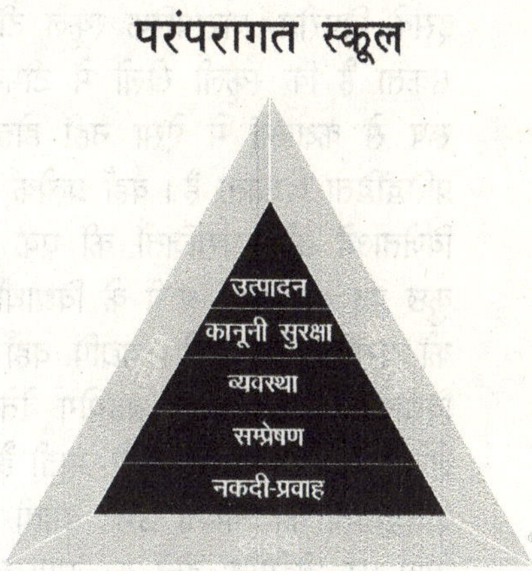

व्यापार को एक संरचना प्रदान करने वाले तीन तत्व

तो, ऐसे कौन से कौशल होते है, जिन्हें हम सैनिक स्कूलों में सीखते हैं? इस सम्बन्ध में हमारे अनुभवों पर आधारित नीचे लिखी परिभाषाएँ थोड़ा ज्ञान प्रदान करेंगी। चलिए, उनका विभाजन करते हैं :

लक्ष्य

किसी व्यवसाय के अस्तित्व के लिए यह एक आध्यात्मिक कारण है। सैनिक स्कूल में, सबसे पहली चीज़ जो हमें दिखाई जाती है, वह है लक्ष्य का महत्त्व। जब हम इसके बारे में विचार करते हैं, तो यह हमें समझ आता है। धार्मिक दुनिया में, धर्मोपदेशकों या धर्म-प्रचारकों का एक लक्ष्य होता है, जिस पर वे अपना ध्यान केन्द्रित करते हैं। बहुत सी संस्थाएँ लक्ष्य के महत्त्व को मान्यता प्रदान नहीं करतीं। वे अपने लक्ष्यों के ऐसे स्टेटमेंट तैयार करते हैं, जो बिल्कुल सपाट और नीरस होते हैं। वे व्यवसाय के आध्यात्मिक उद्देश्य को परिभाषित करने के एक बड़े अवसर से चूक जाती हैं।

टीम

कुछ लोगों का सोचना है कि सैनिक स्कूलों में लोगों को यह सिखाया जाता है कि कैसे आदेशों का पालन किया जाए, कैसे उनके अनुसार चला जाए और कैसे आदेशों पर प्रतिक्रिया की जाए। हम दोनों यह समझते हैं कि आदेशों का पालन करने की योग्यता का अर्थ है ध्यान केन्द्रित करने की योग्यता। जब आप ध्यान केन्द्रित करना सीख जाते हैं, तो आपके पास एक उत्कृष्ट टीम का आधार तैयार हो जाता है। सैनिक स्कूल में, टीम वर्क मात्र एक विषय नहीं है। यह जीवन को जीने का एक तरीका है, जो हर दिन के हर क्षण में व्यवहार में लाया जाता है।

इसके विपरीत, पारम्परिक स्कूल टीमवर्क के सम्बन्ध में कोई शिक्षा नहीं देते। हो सकता है कि स्कूली खेलों में टीमवर्क का एक तत्त्व शामिल हो, किन्तु निश्चित रूप से कक्षाओं में ऐसा नहीं होता, जहाँ हर कोई ग्रेड के लिए एक-दूसरे से प्रतिद्वंद्विता दिखाता है। वहाँ प्रत्येक विद्यार्थी केवल अपने लिए काम करता है। यह विजेताओं और पराजितों की एक व्यवस्था है, जहाँ 'ए' श्रेणी के विद्यार्थी और कुछ हद तक 'बी' श्रेणी के विद्यार्थी भी, 'सी', 'डी' और 'ई' श्रेणी के विद्यार्थियों को पराजित करते है। यद्यपि वहाँ समूहों में भी अध्ययन किया जाता है, जहाँ विद्यार्थी एक-दूसरे को सहयोग देते हैं और साथ-साथ मिलकर पढ़ाई करते हैं, लेकिन जब परीक्षा की घड़ी आती है, तो वह टीम टूट जाती है और फिर से उनमें प्रतिद्वंद्विता की भावना उभर आती है। जहाँ आप परीक्षा में 'सहयोग' करेंगे, वहीं आप पर 'बेईमान' होने का ठप्पा लग जाएगा!

जब सेना में टीम की बात होती है, तो ज़िन्दा बचे रहने के लिए आपसी सहयोग अत्यन्त आवश्यक होता है। व्यवसाय में, सफलता पाने के लिए सहयोग ज़रूरी होता है। इस दुनिया में केवल अपने भरोसे आप ज़्यादा कुछ नहीं पा सकते और इसी बात में जीवित रहना या सफल होना शामिल होता है। यह विडम्बना ही है कि स्कूलों में सहयोग को बढ़ावा देने की अपेक्षा प्रतिद्वंद्विता को प्रोत्साहन दिया जाता है। कर्मचारी जब अपने कार्यस्थल पर जाते हैं, तो उनमें एक टीम के रूप में कार्य करने की अपेक्षा, प्रतिद्वंद्विता की मानसिकता होती है। वे अपने सहकर्मियों के साथ पदोन्नति, अधिक वेतन, बड़े कार्यालयों, अधिक प्रतिष्ठित कम्पनियों के लिए प्रतिद्वंद्विता दिखाते हैं। एक उद्यमी के समक्ष सबसे बड़ी चुनौतियों में से एक होती है, अपने कर्मचारियों में प्रतिस्पर्धा और जीत/हार की मानसिकता को रोकना और उसे एक टीम मानसिकता के साथ बदलना। लक्ष्यों को प्राप्त करने के लिए एक लम्बा रास्ता तय करना पड़ता है। और ऐसा ही मज़बूत नेतृत्व के लिए भी कहा जाता है।

नेतृत्व

सैनिक स्कूलों में, हमने औरों को आदेश देकर ओर औरों से आदेश लेकर अपने अंदर नेतृत्व की भावना को विकसित किया। उस दुनिया में, वह जीवन जीने का एक तरीका था। कोई भी विद्यार्थी, जो आदेश ले या दे नहीं सकता था, उसे वहाँ से हटा दिया जाता था। वहाँ अनुशासन का वातावरण था और इसमें कोई अपवाद स्वीकार नहीं किया जाता था।

शायद आपने यह कहावत सुनी ही होगी, "यहाँ बुरे सैनिकों जैसी कोई चीज़ नहीं होती, यहाँ केवल बुरा नेतृत्व होता है।" यह धारणा भविष्य में सैनिक अधिकारी बनने वाले सैनिकों के दिमाग़ में ठूस-ठूस कर भर दी गयी है। ऐसा ही व्यापार की दुनिया में भी है। यहाँ कोई कर्मचारी बुरा नहीं है। अगर कोई चीज़ बुरी है, तो वह है उनका नेतृत्व करने वाले लोग।

आप एक बार उन कम्पनियों के सम्बन्ध में सोचिए, जिनमें आपने काम किया हो। यदि कोई कम्पनी अपने गिरे हुए मनोबल के साथ, वित्तीय संकट, उत्पादकता की कमी, बिक्री में गिरावट और बढ़ते हुए खर्चों से जूझ रही है, तो ऐसा उनके बुरे नेतृत्व के कारण है। सच्चे नेता जहाँ अपनी टीम की सफलता का श्रेय लेते हैं, वहीं यह भी समझते हैं कि उन्हें उनकी असफलता की ज़िम्मेदारी भी अपने सिर लेनी चाहिए। अक्सर उद्यमी अच्छे प्रदर्शन की कमी का दोष अपने कर्मचारियों पर, अर्थव्यवस्था पर या अपने प्रतिद्वंद्वियों पर डाल देते हैं? जबकि, अच्छे उद्यमी सबसे पहले अपनी ग़लतियों को देखते हैं और उनसे कुछ शिक्षा लेने की कोशिश करते हैं।

इसलिए, क्या हम आपको अपनी नौकरी छोड़ने के लिए कह रहे हैं, या अपना व्यवसाय बन्द कर देने के लिए कह रहे हैं और नेतृत्व के गुण सीखने के लिए सैनिक स्कूल जाने की बात कर हैं? नहीं, बिल्कुल नहीं। आप जीवन की कई घटनाओं से और जीवन में कई स्थानों पर नेतृत्व, टीम बनाने और लक्ष्य को प्रेरणा देने वाली क्षमता सीख सकते हैं। हम पहले ही खेलों के सम्बन्ध में आपको बता चुके हैं। अपने समुदाय के सॉफ्टबॉल या बॉस्केटबाल की टीम का कप्तान बनना ही आप में नेतृत्व के गुणों का विकास कर देगा। इसी प्रकार, एक धार्मिक समिति का चेयरमैन बनना, एक व्यावसायिक संगठन के निवेशक-मण्डल में अपनी सेवाएँ देना, या आपके पसंदीदा धर्मार्थ कार्यक्रम का प्रमुख बनना भी आपमें नेतृत्व के गुणों को पैदा कर सकता है। अपने आप को नेतृत्व की स्थिति में रखने से आपके भीतर वांछित कौशल आ सकता है और आपके दायरे को विस्तार देने में मदद कर सकता है, जो व्यवसाय के लिए बहुत अच्छा काम करता है।

हम दोनों नेतृत्व का प्रशिक्षण हासिल करने के लिए, आपको अंशकालिक नेटवर्क-मार्केटिंग व्यवसाय आरम्भ करने की सलाह देते हैं। ये अवसर आपको लोगों के साथ मिलने और उनके साथ विचारों का आदान-प्रदान करने को बाध्य करते हैं। कुछ लोगों के लिए यह चीज़ बहुत कठिन हो सकती है, लेकिन एक सफल उद्यमी के लिए इसकी परम आवश्यकता होती है। जब आपके दाँव सही न पड़ रहे हों, तो ऐसे में कोई कार्य करने की अपेक्षा उसे कुछ समय के लिए स्थगित कर देना ही बेहतर होता है, जबकि आपका जीवन उस पर निर्भर हो। इस दौरान हो सकता है आपको यह महसूस हो कि उद्यमशीलता आपके अनुकूल नहीं है और यह ठीक है। लोगों का कौशल कोई वैकल्पिक चीज नहीं है। एक सफल व्यवसायी या एक सफल निवेशक बनने के लिए यह कौशल अत्यन्त आवश्यक है।

नेतृत्व क्षमता प्राप्त करने के लिए, दूसरों से आदेश लेना सीखना महत्त्वपूर्ण इसलिए है, क्योंकि एक अच्छे नेता बनने से पहले, एक अच्छा अनुयायी बनना आवश्यक होता है। आप केवल तभी उन लोगों के साथ प्रभावपूर्ण ढंग से सम्पर्क बना सकते हैं, जिन्हें आप अपना अनुगामी बनाना चाहते हैं। कई बुद्धिमान स्वरोज़गार उद्यमी, अच्छा व्यवसायी या निवेशक बनने में सफल नहीं हो पाते, क्योंकि वे लोगों को

अच्छी तरह अपने साथ जोड़ नहीं पाते, उनके साथ प्रभावपूर्ण ढंग से सम्प्रेषण स्थापित नहीं कर पाते। वे लोगों से सम्बन्ध स्थापित करने ओर मित्र बनाने में भी कुशलता का परिचय नहीं देते। हो सकता है, वे अपने जैसे दस या 20 व्यक्तियों को सम्भालने में समक्ष हो जाएँ, लेकिन वे भिन्न-भिन्न कौशल वाले और अलग-अलग पृष्ठभूमि वाले लोगों के बड़े समूह को सम्भाल पाने में समर्थ नहीं होते। सम्भव है, वे एक-एक व्यक्ति के साथ अच्छे से सम्प्रेषण कर लें, लेकिन एक साथ 100 या 1,000 या 10 लाख व्यक्तियों के साथ सम्प्रेषण करने में बहुत अक्षम सिद्ध होते हैं। हम अपने नेतृत्व के प्रशिक्षण के आभारी हैं, जिसके कारण हम दोनों पूरे विश्व में लाखों लोगों को प्रभावित करने में सफल हुए हैं।

व्यापार चलाने के लिए आवश्यक पाँच तत्व

व्यापार और निवेश त्रिकोण में बाहरी तीन अखंडताएँ, अन्दर की पाँच अखंडताओं को शक्ति प्रदान करती हैं, जैसा कि पारम्परिक शिक्षा में सामान्यतः हमें पढ़ाया जाता है। जब बाहरी तीनों अखंडताओं में लक्ष्य, टीम या नेतृत्व में से एक भी अखंडता कमज़ोर होती है, तो आंतरिक पाँचों अखंडताएँ भी अपने आकार को बनाए रखने में सफल नहीं हो पातीं। निस्संदेह, इससे समस्या उत्पन्न होती है और व्यवसाय या तो बाधित हो जाता है, लड़खड़ा जाता है या फिर पूरी तरह से बन्द हो जाता है। जब किसी व्यवसाय में समस्या आ रही हो, तो आप त्रिकोण को देखें। सामान्यतः प्रत्येक मामले में इन 8 अखंडताओं में एक या एक से अधिक अखंडताओं में आप अपनी समस्या की जड़ को ढूँढ लेंगे। चलिए, अब हम अन्य पाँच अखंडताओं को विस्तार में देखते हैं :

उत्पाद

अधिकांश नए उद्यमी यह कहते सुने जाते हैं, "मेरे पास एक नए उत्पाद का बहुत शानदार विचार है।" जैसा कि आप व्यापारी-निवेशक त्रिकोण में देख सकते हैं, उत्पाद ने त्रिकोण का बहुत कम क्षेत्र घेरा हुआ है। हालाँकि उत्पाद महत्त्वपूर्ण है, फिर भी इसका सबसे कम महत्त्व है। आपको इस पर आश्चर्य हो सकता है, लेकिन एक बार इस पर विचार करके देखें। यह संसार कई शानदारों उत्पादों से भरा पड़ा है, जिनमें से कई तो बाज़ार का मुँह भी नहीं देख पाते। और यदि देखते हैं, तो वे बड़ी जल्दी ही मर जाते हैं। इस संसार में उत्पादों के सम्बन्ध में शानदार विचारों की भी कमी नहीं है। शायद ऐसे कई विचार आपके पास भी होंगे। लेकिन दुनिया में जिस चीज़ की कमी है, वह है अच्छे उद्यमी, जो शानदार उत्पादों को जीवन प्रदान कर सकते हैं।

अधिकतर नए उद्यमी केवल उत्पाद पर ही अपना ध्यान केंद्रित रखते हैं। वे अपना सारा समय अपने विचारों को पैना करने में व्यतीत कर देते हैं। सम्भव है, वे

कम्पनियों के साथ अनुबंध भी कर लें, जो उन्हें सलाह देने और एक नमूना विकसित करने का वायदा भी कर लेती हैं। इस में बहुत सारा पैसा और बहुत सा समय ख़र्च होता है। और अन्त में, वह नमूना बन नहीं पाता, स्टोर में भी नहीं। वह बक्सों में ही बन्द पड़ा रहता है और फिर उसे भुला दिया जाता है। एक अच्छा उद्यमी यह बात भली-भांति जानता है कि व्यापारी-निवेशक त्रिकोण को बनाने पर अपना ध्यान केंद्रित करके, एक उत्पाद के विचार को एक अच्छे उत्पाद में कैसे बदला जा सकता है। यह व्यापारी-निवेशक त्रिकोण मात्र एक अवधारणा ही नहीं है। यह एक ऐसा उपकरण है, जिसे कई सफल उद्यमियों ने अपनी कम्पनियों में एक आदर्श के रूप में अपना रखा है।

एक बार फिर, आप 'ध्यान केंद्रित करने' और लोग किस चीज़ पर ध्यान केंद्रित करते हैं, इस पर ग़ौर करें।

कानूनी सुरक्षा

रॉबर्ट को शुरूआत में ही पता चला गया था कि जिस उत्पाद को कानूनी सुरक्षा न प्राप्त हो, वह उत्पाद हर किसी का है, केवल आपका नहीं। उनके वेल्क्रो-वॉलेट के विचार की लोगों ने बार-बार नकल की। इस सम्बन्ध में कानूनी अनुबन्ध अत्यंत महत्त्वपूर्ण होते हैं, क्योंकि वे सम्पत्ति बनाने में सहायता करते हैं। पर्स व्यापार के मामले में, कानूनी अनुबन्ध के द्वारा बौद्धिक-सम्पत्ति पैदा की जा सकती थी। डोनाल्ड की रियल एस्टेट की दुनिया में, कानूनी अनुबन्ध को वास्तविक सम्पत्ति का स्वामित्व, अधिकार और सीमाओं के रूप में परिभाषित किया जाता है।

व्यवसाय में, आप कानूनी अनुबन्ध के बिना काम नहीं कर सकते, जो आपके उत्पाद को परिभाषित करने और उत्पाद के निर्माण में अत्यन्त आवश्यक हैं। कोई कम्पनी पेटेन्ट, ट्रेडमार्क, लाइसेन्स और सेवाओं के सम्बन्ध में सेवा अनुबन्धों के माध्यम से अपनी सम्पत्ति का निर्माण करती है, जो कम्पनी के मूल्य में वृद्धि करता है और उसे सुरक्षा देता है। एक मज़बूत कानूनी टीम और कानूनी अनुबंधों के बिना, आपकी कम्पनी में हमेशा भ्रम और अव्यवस्था की स्थिति बनी रहेगी, यहाँ तक कि वहाँ उत्पाद से संबंधित अपराध भी हो सकते हैं। इन सब चीज़ों में बहुत सारा समय और धन ख़र्च होता है और यह आपके व्यवसाय को कमज़ोर बनाता है।

व्यवस्था

एक व्यवसाय कई प्रणालियों की एक व्यवस्था होता है। ऐसा होना ज़रूरी है अन्यथा कोई भी व्यवसाय इसके संस्थापकों और कुछ प्रमुख व्यक्तियों की क्षमताओं से परे, कभी भी प्रगति नहीं कर सकता। वह किसी व्यवस्था के बिना, जितना बड़ा होगा, उतना ही वह कमज़ोर होता चला जाएगा। हमारा भौतिक शरीर और एक कार भी, दोनों ही व्यवस्थाओं की एक व्यवस्था है। हमारा शरीर कई व्यवस्थाओं या

प्रणालियों से मिलकर बना है, जैसे अस्थिपिंजर सम्बन्धी प्रणाली, हमारी तंत्रिकाओं सम्बन्धी प्रणाली, पाचन प्रणाली और हॉरमोन प्रणाली। एक कार में ब्रेक व ईंधन प्रणाली, विद्युतीय प्रणाली, निकास प्रणाली जैसी कई प्रणालियाँ मौजूद होती हैं। उन सबका एक विशेष कार्य होता है और आदर्श रूप से, वे एक साथ काम करती हैं।

एक व्यवसाय में, आपके पास लेखा प्रणाली, संचार-प्रणाली, कानूनी प्रणाली, आपूर्ति-शृंखला प्रणाली, निर्माण प्रणाली, वितरण प्रणाली सहित कई अन्य प्रणालियाँ होती हैं। लेकिन महत्त्वपूर्ण बात यह है कि हमारे सम्पूर्ण व्यवसाय, शरीर या कार को प्रभावशाली ढंग से कार्य करने के लिए इन प्रणालियों पर निर्भर रहना पड़ता है। इनमें से किसी एक भी प्रणाली में गड़बड़ होने से या उसके असफल हो जाने से, हमारा पूरा शरीर, कार या व्यवसाय काम करना बन्द कर देते हैं। आप कल्पना करें कि आप कार में यात्रा कर रहे हैं और आपकी कार के ब्रेक 'फ़ेल' हो जाएँ! कल्पना करें कि प्रतिदिन दो डिब्बी सिगरेट पीने वाले व्यक्ति को एक मील दौड़ना पड़ जाए, कल्पना करें कि अकाउंटेंटों द्वारा चलाए जाने वाले एक व्यवसाय को आगे बढ़ाने की कोशिश की जाए लेकिन पैसा बचाने के लिए वे विज्ञापनों पर खर्च करने के लिए पैसा देने से इन्कार कर दें? इन सभी मामलों में, एक भी प्रणाली में गड़बड़ होने या उसके काम करना बंद कर देने से कितने भयंकर परिणाम हो सकते हैं!

सम्प्रेषण

उद्यमियों का अच्छा संप्रेषक होना अत्यन्त आवश्यक और उतना ही अच्छा होता है, जितना कई भाषाएँ जानना। हम फ़्रेंच, स्पैनिश, जर्मन या मेन्डेरिन भाषाओं की अनिवार्यता की बात नहीं कर रहे। हम व्यापार की भाषा के सम्बन्ध में बात कर रहे हैं। किसी भी उद्यमी को कानून की भाषा अवश्य बोलनी आनी चाहिए। उन्हें लेखा-प्रणाली, रियल एस्टेट, मार्केटिंग, इंटरनेट और अपनी कम्पनी से संबंधित अन्य सभी विषयों की भाषा आनी चाहिए। उद्यमियों को अपने ग्राहकों की भाषा को समझना और बोलना अवश्य आना चाहिए। केवल इसी ढंग से ही व्यवसाय के लीडर उद्देश्यपूर्ण बातचीत कर सकते हैं और ठोस निर्णय ले सकते हैं।

क्या आपने किसी ऐसी कम्पनी में काम किया है, जहाँ के लीडर को यह पता ही न हो कि आप क्या काम कर रहे हैं? यहाँ एक ऐसे ही लीडर का उदाहरण मौजूद है, जिसके पास आपकी विशेषज्ञता की भाषा को सीखने का समय ही नहीं था। व्यवसाय में ऐसी ग़लती बहुत बड़ी ग़लती मानी जाती है।

व्यापार की भाषा सीखने में और कोई विदेशी भाषा सीखने में कोई अन्तर नहीं है। इसमें केवल समय और अभ्यास की आवश्यकता होती है और जिस प्रकार विदेशी भाषा को सीखने का सबसे अच्छा तरीका होता है, विदेश जाना और वहाँ की संस्कृति में अपने आपको मिला देना, ऐसा ही व्यापार में भी होता है। आप

केवल व्यापार की दुनिया में कूदें, अनुभव लें, लोगों को सुनें और उसके बाद उनकी भाषा बोलना आरम्भ कर दें। लीडरों के समान, उद्यमियों को भी अपनी टीम को लोगों के साथ बातचीत करने और उन्हें समझाने के लिए प्रोत्साहित करना चाहिए - व्यवसाय के अंदर भी और व्यवसाय के बाहर भी।

नकदी प्रवाह

अक्सर इसे 'आकार-रेखा' या 'साराँश' भी कहा जाता है और उचित रूप से इसे त्रिकोण में सबसे नीचे दर्शाया गया है। नकदी-प्रवाह हमारे शरीर में रक्त प्रवाह या कार में ईंधन के प्रवाह के समान है। बिना नकदी, रक्त या ईंधन के प्रवाह के, हमारा व्यवसाय, हमारा शरीर और हमारी कार काम करना बन्द कर देंगे। जैसे कि एक उद्यमी को एक लीडर के रूप में ज़्यादा कुछ नहीं करना होता, क्योंकि उसका दूसरा कार्य होता है सभी आठ अखंडताओं (ख़र्चों) के लिए नकदी के प्रवाह को सुनिश्चित बनाना और फिर भी कम्पनी का लाभ कमाना।

इन सभी उच्च-स्तरीय भूमिकाओं के अलावा, आप कह सकते हैं कि जादुई शक्ति प्राप्त उद्यमियों के लिए, जो अपनी कम्पनियों को ऊपर उठाने के अत्यन्त इच्छुक हैं, इन पाँच आंतरिक अखंडताओं में फँसना असम्भव क्यों होता है! भले ही वे अपने विशेषज्ञ क्षेत्र में, बड़े आरामदायक ढंग से काम कर रहे हैं, लेकिन उन्हें एक लीडर के रूप में काम करना ज़रूरी है और आतंरिक पाँच अखंडताओं में सभी विशेषज्ञताओं के इकट्ठे काम करना आवश्यक है। बहुत से सुशिक्षित लोग इस चीज़ को पहचान नहीं पाते और एक उद्यमी के रूप में असफल सिद्ध होते हैं अथवा अपनी वास्तविक क्षमताओं को नहीं छू पाते। वे सभी 8 भाषाएँ बोलने में असफल रहते हैं। वे यह मानते हैं कि एक विशेषज्ञता जिसमें वे श्रेष्ठ हैं, ही सबसे महत्त्वपूर्ण है। वे यह देख पाने में भी असफल रहते हैं कि सभी 8 अखंडताओं को एक साथ ही कार्य करना चाहिए। व्यापार के विकास के लिए और लाभकारिता के लिए ये सभी अखंडताएँ अत्यन्त आवश्यक हैं।

यदि आप हैरान है कि इन्हें 8 अखंडताएँ क्यों कहा जाता है, "8 क्षेत्र" या "8 विशेषताएँ" क्यों नहीं कहा जाता या इनके लिए कोई दूसरा शब्द क्यों नहीं प्रयोग में लाया जाता, तो इसका उत्तर यह है। 'अखंडता' का अर्थ होता है "अपने आप में पूर्ण या मुकम्मल।" एक उद्यमी को अपने समूचे व्यापार या अखंडताओं पर अपना ध्यान केंद्रित करना चाहिए, न कि उनकी विशेषज्ञताओं पर।

तैयारी कैसे करें

एक उद्यमी होना बहुत बड़ा काम है। यह आसान नहीं है। तो आप इसके लिए कैसे तैयार हो सकते हैं?

सबसे पहली और सबसे महत्त्वपूर्ण बात, अपने ध्यान को विस्तार दें। इस अध्याय में पहले दिए गए उदाहरण में, यदि आप बिस्किट की एक कम्पनी शुरू करना चाहते हैं, तो आपको बिस्किट बनाने से परे जाकर अपने ध्यान को विस्तार देना पड़ेगा। अधिकांश उद्यमियों का ध्यान बहुत संकुचित होता है। आप व्यापार की 8 अखंडताओं की भाषाओं का अध्ययन करने और उन्हें सीखने के लिए, अपने व्यवसाय और साधारण व्यवसाय में डूब जाएँ। इस प्रक्रिया में, आप वास्तविक दुनिया में व्यापार करना सीख जाएँगे, जो सबसे अच्छा तरीका है।

हम आपको अपना व्यवसाय आरम्भ करने से पहले, कुछ अनुभव प्राप्त कर लेने की सलाह देंगे। 8 अखंडताओं की नई जागरूकता के साथ, आप एक नौकरी ढूँढें और व्यापार व निवेश क्षेत्र की बारीकियों का अध्ययन करें। आप अच्छा काम करने वाली और बुरे परिणाम देने वाली कम्पनियों की तुलनात्मक समीक्षा करके बहुत कुछ सीख सकते हैं।

हो सकता है यह आपको कुछ विचित्र लगे, लेकिन व्यापार-निवेश के पहलू का अध्ययन करने के लिए, मैक्डॉनल्ड्ज़ में काम करते हुए, बर्गर को उलटना-पलटना सबसे बढ़िया काम हो सकता है। यह कम्पनी व्यापार में 8 अखंडताओं के साथ काम करने में बहुत निपुण है। मैक्डॉनल्ड्ज़ के पास दुनिया की सबसे श्रेष्ठ व्यापार-प्रणाली मौजूद है। आप चाहे मैक्डॉनल्ड्ज़ में काम करें या किसी अन्य कम्पनी में, आप यहाँ पर अध्ययन कर सकते हैं कि सभी 8 अखंडताएँ यहाँ एक साथ कैसे काम करती हैं। जब व्यवसाय में कोई समस्या पैदा होती है, तो आप एक मार्गदर्शक की तरह व्यापारी-निवेशक त्रिकोण को उपयोग में ला सकते हैं और इन अखंडताओं के दोष दूर कर सकते हैं, जो काम नहीं कर रहीं। इसका एक वर्ष का अनुभव, आपको उस उद्यमी पर एक बढ़त बना देगा, जो केवल सपने देखता है, लेकिन उसके पास कोई वास्तविक अनुभव नहीं है व्यवसाय चलाने का। याद रखें कि आप इसमें कोई करियर नहीं तलाश रहे। आप सबसे अच्छा अनुभव देने वाला एक आधार तलाश रहे हैं। आप पैसा कमाने के लिए काम नहीं कर रहे, बल्कि आप कुछ सीखने के लिए काम कर रहे हैं।

आप यदि मैक्डॉनल्ड्ज़ में काम नहीं भी कर रहे, फिर भी आप किसी मैक्डॉनल्ड्ज़ रेस्तराँ में जाएँ, कोल्ड ड्रिंक और फ्राईज़ के साथ एक बिग मैक का ऑर्डर दें और ध्यान दें कि आपका सामान आने और पैसे के लेन-देन में कितना समय लगता है। और उसके बाद बैठकर, खाने का लुत्फ़ लेते हुए, पर इस बात पर विचार करें कि आपके रेस्तराँ में प्रवेश करने से लेकर, आपका सामान आप तक पहुँचने में क्या कुछ घटित हुआ। यदि आप ऐसा व्यवसाय शुरू कर सकते हैं, जिसमें उतनी ही कार्यकुशलता हो - जैसे मीट, मीठी ब्रेड, फ्राइज़, ड्रिंक, नेपकिन, स्ट्रॉ और अन्य कई चीज़ें सारी दुनिया में देना और फिर इन सबको एक साथ पेश करना ताकि एक औसत हाई स्कूल पढ़ा कर्मचारी भी सफल हो सके, तो निश्चित तौर पर आप अपने अन्दर जादुई शक्ति का विकास करने में सफल हो जाएँगे और एक व्यवसायी बन जाएँगे - एक ऐसा कार्य, जिसे केवल कुछेक उद्यमी ही प्राप्त कर पाते हैं।

कौन-सा क्षेत्र आपके लिए सर्वोत्तम है?

आप चित्र में वर्णित चारों क्षेत्रों में से अपने जादुई शक्ति वाले क्षेत्र को चुन सकते हैं। कई नौकरीपेशा लोग बड़ी सफलतापूर्वक और पूरी आत्म-सन्तुष्टि के साथ व्यापार जगत की सीढ़ियाँ चढ़ जाते हैं। ऐसा ही स्वरोज़गार वाले उद्यमियों के साथ भी है। कई पेशेवर व्यक्ति अत्यन्त आकर्षक वकालत की प्रैक्टिस, मैडिकल प्रैक्टिस, परामर्श कार्य और छोटे व्यवसाय चलाने में सफल रहे हैं। अब आपका काम इस बात पर ध्यान केंद्रित करना है कि आपके लिए कौन-सा क्षेत्र सर्वश्रेष्ठ है। आप अपने सपनों को सच करने के लिए कौन सा क्षेत्र चुनेंगे? यदि आपका झुकाव व्यापार और निवेश की ओर है, तो हम दोनों के पास आपके लिए प्रोग्राम मौजूद है। डोनाल्ड के पास पहले से ही अत्यन्त सफल शो "द अप्रेन्टिस" है। यह व्यापारी और निवेशक त्रिकोण की बारीकियाँ समझाने वाला एक प्रशिक्षण-पाठ्यक्रम है और यदि आप उस प्रोग्राम में जीत जाते हैं, तो आपको आज तक के सबसे महानतम उद्यमियों में से किसी एक के साथ काम करने का अवसर मिलेगा।

रॉबर्ट की कम्पनी, द रिच डैड कम्पनी, एक महत्त्वाकांक्षी पाठ्यक्रम जी.ई.ओ. अर्थात् वैश्विक उद्यमियों का संगठन (ग्लोबल एंटरप्रेनियोर्स ऑर्गनाइज़ेशन) बना रही है। यह उन लोगों को एक प्रशिक्षण देने वाला पाठ्यक्रम होगा, जो अपना व्यवसाय आरम्भ करने के सम्बन्ध में बहुत गम्भीर हैं और व्यापार व निवेश के क्षेत्र में आवश्यक प्रवीणता प्राप्त करना चाहते हैं। इस कार्यक्रम की अवधि एक से तीन साल की होगी। पहले वर्ष आपको स्वरोज़गार व्यापार आरम्भ करने की शिक्षा दी जाएगी। दूसरे वर्ष में या जब भी आप स्वयं को इसके लिए तैयार समझें, आप व्यापार के क्षेत्र में अपने कारोबार का विस्तार करना सीखेंगे। और तीसरे वर्ष या जब भी आप उचित समझें, आप निवेश क्षेत्र के सम्बन्ध में जानेंगे।

स्पष्ट है कि रिच डैड के जी.ई.ओ. का यह पाठ्यक्रम हर व्यक्ति के लिए नहीं है। निश्चित रूप से यह बहुत चुनौतीपूर्ण होगा और इसमें पर्याप्त समय और पैसा निवेश करने की आवश्यकता होगी। वैसे ही जैसे आप किसी उच्च प्रशिक्षण पाठ्यक्रम में करते हैं। जी.ई.ओ. आपको शिक्षक, वांछित उपकरण, प्रशिक्षण और आपके किए नियत काम उपलब्ध कराएगा। आप उनका क्या करते हैं, यह आप पर निर्भर करता है। यदि आप एक एम.बी.ए. हैं, तो आपको इतना तो पता ही होगा कि डिप्लोमा प्राप्त कर लेने से ही आप स्वतः बोर्ड में स्थान पाने के अधिकारी नहीं हो जाएँगे। आपको उसके लिए जी तोड़ मेहनत करनी होगी, जैसा आप जादुई शक्ति प्राप्त करने के लिए मेहनत करते हैं। इसके लिए कोई छोटा रास्ता या सरल उपाय नहीं है और न ही इसमें सफलता की कोई गारन्टी है।

एक अन्तिम विचार

जीवन में सभी मूल्यवान चीज़ें अर्जित करनी पड़ती हैं। रॉबर्ट के लिए नेवी फ़्लाइट स्कूल में प्रवेश पाना कोई आसान नहीं था। आँकड़े बताते हैं कि नौसेना 3,000 आवेदकों में से केवल एक का चुनाव करती है।

यहाँ से स्नातक होकर निकलने में दो वर्ष का समय लग जाता है। इनमें से कुछ तो नौसेना की टुकड़ी का प्रमाण-पत्र पानी से पूर्व ही बाहर हो जाते हैं, क्योंकि वे पूरी तरह से अपने प्रशिक्षण पर ध्यान केंद्रित नहीं कर पाते।

रॉबर्ट को एक सामान्य विमान चालक से लड़ाकू विमान-चालक बनने में ज़्यादा ध्यान केंद्रित करना पड़ा था। जिस दिन वह मशीनगनों और रॉकेटों से लैस अपने विमान पर चढ़े, उसी दिन उन्होंने अपने में बदलाव लाने की बात तय कर ली थी। उनकी इस कहानी के सम्बन्ध में कुछ और बातें :

> जब मैंने युद्ध-अभियान के लिए एक लड़ाकू विमान उड़ाने की अपनी मानसिकता बना ली, तो मेरे प्रशिक्षक ने मुझ पर और दबाव बढ़ा दिया। प्रशिक्षण उड़ान के पहले ही दिन, उसने बच्चों का प्लास्टिक का बेसबॉल का बल्ला कॉकपिट में छुपा दिया। जैसे ही मैंने रेगिस्तान में अपने विमान को अपने लक्ष्य की ओर छोड़ा, मेरे प्रशिक्षक ने प्लास्टिक के उस बल्ले से मेरे हैलमेट पर, बाजुओं पर और मेरी टाँगों पर प्रहार करना शुरू कर दिया। मैं उसकी ओर मुड़ते हुए चिल्लाने लगा, "आप यह क्या कह रहे हैं?"
>
> "तुम मर चुके हो," मेरे प्रशिक्षक ने नाराज़गी भरे स्वर में कहा, "तुमने हम सबको मार दिया है।"
>
> "आप यह क्या बकवास कर रहे हैं?" मैंने बिना एक भी निशाना दागे, विमान को ऊपर की ओर ले जाते हुए पूछा।
>
> "तुम अपने ध्यान से भटक चुके हो," मेरे प्रशिक्षक ने कहा, "रेगिस्तान में तो कोई भी अपने लक्ष्य पर मशीनगनों और रॉकेटों से निशाना लगा सकता है। एक महीने बाद, जब तुम वियतनाम के युद्ध में जाओगे, तो तुम्हारे टारगेट वापस तुम पर फ़ायरिंग कर रहे होंगे। प्लॉस्टिक के इस बल्ले से तुम्हें वैसा ही महसूस होगा, जैसे किसी दूसरे विमान से तुम पार गोलियाँ बरसाने पर तुम्हें होगा। जिस क्षण मैंने तुम्हारे हैलमेट और तुम्हारे चेहरे की ढाल पर मारना शुरू किया, तभी तुम अपना ध्यान अपने टारगेट से खो चुके थे। तुमने तो हमें मरवा ही दिया था।"
>
> मैंने वह सबक सीख लिया। अपने उसी शिक्षक के साथ, अपनी अन्तिम प्रशिक्षण उड़ान में दोबारा वैसे नहीं होने दिया। उसने कितनी भी तेज़ी से मुझ पर प्रहार किया हो, लेकिन मैंने अपना ध्यान अपने टारगेट से हटने नहीं दिया और गोता

लगाकर वापस अपनी ऊँचाई पर आने से पहले ही चार रॉकेटों और मशीनगनों से अपने टारगेट को ध्वस्त कर दिया था।

अब खेल बदल चुका था, ठीक वैसे ही जैसे चतुर्भाग में वर्णित कार्य-क्षेत्र उद्यमियों के खेल बदल देते हैं। यह आसान नहीं है। यह बहुत तक़लीफदेह होता है। प्रत्येक क्षेत्र में अलग-अलग कौशल और टीमों, अधिक अनुभव और ज़्यादा ध्यान केंद्रित करने की आवश्यकता होती है। जब आप नौकरी की सुरक्षा को त्याग देते हैं, तो अपने ध्यान को यथापूर्व बनाए रखें, बेशक आप पर कितना भी बड़ा दबाव क्यों न डाल दिया गया हो। यदि आप बच निकलने में सफल हो जाते हैं, तो अपने ध्यान को भटकने न दें। अन्ततः आप व्यापार और निवेश के क्षेत्र में प्रवेश कर लेंगे और धन, सफलता और ताकत की दुनिया में प्रवेश पा लेंगे, जो बहुत कम लोगों को नसीब होता है। इसमें समय लगता है, यह आसान भी नहीं है और न ही हर कोई ऐसा कर पाता है, किन्तु यदि आप सही मायनों में एक उद्यमी हैं, तो आपको अपने जीवन में और किस चीज़ की इच्छा है?

याद रखने योग्य बातें/करने योग्य चीज़ें

- विशेषज्ञता आपकी मित्र नहीं है। सम्भव है, आपके पास पहले ही ज़रूरत से ज़्यादा विशेषज्ञता हो। यदि ऐसा है, तो आप जीवन और व्यापार के कुछ और क्षेत्रों में अनुभव प्राप्त करने पर ध्यान दें। आपको उनके सम्बन्ध में हर बारीकी जानने की ज़रूरत नहीं है, बल्कि उनके बारे में थोड़ी बहुत जानकारी ही पर्याप्त है। अपनी सुविधा के क्षेत्र से बाहर निकलने का प्रयास करें। आप उनके विवरणों के नीचे ही न दबे रहें।

- आप जितना अधिक समय स्कूल में बिताएँगे, आप उतने ही अधिक विशेषज्ञ बन पाएँगे। आपको उस स्थिति में कम से कम चीज़ों के बारे में अधिक से अधिक जानकारी होगी। आप अलग-अलग परियोजनाओं पर काम करके, स्वैच्छिक काम करके और अपने क्षितिज को विस्तार देकर, आप जो कुछ कर सकते हैं, वह करें।

- उद्यमशीलता सामान्यज्ञों अर्थात् अनेक विषयों की जानकारी रखने का समर्थन करती हैं। आज जितना अधिक पढ़ते हैं, देखते हैं, सुनते हैं और जितना अधिक कार्य करते हैं, आपके जीवन का अनुभव उतना ही बढ़ता चला जाता है। अपने जीवन को इस विश्वास के साथ जिएँ कि अधिक से अधिक चीज़ों के बारे में थोड़ी-थोड़ी जानकारी होना भी बहुत अच्छी बात है।

- अपने काम को सुचारू ढंग से चलाने के लिए विशेषज्ञ व्यक्तियों को नौकरी पर रखें। उन्हें नेतृत्व प्रदान करना आपका काम है। अपनी कम्पनी और अपने नेतृत्व को सुव्यवस्थित रखने के लिए अपनी रूपरेखा के रूप में

व्यापारी-निवेशक त्रिकोण का उपयोग करें। आपको त्रिकोण के अन्दर के सभी कार्यों को करने के लिए एक कुशल प्रतिनिधि बनने की आवश्यकता है ताकि आप अपने लक्ष्य और अपनी टीम को नेतृत्व प्रदान करने का काम कर सकें।

- अपनी दृष्टि को साध लें और ऊँचे लक्ष्यों पर निगाह रखें। जब तक आप किसी चीज़ को प्राप्त करने के लिए अपना ध्यान नहीं साधते, तब तक आपको अपनी क्षमताओं के बारे में पता नहीं होता। पूरी ईमानदारी से अपने आप से पूछें कि कहीं आपकी कोई सीमा तो नहीं, और आप कितने बड़े व्यक्ति बनना चाहते हैं? अब, जब आप सब कुछ जान गए हैं तो आप अपने आपको पूरा श्रेय क्यों नहीं देना चाहते, जिसके आप लायक हैं? एक बार जब आप अपने-आपको अनुमति दे देते हैं और उस पर अपना ध्यान टिका देते हैं तो एक-दूसरे के साथ जुड़ चुकी इस दुनिया में हर चीज़ सम्भव है।
- अपनी कम्पनी चालू करने से पहले, उस क्षेत्र में पर्याप्त अनुभव प्राप्त कर लें। सीखने के लिए काम करें, न कि पैसा कमाने के लिए और उन कम्पनियों की कार्य-प्रणाली का अध्ययन करें, जिन्होंने अपने यहाँ व्यापारी और निवेशक त्रिकोण को सबसे अच्छे ढंग से लागू किया हुआ है। चीज़ें क्यों ग़लत हो जाती हैं और क्यों सही होती हैं, इसका विश्लेषण करने का प्रयास करें।
- कई भाषाओं के ज्ञाता बनने की कोशिश करें। व्यापार के क्षेत्र में पूरी तरह घुस कर, व्यापार की भाषाओं को सीखें। व्यापार में पूरी तरह डूब जाने से आपको धाराप्रवाह तेज़ी प्राप्त हो सकेगी और आप एक बेहतर लीडर बन सकेंगे, जो कम्पनी के सभी स्तरों पर दूसरों को सलाह दे सकता है और उनका मार्गदर्शन कर सकता है।

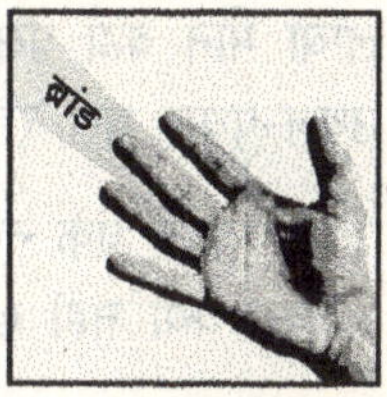

अध्याय 3

मध्यमा उँगली

ब्रांड

"एक कम्पनी के लिए उसका ब्रांड किसी व्यक्ति की ख्याति की तरह होता है। आपको यह ख्याति मुश्किल कार्यों को अच्छे ढंग से कर पाने के कारण मिलती है।"

– जेफ़ बेज़ोस

क्या आप रोलेक्स हैं – या एक नकली रोलेक्स?

रॉबर्ट कियोसाकी

"तुमने रोलेक्स घड़ी कब ली?" रिच डैड ने पूछा।

"पिछले हफ़्ते, हाँगकाँग में।" मैंने गर्व से कहा।

"क्या यह असली रोलेक्स है?"

"हाँ, हाँ! बिल्कुल," मैंने हिचकिचाते हुए उत्तर दिया, "यह असली है।"

अपने चेहरे पर बनावटी हँसी लाते हुए, रिच डैड ने मेरी कलाई पकड़ी और उसे अपने चेहरे के पास लाकर, ध्यान से घड़ी को देखते हुए पूछा, "कितने की ली?"

"ओह, एक अच्छा सौदा बन गया था, सो मैंने ले ली।"

"फिर भी, कितने की पड़ी?" रिच डैड ने दोबारा मुझसे पूछा

"पाँच डॉलर में," मैंने सच उगल दिया, "यह नकली रोलेक्स है।"

"मैं भी यही सोच रहा था," रिच डैड ने बड़ी शान्ति से कहा। उसके बाद एक

लम्बा मौन वहाँ पसर गया। मैं साफ़ देख सकता था कि रिच डैड के विचारों में गहरी उथल-पुथल चल रही थी।

"तुमने एक नकली रोलेक्स क्यों खरीदी?" रिच डैड ने अंत में कहा, "तुमने असली रोलेक्स क्यों नहीं ख़रीदी?"

"क्योंकि असली वाली बहुत महँगी थी," मैंने उत्तर दिया।

"तुम जानते हो कि नकली सामान बनाने वाले महंगी घड़ियों की सस्ती नकल क्यों बनाते हैं?"

"उनकी कीमत के कारण? क्योंकि लोग सस्ती चीज़ें ख़रीदना चाहते हैं?" मैंने उत्तर दिया

अपना सिर हिलाते हुए रिच डैड ने उत्तर दिया, "क्या तुम जानते हो कि रोलेक्स ब्रांड की कीमत कितनी है?"

"नहीं, मैं नहीं जानता," मैंने एक बार फिर अपना सिर इन्कार से हिलाते हुए कहा।

"क्या तुम्हें यह पता है कि रोलेक्स ब्रांड का क्या अर्थ है?"

"इसका अर्थ है सफलता," मैंने उत्तर दिया, "और यह कि आपने बड़ा काम कर दिखाया है। इसका अर्थ है कि आप शीर्ष पर पहुँच गए हैं। कम से कम मैं तो ऐसा ही मानता हूँ, इसीलिए तो मैंने यह नकली घड़ी ख़रीदी है। मैं और सफल दिखना चाहता हूँ।"

"और एक नकली रोलेक्स घड़ी तुम्हारे बारे में क्या कहती है?" रिच डैड ने सीधे मेरी आंखों में देखते हुए पूछा।

"इसका अर्थ है कि मैं सफल होना चाहता हूँ," मैंने उत्तर दिया, "एक दिन मैं भी रोलेक्स घड़ी ले लूँगा।"

"फिर से कोशिश करो," रिच डैड ने खिसियानी हंसी हंसते हुए कहा, "इसका अर्थ है कि तुम भी नकली हो। एक नकली इन्सान ही नकली घड़ी पहन सकता है। नकली रोलेक्स का यही मतलब है।"

"लेकिन एक असली रोलेक्स की कीमत तो बहुत अधिक है," मैंने प्रतिवाद किया, "मैं तो केवल एक रोलेक्स घड़ी पहनना चाहता था। दूसरे, मैं एक घड़ी पर इतने पैसे नहीं खर्चना चाहता। मैंने इसलिए यह पाँच डॉलर की घड़ी ख़रीदी। किसको पता चलेगा कि कौन सी असली है और कौन सी नकली?"

"तुम्हें... तुम्हें तो अन्तर पता होगा," रिच डैड ने उत्तर देते हुए कहा, "अपने भीतर तो तुम जानते ही हो कि रोलेक्स की कीमत क्या है। तुम जानते हो ब्रांड के मायने क्या होते हैं? शायद इसी कारण तुम एक नकली व्यक्ति बनना और नकली घड़ी पहनना चाहते हो।"

"मैं आपसे सहमत नहीं हूँ," मैंने कहा, "कोई भी व्यक्ति इनका अन्तर नहीं बता सकता। मैं जानता हूँ। इसे ख़रीदने से पहले मैंने अच्छी तरह इसकी जाँच की थी। यह बिल्कुल असली दिखाई देती है।"

"लेकिन तुम जानते हो कि यह असली नहीं है," रिच डैड ने थोड़े कठोर स्वर में कहा, "तुम्हें यह लगता होता कि तुमने अधिकांश लोगों को बेवकूफ़ बना दिया है, लेकिन तुम अपने आपको बेवकूफ़ नहीं बना सकते। जो कुछ तुम अपने बारे में बता रहे हो, वह महत्त्वपूर्ण है। और अभी तुम अपने बारे में यही कह रहे हो कि मैं एक ग़रीब व्यक्ति हूँ, मैं सफल नहीं हूँ और मैं एक असली रोलेक्स ख़रीदने में समर्थ नहीं हूँ। इसलिए मैंने एक नकली घड़ी खरीदी है, क्योंकि में एक नकली व्यक्ति हूँ।"

"आप मेरे साथ इतने कठोर क्यों हो रहे हैं। यह केवल एक सस्ती सी घड़ी है," मैंने कहाँ

"वह एक सस्ती घड़ी से ज़्यादा कुछ है," रिच डैड ने बेचैनी-सी महसूस करते हुए कहा, "यह एक नकली घड़ी है, यानि लूट का माल, एक चुराई हुई सम्पत्ति। यदि तुम चुराई सम्पत्ति खरीदने के इच्छुक हो, तो मैं तुम्हारे बारे में क्या कह सकता हूँ?"

मैं अभी भी समझ नहीं आ रहा था कि रिच डैड एक घड़ी को इतना बड़ा मुद्दा क्यों बना रहे थे। मैं जानता था कि यह नकली घड़ी थी। मैं जानता था कि यह असली रोलेक्स की नकल थी। इसमें क्या फर्क़ पड़ता है? इससे क्या समस्या है? इससे मैं किसको चोट पहुँचा रहा हूँ?"

रिच डैड ने अपनी बात जारी रखते हुए मुझसे कहा, "यदि तुम एक सफल उद्यमी बनने जा रहे हो, तो तुम्हें एक ब्रांड के बारे में जानकारी होनी चाहिए और तुम्हें उस ब्रांड का सम्मान करना चाहिए। अगर तुम सौभाग्यशाली हुए, तो एक दिन तुम्हारा अपना एक ब्रांड होगा। हो सकता है, एक दिन तुम्हारा व्यवसाय भी एक जनरल इलैक्ट्रिल या कोका-कोला या मैकडॉनल्ड्ज़ बन जाए लेकिन यदि तुम एक धोखेबाज़ व्यक्ति हो, तो तुम्हारा व्यवसाय भी धोखेबाज़ होगा। वह निश्चित रूप से एक ब्रांड नहीं होगा।"

मैं रिच डैड से बिल्कुल सहमत नहीं था और वह जो कुछ कह रहे थे, मुझे पसन्द नहीं था, किन्तु मैं इतना बड़ा और इतना समझदार हो गया था कि मैं अपना मुँह बन्द रखता। सो, मैंने ऐसा ही किया और वह जो कुछ कहना चाहते थे, मैंने उसे अपने मन में रखा। अब मुझे उनके गुस्से की और ज़्यादा ज़रूरत नहीं थी। लेकिन वह मुझे शिक्षा देने से रुकने वाले नहीं थे।

"यदि तुम एक ब्रॉन्ड नहीं हो, तो मात्र एक वस्तु हो, कोई भी वस्तु। तुम मात्र एक पहचानविहीन वस्तु हो, जो बग़ैर नाम के ब्रांडों वाली दुनिया में तैर रही है।"

"तो एक वस्तु बनने में बुराई ही क्या है?" मैंने पूछा।

"बुराई कोई नहीं है। यदि तुम एक वस्तु बनकर खुश हो तो, कोई बुराई नहीं है।" रिच डैड ने उत्तर मिला, "यह अन्तर है बॉबी के बर्ग़र में और मैकडॉनल्ड्ज़ के बर्ग़र में। मैकडॉनल्ड्ज़ के ब्रॉन्ड की कीमत अरबों में है, जबकि बॉबी के बर्ग़र की ब्रॉन्ड वैल्यू कुछ भी नहीं है। कोई व्यक्ति अपने व्यापार को बनाने में अपनी पूरी ज़िंदगी क्यों बिता देता है और एक ब्रांड बनाने में असफल क्यों हो जाता है?"

अपनी साँस को थोड़ा आराम देते हुए, रिच डैड ने ब्रांड बनाम वस्तु पर अपना भाषण देना जारी रखा। मैं समझ चुका था कि वह चाहते थे कि मैं किसी ब्रांड की इज्ज़त करूँ और ब्रांड के मायने भी समझ लूँ। मैं समझ गया था कि वह चाहते थे कि एक दिन मैं भी एक ऐसा उद्यमी बनूँ, जो अपने व्यवसाय को एक ब्रांड में बदल देता है। वह मुझे एक साधारण उद्यमी बनने नहीं देना चाहते थे।

"क्या तुम्हें पता है कि 'कोका-कोला' के सिर्फ़ नाम की कीमत ही कम्पनी की कुल कीमत से ज़्यादा है? कम्पनी के सारी मशीनों, सारी अचल सम्पत्तियों और व्यवसाय प्रणाली को मिला भी दें, तो उसके नाम की कीमत कहीं ज़्यादा बैठती है," रिच डैड ने ब्रांड पर मुझे पाठ पढ़ाते हुए बताया, "तुम दुनिया के किसी कोने में भी चले जाओ, कोका-कोला एक ब्रांड रहेगा और उसकी कीमत रहेगी।"

"इसलिए यदि मैं नकली रोलेक्स पहनता हूँ, तो इसका मतलब मैंने यह रोलेक्स से चुराई है? आप यही कहना चाहते हैं न?"

रिच डैड ने सिर हिलाया और आगे कहा, "और उन लोगों से रोलेक्स ख़रीदना, जो रोलेक्स से चोरी करते हैं, यही कहता है कि "मैं चुराई हुई चीज़े ख़रीदता हूँ। मैंने किसी का प्रसिद्ध नाम चुराया है। और फिर एक बेईमान, घटिया, नीच, कुटिल और पाखंडी व्यक्ति से व्यापार करना ही कौन चाहता है?"

"वे लोग करेंगे, जो स्वयं बेईमान, घटिया, नीच, कुटिल और पाखंडी हैं," मैंने भी अनिच्छापूर्वक उत्तर दिया।

"यदि तुम्हें पता चले कि एक बढ़िया कार और बढ़िया बोट रखने वाला तुम्हारा पड़ोसी, वास्तव में एक अपराधी है, तो तुम उसके बारे में क्या सोचोगे।"

"ज़्यादा कुछ नहीं," मैंने उत्तर दिया, "मैं सिर्फ़ उसे नज़रअंदाज करूँगा।"

"व्यापार में भी ठीक ऐसा ही होता है - हर रोज़," रिच डैड ने कहा, "ईमानदार लोग बेईमान लोगों से व्यवसाय नहीं करते। तुम्हारी ख्याति, तुम्हारे ब्रांड की बुनियाद है। व्यापार में, तुम्हारी ख्याति तुम्हारे व्यापार से अधिक महत्त्वपूर्ण है।" इसी के साथ ही रिच डैड ने अपना हाथ आगे बढ़ाकर, अपनी हथेली मेरे सामने फैला दी।

मैंने भी अपनी घड़ी उतारी और उतार कर उनकी हथेली पर रख दी। रिच डैड ने वह घड़ी फ़र्श पर रखी और अपने जूते से उसे कुचल दिया। चूँकि वह सिर्फ़ पाँच डॉलर

की घड़ी थी, इसलिए आसानी से टूट गयी। मैं सब कुछ समझ गया था।

यह कुछ वर्ष पहले की बात थी। आज, नकली उत्पाद, घटिया सामान और बड़े ब्रांड की नकल हर जगह मिल जाती है। अब यह करोड़ों डॉलर का व्यवसाय बन चुका है। अब तो नकली दवाइयाँ भी बाज़ार में आ चुकी हैं, जो वास्तव में ही बहुत हानिकारक हैं। क्या आप कल्पना कर सकते हैं कि उस व्यक्ति को कैसा महसूस होता होगा, जिसने असली दवाइयों के धोखे में नकली दवाइयों के कारण अपने किसी प्रियजन को खो दिया हो?

पूरी दुनिया में हर बड़े शहर में, कम से कम ऐसी जगह अवश्य होती है, जहाँ नकली ब्रांड और नकली उत्पाद प्रचुर मात्रा में उपलब्ध होते हैं। इन गलियों में, आप नकली लुई विटन हैंड बैग, नकली नाइकी बॉस्केटबाल के जूते, नकली अरमानी जीन्स और नकली प्रादा के चश्मे ख़रीद सकते हैं।

नकल करने वाले भी उद्यमी होते हैं। वे केवल ऐसी उद्यमी हैं, जो अपना ब्रांड उत्पन्न करने की अपेक्षा, दूसरों के ब्रांड को चुराते हैं। जब तक यहाँ नकली चीज़ें ख़रीदने वाले ग्राहक बने रहेंगे, नकली सामान बनाने वाले भी नकली उत्पादों के साथ बाज़ार में मौजूद रहेंगे। केवल धोखेबाज़ लोग ही चुराया हुआ सामान बेचते हैं और धोखेबाज़ ही चोरी किए गए ब्रांड के सामान ख़रीदते हैं। ईमानदार लोग ऐसा नहीं कर सकते।

जैसे ही मैंने नकली रोलेक्स के कुचले गए टुकड़ों को उठाया, रिच डैड ने फिर से अपना भाषण चालू कर दिया, "बहुत कम उद्यमी ऐसे होते हैं, जो अपने व्यापार को एक ब्रांड में परिवर्तित कर पाते हैं। एक ब्रांड अमूल्य होता है। ब्रांड उद्यमी की ओर से अपने ग्राहकों को किया गया एक वायदा है। एक असली ब्रांड उद्यमी की आत्मा में जन्म लेता है और ग्राहक की आत्मा के साथ जुड़ जाता है। यह लेन-देन से ज़्यादा एक सम्बन्ध है। कुछ अवस्थाओं में, यह एक प्रेम-सम्बन्ध होता है, एक लव-अफ़ेयर, जो सालों-साल चल सकता है।"

"यदि एक उद्यमी की आत्मा बेईमान और लालची है, जिसे केवल ग्राहकों के धन की परवाह है, ग्राहकों की नहीं तो उद्यमी का व्यापार ग्राहक के साथ एक सम्बन्ध स्थापित नहीं कर पाएगा। वह केवल एक लेनदेन तक ही सीमित रहेगा। और यह लेन-देन एक वस्तु है।"

मेरे नकली घड़ी के टूटे हुए हिस्सों के कूड़ेदान में जाने के बाद, रिच डैड ने कहा, "इतने कम व्यवसायों के ब्रांड बन पाने का कारण यह है कि अधिकांश व्यवसायों का मुख्य उद्देश्य पैसा बनाना होता है। उनका कहना है कि वे अपने ग्राहकों के लिए अपना सर्वश्रेष्ठ देना चाहते हैं किन्तु अधिकांश व्यवसायों के लिए, यह केवल एक झूठी शेख़ी है। वास्तव में उनका अर्थ यह नहीं होता। आप जितना अधिक अपने ग्राहकों पर ध्यान देंगे, आपके व्यवसाय के एक ब्रांड बनने के उतने ही बेहतर अवसर होंगे। अगर आपका ब्रांड कोका-कोला या मैक्डॉनल्ड्स नहीं भी बन पाता, और यदि आप अपने ग्राहक का पूरा

ध्यान रखते हैं तो ग्राहक आपके ब्रांड को हमेशा दिल में रखेगा।"

मेरे अपने ब्रांड का जन्म

जब मेरे रिच डैड ने मेरी नकली घड़ी को नष्ट किया, तो उसी क्षण, एक ब्रांड की शक्ति के सम्बन्ध में मेरी व्यावसायिक शिक्षा आरम्भ हो गयी थी। मैं बहुत उत्सुक हो उठा था। मैं मात्र एक व्यवसाय नहीं शुरू करना चाहता था, बल्कि मैं अपना एक ब्रांड बनाना चाहता था। उसके लिए, मैं जानता था कि मुझे दूसरे ब्रांड का अध्ययन करने की आवश्यकता थी। इसके साथ-साथ मुझे यह भी देखना था कि मेरी क्या हस्ती थी, मेरे ग्राहक मुझसे क्या चाहते थे और मैं अपने ग्राहकों के लिए क्या चाहता था। इसके लिए मुझे अपने सम्बन्ध में और अपने व्यवसाय के सम्बन्ध में बहुत कुछ जानना था। मुझे कुछ लेने की अपेक्षा कुछ देने पर अपना ध्यान केन्द्रित करना था। मुझे अपने दिल में, अपनी आत्मा में यह बात तलाश करनी थी कि मैं आख़िर अपने ग्राहकों को क्या देना चाहता था। अगर मुझे यह बात पता चल जाती कि मैं अपने ग्राहकों को क्या देना चाहता था, तो मैं अपने व्यवसाय की आत्मा को भी जान सकता था और हो सकता है अपने ब्रांड को भी जान लूँ।

मेरा पहला बड़ा व्यवसाय था नायलॉन और वेल्क्रो के बने सर्फ़र वॉलेट का। मेरे उस उत्पाद का नाम था 'रिपर्स'। शुरू-शुरू मैं सोचता था कि 'रिपर्स' एक बहुत शानदार नाम था। मुझे पूरा भरोसा था कि वह एक ब्रांड बन जाएगा। मेरे विचार में 'रिपर्स' नाम बहुत अच्छा, बहुत अनूठा, बहुत विशिष्ट और युवा लागों के लिए बहुत आकर्षक था क्योंकि मैं इस तरह के लोगों को ही जानता था और उन्हें पसन्द भी करता था। समुद्र की लहरों से खिलवाड़ करने वाले वे लोग मेरे जैसे ही थे, इसलिए उनके साथ मैं अपने आपको जोड़कर देख सकता था।

'रिपर्स' कभी भी एक ब्रांड के रूप में नहीं उभर सका। यह मेरे व्यवसाय का नाम था, मेरा एक उत्पाद और एक ट्रेडमार्क, लेकिन यह ब्रांड नहीं बन पाया। सम्भव है, यही बिन्दु महत्त्वपूर्ण हो। हमने अपने व्यवसाय या उत्पाद को एक ब्रांड में परिवर्तित करने के लिए कुछ भी नहीं किया था।

यह कहना सही नहीं होगा कि हमने उसकी मार्केटिंग ठीक से नहीं की। मेरे साझेदार ने और मैंने कई सर्फ़िंग ट्रेड शो, खेल-सामग्री शो और युवा-परिधान शो में भागीदारी की और अपने नए और विशिष्ट रिपर्स उत्पादों को वहाँ बेचा। हमने पूरी दुनिया में विभिन्न स्टोरों पर अपने उत्पादों को रखवाने में जी-तोड़ मेहनत की थी। हमारे सामने सबसे बड़ी समस्या यह थी कि जितनी हमारी आय हो रही थी, हमें उससे ज़्यादा पैसा खर्च करने की ज़रूरत पड़ रही थी। यह वास्तव ही में हमारे लिए बहुत कठिन समय था और यह हमारे चरित्र की एक परीक्षा थी। हम बड़ी मुश्किल से अपने व्यवसाय को व्यवस्थित रख पा रहे थे। ऐसे में, अपने ब्रांड की ओर ध्यान देने का समय ही किसके पास था?

मैं उस समय बहुत परेशान था और अपनी अक्षमता से मार खा रहा था। रिपर्स एक ब्रांड में विकसित होने का कभी अवसर ही प्राप्त नहीं कर पाया। हमारे उत्पाद में एक अच्छा ब्रांड बनने की सारी विशेषताएँ थीं, लेकिन एक ब्रांड के पीछे एक बड़ी कम्पनी के न होने का अर्थ था, ब्रांड की कोई वैल्यू न होना।

आज, पूरी दुनिया में नाइलॉन और वेल्क्रो के बने सर्फर वॉलेट बिक रहे हैं। हमारा उत्पाद एक सफल उत्पाद था लेकिन वह एक ब्रांड के रूप में परिवर्तित होने में असफल रहा। इसलिए, आज भी वह एक वस्तु है - एक वैश्विक उत्पाद, बिना एक ब्रांड के।

ब्रांड द्वारा बचाया जाना

मेरे लिए अच्छी ख़बर यह थी कि रिपर्स को एक ब्रांड न बना पाने के बावजूद, जब मैंने बड़े ब्रांड को देखा, तो मुझे उनके सम्बन्ध में पूरी जानकारी थी। रिपर्स को बचाने की कोशिशों के दौरान, मैं ग़लती से रॉक-एंड-रोल इन्डस्ट्री से टकरा गया, एक ऐसा क्षेत्र जहाँ आश्चर्यजनक ब्रांड मौजूद थे।

वर्ष 1981 में, रॉक बैंड पिंक फ़्लॉयड ने मेरी रिपर्स कम्पनी से सम्पर्क किया। वे जानना चाहते थे कि क्या हम पिंक फ़्लॉयड बैन्ड (या मुझे कहना चाहिए, ब्रांड) के लाइसेन्सधारी बनने में रूचि रखते हैं। किसी व्यापार के अच्छे अवसर के लिए बेताब, मैं बैंड के एजेन्ट की बातों को ध्यान से सुनता रहा। इस चीज़ से वह बिल्कुल अनजान था कि वह मुझे एक ब्रांड बेचकर, मेरे व्यवसाय को बचा रहा था। वह एक विश्व प्रसिद्ध रॉक-ऐंड-रोल बैन्ड का ब्रांड था।

मैं रॉक-एन्ड-रोल उद्योग से बहुत ज़्यादा परिचित नहीं था। फिर भी मैं पिंक फ़्लॉयड के लाइसेंसिंग एजेन्ट से मिलने के लिए हवाई से सैन फ्रांसिस्को के लिए उड़ गया। हमारी इस मुलाकात में, मेरी रॉक-एंड-रोल व्यवसाय की शिक्षा शुरू हो गयी। मैंने वहाँ महसूस किया कि एक ब्रांड न केवल ब्रांड के स्वामी के लिए मूल्यवान सिद्ध हो सकता है, बल्कि वह उस ब्रांड के लाइसेंसधारक के लिए भी सोने की खान सिद्ध हो सकता है।

मेरे एक बार रोशनी देख लेने के बाद, इसी तरह के कई अन्य शानदार समूहों और कलाकारों ने, मेरे सामने प्रस्ताव रखे। उन समूहों में द पुलिस, डुरान डुरान, बॉय जॉर्ज, टेड न्यूजेन्ट, जूडस प्रीस्ट जैसे लोकप्रिय समूह शामिल थे। पुराने बड़े समूह जैसे द ग्रेटफ़ुल डेड और रोलिंग स्टोन्स जैसे समूह के साथ भी हमारी बातचीत चल रही थी। दुर्भाग्यवश, उस समय दॅ बीटल्स का ब्रांड लाइसेंसिंग के लिए उपलब्ध नहीं था।

जैसा कि रिच डैड ने मुझे समझाया था, आप या तो एक ब्रांड होते हैं या मात्र एक वस्तु। एक ब्रांड बनने के लिए, आपके अपने ग्राहकों के साथ बहुत अच्छे सम्बन्ध होने चाहिए। और इन ब्रांड और कलाकारों के अपने ग्राहकों के साथ बहुत शानदार सम्बन्ध थे। वे लाइसेसिंग एजेन्ट हमें प्रशंसकों और कलाकारों के बीच सम्बन्धों का एक हिस्सा

बनने का अवसर प्रदान कर रहे थे।

पिंक फ़्लॉयड के लोगों के साथ पहली बैठक ने और बाद में आने वाले अन्य ब्रांड के लोगों ने, पूरी दुनिया में रॉक-ऐंड-रोल के बाज़ार में हमें प्रवेश करवा के रिपर्स को बचा लिया था। यह व्यापार की एक समूची दुनिया में दरवाजे खुलने जैसा था, एक ऐसी दुनिया, जिसके अस्तित्व के सम्बन्ध में भी मुझे पता नहीं था। हम बच गए थे क्योंकि अब रिपर्स रॉक-ऐंड-रोल की दुनिया में सबसे शक्तिशाली ब्रांड के साथ जुड़ गया था।

बैण्ड के साथ एक नई शुरूआत

वर्ष 1982 तक, मेरी जुबान से रिपर्स का नाम ग़ायब हो चुका था। अब मैं, "हैलो, मैं रिपर्स से रॉबर्ट कियोसाकी" कहने के बजाय सिर्फ़ इतना ही कहता था, "मैं द पुलिस और उनके लाइसेंसधारी उत्पादों का प्रतिनिधित्व करता हूँ।" अब कोई नहीं जानता था कि रॉबर्ट कियोसाकी कौन था और रिपर्स कौन, बल्कि वे शानदार रॉक बैन्ड, द पुलिस को जानते थे। सच कहूँ तो किम से मेरी पहली मुलाकात, वर्ष 1984 में द पुलिस के एक संगीत कार्यक्रम के दौरान ही हुई थी। मैंने बड़ी शिष्टता से उसे सिर्फ़ इतना ही कहा था, "मेरे पास द पुलिस संगीत कार्यक्रम के बैकस्टेज वी.आई.पी. पास हैं। क्या आप जाना पसन्द करेंगी?"

दूसरे शब्दों में, ब्रांड की ताकत ने एक खूबसूरत महिला के साथ मुलाकात करवाने का करिश्मा भी कर दिखाया था, जिसे आगे चलकर एक दिन मेरी पत्नी बनना था। निश्चित रूप से, उसके मन में गायक स्टिंग से मिलने की हसरत थी, लेकिन चूँकि मैंने उसके लिए वहाँ प्रवेश की व्यवस्था की थी, इसलिए उसे मेरे साथ बैठना पड़ा।

असली ब्रांड की ताकत

रिपर्स ने सर्फ़िंग और खेल-सामग्री के उद्योगों से अपनी व्यापारिक दुनिया की शुरूआत की थी। समस्या यह थी कि शीघ्र ही सर्फिंग और खेल-सामग्री की दुनिया में मेरे रिपर्स उत्पादों जैसे उत्पादों की भीड़ लग गयी थी, और सारे के सारे केवल वस्तु थे, ब्रांड एक भी नहीं। जब आप एक वस्तु होते हैं, तो कीमत मायने रखती है। चूँकि मेरी प्रतिद्वंद्विता मेरे जैसे उत्पादों के साथ थी, एक वस्तु से, फुटकर व्यापारी कीमत को लेकर हम सबको दबाव में ले आते थे। वे मेरे उत्पाद के लिए ज़्यादा कीमत क्यों देंगे, जबकि दूसरा निर्माता एक डॉलर कम की कीमत पर उसे वही चीज़ दे रहा है?

जब हमने रॉक-ऐंड-रोल के व्यवसाय में प्रवेश किया और बड़े ब्रांड की ख्याति को भुनाना शुरू किया, तो लोगों ने हमें मुँह मांगी कीमत दी। सभी स्टोर हमसे एक ही बात पूछते थे, "आप हमें सामान कितनी जल्दी दे सकते हैं?" पिंक फ़्लॉयड अपने उत्पादों के लाइसेन्स किसी एक व्यक्ति या कम्पनी को नहीं देते थे। पिंक फ़्लॉयड के ब्रांड वाले

उत्पादों की कीमत का मुकाबला कोई नहीं कर सकता था।

मेगा रॉक बैन्डों के एक लाइसेन्सधारी बनने से हमें बड़े पैमाने पर, दुनिया भर के बाज़ार में एक विशिष्टता प्राप्त हो गयी थी। हमारी प्रतिद्वंद्विता केवल उन नकलचियों से थी, जो संगीत कार्यक्रम समाप्त होने के बाद अपने नकली और ग़ैर-लाइसेंसशुदा उत्पाद, प्रवेश द्वार के बाहर खड़े होकर बेचते थे। ये छोटे-मोटे नकली सामान बनाने वाले उस व्यक्ति से अलग नहीं थे, जिसने मुझे एक नकली रोलेक्स घड़ी बेची थी। वे घबराहट के साथ, किसी भी ख़तरे पर नज़र रखते हुए अपने उत्पाद बेचते थे और उम्मीद करते थे कि संगीत कार्यक्रम के पहरेदारों के उनका सामान उठा ले जाने से पहले ही थोड़ा बहुत कमा लेंगे। अपराधियों के समान ही, उन्हें हमेशा अपना भंडाफोड़ होने का डर सताता रहता था।

उसी समय, मेरी कम्पनी संगीत कक्ष के अन्दर रॉक-ऐंड-रोल के कानूनी रूप से लाइसेन्सशुदा उत्पाद बेचती थी। हम भी दुनिया भर के संगीत स्टोरों और विभागीय भण्डारों पर मौजूद थे। हम वैध व्यवसाय में काम कर रहे थे क्योंकि हम वैध थे। हम नकलची नहीं थे। मेरी पाँच डॉलर की रोलेक्स वापस मेरे पास पहुँच गयी थी और नियमों का पालन करते हुए, वह वैध होने का महत्त्व समझाने के सम्बन्ध में बहुत महत्त्वपूर्ण सबक सिद्ध हो रही थी तथा असली ब्रांडों की ताकत का इस्तेमाल कर रही थी।

यह केवल पैसों का लेन-देन नहीं था

रॉक बैन्ड के साथ काम करने से मुझे एक बैन्ड, उनके संगीत और उनके ग्राहकों के बीच के सम्बन्धों को समझने के लिए एक अंतर्दृष्टि मिल गयी थी। यह एक रिश्ता था, मात्र पैसों का एक लेन-देन नहीं। चूँकि बैन्डों का अपने ग्राहकों के साथ एक अटूट सम्बन्ध बना हुआ था, इसलिए लाइसेन्सशुदा उत्पादों को बेचना हमारे लिए आसान था। दरअसल, जब लोग बहुत सारी ख़रीदारी कर रहे हों तो हमें उत्पाद बेचने के लिए ज़्यादा कुछ करना नहीं पड़ता। संगीत कार्यक्रमों में, प्रशसंक पंक्तिबद्ध होकर ब्रांड का नाम खुदे उत्पादों को ख़रीदने के लिए बेताब रहते हैं। यहाँ 'पंक्तिबद्ध' शब्द सही नहीं बैठता। पागलपन से भरी, एक शिकार को खाती हुई शॉर्क का चित्र अपनी आंखों के सामने लाइए। प्रशंसक हमारी मेज़ों के इर्द-गिर्द भीड़ लगा लेते हैं, अपने क्रेडिट कार्ड लहराते हैं, नकद राशि हमारे हाथों में पकड़ाते हुए कहते हैं, "मैं यह एक लूँगा, मैं वे दो लूँगा और क्या आपके पास उस चीज़ में से कुछ बचा है? मैं उसे ख़रीदना चाहूँगा।" वे लोग पिंक फ़्लॉयड, डुरान-डुरान, द पुलिस और अपने पसंदीदा अन्य कलाकारों से सम्बन्धित कोई भी चीज़ अपने घर ले जाना चाहते थे। वे उन बैन्डों और ब्रांडों को अधिक से अधिक अपने जीवन का एक नया भाग बना लेने को आतुर रहते थे।

अलग-अलग बैन्ड के अलग-अलग प्रशंसक या ग्राहक थे और बैन्डों व कलाकारों को अपने ग्राहकों और प्रशंसकों के प्रति पूरी तरह सच्चा होकर दिखाना पड़ता

है। उदाहरण के लिए, डुरान-डुरान के प्रशंसक जूडस प्रीस्ट, वेन हेलेन या बॉय जॉर्ज के प्रशंसकों से अलग थे। वे अलग तरह के वस्त्र पहनते थे और अलग तरह की भाषा बोलते थे। वे अलग तरह से व्यवहार करते थे और शायद उनकी मानसिकता भी अलग थी। यदि एक बैन्ड अपने प्रति, अपने संगीत के प्रति और अपने ग्राहकों के प्रति ईमानदार और सच्चा नहीं रहता था, तो उनका व्यवसाय नीचे गिरने लगता था, उत्पादों की बिक्री बहुत कठिन बन जाती थी और बैन्ड के लाभ में भी गिरावट आ जाती थी। यदि वे कोई ऐसी ऐलबम निकालते, जो प्रशंसकों को ख़राब लगती थी, तो हम उस पर ध्यान देते थे। यदि कोई बैन्ड अगली एलबम ऐसी लेकर आता था, जिसमें प्रशंसकों के मनपसंद गीत होते थे, तो बैन्ड पुनः पटरी पर आ जाता था और व्यापार एक बार फिर तेज़ी पकड़ लेता था। यहाँ आप उस बाज़ार के बारे में सोचें, जो आपको बाज़ार के रूझान का फ़ीडबैक देता है।

उस समय, मेरा व्यक्तिगत पसंदीदा बैन्ड, लड़कियों का एक बैन्ड होता था - द गो-गोज़! मुझे उनका संगीत, उनका सैक्सीपन और उनके प्रशंसक बहुत पसन्द थे। लेकिन समस्या यह थी कि उनके प्रशंसक मेरे उत्पाद नहीं ख़रीदते थे। मेरे उत्पादों का निशाना होते थे लड़के या युवा पुरुष। मेरे बहुत ही कम पुरुष ग्राहक थे, जो द गो-गोज़ के उत्पाद पहनते थे। मैं उस बैन्ड से जुड़ नहीं पाया, हालाँकि उनका ब्रांड और उनका संगीत मुझे बहुत पसन्द था।

रॉक-ऐंड-रोल का अन्त

1984 में, रॉक-ऐंड-रोल की दुनिया से मेरा प्रेम-सम्बन्ध अपने अन्तिम चरण में था। हालाँकि अभी भी मैं संगीत से प्रेम करता हूँ, लेकिन इस व्यवसाय से मुझे थकान होने लगी थी। मेरे अंदर कुछ ऐसा था, जो बदल रहा था। मैं बेचैनी-सी महसूस करने लगा था, अक्सर चिढ़चिढ़ा हो जाता था और मेरा धैर्य भी जवाब देने लगा था। ब्रांड की शक्ति पर मैंने अपना प्रथम पाठ सीख लिया था और अब यह आगे बढ़ जाने का समय था।

जब मैंने कोरिया और ताइवान में अपने कारखानों का दौरा किया, तो मेरे भीतर कोई चीज़ मुझे बुरी तरह कचोट रही थी। मैं हर चीज़ स्पष्ट रूप से देख रहा था लेकिन कर कुछ नहीं सकता था। मेरे कारखानों में युवा लड़के और लड़कियाँ गर्मी और घुटन से भरी जगह पर, संगीत जगत से जुड़ी चीज़ें बनाते थे। वे उत्पाद मुझे और अमीर बनाते थे और उनके बच्चों को और बीमार।

एक औसत आकार के कमरे में, जहाँ के संचालक ने दो मेज़ेनाइन मंज़िलें बनाई थीं, वहाँ के श्रमिकों को आठ फ़ीट का कमरा उपलब्ध होने की अपेक्षा, युवा श्रमिकों को चार फ़ीट की ऊँचाई वाली जगह पर पालथी मार कर या उकड़ूँ होकर बैठना पड़ता था। कूबड़ निकालकर बैठे, वे कपड़े के टुकड़ों पर बैन्ड का सिल्क-स्क्रीन का लोगो लगाते थे और कपड़ों और स्याही से निकलने वाला ज़हरीला धुआँ वे अपने सांसों के साथ अपने भीतर खींचते थे, जो उनके चेहरों से कुछ इंच की दूरी पर ही उड़ रहा होता था। यह

धुआँ, नाक के माध्यम से मादक पदार्थों को शरीर में लेने वाली क्रिया से भी ख़तरनाक है, जिसे पश्चिमी देशों के युवा अपनी शारीरिक ताकत बढ़ाने के लिए लेते हैं। मेरे कारखानों में रहने वाले युवा श्रमिकों को प्रतिदिन 8 से 10 घण्टे इस घातक धुएँ में रहना पड़ता था।

दूसरे कमरे में, युवा लड़कियाँ रॉक-बैन्ड की टोपियों और पर्सों की सिलाई का काम करती थीं। जब वहाँ का संचालक मुझसे कहता था। कि मैं उन लड़कियों में से किसी के साथ भी सो सकता था, तो संगीत मेरे लिए मर जाता था। मैं निर्माण उद्योग से दूर हो चुका था।

पैसे के लिए अपने जीवन को बर्बाद करने वाले उन बच्चों को देखकर मैंने अपने आपसे पूछा, "मैं यह कौन सा अच्छा काम कर रहा हूँ? मेरे उत्पाद कौन सी अच्छाई लोगों को दे रहे हैं? मेरे उत्पाद लोगों के जीवन को बेहतर कैसे बना रहे हैं? मेरे उत्पाद जीवन मूल्यों में कौन सी बढ़ोतरी कर रहे हैं?" जब मेरे प्रश्नों के जवाब नहीं मिले तो मैं जान गया था कि मुझे मेरा उत्तर मिल चुका है।

मैं जानता था कि यह समय मेरे यह पता लगाने का था कि मैं यहाँ किस चीज़ का प्रतिनिधित्व कर रहा था। यह समय, मेरे यह जानने का था कि मैं यहाँ किसकी चिन्ता करता था, मैं कौन था, कौन-सी चीज़ मेरे जीवन को जीने योग्य बनाती थी।

दिसम्बर 1984 में, किम और मैं हवाई के लिए रवाना हो गए। हमने केवल दो सूटकेस लिए थे, इसके अतिरिक्त कुछ नहीं। हम सैन डिएगो (कैलिफ़ोर्निया) में बस गए हो गए। हम अपना जीवन शिक्षकों के रूप में आरम्भ कर रहे थे। हम लोगों को उद्यमी बनने की शिक्षा दे रहे थे, मजदूरों की घिनौनी जगहों पर काम करने वाले बच्चों की तरह कर्मचारी बनने की नहीं। किम और मैं पारम्परिक स्कूल प्रणाली से बिल्कुल अलग तरह के शिक्षक बन रहे थे। इसका अर्थ था कि हमारे पास कोई सरकारी सहायता या सरकारी विश्वसनीयता नहीं थी। पारम्परिक स्कूलों की कार्यपद्धति ने हमें छुआ भी नहीं। हमें अच्छा काम करते हुए, अपनी निजी सम्पत्ति पर निर्भर रहना था और अपने विद्यार्थियों को वह चीज़ देनी थी, जो वे चाहते थे या जिस चीज़ की उन्हें ज़रूरत थी। यदि हम अच्छा काम करेंगे, तो हमारे विद्यार्थी हमारी मार्केटिंग करेंगे। यदि हम अच्छा काम नहीं करेंगे, तो वे दूसरों से हमारी सिफ़ारिश नहीं करेंगे और हमारी कमाई का साधन ख़त्म हो जाएगा।

1985 का वर्ष हमारी ज़िंदगी का सबसे बुरा वर्ष था। उस साल ने हमारी आत्मा, हमारे सपनों और हमारी योजनाओं की कड़ी परीक्षा ली थी। दिसम्बर 1985 में जाकर हमें हमारी नई शिक्षण कम्पनी से पैसे प्राप्त हुए थे। दिसम्बर 1984 से लेकर दिसम्बर 1985 तक हमारे पास कुछ नहीं था, हम खाली हाथ थे। हमने जीवन को पूरी गम्भीरता के साथ जिया था। मुझे इतना पता था कि हम विश्वास से काम पर रहे थे। हमेशा सही अवसर पर, कुछ अच्छा ही घटित होगा और हम बहुत कम साधनों के साथ भी जीना चालू रखेंगे।

पीछे मुड़कर देखता हूँ, तो ऐसा लगता है जैसे हमारे विश्वास की परीक्षा ली जा रही है। भगवान, या जो कोई भी इस दुनिया को चला रहा है, जानना चाहता था कि क्या हम अपने अस्तित्व के प्रति प्रतिबद्ध थे। दूसरे शब्दों में, क्या हम विश्वास योग्य थे? क्या हम अपने ब्रांड के प्रति सच्चे रहेंगे या जब परिस्थितियाँ बहुत मुश्किल हो जाएंगी तो हम हथियार डाल देंगे?

जब आम उद्यमियों की कहानियाँ पढ़ते हैं, तो उनमें से भी बड़ी संख्या में लोग परीक्षा की ऐसी घड़ियों और विश्वास की परीक्षाओं से गुज़रे होंगे। मेरा विचार है कि विश्वास के इसी परीक्षण से गुज़रने के बाद कोई ब्रांड जन्म लेता है।

माइक्रोसॉफ़्ट के बिल गेट्स को भी ऐसी परीक्षा से गुज़रना पड़ा था, जब अमरीकी सरकार ने उन्हें चुनौती देते हुए, माइक्रोसॉट को एकाधिकार-व्यवहार का दोषी माना था। स्टीव जॉब्स की भी परीक्षा ली गई थी, जिन्हें 'ऐपल' से बाहर का रास्ता दिखा दिया गया था, जिसके वह संस्थापक थे। उनके स्थान पर एक मुख्य कार्यकारी अधिकारी को चुना गया था, जिसने कम्पनी को लगभग नष्ट ही कर दिया था। जब स्टीव दोबारा कम्पनी में आए तो ऐपल ने एक कम्पनी और एक ब्रांड के रूप में बहुत अच्छी प्रगति की थी। फेसबुक के संस्थापक, मार्क ज़ुकरबर्ग को तब कड़ी परीक्षा का सामना करना पड़ा था, जब फिल्म 'सोशल नेटवर्क' ने उस पर फेसबुक का आइडिया चुराने का आरोप लगाया था। मैं केवल इतना जानता हूँ कि किसी के व्यावसायिक उत्पाद या विचार की चोरी करने का आरोप झेलना इतना आसान नहीं होता, बेशक आप कितने भी बड़े अमीर क्यों न हों।

4 मिलियन डॉलर की परीक्षा

वर्ष 2000 में, ओपरा के कार्यक्रम में आने के बाद, मुझे म्युचुअल फ़न्ड बेचने वाली एक मशहूर कम्पनी से फ़ोन आया। वे मुझसे अपने उत्पादों का विज्ञापन करवाना चाहते थे। मैंने शिष्टतापूर्वक उन्हें यह कहते हुए मना कर दिया कि रिच डैड ब्रांड म्युचुअल फ़ंडों के अनुकूल नहीं हैं। मेरे मना करने के बाद, कम्पनी के एजेन्ट ने मेरे विश्वास की परीक्षा लेते हुए कहा, "यदि आप हमारे म्युचुअल फन्ड का प्रचार करते हैं, तो हम आपको चार वर्षों में 4 मिलियन डॉलर देने के लिए तैयार हैं।"

चार वर्षों के लिए, एक मिलियन डॉलर प्रति वर्ष का प्रस्ताव, बहुत आकर्षक प्रस्ताव था, किन्तु मैंने वह प्रस्ताव ठुकरा दिया। किसी म्युचुअल फन्ड का प्रचार करना, रिच डैड के संदेश में विश्वास करने वाले लोगों या ब्रांड के प्रति ईमानदारी नहीं थी।

यदि मैं उस म्युचुअल फंड कम्पनी का प्रचार करने वाला प्रस्ताव स्वीकार कर लेता, तो मैं अपने ही मन में, अपने पाठकों के प्रति एक विश्वासघातक के समान दिखाई देता, अपनी निष्ठा को बदल लेने वाला एक ऐसा व्यक्ति, जो एक मिलियन डॉलर प्रतिवर्ष के लिए कुछ भी करने को तैयार हो सकता है, यहाँ तक कि वह स्वयं अपनी कम्पनी और

अपनी आत्मा को भी बेच सकता है। यह एक बार फिर नकली रोलेक्स पहनने जैसा होगा।

परीक्षाएँ कभी समाप्त नहीं होतीं

रिच डैड ब्रांड को कई बार परीक्षाओं से गुज़रना पड़ा। पहली बार, 1977 में *'रिच डैड, पुअर डैड'* के प्रकाशित होने के समय परीक्षा से गुज़रना पड़ा, जब उसमें कहा गया कि, "आपका मकान एक सम्पत्ति नहीं है।" मेरी उस टिप्पणी के बाद कई रियल स्टेट एजेन्टों ने मुझे पोस्ट कार्ड भेजने बन्द कर दिए थे। मुझे घृणा से भरे पत्र मिलते थे और मुझ पर सार्वजनिक तौर पर यह आरोप लगाया जाता था कि मुझे असल में पता ही नहीं था कि मैं किसके बारे में बात कर रहा था। कई वित्त विशेषज्ञ तो मुझे 'अनाड़ी' कहते थे। लाखों लोग जो अपने घर खो चुके हैं या जिन पर अपने घर की कीमत से अधिक ऋण है, आज अपने घर की कीमत समझते हैं और कई लोग बड़ी निराशा से आज महसूस करते हैं कि उनका मकान एक सम्पत्ति क्यों नहीं है।

मैंने यह वाक्य "आपका घर एक सम्पत्ति नहीं है," कोई सस्ती लोकप्रियता हासिल करने के लिए नहीं बोला था। मैं कोई राजनेता नहीं हूँ, जिसे आपके मतों की आवश्यकता होगी। मैं एक रियल एस्टेट एजेन्ट नहीं हूँ, जो आपको एक मकान बेचने का प्रयास कर रहा है। मैंने वे शब्द इसलिए कहे थे क्योंकि मैं ब्रांड के प्रति सच्चा होना चाहता था, मैं अपने प्रति ईमानदार होना चाहता था। मैं वित्तीय-शिक्षा के व्यवसाय में हूँ, एक ऐसा व्यक्ति, जो आपको एक सम्पत्ति और एक देनदारी का अन्तर बताना चाहता है। यदि आप देनदारियाँ खरीदने से पहले कोई सम्पत्ति ख़रीदना चाहते हैं, तो आप अपनी मनमर्ज़ी के किसी भी मकान में रह सकते हैं।

मुझे दूसरी परीक्षा, अपनी पुस्तक *'रिच डैड्स प्रोफ़ेसी'* लिखने के बाद देनी पड़ी थी, जो वर्ष 2002 में प्रकाशित हुई थी। उस पुस्तक में, मैंने शेयर बाज़ार में इतिहास की सबसे बड़ी गिरावट की भविष्यवाणी की थी। मैंने यह भी बताया था कि मैं क्यों ऐसा सोचता था कि इस गिरावट का मुख्य कारण म्युचुअल फ़न्ड उद्योग होगा और क्यों लाखों निवेशक उस समय म्युचुअल फंडों से बाहर नहीं निकल पाएँगे।

इस 'भविष्यवाणी' के एक बार सार्वजनिक होने के बाद, म्युचुअल फंड के विज्ञापनों और प्रचार से लाभान्वित होने वाली पत्रिकाएँ हाथ धोकर मेरे पीछे पड़ गईं। *'स्मार्ट मनी'* नामक एक वित्तीय पत्रिका ने अपने एक युवा संवाददाता को, अटलांटा में एक विशाल चर्च में मेरे शिक्षा देने के दौरान मुझ पर ध्यान से नज़र रखने को कहा। वह युवा महिला संवाददाता पूरे दो दिन तक उस कार्यक्रम के दौरान वहाँ बनी रही। कुछ महीनों के बाद, उसने अपने एक लेख में बताया कि मैं अटलांटा में अश्वेतों के एक छोटे से चर्च में गया था, जहाँ मैंने ग़रीब अश्वेत लोगों से पैसे लिए थे। उसने अपनी पत्रिका में लिखा कि उसके यह जानने के बावजूद कि मैंने 3,85,000 डॉलर से भी अधिक की राशि उन दो दिनों में जुटाई थी, मैंने एक-एक डॉलर चर्च को दे दिया था। मैंने अपने यात्रा-खर्च

या अपने उत्पाद की कीमत के रूप में कोई धन नहीं लिया था। *'स्मार्ट मनी'* पत्रिका का लेख प्रकाशित होने के बाद, बल्कि मुझे खुशी थी कि मैंने म्युचुअल फंड कम्पनी द्वारा प्रस्तावित 4 मिलियन डॉलर के विज्ञापन का सौदा स्वीकार नहीं किया था।

जैसा कि आप जानते हैं कि वर्तमान वित्तीय संकट के पीछे एक शक्तिशाली ताकत, वित्तीय सेवा उद्योग सक्रिय है और इससे खूब लाभ कमा रहा है। उनके पास करदाताओं के पैसे का उपयोग करके, उन्हें उनकी ग़लतियों से छुटकारा दिलाने और उनकी धोखाधड़ी वाली गतिविधियों पर पर्दा डालने की ताकत है। उनकी बांहें बहुत लम्बी हैं। आप उन लोगों के साथ कोई गड़बड़ी नहीं कर सकते। व्यक्तिगत रूप से कहूँ, तो मैं बहुत खुश हूँ कि मुझे पैसों के लिए म्युचुअल फंडों पर निर्भर रहने की आवश्यकता नहीं है। यदि मुझे म्युचुअल फंड और एक नकली रोलेक्स घड़ी में से किसी एक को ख़रीदने के लिए कहा जाए, तो मैं बेझिझक नकली रोलेक्स को ख़रीदूँगा।

वर्ष 2006 में, डोनाल्ड और मेरी पहली इकट्ठी लिखी पुस्तक, *"वाइ वी वॉन्ट यू टु बी रिच'* प्रकाशित हुई। हमारे यह पुस्तक लिखने का कारण था कि हम अमेरिका में मध्यम श्रेणी के धराशायी हो जाने से बहुत चिन्तित थे। हमने इसमें बताया था कि बुरे निवेश और हमारी सरकार के बुरे प्रबंधन ने कई लोगों का जीवन नष्ट कर दिया था। हमने तब आने वाले संकट के बारे में लिखा और लोगों को यह बताया कि उन्हें इस संकट का शिकार न बनने के लिए क्या करना चाहिए। हमने लाखों लोगों के जीवन को मुश्किल बनाने वाली मुद्रास्फीति के सम्बन्ध में भी लिखा। और हमने इस संकट से बाहर निकलने के लिए उन्हें वित्तीय शिक्षा प्राप्त करने का विचार सुझाया।

एक बार फिर, वित्तीय सेवा उद्योग हमारे पीछे पड़ गया था। इस बार, 'वॉल स्ट्रीट जर्नल' हमारे पीछे था। उनका प्रत्यक्ष रूप से कहना था - "ग़लती न करें। यह बहुत भड़काऊ और भ्रमित करने वाली पुस्तक है। ...लेकिन अभी आप अपने म्युचुअल फंड को सस्ते में बेच देने की जल्दबाज़ी न करें।" यह डोनाल्ड और मेरी उस टिप्पणी पर प्रतिक्रिया थी, जिसमें हमने कहा था कि कैसे अमेरिका के अधिकांश लोगों के म्युचुअल फंड से बाहर निकलने पर, म्युचुअल फंड कम्पनियां, उन्हें पैसा लौटाने की स्थिति में नहीं होंगी। उन्होंने 11 अक्टूबर 2006 को अपनी यह टिप्पणी की थी और वे इसमें चिन्ता वाली कोई बात महसूस नहीं कर रहे थे। एक वर्ष बाद, बाज़ार में तेज़ गिरावट शुरू हो गयी थी। मैं अभी भी भविष्यवाणी करता हूँ कि ऐसा कोई आख़िरी बार नहीं होने जा रहा था।

18 मार्च 2008 को, मैं वुल्फ़ ब्लिट्ज़र के साथ सी.एन.एन. पर आया। वह यह जानने को उत्सुक था कि क्या वित्तीय संकट समाप्त हो चुका था। वह शायद इसकी अपेक्षा यह कहना चाहता था कि, "अब सब कुछ ठीक हो चुका है और बुरा समय समाप्त हो गया है।" मैंने इसकी बजाय भविष्यवाणी की कि इस लेहमैन ब्रदर्स भारी मुसीबत में है। 15 सितम्बर, 2008 को लेहमैन ब्रदर्स को दिवालिया घोषित कर दिया गया जो इतिहास की सबसे बड़ी दिवालिया घोषित होने की घटना थी।

अपने प्रति सच्चे बनें

वित्तीय सेवा उद्योग के साथ मेरी व्यक्तिगत चुनौतियों के बारे में आपको बताने का मेरा उद्देश्य, आपको अपने प्रति सच्चा बनने के लिए प्रोत्साहित करना था। मेरे लिए, 4 मिलियन डॉलर के सौदे को ठुकराना कोई आसान काम नहीं था। यह कहना भी आसान नहीं था, "आपका मकान एक सम्पत्ति नहीं है।" शेयर बाज़ार में इतिहास की सबसे बड़ी गिरावट की भविष्यवाणी करना भी आसान नहीं था। डोनाल्ड के साथ मिलकर यह कहना भी आसान नहीं था कि सरकारी कुप्रबन्धन और वित्तीय अक्षमताओं के चलते मध्यम श्रेणी के लोगों का सफ़ाया हो रहा था। दुनिया भर के टेलीविज़न पर यह भविष्यवाणी करना भी आसान नहीं था कि वित्तीय संकट अभी समाप्त नहीं हुआ था और लेहमैन ब्रदर्स एकाएक नीचे गिरती जा रही है।

यदि मैंने जो कुछ कहा, वह न कहा होता, और मैंने जो कुछ किया, वह न किया होता, तो मैं अपने प्रति सच्चा न होता। आप इसे मानने के अतिरिक्त कुछ नहीं कर सकते कि डोनाल्ड अपने ब्रांड के प्रति सच्चे हैं। जब आप फ़िफ़्थ एवेन्यू पर उनके न्यू यॉर्क वाले कार्यालय में प्रवेश करते हैं, तो उनके कार्यालय ही उनके ब्रांड बन जाते हैं। वह इस बात पर कभी खेद नहीं प्रकट करते कि वह कौन हैं और किस चीज़ का प्रतिनिधित्व करते हैं। न ही आपको करना चाहिए।

अधिकांश उद्यमी अपने व्यवसाय को एक ब्रांड बनाने में इसलिए असफल रहते हैं क्योंकि उनके लिए उनके ब्रांड की अपेक्षा पैसा ज़्यादा महत्त्वपूर्ण है। अधिकांश उद्यमी वही कहेंगे, जो आप सुनना चाहते हैं और इसलिए आप उनको पसन्द करने लगते हैं और इसी आशा से, उनके उत्पाद या सेवाएँ ख़रीदते हैं।

एक ब्रांड बनने के लिए साहस चाहिए। आप जिस चीज़ में विश्वास करते हों, उसको समर्थन देने के लिए भी साहस चाहिए, बेशक वह लोकप्रिय न हो। यदि आप एक ब्रांड बनना चाहते हैं तो सभी लोगों के लिए सब कुछ नहीं बन सकते।

मरीन कॉर्प में शामिल हों

1960 के दशक के अन्त में, अमरीकी सेना को वियतनाम युद्ध के लिए विमानचालकों की आवश्यकता थी। चारों ओर यह समाचार फैल गया कि सशस्त्र सेनाओं को साझा रूप से सम्भावित विमान चालकों को भर्ती करने की ज़रूरत है। मैं अपने तीन मित्रों के साथ न्यू यॉर्क के लॉन्ग आइलैंड में होने वाली विशाल बैठक में गया। हम दरअसल वहाँ जाकर यह जानना चाहते थे कि हमें उनकी टुकड़ियों में ही क्यों शामिल होना चाहिए। सबसे पहले एक वायुसेना विमान-चालक ने, सैकड़ों युवा और भविष्य के कॉलेज संचालकों को पूरे उत्साह के साथ बताया कि वायु सेना के पास क्यों सबसे श्रेष्ठ प्रशिक्षण कार्यक्रम और सर्वश्रेष्ठ विमान हैं। उसके बाद उसने खूबसूरत वायु सेना अड्डों की कुछ तस्वीरें

दिखाईं, जिनमें गोल्फ़ मैदान और तरणताल भी बने हुए थे। मुझे ऐसा लग रहा था, जैसे मैं किसी विमान-चालक के प्रशिक्षण के लिए नहीं, बल्कि किसी नए रिसॉर्ट के विकास की प्रक्रिया में किसी तथ्य-प्रस्तुतिकरण को देख रहा हूँ।

उसके बाद नौसेना के एक विमान-चालक ने हमें विमान उड़ाने के करियर के रोमांच के सम्बन्ध में बताया। यह बहुत ही शानदार लगा था।

थल सेना के विमान-चालक ने वियतनाम में विशाल परिवहन-हेलिकॉप्टर के बारे में बताया, जो एक स्काई-क्रेन विमान था। उसने हमें उसकी तस्वीरें भी दिखाईं, जिनमें उसे युद्ध क्षेत्र से भारी टैंकों को उठाकर ले जाते हुए दिखाया गया था।

तट-रक्षक विमान चालक ने हमारे साथ, अपने हेलिकॉप्टर की मदद से समुद्र में लोगों की ज़िंदगियाँ बचाने के लिए अपने शानदार अनुभव साझा किए। उसने उन लोगों की तस्वीरें दिखाईं, जो अपनी डूबती हुई पाल नौकाओं को, एक तटरक्षक हेलिकॉप्टर की सुरक्षा में लेकर जा रहे थे।

और अन्त में, मरीन कॉर्प्स के विमान चालक ने खड़े होकर, केवल इतना कहा, "इधर देखिए! यदि आप लोगों की ज़िंदगियाँ बचाना चाहते हैं, तो तट-रक्षक टुकड़ी (कोस्ट गॉर्ड) में शामिल हो जाएँ और यदि आप, लोगों को मारना चाहते हैं तो नौसैनिक-टुकड़ी (मरीन कोर) में सम्मिलित हो जाएँ।" वह बिना तस्वीरें दिखाए, मंच से नीचे उतर आया।

तीन वर्ष बाद, मैं मरीन कॉर्प्स के विमानवाहक बेड़े पर, एक लड़ाकू हेलिकॉप्टर उड़ा रहा था। यह मेरा वियतनाम में पहला युद्ध अभियान था। मरीन कॉर्प्स ने अपने ब्रांड के वायदों को पूरी तरह निभाया था, जैसा कि वे 1775 से करते आ रहे थे।

रोलेक्स और मरीन कॉर्प्स

हाँ तो, एक नकली रोलेक्स और मरीन कॉर्प्स का एक ब्रांड की ताकत से क्या लेना-देना था?

इसका उत्तर है - बहुत कुछ लेना-देना है। एक बार, मेरे रिच डैड ने मेरी नकली रोलेक्स घड़ी को कुचलकर उसके टुकड़े कर दिए थे और मैंने एक ब्रांड की नकल की अपेक्षा, असली ब्रांड का अध्ययन करना आरम्भ कर दिया था। मैंने महसूस किया कि मेरा जीवन ब्रांडों से कितना अधिक प्रभावित था! मैं जानता हूँ कि मैं हार्ले-डेविडसन मोटर-साइकिलें, फ़रारी, पॉर्श और बैन्टले क्यों चलाता हूँ और मैं ब्रूक्स ब्रदर्स की अपेक्षा प्राडा को प्राथमिकता क्यों देता हूँ। मैं जानता हूँ कि मैंने तटरक्षक टुकड़ी या वायु सेना की बजाय मरीन कॉर्प्स को क्यों चुना और मैं नकली रोलेक्स घड़ियाँ या नकली रॉल्फ लॉरेन पोलो कमीज़ें क्यों नहीं पहनूँगा?

एक ब्रांड हम सबके भीतर मौजूद एक अद्वितीय, एक अलग और एक सच्चे इन्सान

से एक बात करता है। यदि मैं एक ब्रांड की चोरी करता हूँ, तो मेरे अन्दर बैठा हुआ एक चोर ही मेरा ब्रांड है।

आज रिच डैड एक अंतर्राष्ट्रीय ब्रांड है। मेरी कम्पनी के पास उत्पादों का निर्माण करने वाले वाले कारखाने या कक्षाएँ नहीं हैं। रिच डैड एक ब्रांड है। ऐसा ब्रांड जो लोगों के एक विशेष समूह के साथ ही बात करता है, वे लोग जिन्हें वही चीज़ें पसन्द हैं, जो मुझे।

अपना वादा अवश्य निभाएँ

डोनाल्ड ट्रम्प अपने प्रति और अपने ब्रांड के प्रति बिल्कुल सच्चे हैं। यही कारण है कि ट्रम्प ब्रांड की इतनी कीमत है। किसी इमारत पर 'दँ ट्रम्प' नाम लिखे होने से ही उसकी कीमत में 40 या 50 प्रतिशत की वृद्धि हो जाती है।

'द ट्रम्प' ब्रांड और 'रिच डैड' दोनों साथ-साथ खड़े हो सकते हैं क्योंकि दोनों कम्पनियाँ जीवन के बेहतर स्तर के लिए वित्तीय शिक्षा की कीमत को समझती हैं, उसके महत्त्व को समझती हैं, केवल अमीर लोगों के लिए नहीं बल्कि किसी भी ऐसे व्यक्ति के लिए, जिसमें कुछ सीखने की ललक है।

फिर भी, एक ब्रांड एक नाम से ज़्यादा कुछ होता है। एक असली ब्रांड की नकल नहीं की जा सकती क्योंकि एक असली ब्रांड एक उत्पाद से ज़्यादा कुछ होता है। वह एक वादा है, किसी उद्यमी के मन, शरीर और आत्मा का प्रतिबिम्ब।

याद रखें कि आप सब लोगों के लिए हर चीज़ नहीं हो सकते। आप हर किसी को खुश नहीं कर सकते, इसलिए आप अपने-आप को ही अच्छी तरह खुश कर सकते हैं - अनूठे और अलग दिखने के लिए खुश होना... दूसरों को वे चीज़ें देना, जो आप अपने लिए चाहते हैं और वे काम करना, जिन्हें करने के लिए आप इस पृथ्वी पर आए हैं।

यदि आप अपने वादों को पूरा करते हैं और दूसरों को वही चीज़ें देते हैं, जो आप अपने लिए चाहते हैं, तो आप उन गिने-चुने उद्यमियों में से एक हो सकते हैं, जो अपने व्यवसाय को एक ब्रांड में बदल देते हैं!

नाम में क्या रखा है?

डोनाल्ड ट्रम्प

जब मैंने अपना रियल एस्टेट का काम आरम्भ किया, तो मेरे पिता का नाम न्यू यॉर्क शहर में बहुत जाना-पहचाना था, किन्तु मैनहटन में नहीं। वह आवासीय परियोजनाओं का निर्माण करते थे और इस काम में बहुत सफल थे। एक किशोर के रूप में, उनकी निर्माण व्यवसाय में बहुत रूचि थी और उन्होंने लकड़ी का सामान बनाने का प्रशिक्षण भी लिया था।

16 वर्ष की आयु में, उन्होंने अपना पहला ढाँचा बनाया - दो कारों का एक गैराज। उसके बाद उन्होंने 50 डॉलर मूल्य के पुर्ननिर्मित गैराज के साथ अपने व्यवसाय की शुरूआत की और इसमें उन्होंने अच्छा नाम कमाया। हाई स्कूल से स्नातक की शिक्षा प्राप्त करने के एक वर्ष बाद, उन्होंने अपना पहला घर बनाया। शीघ्र ही उन्होंने कम कीमत वाले, ईंटों से बने घर बनाकर सफलता प्राप्त की। 'द ट्रम्प' उचित कीमत और उच्च गुणवत्ता के लिए जाना-पहचाना नाम बन गया था।

मेरे पिता की साख बहुत अच्छी थी। वह इन मायनों में मेरे एक आदर्श थे कि गुणवत्ता क्या होती है और उसे कैसे प्राप्त किया जा सकता है। उनसे मैंने सीखा कि सभी स्तरों पर जानकारियों और सम्पूर्णता पर पूरी ईमानदारी से ध्यान देकर ऐसा किया जा सकता है। मैंने उन शुरूआती दिनों में अपने पिता के साथ काम किया और मैं वे सबक कभी नहीं भूला। वह सप्ताह के सातों दिन काम करते थे और सप्ताहान्त पर, हमें अपने काम की प्रगति की समीक्षा के लिए अपने साथ ले जाते थे। बढ़ईगिरी में अपने प्रशिक्षण के कारण, वह एक साधारण कार्य को भी एक श्रेष्ठ कार्य बनाकर, उसमें भिन्नता पैदा कर देते थे और फिर उनकी समूची जानकारी हमें देते थे। जब उन्होंने मुझे बताया कि, "तुम जो भी काम कर रहे हो, उसके बारे में तुमको सारी जानकारी होनी चाहिए," तो वह अपने अनुभव से ही सारी बातें हमें बता रहे थे।

एक ब्रांड ही आपकी ख्याति को बनाता है। मेरे पिता यह भली भांति जानते थे और रॉबर्ट लक्ष्य के सम्बन्ध में सही कहते हैं कि एक सच्चा ब्रांड एक उत्पाद से अधिक कुछ होता है। द ट्रम्प ब्रांड पूरे विश्व में शुद्ध सोने जैसा माना जाता है और यह एक वादा है, जिसे बनाए रखने के लिए हम कार्य करते हैं, जैसा कि मेरे पिता किया करते थे। रॉबर्ट की कड़ी मेहनत को एक अच्छे और एक सही उत्पाद को स्थापित करने के लिए थोड़ा समय लगा और वह अपने सर्वश्रेष्ठ उत्पाद को प्रस्तुत करने की कोशिशों के प्रति पूरी तरह ईमानदार थे। उन्होंने अपने लक्ष्य को पा लिया था।

शुरूआती दिनों में, अपने पिता के साथ मेरे प्रशिक्षण लेने का अनुभव मेरा ब्रांड था। मैं आगे बढ़ता गया और फिर मैंने मैनहटन में 'द ट्रॅम्प' का नाम स्थापित कर दिया,

पहले राष्ट्रीय स्तर पर और उसके बाद अन्तर्राष्ट्रीय स्तर पर। इसी प्रकार, रॉबर्ट को भी उनके रिच डैड मार्गदर्शन देते थे। मेरे पिता, फ्रेड सी. ट्रम्प, मेरे मार्गदर्शक के रूप में मेरे साथ रहते थे। वह अक्सर इस बात पर ज़ोर देते थे कि आप का अपने काम से प्यार करना बहुत महत्त्वपूर्ण है, अन्यथा आपको सफलता प्राप्त होना बहुत कठिन है। वह बहुत कार्यकुशल भी थे और उन्होंने मुझे सफलता का चार-सूत्री नुस्खा भी दिया -

1. काम को चुनें
2. उसे पूरा करें
3. उसे सही तरीके से पूरा करें
4. और फिर किस्सा ख़त्म करें

उनका काम करने का तरीका ठीक ऐसा ही था। व्यवसाय के प्रति उनका व्यापक दृष्टिकोण हमेशा मेरे साथ रहा है। उन आरम्भिक वर्षों में उनके साथ काम करना और उन्हें काम करते हुए देखना, मेरे लिए बहुत बड़ी शिक्षा थी, वास्तव में एक अद्वितीय अनुभव। इससे प्रमाणित होता है कि अपने सामने एक आदर्श का होना, सीखने का एक अच्छा तरीका है। यही कारण है कि मैं अपनी संस्था में एक उदाहरण पेश करने का प्रयास करता हूँ। लोग, दूसरों को देखने से और दूसरों को सुनने से सीखते हैं।

आज, द ट्रम्प ब्रांड, दुनिया भर में उच्चतम गुणवत्ता के एक प्रतीक के रूप में स्थापित हो चुका है। जब आप ट्रम्प के बारे में सोचते हैं, तो आप सही अर्थों में गुणवत्ता के बारे में सोचते हैं। ऐसा संयोग से नहीं होता। यह पहले दिन से ही एक सचेत निर्णय था और हम हर रोज़ इस पर मेहनत करते थे। उदाहरण के लिए, जब हम किसी नई परियोजना पर काम करते हैं, तो हम पहले अपना शोध कार्य करते हैं। स्कॉटलैण्ड में, हमने रेत के टीलों का अध्ययन के लिए, न केवल भू-आकृति वैज्ञानिकों (जिओमॉर्फोलॉजिस्ट) की सेवाएँ ली, बल्कि हमने स्थानीय वन्य-जीव जंतुओं की सुरक्षा के लिए अपनी योजना में महत्त्वपूर्ण सुधार भी किए। हमने ऊदबिलावों के लिए तीन कृत्रिम उपवनों का निर्माण किया, नए घोंसलों का निर्माण करके, नए जल-स्रोतों, पेड़-पौधों और पक्षियों के लिए उनके निवास को बदलने की व्यवस्था करके और वहाँ बीजों-दानों का संग्रह करके पक्षियों के लिए नए निवास की व्यवस्था की तथा नए टीलों के रख-रखाव के लिए जल-स्रोतों का निर्माण किया। और यह तो एक छोटी-सी सूची थी, जो सर्वोत्तम गुणवत्ता के लिए हमारी व्यापक कार्यशैली की झलक देती थी। इसी परियोजना में, हमारे लिए सर्वोत्तम गुणवत्ता के मामले थे, पर्यावरण की दृष्टि से हमारा संवेदनशील बनना। बगुलों से लेकर समुद्री चिड़ियों तक, कुछ भी हमारे लिए छोटा मामला नहीं था।

यह सच है। अपने व्यवसाय में सर्वश्रेष्ठ होने के लिए आपको पूर्णकालिक ध्यान देने और उसका क्रियान्वयन करने की ज़रूरत होती है। अगर आप इसमें गड़बड़ कर देंगे, तो सब कुछ अख़बारों में आ जाएगा, यह सच है कि मीडिया की हमेशा मुझमें रूचि

रहती है, जो प्रतिदिन मेरा नाम पत्र-पत्रिकाओं में प्रकाशित करते रहते हैं। वे मेरे बारे में कुछ न कुछ लिखते रहते हैं। मेरे काम और मेरे इर्द-गिर्द रहने वाले लोगों का काम, उनकी गुणवत्ता का संदेश देता रहता है।

'द *अप्रेन्टिस*' ने भी द ट्रम्प के ब्रांड को पहचान दी है, ऐसे देशों में भी, जहाँ हमारी निर्माण-परियोजनाएँ फिलहाल नहीं चल रहीं। मुझे इससे बहुत सारा प्रचार मिलता है, अच्छा या बुरे, जो भी हो, लेकिन वह मेरे लिए प्रसिद्धी तो लाता ही है। एक निशाना बनकर, उससे निबटने की भी आवश्यकता होती है। लेकिन यदि मैं एक सफल व्यक्ति न होता, तो मैं एक निशाना भी न बनता। जब आलोचना की बात हो, तो कुछ समय बाद, आपकी खाल अपने आप ही मोटी हो जाती है। बेशक वह आलोचना आपके बालों की हो या आपकी नई इमारत की। कोई भी उद्यमी, सफलता प्राप्त करने के बाद, खोजबीन के साथ-साथ आलोचना का विषय बन जाता है। आपके आलोचक बहुत जल्दी पैदा हो जाते हैं और जो भी कार्य करते हैं (...और जो कार्य नहीं करते, उनका भी) उनका पूरा आकलन किया जाता है, इसलिए आप हमेशा तैयार रहें। इसकी अच्छी बात यह है कि आप को लोग पहले से ज़्यादा जानने लगते हैं और आपका ब्रांड और ज़्यादा स्थापित हो जाता है, बशर्ते आप उच्चतम-गुणवत्ता का सामान बाज़ार में दे रहे हों।

मीडिया के साथ अपने अनुभव से मैंने महसूस किया है कि अपने प्रति सच्चा होने का अर्थ है, एक ठोस आधार से अपने व्यवसाय को संचालित करना, जो आपके मार्ग में फेंकी गयी नकारात्मक चीज़ों पर आपको विजय प्राप्त करने की शक्ति देती है। इसलिए यह बात दोहराना बहुत महत्त्वपूर्ण है - अपने प्रति सच्चे और ईमानदार रहें!

जब रॉबर्ट ने अपनी नकली रोलेक्स के सम्बन्ध में उदाहरण दिया, तो मुझे 'द *अप्रेन्टिस*' जैसे सभी शो की याद आ गयी, जिन्होंने हमारी आरम्भिक सफलता के बाद, सफल होने की कोशिश की। जब कोई चीज़ सफल हो जाती है, तो उसकी नकल भी अवश्य होने लगती है। आपको इसके लिए तैयार रहने की ज़रूरत है। 'द *अप्रेन्टिस*' के मामले में, किसी भी नकल को सफलता नहीं मिल पाई। 'द *अप्रेन्टिस*' हमारे लिए एक सूत्र था, जो हमारे लिए अर्थात् ट्रम्प ब्रांड के लिए काम कर गया, किन्तु यह किसी प्रकार शीर्ष पर बने अन्य लोगों के साथ अच्छी तरह काम नहीं कर पाया। मेरे विचारा से, ऐसा लगता था कि जनता की दृष्टि में, वह पूरा प्रारूप ही दूसरे लोगों के अनुरूप नहीं था। वह उनके ब्रांडों के अनुकूल नहीं था। और फिर, निश्चित रूप से वह अवधारणा पहले ही उपयोग में लाई जा चुकी थी। दूसरे शो, अपने ब्रांड बनाने की प्रक्रिया में कुछ भिन्न नहीं कर पाए। इसके विपरीत, 'द *अप्रेन्टिस*', ट्रम्प ब्रांड और द ट्रम्प संगठन को ध्यान में रखकर बनाया गया था और इस तरह से हम उस शो के पीछे काम कर रहे थे। इस चीज़ ने उसे चट्टान-सी मज़बूती प्रदान की थी। जब हम 'द *अप्रेन्टिस*' की एक कड़ी करते हैं, तो हमारी टीम न केवल पूरी तरह संगठित होती है, बल्कि रचनात्मकता और अचम्भे में डाल देने के लिए भी तैयार होती है। एक अलिखित शो के लिए यह एक

बहुत अच्छी बात है। वहाँ केवल एक ही चीज़ ऐसी है, जिसका पूर्व अनुमान लगाया जा सकता है और वह है हमारा पेशेवर होना - हमारा भी और मार्क बर्नेट की टीम का भी।

एक प्रारम्भिक सत्र में, अधिकारियों की एक बैठक के दौरान, कई लोगों के बीच टकराव पैदा हो गया था, जिसमें पहले से हटा दी गई टीम को वापस बोर्डरूम में आने के लिए मनाना था। ईमानदारी से कहूँ, तो मुझे कुछ याद नहीं कि वह मामला क्या था लेकिन वह ऐसा मुद्दा था, जिसे हम लटका कर नहीं रख सकते थे। हमें उस मुद्‌दे को स्पष्ट करना था, जिसको सुलझाने में हमें कई घन्टे लगे। निश्चित ही कुछ मिनटों के इस टुकड़े को, टेलीविज़न के लिए सम्पादित किया गया, किन्तु वह एक लम्बी प्रक्रिया थी। उस मुद्‌दे को सुलझाए बिना हम आगे नहीं बढ़ सकते थे, इसलिए हमने अपना समय लिया था। किसी अन्य स्थिति में मैं घर जाकर, डिनर करना ज़्यादा पसंद करता, लेकिन यहाँ मैं किसी भी प्रकार से, उस स्थिति की अवहेलना नहीं कर सकता था। हम कई घन्टे वहाँ, उस सारी गड़बड़ को सुलझाने की कोशिश करते रहे थे। इसमें चैनल के कर्मचारियों के अलावा अन्य लोग भी शामिल थे और अपना-अपना काम कर रहे थे। सभी लोग पूरे उत्साह से भरे हुए थे। हम जो कुछ भी करते हैं, ध्यान से करते हैं। तब हमारी समझ यही होती है कि हम अपने प्रति और अपने उद्देश्यों के प्रति ईमानदार रहकर शो को मनोरंजक बनाएँ। कुछ समीक्षक यह अनुमान लगाने में असफल रहते हैं कि हमारे शो का एक शैक्षिक पहलू भी है, जो इसे एक जीवंतता प्रदान करता है, जिसका दूसरे रियल्टी शो में अभाव होता है। शिक्षा हमारे शो का एक महत्त्वपूर्ण सिद्धान्त है (...और होता है) और हमें कई स्कूलों से पत्र मिलते हैं, जो इस शो को अपनी व्यावसायिक-कक्षाओं के एक हिस्से के रूप में उपयोग करते हैं।

एक अभियान पर निकला आदमी

लोग अक्सर मुझसे पूछते हैं कि जब मैंने द ट्रम्प संगठन की शुरूआत की, तो क्या मेरे दिमाग़ में किसी अभियान की कोई रूपरेखा थी। मैं नहीं जानता कि उस बिन्दु पर उसे एक अभियान कहा जा सकता था, किन्तु एक बात मैं अवश्य जानता था कि मैं एक मज़बूत आधार चाहता था, जहाँ से में इसे संचालित कर सकूँ। मैं जानता था कि यह मेरी सफलता का एक महत्त्वपूर्ण पहलू होगा, क्योंकि यह मुझे बड़े प्रभावशाली ढंग से काम करने में सक्षम बनाएगा। आरम्भ के दिनों में, यदि मैं अभियान के सम्बन्ध में टिप्पणी करता तो मैं इसका सार इस तरह प्रस्तुत करता - "हर तरह से, सर्वश्रेष्ठ बनना।" इसमें मेरी बनाई इमारतें, मेरे टेलिविज़न शो, मेरे गोल्फ़-मैदान, सब कुछ शामिल हैं। यह मेरा निजी लक्ष्य था, एक ध्यान, जिस पर प्रतिदिन मेहनत करने की आवश्यकता होती है।

जिस प्रकार आपके ब्रांड के लिए एक मज़बूत आधार महत्त्वपूर्ण है, और एक अभियान-विवरण इसमें आपकी सहायता करता है, उसी प्रकार आपके ब्रांड के इर्द-गिर्द सर्वश्रेष्ठ लोगों का उपस्थित होना भी अत्यन्त महत्त्वपूर्ण है। जब रॉबर्ट अपने साझेदारों के

सम्बन्ध में बताते हैं, तो मैं अपने कर्मचारियों के साथ-साथ अपने व्यवसाय के साझेदारों के बारे में सोचता हूँ कि कैसे उन्होंने ट्रम्प ब्रांड को एक सर्वश्रेष्ठ का पर्याय बनाने में मेरी सहायता की।

पिछले कुछ वर्षों में, मैंने देखा है कि एक ब्रांड के निर्माण में, इसके आस-पास रहने वाले लोगों को असाधारण रूप से बहुत अच्छा काम करना होता है। इससे इसके दीर्घजीवन को भी चोट नहीं पहुँचती। मेरे यहाँ ऐसे भी लोग थे, जो 30 वर्षों से मेरे साथ थे। मेरे ब्रांड के विस्तार लेने के साथ ही, मेरा व्यवसाय भी बड़ा होता गया। और कर्मचारियों को उनकी नौकरी से बाहर निकालने के लिए बदनाम होने के बावजूद, मुझे ऐसा करना बिल्कुल भी अच्छा नहीं लगता था। मैं उन्हें कभी भी यहाँ से जाने नहीं देता, बशर्ते कि वे अच्छा काम करते रहते। काम की नैतिकता भी अपने आप में मायने रखती है, क्योंकि हमारे ब्रांड की निर्माण-प्रक्रिया निरंतर चलती रहती है, अन्तहीन। मैं सौभाग्यशाली हूँ कि मैं अपने जैसी कार्य-नीति वाले लोगों को अपनी ओर आकर्षित कर पाता हूँ। वे यह बात समझते हैं कि वे ब्रांड को कभी निराश नहीं कर सकते।

यहाँ मैं आपको एक उदाहरण देता हूँ। हमें एक दिन एक महिला का फ़ोन प्राप्त हुआ, जो हमारी किसी इमारत के सामने रहती थी। उसने बताया कि हमारे कामगार उसे पागल कर देंगे क्योंकि जब भी मैं बाहर देखती हूँ, वे हमेशा कोई चीज़ पॉलिश करते दिखते हैं, जो उसके विचार में बहुत ज़्यादा और ग़ैर-ज़रूरी था। मेरी बनाई इमारतों को बहुत बढ़िया रख-रखाव के लिए जाना जाता है। हमारा विचार था कि वह ईर्ष्याभाव महसूस करती थी क्योंकि वह हमारी इमारत में नहीं रहती थी। वे पहरेदार और रख-रखाव करने वाले कर्मचारी अपने काम को बखूबी समझते थे। इमारतों को अच्छी हालत में रखना न केवल हमारे ब्रांड के लिए महत्त्वपूर्ण है, बल्कि हमारे आवासी और हमारे मेहमान भी हमसे यही अपेक्षा करते हैं। हम एक व्यक्ति की परेशानी के कारण, उन्हें शर्मिन्दा नहीं करना चाहते थे।

मैं, आपसे जो कुछ कहना चाहता था, यह उसका बहुत छोटा लेकिन बहुत महत्त्वपूर्ण उदाहरण है। हमारी टीम अच्छे परिणाम देने के लिए अपना सब कुछ झोंक देती है। हमारी परियोजनाओं में कई चीज़ें ऐसी होती हैं, जिन्हें हमको करने की आवश्यकता नहीं होती और हम फिर भी उससे पैसा कमा लेते हैं। लॉस ऐंजिलिस में हम गोल्फ़-कोर्स को पूरी तरह दोबारा डिज़ाइन करने की ज़रूरत नहीं पड़ी थी, फिर भी वह सचमुच बहुत शानदार बन गया था। हम केवल उस होल को ठीक कर सकते थे, जो समुद्र में बह गया था। हमें उसकी ज़्यादा देखभाल करने की ज़रूरत नहीं थी, जैसा कि हमने स्कॉटलैंड में गोल्फ़-लिंक्स के मैदान में आस-पास के वातावरण के साथ किया था। ...लेकिन हमने ऐसा किया था। यदि परिस्थितियों को देखकर बोलूं तो हम कम से कम में काम चला सकते थे, लेकिन हमने अधिकतम कार्य किया। हम जो करते हैं, वही करते हैं क्योंकि इसी का अर्थ है अपना सर्वश्रेष्ठ परिणाम देना। और हम यही हैं। ऐसा ही हमारा ब्रांड

है। और द ट्रम्प संगठन में काम करने वाले लोग, हमारे मानदण्डों और इसे वास्तविक रूप देने में निभाई गयी अपनी भूमिका पर गर्व महसूस करते हैं।

जब कोई व्यक्ति ऐसी ही ऊर्जा, निष्ठा और ध्यान के साथ काम करता है, तो वह हर चीज़ को बहुत आसान बना देता है। निश्चित रूप से मैं ही उनका प्रभारी हूँ, किन्तु मैं लोगों से व्यक्तिगत ज़िम्मेदारी लेने की अपेक्षा करता हूँ। मैं बच्चों की देखभाल करने वाले व्यक्ति की तरह नहीं हूँ। हमारी कम्पनी अब बड़ी हो चुकी है, लेकिन इसकी मूल-नीति में कोई बदलाव नहीं आया। हमें एक स्वर्ण-मानक को बनाए रखना है। कई वर्ष पहले, एक विज्ञापन आया था, जिसमें मेरी तस्वीर थी और जिसकी मुख्य पंक्ति यह थी, "मैं केवल सर्वश्रेष्ठ लोगों के साथ काम करता हूँ।" हमारी कम्पनी में, लोगों को अपना सर्वश्रेष्ठ देना पड़ता है और यदि वे इस बात को समझते हैं, तो कोई समस्या नहीं है। मैं अपना सर्वश्रेष्ठ देता हूँ और लोगों से भी यही अपेक्षा करता हूँ। यह दूसरा कारण है, जिससे मैं अपने ब्रांड से जुड़े व्यक्तियों से, स्वर्ण-मानक की उम्मीद करता हूँ।

यदि आप अपना ब्रांड बना रहे हैं या बनाने के लिए विचार कर रहे हैं, तो एक बात समझ लें कि आपके ब्रांड को, स्वयं अपने बारे में बोलना चाहिए। यह आरम्भ से ही स्पष्ट कर देना चाहिए।

मैंने जब अपना व्यवसाय आरम्भ ही किया था, तो मेरे पास पहले से ही 'केवल सर्वश्रेष्ठ' का एक दृष्टिकोण था, जो हमेशा से ही मेरे भीतर रहा है। और इस चीज़ को मैंने अपने भीतर सहेज कर रखा है। ख्याति एक ऐसी चीज़ है, जिसे आप ख़रीद नहीं सकते। मैं जानता था कि मैं अपने ब्रांड को सबसे अच्छे तरीके से स्थापित करना चाहता था। पुराने कॉमोडोर होटल के नवीनीकरण के ज़रिए उसे एक खूबसूरत ग्रैन्ड हायट होटल में परिवर्तित कर देने ने मुझे मानचित्र पर एक अच्छा काम करने वाले व्यक्ति के रूप में रख दिया था। ट्रम्प टावर ने 1983 में मेरी ख्याति को और भी मज़बूती प्रदान की। यदि ट्रम्प टावर जाएं, तो आप अभी भी उसे एक अद्भुत और खूबसूरत इमारत के रूप में देखेंगे।

एक ब्रांड का निर्माण करना, एक गगनचुम्बी इमारत बनाने के समान है जिसमें सबसे महत्त्वपूर्ण होती है उसकी बुनियाद। इमारत जितनी बड़ी होगी, उसकी बुनियाद उसके अनुसार ही गहरी होनी ज़रूरी होती है। वास्तव में, यह मुझे निर्माण की भाषा में सोचने में मदद करता है। क्या आपके पास अपने ब्रांड की कोई रूपरेखा तैयार है? क्या आपकी बुनियाद, एक बड़ी इमारत को सहारा देने के लिए पर्याप्त रूप से गहरी व मज़बूत है? आप कोई भी चीज़ भगवान भरोसे न छोड़ें। लोगों को सुरक्षा पसन्द है। एक मज़बूत ब्रांड उन्हें वह सुरक्षा देता है। जब लोग 'गूची' के उत्पाद ख़रीदते हैं, तो वे जानते हैं कि वे उच्च गुणवत्ता वाली डिज़ाइन और सामग्री ख़रीद रहे हैं। वे कोई जोखिम नहीं ले रहे। यदि वे एक ट्रम्प होटल में ठहरते हैं, तो उन्हें पता है कि उन्हें अत्याधुनिक तकनीक वाली आवास सुविधाएँ और सेवाएँ मिलेंगी। कर्मचारियों के दृष्टिकोण से, एक मज़बूत

ब्रांड का अर्थ होता है गौरव और सुरक्षा। ग्राहकों की दृष्टि से भी इसका यही अर्थ होता है - एक श्रेष्ठ उत्पाद का स्वामी होने का गौरव और गुणवत्ता की सुरक्षा, जैसा कि रॉबर्ट कहा कहते हैं, "एक बड़ी कम्पनी के बिना एक ब्रांड कुछ भी नहीं है।"

उदाहरण प्रस्तुत करें

मैंने महसूस किया है कि मैं लोगों के समक्ष उदाहरण प्रस्तुत करता हूँ। मेरे कर्मचारी और मेरे साझेदार मुझे प्रतिदिन देर तक काम करते देखते हैं, वे मेरे मानदण्डों को भी देखते हैं। वह ब्रांड को हमारी कम्पनी में फलने-फूलने के लिए सक्षम बनाता है। हमारे यहाँ बहुत लम्बी बैठकें या जोश से भरी बैठकें नहीं होतीं, क्योंकि वे सामान्य तौर पर आक्रामक नहीं होतीं। यदि कोई व्यक्ति कुछ जानना चाहता है, तो वह मुझसे पूछ सकता है। मैं खुले-द्वार की नीति में विश्वास करता हूँ। मुझसे मिलना बहुत आसान है, क्योंकि मुझे यह जानना अच्छा लगता है कि मेरी कम्पनी में क्या हो रहा है, लोग क्या कर रहे हैं। लोग अच्छी तरह समझते हैं कि मेरे पास समय कम होता है, इसलिए वे संक्षिप्त में अपनी बात कहना सीखते हैं और वे अपने काम से सम्बन्धित बातें ही बोलते हैं। मैं बहुत गति से काम करता हूँ और आशा करता हूँ कि उन्हें भी ऐसा करना चाहिए। यह अत्यंत सरल व कारगर प्रणाली है और आंगतुक मेरे मुख्य कर्मचारियों की कम संख्या को देखकर हैरान होते हैं। प्रत्येक व्यक्ति अपने काम को पूरा करने में जुटा रहता है। यह एक सम्मानजनक टीम है, जिसमें लोगों को व्यक्तिगत ज़िम्मेदारी दी गयी है।

मैंने हमेशा यह पाया है कि जवाबदेही तय होने पर लोग बहुत मेहनत से काम करते हैं और उसके साथ-साथ उनका आत्मविश्वास भी बढ़ता है। इन अर्थों में, मैं एक शिक्षक हूँ और मैं लोगों को अपने सर्वश्रेष्ठ कार्य करने की चुनौती देना पसन्द करता हूँ। जब आप अपना ब्रांड आरम्भ करते हैं, तो उसे याद करना बहुत अच्छी बात है। मैं ऐसा इसलिए कहता हूँ, क्योंकि लोग प्रतिक्रिया देते हैं, न केवल चुनौती को बल्कि आत्मविश्वास को भी, जो उनमें तब आता है, जब अपने उत्तरदायित्वों को विस्तार देने के लिए, कोई व्यक्ति अपनी क्षमताओं पर विश्वास करता है। कभी भी किसी व्यक्ति का आकलन उसके पद के हिसाब से न करें। आप लोगों की योग्यता पर हैरान होंगे। मेरे कई कर्मचारियों ने अपने पद को अपनी क्षमताओं से पीछे छोड़ दिया है।

एक अन्य महत्त्वपूर्ण विचार यह है कि सामान्यतः आप अपने ब्रांड का प्रतिनिधित्व करते हैं। मैं हर समय अपने ब्रांड का प्रतिनिधित्व करता हूँ और मैं अपने प्रयासों का सम्मान करने का भरपूर आनन्द उठाता हूँ। मैं द ट्रम्प संगठन और अपनी परियोजनाओं का प्रवक्ता हूँ, जो मेरे लिए आसान है, क्योंकि मैं अपने कार्यों के प्रति बहुत उत्साहित रहता हूँ और मैं जानता हूँ कि मेरा ब्रांड सर्वश्रेष्ठ है। मेरे लिए चुनौती यह सुनिश्चित करना है कि हर चीज़ आपके साथ जुड़ी हुई है और आपका ब्रांड उस चीज़ से जुड़ा हुआ है, जिसका वह प्रतिनिधित्व करता है। हमारे लिए, उसका अर्थ है सर्वश्रेष्ठ होना।

मेरे लिए यह यकीन करना मुश्किल है कि हर कम्पनी, जिसमें आपकी कम्पनी भी शामिल है, कोई अच्छा काम करने का प्रतिनिधित्व नहीं करना चाहती, इसलिए आप यह बात ध्यान में रखें कि आपके ब्रांड से जुड़ा प्रत्येक व्यक्ति और प्रत्येक चीज़, आपका प्रतिनिधित्व करते हैं। और आपकी ख्याति हर समय दाँव पर लगी रहती है। यह आपका चौकीदार भी हो सकता है, जो अतिरिक्त प्रयास करता है और ऐसा व्यक्ति भी, जो ऐसा नहीं करता। लोग आपकी बहुत आलोचना कर सकते हैं और कुछ परिस्थितयों में वे आपकी उचित आलोचना करते हैं। सेवा प्रदान करना मेरे ब्रांड का एक बहुत बड़ा और महत्त्वपूर्ण भाग है। मेरे ग्राहक सर्वश्रेष्ठ के लिए मूल्य चुकाते हैं और वे हर स्तर पर सर्वश्रेष्ठ पाने के अधिकारी हैं। आपकी प्रत्येक ग़ालती, वह चाहे कितनी भी छोटी क्यों न हो, आपके और आपके ब्रांड का प्रतिबिम्ब है। आप उनसे कुछ शिक्षा लें ताकि यह दोबारा न घटित हो। उत्कृष्टता के अपने स्तर को बनाए रखने के लिए हर समय परिश्रम करने की आवश्यकता होती है।

अपने और अपने ब्रांड के प्रति सच्चा होना

मुझे अच्छा लगता है, जब रॉबर्ट अपने ब्रांड और अपने प्रति सच्चा होने की बात कहते हैं। वह तब भी सही हैं, जब वह कहते हैं कि यदि आप एक ब्रांड बनने की इच्छा रखते हैं, तो आप सब लोगों के लिए हर चीज़ नहीं बन सकते। यह आपको तय करना है कि आप किस चीज़ से पहचाने जाना चाहते हैं। आपको अपने प्रति सच्चा होना पड़ेगा। आपको सबसे पहले अपने आपको सन्तुष्ट करना पड़ेगा। मैं जानता हूँ कि हम सब यह बात पहले भी सुन चुके हैं, लेकिन आप इसके लिए क्या कर रहे हैं? लेकिन आप चौकन्ने रहें। जैसा कि मैंने कहा है, हर व्यक्ति आपके निर्णय से सहमत नहीं होगा। मुझे बहुत से लोग पसन्द करते हैं और बहुत से नहीं भी करते। यह ठीक है, क्योंकि मेरा ब्रांड बहुत मज़बूत है, ऐसा ही मैं भी हूँ। मैं नकारात्मक टिप्पणियों को सहन कर सकता हूँ, क्योंकि सकारात्मक प्रभाव विरोधियों की टिप्पणियों से बहुत बेहतर है। यदि मेरे ब्रांड या मेरी प्रतिष्ठा को कोई नुकसान पहुँचता है, तो मैं उस नुकसान को ठीक कर लूँगा। लोग जानते हैं कि मैं उन मामलों में एक लड़ाकू हूँ, आसानी से हार मानने वाला नहीं और वे मेरे पीछे पड़ने से पहले दो बार सोचेंगे, क्योंकि मैं स्वयं हाथ धोकर उनके पीछे पड़ जाऊँगा। जब आपके ब्रांड को बनाने, और उसे सुरक्षा देने की बात आएगी, तो आपको सीमाएँ तय करने की ज़रूरत होगी। रॉबर्ट परीक्षाओं और पीड़ाओं के समय की बात कहते हैं और मैं उनसे पूरी तरह सहमत हूँ। आप केवल इतना महसूस करें कि उन अनुभवों की आशा करने की ज़रूरत है, विशेष रूप से तब, जब आपकी सफलता का स्तर बढ़ने लगता है और इसे भी महसूस करें कि प्रत्येक स्थिति से एक-एक करके निबटने की आवश्यकता होती है। एक ब्रांड बनने के लिए सुनियोजित होने के साथ-साथ कूटनीतिक होने की भी आवश्यकता होती है।

कुछ वर्ष, पहले 'द न्यू यॉर्कर' में मेरे बारे में एक लेख प्रकाशित हुआ था। वह मूलतः एक आलोचनात्मक लेख था, दूसरों को नुकसान पहुँचाने वाला। मुझे उस लेख को पढ़कर बहुत गुस्सा आ गया था। मैं उसके सम्पादक से इसकी शिकायत करने की सोच रहा था। लेकिन तभी मैंने महसूस किया कि यदि मैं ऐसा करता हूँ तो यह एक बहुत बड़ी कहानी बन जाएगी और इससे उनके समाचार पत्र की बिक्री बहुत बढ़ सकती है। इसके विपरीत, बुरे ढंग से लिखा गया वह लेख कुछ हफ़्तों के बाद भुला दिया जाएगा। जब उनके संवादताओं मुझे फ़ोन करके उस लेख के सम्बन्ध में पूछा, तो मैंने उन्हें कह दिया कि वह लेख इतना लम्बा और इतना उबाऊ था कि मैं उसे पूरा पढ़ भी नहीं पाया। इस सम्बन्ध में, कोई प्रतिक्रिया न देना भी बहुत कड़ी प्रतिक्रिया थी। जब उस पत्रिका का वह संस्करण समाप्त हो गया, तो मैंने उसके सम्पादक को एक पत्र लिखा। मैंने उसे स्पष्ट कर दिया कि मैं इस लम्बी और उबाऊ कहानी से खुश नहीं था। वह इतना उबाऊ था कि उसे पढ़ते हुए टेलीविज़न पर चल रहे 'निक्स गेम' से अपनी नज़रें भी नहीं हटा पाया। मैंने उन्हें यह भी सलाह दी थी कि दूसरी कहानी के लिए मुझसे न पूछें।

दूसरा लेख वास्तव ही में प्रतिक्रिया दिए जाने के योग्य था। इस बार मैंने उन्हें जो पत्र भेजा, उसे न्यू यॉर्क पत्रिका द्वारा 'द न्यू यॉर्क टाइम्स बुक रिव्यू' को भेजा गया सर्वश्रेष्ठ पत्र घोषित किया गया था। मैंने वह पत्र इन शुभ कामनाओं के साथ समाप्त किया था कि मेरे बारे में एक साधारण लेख लिखने वाले लेखक, इसके परिणाम के सम्बन्ध में कुछ लिखकर हमें चकित कर देंगे। यहाँ कुछ ऐसी सीमाएँ भी होती हैं, जिन पर विचार करने की आवश्यकता होती है और कभी-कभी नाज़ुक स्पर्श वाली 'बेरहमी' बहुत उपयोगी सिद्ध होती है।

रॉबर्ट पिछले कुछ वर्षों में अपने सामने वालों के बारे में बात करते रहे हैं। मेरे प्रोजेक्ट बहुत बड़े होते हैं और उनमें कई साझेदारों की भी ज़रूरत होती है, जैसे ठेकेदार, डिज़ाइनर, वास्तुकार, प्रबंधक और दूसरे कर्मचारी। जैसा कि वह कहते हैं, एक अच्छे कर्मचारी को नियुक्त करना बहुत महत्त्वपूर्ण होता है। उदाहरण के लिए, जब हमें गोल्फ़-कोर्स के डिज़ाइन करने वाले व्यक्ति की तलाश थी, तो हम अपने ही जैसे दृष्टिकोण वाले व्यक्ति को ढूँढ रहे थे। उनमें तकनीकी योग्यता का होना बहुत ज़रूरी होता है। लेकिन सबसे महत्त्वपूर्ण बात यह थी कि वह व्यक्ति हमारी समझ में आना चाहिए या फिर हमारा बहुत सा समय और पैसा व्यर्थ हो जाएगा। यह हर उस व्यक्ति के लिए करना पड़ता है, जिसके साथ आप काम कर रहे होते हैं।

मेरे करियर के इस पड़ाव पर, मुझे और ज़्यादा पैसा कमाने की ज़रूरत नहीं है। मुझे अपने वर्तमान काम पसन्द हैं और मुझे ट्रम्प ब्रांड पर बहुत ध्यान देता है लेकिन मुझे पैसे की हवस नहीं है। यही कारण है कि मेरे सम्बन्ध बहुत चलते हैं। मुझे उन लोगों की बहुत चिन्ता रहती है, जिनमें मैं लेन-देन करता हूँ, मुझे अपने ग्राहकों की भी बहुत चिन्ता रहती है। जैसा कि कि रॉबर्ट बताते हैं, यदि आप उनकी चिन्ता नहीं करते

तो यह भाग एक लेन-देन बन कर रह जाता है, दीर्घकालीन सम्बन्ध नहीं बन पाता। यह आपकी प्रतिभा-निर्माण का एक हिस्सा है। यदि ब्रांड बनाने की बात हो, तो यह आरम्भ से ही आपके दिमाग़ में सबसे महत्त्वपूर्ण बिन्दु होना चाहिए।

जैसा कि अधिकांश लोग जानते हैं, मैं बहुत स्पष्टवादी व्यक्ति हूँ, जिसे कुछ लोग मुँहफट भी कहते हैं। यदि मैं किसी बिन्दु पर सही नहीं हूँ, तो मैं वहाँ राजनीतिक रूप से सही होने की ज़रूरत महसूस नहीं करता। जो चीज़ मेरे दिमाग़ में होती है, मैं वही कहता हूँ। भले ही मैं लोगों में इतना लोकप्रिय न रहूँ, लेकिन मैं झूठा बनकर लोगों से लेन-देन नहीं कर सकता। लेकिन इसका यह अर्थ नहीं है कि मैं बिना किसी कारण विरोधात्मक हो उठता हूँ। मुझे एक अच्छे सौदेबाज के रूप में भी जाना जाता है, जिसका अर्थ है दोनों पक्षों की कहानी सुनकर, प्रत्येक पक्ष के लिए पारस्परिक लाभ की स्थिति पैदा करना। इसलिए, एक उद्यमी के रूप में आपके पास एक अच्छा रास्ता उपलब्ध है, जो आपके जीवन को और किसी भी प्रकार के लेन-देन को बदल कर रख देता है। मैं हमेशा चौकस बने रहने का प्रयास करता हूँ।

उदाहरण के रूप में, मेरे पास फाइनैंशियल डिस्ट्रिक्ट, 40 वॉल स्ट्रीट पर एक शानदार बिल्डिंग है। यह लोअर मैनहटन में सबसे ऊँची और बहुत ही खूबसूरत इमारत है। इसे ख़रीदने से पहले, कई सदियों तक मैं इस इमारत को पहले भी देखता रहा हूँ। इसे ख़रीदने के लिए मुझे 1 मिलियन डॉलर खर्च करने पड़े थे। अगला कोई भी क़दम उठाने से पूर्व, मैंने सही समय की प्रतीक्षा करना बेहतर समझा और आज यह न्यू यॉर्क में रियल एस्टेट के क्षेत्र में आज तक का सबसे अच्छा सौदा माना जाता है। लेकिन यह रातों-रात सफल हो जाने की कहानी नहीं है। इसके लिए मुझे लम्बी प्रतीक्षा करनी पड़ी थी। एक बिन्दु पर, मैंने इस इमारत के मालिकों से पूछा कि 1990 के दशक में इसे ख़रीदने वाले क्या मेरे साथ साझेदारी करने में दिलचस्पी दिखाएँगे? लेकिन उनकी रूचि 40 वॉल स्ट्रीट को ट्रम्प पॉवर जैसा बनाने में ज़्यादा थी। लेकिन वे उन स्टील के खम्भों का क्या करेंगे, जो 72-मंजिला इमारत के ऊपर तक गए थे। उनके बारे में तो उन्होंने सोचा नहीं होगा, जो पूरी इमारत में, नीचे से लेकर ऊपर तक खड़े किए जाने थे। वहाँ एक खुले प्रांगण वाली एक इमारत बनाना सम्भव नहीं था। मैं जहाँ इस बात को लेकर हैरान था, वहीं आशावादी भी था। उन्हें स्पष्ट रूप से नहीं पता था कि वे क्या कर रहे थे।

तीन वर्ष बाद, 1995 में इमारत का मालिक वह इमारत मुझे बेचने के लिए तैयार हो गया, जिसने मुझे खुशी से भर दिया था। बिना कोई प्रश्न किए, उन्होंने मेरी सारी शर्तें मान ली थीं। अब 40 वॉल स्ट्रीट में बनी इमारत मेरी थी। मैं वॉल्टर हिनेबर्ग से मिलने जर्मनी भी गया, जिसके पास इमारत की निचली मंज़िल की लीज़ थी। मैं इस इमारत का पुनर्निर्माण करना चाहता था। हमारे सामने कई तरह के विवरण थे, कई तरह के प्रश्न। उनमें से एक तो यह था कि क्या वह इमारत आवासीय होगी, जैसा कि सबने परामर्श दिया था। या इसे एक शानदार व्यापारिक स्थल बनाए जाए। मेरा ज्ञान इसे व्यापारिक स्थल

बनाना चाहता था और अगर हम ऐसा करते हैं, तो इसे शानदार सफलता मिलेगी। इसके अतिरिक्त, यह बेहद खूबसूरत इमारत भी थी, लोअर मैनहटन की सबसे ऊँची इमारत। मैं जानता था कि यह ट्रम्प ब्रांड की सबसे शानदार इमारतों में शामिल हो जाएगी। और मैं बिल्कुल सही था।

प्रगति करते हुए, अपने ब्रांड को जानने और उसे बरक़रार रखने के लिए बहुत परिश्रम और बहुत ध्यान देने की आवश्यकता होती है। मैं चीज़ों पर ध्यान देने में बहुत अच्छा हूँ, क्योंकि जब 1990 के दशक में मुझे वित्तीय रूप से अपने व्यवसाय में विपरीत परिस्थितियों का सामना करना पड़ा, तो मैंने सबसे बड़ा सबक यही सीखा कि अपने काम पर ध्यान कैसे केन्द्रित किया जाता है। हमारा पिछला अध्याय इसी विषय से सम्बन्धित था, जिसका प्रतिनिधित्व तर्जनी उँगली करती है। मैं उस समय अपने ध्यान से भटक गया था और परिणाम बहुत स्पष्ट था। मैं उस समय पेरिस में फैशन-शो में शामिल हो रहा था, पूरी दुनिया की सैर कर रहा था और लोगों से मिलने-जुलने में व्यस्त था। मैं तब उतनी मेहनत से काम नहीं कर रहा था, जितनी मुझे करनी चाहिए थी। मैं थोड़ा सुस्त हो गया था। लेकिन एक दिन मेरे लिए एक चेतावनी आई और वॉल स्ट्रीट जर्नल और द न्यू यार्क टाइम्स, दोनों ने मुख्य पृष्ठ पर एक कहानी छापी, जिसमें मेरी मृत्यु की भविष्यवाणी की गयी थी। एकाएक कहानी को पूरी दुनिया में दिखाया गया। वह ऐसा दिन था, जिसे में अपनी ज़िदंगी में कभी नहीं भूल सकता। लेकिन इसके साथ ही मैं भी सक्रिय हो उठा। अब मैं पहले से कहीं ज़्यादा सफल होकर उभरा था क्योंकि मेरा ध्यान पूरी तरह अपनी जगह बना हुआ था - व्यक्तिगत रूप से भी और व्यावसायिक रूप से भी। वह पूरी तरह मेरे ब्रांड के साथ था। अब मैं किसी भी कीमत पर अपना ध्यान दूसरी ओर नहीं जाने देता। एक ही समय पर कई व्यवसाय कर सकता हूँ। मेरे कठिन समय के दौरान, ट्रम्प ब्रांड अखण्ड बना रहा था और वहाँ से हम आगे बढ़ते चले गए और हमने अपने नए जोश के साथ विस्तार को पाया।

क्या बड़ा ही बेहतर होता है?

अब हम ब्रांड के विस्तार पर बात करते हैं। मैं यह मानता हूँ कि आपका ब्रांड विस्तार पा सकता है, लेकिन आपकी सत्यनिष्ठा वैसी की वैसी रहनी चाहिए। मैंने अपने व्यवसाय को मनोरंजन, गोल्फ़-मैदान के विकास, एक होटल शृंखला और कई अन्य चीज़ों में विस्तार दे दिया है, किन्तु मेरा प्रमुख तत्त्व हमेशा एक ही रहा - उच्च स्तर की गुणवत्ता। यदि आप अपने ब्रांड के मानदण्ड अपने दिमाग़ में रखेंगे तो आपका विस्तार सम्भव होने के साथ-साथ, आपके लिए संतुष्टिदायक भी होगा। लेकिन इसका यह अर्थ कदापि नहीं है कि यह बहुत आसान होगा। कभी-कभी स्कॉटलैंड में गोल्फ़-लिंक्स के मैदान पर कार्य करते हुए बहुत कठिनाई का सामना करना पड़ता था। हमारे लिए यह तथ्य पर्याप्त था कि हम किसी दूसरे देश में काम कर रहे थे, किन्तु इसमें कई अलग-अलग तत्त्व शामिल थे। यह

बात फिर से हमें अपने प्रति सच्चे होने की ओर खींच ले जाती है, जो अपने ब्रांड के प्रति सच्चा होना भी है। इसे ही कहते हैं एक मज़बूत नींव, जो समय की परीक्षा और कष्टों को झेलने में सक्षम बनाता है, जिसके परिणामस्वरूप आपका ब्रांड फलना-फूलना जारी रखता है।

अपने ब्रांड पर परिश्रम करना

मैं हमेशा अपने ब्रांड के लिए एक प्रवक्ता के रूप में काम करता हूँ। जब आपका ब्रांड बनना आरम्भ करता है, तो आपको भी ज़्यादा पहचान पाने के अवसर प्राप्त होते हैं। मैंने अपेक्षाकृत कम उम्र में, मैनहटन में जनता की दृष्टि में एक डेवेलपर के रूप में काम करना शुरू कर दिया था। मेरे प्रोजेक्ट बड़े होते थे और कई बार तो लोगों को हैरान कर देते थे और जिनमें मीडिया की भी रूचि होती थी। मैं दोनों तरह की प्रतिक्रियाओं का आदी हो चुका था - सकारात्मक भी और नकारात्मक भी। किन्तु दोनों ने ही, ट्रम्प ब्रांड को स्थापित होने में मदद की थी। इसने लोगों को मुझे जानने में सहायता दी, जिसके फलस्वरूप वे द ट्रम्प ब्रांड को पहचानने लगे थे। धीरे-धीरे न्यू यॉर्क से बाहर भी मेरी पहचान बन गयी।

जब 1987 में मेरी प्रथम पुस्तक 'द आर्ट ऑफ़ द डील' प्रकाशित हुई, तो यह सबसे ज़्यादा बिकने वाली पुस्तकों में से एक सिद्ध हुई, जिसने मेरी पहचान को पंख लगा दिए। यही वह समय था, जब मार्क बर्नेट ने मेरी वह पुस्तक पढ़ी। बाद में, उन्होंने कहा कि इस पुस्तक से उन्हें एक सफल व्यक्ति बनने की प्रेरणा मिली। मैं जानता हूँ कि रॉबर्ट भी इसे पढ़ कर अत्यन्त प्रभावित हुए थे। उस समय, मार्क कैलिफ़ोर्निया में वेनिस समुद्रतट पर बच्चों की टी-शर्ट बेचा करते थे। कई साल बाद, उन्होंने वॉल्मैन स्केटिंग रिंक पर मुझसे सम्पर्क किया, जहाँ वह 'सर्वाइवर' की एक कड़ी की शूटिंग कर रहे थे। उन्होंने शूटिंग के लिए वह स्केटिंग रिंक मुझसे किराए पर लिया था और उन्होंने मेरे जीवन पर आधारित एक रिएलिटि शो के सम्बन्ध में मुझसे विचार-विमर्श किया। उन्होंने मुझसे मेरे कार्यालय में एक बैठक करने के बारे में पूछा, जिसके लिए मैं सहमत हो गया। एक दिन मार्क मेरे पास आए और उन्होंने 'द अप्रेन्टिस' की अवधारणा के बारे में मुझे विस्तार से बताया, जिससे मेरे भीतर भी उत्सुकता जाग उठी। लेकिन, मेरे लिए समय की समस्या थी, क्योंकि मैं अपना व्यवसाय चला रहा था और मुझे 'द अप्रेन्टिस' में लगने वाले समय की चिन्ता थी। किन्तु मुझे मार्क ने आश्वासन देते हुए कहा था, "डोनाल्ड, मैं तुमसे वादा करता हूँ कि मैं तुमसे सप्ताह में तीन घन्टे से ज़्यादा का समय नहीं लूँगा।" आप चाहे विश्वास करें या न करें, लेकिन मुझे मार्क पर विश्वास था। और एक प्राइम-टाइम शो के लिए? मैं न केवल मार्क को पसन्द करता था बल्कि मुझे उसकी यह अवधारणा भी पसंद थी। और हम दोनों ने पूरे जोश से हाथ मिला लिया। हालाँकि मेरे सलाहकार ने मुझे यह जोखिम भरा काम बताया था, जिससे मेरी प्रतिष्ठा, मेरी छवि और मेरे ब्रांड

को चोट पहुँच सकती थी। लेकिन मैं पहले ही मॉर्क को अपनी सहमति दे चुका था और मुझे इसमें अच्छा ही लग रहा था। मैं नहीं जानता था कि 95 प्रतिशत नए टेलीविज़न शो असफल रहते थे - जो अच्छा था, या फिर मुझे अपनी सहमति देने में इतनी जल्दबाज़ी नहीं दिखानी चाहिए थी।

सौभाग्य से, यह शो इस सीज़न का सबसे अच्छा शो था और मैं बहुत ख्याति प्राप्त व्यक्तियों में शामिल हो गया था। मैं विश्व स्तर पर प्रसिद्ध हो गया था, जिसका लाभ मेरे व्यवसाय को भी मिला था। इसने द ट्रम्प संगठन को भी एक ऐसी कम्पनी के रूप में पहचान प्रदान की थी, जो समय पर और सही ढंग से अपने काम को पूरा करके दिखाती है। यह किसी भी ब्रांड के लिए एक शानदार अवसर था और हमेशा रहा भी। अब हम बारहवें वर्ष में प्रवेश कर रहे हैं।

मुझे अक्सर ही विभिन्न अवसरों और बैठकों में बोलने के लिए आमंत्रित किया जाता है, लेकिन 'द अप्रेन्टिस' की आशातीत सफलता के बाद, मुझे कई टेलीविज़न विज्ञापन करने और 'सैटर्डे नाइट लाइव' की मेज़बानी करने के लिए कहा गया। अब मुझे प्रति सप्ताह बैठकों को सम्बोधित करने के दर्जनों निमंत्रण मिल रहे थे। मुझे प्रकाशकों द्वारा भी अपनी पुस्तकें लिखने के लिए कहा जा रहा था। यह मेरे व्यापार को विस्तार देने और उनके फलने-फूलने के लिए एक शानदार अवसर था। मेरे कहने का अर्थ है कि मैं इन अवसरों में बड़ी सक्रियता के साथ भाग ले रहा था, क्योंकि मैं जानता था कि इन सबका मेरे ब्रांड के लिए क्या अर्थ था। आपके पास एक बढ़िया उत्पाद होना कोई मायने नहीं रखता, यदि कोई आपके उत्पाद के बारे में जानता न हो या उसने कभी सुना न हो। किसी भी उत्पाद का लोगों में नाम होना या उसका लोकप्रिय होना बहुत ज़रूरी होता है और वह यह पहचान तत्काल होनी चाहिए।

जब आपके सामने अपने ब्रांड को अच्छी पहचान दिलाने के अवसर प्रस्तुत होते हैं, तो आपको ऐसे अवसरों का लाभ उठा लेना चाहिए और अपने ब्रांड को टेलीविज़न पर प्रसारित होने का फ़ायदा भी देना चाहिए। ऐसे में आप कभी भी स्वयं को अपने सुविधा-क्षेत्र में बने रहने की अनुमति न दें। आपको जोखिमों से घबराना नहीं चाहिए, बल्कि उनका स्वागत करना चाहिए। यदि आपको अपने ब्रांड पर विश्वास न हो, तो आपको अपने उत्पाद की ज़्यादा प्रशंसा करने की अपेक्षा, पूरी स्पष्टता से काम लेना चाहिए। आपको अपने ब्रांड के सम्बन्ध में इतना सुनिश्चित होना चाहिए कि वह सर्वश्रेष्ठ है और दुनियाभर में आपकी यह घोषणा उत्तेजनापूर्ण होनी चाहिए, न कि दंभ से भरी।

क्या आप एक अच्छे संप्रेषक हैं?

मुझे लोगों से बात करना बहुत पसन्द है, फिर भले ही वह मेरे कार्यालय में काम करने वाले दो लोग हों या हज़ारों। मुझे अपना दृष्टिकोण स्पष्ट करने के लिए उनसे बात करना बहुत अच्छा लगता है। यदि आपको इस क्षेत्र में मुश्किल होती है, तो इस पर विजय

पाने का एक तरीका यह है कि आप अपना ध्यान श्रोताओं पर केंद्रित करें। वे आपसे क्या जानना चाहेंगे? क्या चीज़ उनमें दिलचस्पी उत्पन्न कर सकती हैं? एक प्रकार से, यह मध्यस्थता करने जैसा ही है। आप यह जानने का प्रयास करें कि वे कहाँ से आते हैं? तब आपका ध्यान अपनी ओर कम जाएगा और आपकी सारी घबराहट ग़ायब हो जाएगी।

अपने ब्रांड के विकास के लिए जनता से सम्बोधित होने में सक्षम होना बहुत महत्त्वपूर्ण है। अन्यथा, जब तक आप इस कला में माहिर नहीं हो जाते, आपको अपने स्थान पर अपने किसी प्रवक्ता को नियुक्त करना चाहिए। इस उद्देश्य के लिए, मैं अमूमन निजी कहानियों से काम लेता हूँ। उदाहरण के लिए, मैं अपने एक मित्र की कहानी बताता हूँ, जिसने एक ग़लत व्यवसाय का चुनाव कर लिया था। इस कहानी के माध्यम से, मैं सफल होने के लिए, अपने कार्य से प्यार करने के महत्त्व पर ज़ोर देता हूँ। मेरा यह मित्र इसके लिए एक बढ़िया उदाहरण था। चूंकि उसका परिवार वॉल स्ट्रीट पर काम कर रहा था, इसलिए उसने भी यही कार्य अपना लिया था। उसकी समस्या यह थी कि इस क्षेत्र में वह ठीक से काम नहीं कर रहा था और हमेशा दुःखी और निराश दिखाई देता था। मुझे हमेशा ही एकदम स्पष्ट होने के लिए जाना जाता रहा है और मैंने उसे अन्ततः बता ही दिया कि वह एक असफल व्यक्ति के समान दिखाई देता है। बेशक ये बहुत कड़े शब्द थे लेकिन मुझे शब्दों की अपेक्षा उसकी चिन्ता ज़्यादा थी। मैंने उससे पूछा कि उसे कौन-सा काम अच्छा लगता था। तब, उसने मुझे बताया कि उसे अपने गोल्फ़ क्लब की हरियाली को सुरक्षित रखने का काम बहुत पसन्द था। मैंने गोल्फ़ की एक व्यवसाय के विकल्प के रूप में चर्चा की। धीरे-धीरे, वह इस क्षेत्र में प्रवेश कर गया और फिर सफल होकर, अन्ततः एक समृद्ध और खुशहाल व्यक्ति बन गया।

एक बार मुझे उड़ान में अप्रत्याशित देरी के कारण, अपना व्याख्यान देने में कई घन्टे का विलम्ब हो गया था। जब हम जहाज़ से उतरे, तो मुझे बरसात और भारी यातायात से बचने के लिए पुलिस रक्षक दल की मदद लेनी पड़ी। हमने कई घण्टों का अन्तहीन इंतज़ार कर रहे अत्यन्त धैर्यशील दर्शकों के लिए, उन्हें इस सम्बन्ध में लगातार जानकारी देकर, उनके इन्तज़ार को एक अभूतपूर्व अनुभव बना दिया था। मैं 'द अप्रेन्टिस' के कर्मचारियों के साथ ही यात्रा कर रहा था, जिससे सारे दर्शक अपने आप को उस रिएलिटी शो का एक हिस्सा मान रहे थे, जो स्पष्ट रूप से एक अलिखित कहानी थी। अन्ततः, जब मैं वहाँ पहुँचा, तो वहाँ घोषणा हुई कि "डोनाल्ड ट्रम्प यहाँ पहुँच चुके हैं।" इस घोषणा के साथ ही लोगों में खुशी की लहर दौड़ गयी। हर स्थिति के लिए यह शानदार समय था और मेरे ब्रांड व मेरे नाम के कारण, लोगों ने मेरे देर से पहुँचने पर भी मुझे माफ कर दिया था। इससे एक नकारात्मक स्थिति, मेरे और उन लोगों के लिए पूरी तरह से सकारात्मकता में बदल गयी थी, जिन्होंने मुझे वहाँ आमंत्रित किया था। कितना शक्तिशाली प्रभाव था वह!

मेरे विचार में अपने ब्रांड के लिए स्वयं अपना प्रतिनिधित्व करना बहुत अच्छा होता है। जितनी अच्छी तरह आप अपने उत्पाद को जानते हैं, दूसरा कोई व्यक्ति नहीं

जान सकता। यदि आप अपने उत्पाद को नहीं बेच सकते, तो कौन बेचेगा उसे? आपको अपने दैनिक जीवन के साथ-साथ, प्रस्तुतिकरण में भी अपने ब्रांड का प्रतिनिधित्व करने में अत्यन्त सक्षम होना चाहिए। यह एक कमज़ोर ब्रांड के लिए एक संकेत है। सफलता प्राप्त करने की इच्छा रखने वाले उद्यमी को यह जानना बहुत ज़रूरी है कि लोगों को कैसे समझाया-बुझाया जाता है। आपमें एक जोश होना चाहिए - एक वास्तविक जोश। अगर आप अपने ब्रांड का प्रतिनिधित्व करने में सहजता महसूस नहीं कर रहे, तो आपको एक ऐसे व्यक्ति की तलाश करनी चाहिए, जो आपका एक आदर्श प्रतिनिधि सिद्ध हो।

आपकी छवि बहुत महत्त्वपूर्ण है, जो आपके शब्दों और लिखित रूप से कहीं ज़्यादा आपके उत्पाद के बारे में बोलती है। जब आप एक ब्रांड के सम्बन्ध में बोलते हैं, तो आप शब्दों की तर्कसंगतता के बारे में विचार करें। यदि आपने अपने ब्रांड को बनाने की प्रक्रिया को अच्छी तरह प्रस्तुत किया है, तो आपके शब्द ही वास्तव में आपकी छवि का निर्माण करते हैं। यदि ब्रांड विवेकपूर्ण और सही तरीके से स्थापित किया जाता है, तो उत्पाद का नाम ही, उसके बारे में सब कुछ कह सकता है। उदाहरण के लिए, जब आप कोई 'नाम' पुकारें तो उन शब्दों में आपकी छवि उभर आएगी, जैसो 'गूची' और 'ट्रम्प' का नाम बोलते ही एक छवि उभरती है।

यही वह समय होता है, जब आपका ब्रांड आपके लिए परिणाम उत्पन्न करना आरम्भ करता है। अन्ततः, एक नाम बोलने से ही आपका विज्ञापन तुरन्त काम करने लगता है या आपका ब्रांड दिखाई देने लगता है। सम्भव है, आप अपनी एक बुनियाद बना रहे हों या आपने पहली ही अपनी बुनियाद बना ली हो। एक बार, जब यह दौड़ने लगती है, तो आप इसका प्रभाव देख सकते हैं। इससे आपके समय की बहुत बचत होगी। अब आपको अपने उत्पाद का परिचय देने या उसके सम्बन्ध में स्पष्टीकरण देने की आवश्यकता नहीं होगी। अब लोग आपके पास आएँगे। और नाम में क्या रखा है? बहुत कुछ रखा है। और यही तो जादुई शक्ति है!

निष्कर्ष

कई उद्यमी अपने व्यवसाय को स्थापित करने के लिए बहुत परिश्रम करते हैं, लेकिन बहुत कम ऐसे हैं जो अपने ब्रांड का निर्माण करते हैं। अपने भीतर जादुई शक्ति पैदा करने के लिए, अपने व्यवसाय को एक ब्रांड के रूप में परिवर्तित करना बहुत आवश्यक है। आप बेशक इसे महसूस करें या नहीं, आपका ब्रांड, आपके व्यवसाय से कई गुना मूल्यवान सिद्ध हो सकता है। उदाहरण के लिए, कोला-कोला ब्रांड की कीमत, उसके सभी बॉटलिंग संयंत्रों, उपकरणों और पूँजीगत माल से बने व्यवसाय से कहीं ज़्यादा है। किसी समय कोका-कोला ब्रांड सबसे मूल्यवान समझा जाता था, लेकिन आज गूगल की कीमत ज़्यादा है। क्या फ़ेसबुक निकट भविष्य में गूगल को मात दे पाएगा? कौन जानता है?

यदि आपका व्यवसाय, एक ब्रांड नहीं है, तो यह मात्र एक वस्तु है। दुनिया में हैम्बर्गर का व्यवसाय करने वाली कई कम्पनियां हैं, लेकिन मैकडॉनल्ड्ज़ केवल एक ही है। इसी प्रकार कॉफी की दुकानें भी बहुत हैं, लेकिन स्टारबक्स केवल एक ही है। और इससे कोई अन्तर नहीं पड़ता कि आप इन्हें पसंद करते हैं या नहीं, लेकिन आप इनकी सफलता के बारे में कोई सन्देह नहीं कर सकते। ब्रांड एक शक्ति होता है। यह आपका प्रतिनिधित्व करता है। यह आपके व्यवसाय में कई गुणा वृद्धि करने की एक तकनीक है, जो अपने आप में एक बहुत बड़ा लाभ है। एक ब्रांड के बिना आपका व्यवसाय, केवल आपको व्यस्त रखने वाला एक कार्य है, इससे अधिक कुछ नहीं है। यह आपके और आपके कर्मचारियों के लिए एक नौकरी करने के समान है। इससे आप व्यस्त तो रहते हैं, किन्तु दिन, सप्ताह, महीने या वर्ष के अन्त में आपको काम करके दिखाना होता है और यदि आपने अपने पत्ते ठीक से खेले, तो आपको लाभ ही लाभ होगा। इसमें कुछ भी ग़लत नहीं है, लेकिन जादुई शक्ति वाले उद्यमियों को इससे ज़्यादा भी कुछ चाहिए।

और यह चीज़ आपको ब्रांडिंग में सच्चाई बरतने को बाध्य करती है। प्रत्येक बड़े ब्रांड में उद्यमी की पहचान छिपी होती है, जिसने यह सब आरम्भ किया होता है। वह पहचान अत्यन्त मूल्यवान सम्पत्ति होती है और जब तक यह सम्पत्ति खो न जाए, कई कम्पनियाँ तो इसके महत्त्व को पहचान भी नहीं पातीं। यदि इस पहचान को सुरक्षित न रखा जाए, तो शीघ्र ही वह ब्रांड मर जाता है। यही कारण है कि जब कोई व्यक्ति अपना व्यवसाय किसी बड़े संगठन को बेच देता है, तो कई ब्रांड ऐसे ही मर जाते हैं। ए.ओ.एल. और माईस्पेस, उद्यमियों की पहचान की मृत्यु के हाल ही के उदाहरण हैं।

आप किस चीज़ का प्रतिनिधित्व करते हैं?

कई उद्यमी केवल धन कमाने के उद्देश्य से ही उद्यमी बनते हैं, तो कुछ अपनी अलग पहचान बनाने के लिए। आप किस प्रकार के उद्यमी हैं? आप अब स्वयं से यह प्रश्न पूछ सकते हैं, क्योंकि अपनी सफलता की तलाश के लिए, आप जितना सोचते हैं, आपको उससे कहीं ज़्यादा सोचने की आवश्यकता होती है।

एक ब्रांड-डेवेलपर उद्यमी, कैथी हीस्ली ने रॉबर्ट के साथ मिलकर इस पुस्तक का एक खण्ड लिखा है। कैथी की कम्पनी, हैस्ले एंड पार्टनर्स, नए तथा स्थापित उद्यमियों के साथ मिलकर काम करती है और उन्हें अपने व्यवसाय को ब्रांड के रूप में परिवर्तित करना सिखाती है। 20 वर्षों तक उद्यमियों का मार्गदर्शन करके, उन्होंने अपनी कम्पनी के एक ब्रांड का निर्माण करने वाली पद्धति विकसित की है, जिसे वह दिलो-दिमाग़ से की गयी ब्रान्डिंग का नाम देती हैं। इस प्रक्रिया के माध्यम से, कम्पनियाँ हर चीज़ को लोगों के दिमाग़ में बैठाने का हुनर सीखती हैं, बल्कि इससे भी बढ़कर, वे लोगों की आत्मा में बैठाने की कला सीखती हैं। यह ब्रान्डिंग, पूरी कम्पनी को विपणन और सम्प्रेषण से भी आगे का विस्तार देती हैं और लोगों के मन में बैठा देती है।

उनकी सफलता की अनगिनत कहानियों में से एक है उद्यमी डूग ड्यूसी के साथ काम करना जो कोल्ड स्टोन क्रीमरी की सफलता के पीछे काम करने वाली शक्ति हैं, जो आज आइसक्रीम का एक अंतर्राष्ट्रीय ब्रांड है।

वर्ष 1999 में जब कैथी ने एक ग्राहक के रूप में, कोल्ड स्टोन क्रीमरी का काम अपने हाथ में लिया, तो कोल्ड स्टोन, आइसक्रीम की एक फ़्रैंचाइज़ी के तौर पर अपने शुरूआती दौर में थी, जिसके पास 12 कर्मचारी और 35 दुकानें थीं और उनकी कुल आय कुछ ही मिलियन डॉलर में थी। कोल्ड स्टोन को अपने अधीन लेने के दस वर्ष बाद, उसका व्यसाय 1,400 दुकानों तक पहुँच चुका था और उसकी कुल आय आधा बिलियन डॉलर की हो गयी थी।

कैथी के उद्यमियों, व्यवसायों और ब्रान्डिंग के सम्बन्ध में ये विचार हैं – "लोग अक्सर एक ब्रांड को एक लोगो (चिन्ह) मान बैठते हैं। वे सोचते हैं कि यह एक विज्ञापन अभियान या बिक्री बढ़ाने का एक तरीका है, लेकिन यह ऐसी कोई चीज़ नहीं है। एक ब्रांड दो शब्दों का मिश्रण होता है, जिनमें पहला शब्द है 'वायदा' करना और दूसरा है 'अनुभव'। एक ब्रांड की नींव, किसी उद्यमी की पहचान पर निर्भर होती है। जब लोग आपके ब्रांड और आपके नाम को देखते हैं या आपके उत्पादों का प्रयोग करते हैं, तो जिस चीज़ का आप प्रतिनिधित्व करते हैं, वह चीज़ उन प्रतीकों और अनुभवों में झलकनी चाहिए। मैं एक क़दम और आगे बढ़कर इसे स्पष्ट करूँगा। आपको, आपके नाम को, आपके उत्पादों को और आपकी सेवाओं को, आपके ग्राहकों की भावनात्मक और मानसिक प्रतिक्रिया में दिखाई देना चाहिए। दिलो-दिमाग़ (हार्ट एन्ड माइंड) की ब्रान्डिंग पद्धति इस तथ्य पर निर्भर है कि हम सब अपने दिल से कोई चीज़ ख़रीदते हैं और अपने दिमाग़ से उस ख़रीद के औचित्य को साबित करते हैं। दूसरे शब्दों में, एक ब्रांड को पहले भावनात्मक होना चाहिए, उसके बाद तर्कसंगत।"

स्वयं से पूछे जाने वाले प्रश्न

सफल उद्यमशीलता के व्यवसाय में वह विशेष बात, वह जादू होता है, जो एक ब्रांड को गति प्रदान करता है। कोल्ड स्टोन क्रीमरी के मामले में, लोगों को खुशी प्रदान करने का एक जुनून था, सर्वश्रेष्ठ होने की भावना थी और शानदार परिणाम देने के लिए आइसक्रीम के क्षेत्र में पिछला अनुभव था।

नेतृत्व प्रदान करने वाले व्यक्तियों के दिल में एक आग होनी चाहिए और एक कहानी के पीछे कहानी होने का एक अच्छा-सा कारण होना चाहिए, जो उस कहानी से जुड़कर, उसे चमक प्रदान करे।

नीचे तीन बड़ी कल्पनाएँ अर्थात् बुनियादी प्रश्न दिए गए हैं, जो सभी उद्यमियों को अपने आप से पूछने चाहिए –

बड़ी तस्वीर : प्रश्न 1 : आप जो कहते हैं वह क्यों करते हैं?

आप अपने "क्या" के पीछे "क्यों" को जानते हैं? आप जो कुछ कर रहे हैं, उस कार्य के पीछे कोई उचित कारण होना चाहिए, क्योंकि लोग इस 'क्यों' से स्वयं को जोड़ कर देखते हैं। आपको अपने ब्रांड में मौजूद सच्चाई को जीवंत करना पड़ेगा। उद्यमियों को अपना हर कार्य पूरे दिल से करना होगा, क्योंकि एक अच्छे ब्रांड की पहचान होती है यह सच्चाई। यह केवल धन कमाने के लिए नहीं होती। आप एक स्वरोज़गार उद्यमी के रूप में सफल हो सकते हैं, किन्तु आपका 'क्यों', व्यापार के चतुर्भाग के ब्रांड के व्यवसाय को चलाने के लिए पर्याप्त नहीं होगा।

जब लोग हमसे मिलते हैं, तो वे बता सकते हैं कि हम जो कुछ करते हैं, उसके पीछे एक बहुत बड़ा "क्यों" होता है। आख़िरकार, हम दोनों अनुभवी उद्यमी और व्यापार से सम्बन्धित व्यक्ति हैं। हम दोनों बहुत सफल व्यक्ति हैं। हम दोनों को काम करने की आवश्यकता न होने के बावजूद, हम काम करते हैं। हालाँकि हम दोनों, पैसे के व्यवसाय में हैं और पैसा बनाने का पूरा आनन्द ले रहे हैं, लेकिन हमारा लक्ष्य पैसा नहीं है। पैसा हमारा "क्यों" नहीं है। सच्चाई यह है कि अगर आप गहराई से सोचें तो हम दोनों शिक्षक हैं, दूसरों को ज्ञान देने वाले। हम वास्तव ही में लोगों को शिक्षा देने का आनंद उठाते हैं कि वे जितने अच्छे बन सकते हैं, बनें और जितना अच्छा जीवन जी सकते हैं, जिएँ। हमारे प्रत्येक पुस्तक लिखने, प्रत्येक परियोजना पर कार्य करने और हमारे प्रत्येक निवेश के पीछे वह मूलभूत 'क्यों' ही होता है। हमने अपनी पहली पुस्तक "वाइ वी वॉन्ट यू टु बी रिच" किसी अन्य कारण से नहीं, अपितु लोगों को यह बात समझाने के लिए लिखी थी कि दुनिया कैसे काम करती है और वर्तमान युग में हमें किन ख़तरों का सामना करना पड़ रहा है। हमने मध्यम वर्ग में आने वाली गिरावट और उसके कारणों के सम्बन्ध में और ग़रीबी में गिरने की अपेक्षा धनी होना सुनिश्चित करने के लिए क्या कर सकते हैं, इसके बारे में लिखा। यही शिक्षण है और इसी में हमारा दिल लगता है। हमारी इच्छा है कि लोग एक श्रेष्ठ जीवन जिएँ।

कई लोगों ने निश्चित रूप से डोनाल्ड ट्रम्प के बारे में सुना होगा और 'रिच डैड पुअर डैड' पुस्तक के सम्बन्ध में भी। आप व्यापार एवं उद्यमशीलता की दुनिया की खोजबीन करेंगे, तो आपको वास्तव में पता चला जाएगा कि हम कौन हैं। आप तुरन्त अनुमान लगा लेंगे कि हममें एक विशिष्ट भावना है और हम धन कमाने से कहीं अधिक, एक बड़े उद्देश्य के लिए जाने जाते हैं। हम उस पुरानी कहावत में विश्वास करते हैं, "आप मेरे बारे में क्या सोचते हैं, उससे मुझे कोई मतलब नहीं है।" दूसरे शब्दों में, हमें यहाँ जीवित रहने के लिए आपकी अनुमति की आवश्यकता नहीं है। सामाजिक रूप से, हम दोनों सम्मानित व्यक्ति हैं और अक्सर विनम्र भी, फिर भी आप जानते हैं कि हमारे भीतर एक आग जल रही है। हम दोनों अत्यन्त तेज़, कठोर और अपने लक्ष्य पर चलने वाले व्यक्ति हैं।

लोग जानते हैं कि अपनी छवियों के पीछे हम क्या हैं और वह हमें अपनी कम्पनियों से कैसे जोड़ता है। वे हमारे ध्यान केन्द्रित करने, हमारी भावनात्मक मज़बूती और कड़ी मेहनत के लिए हमारे समर्पण के स्तर को देखते ही हैं। ब्रान्डिंग एक ओवगपूर्ण व्यापार के समान ही एक मैराथन भी है, एक लम्बी दौड़। नेतृत्व प्रदान करने वाले अपनी इच्छा से इसमें शामिल या इससे बाहर नहीं हो सकते।

आप स्वयं से ये प्रश्न पूछें :

- आप अपने व्यापार से कौन-सी उपलब्धि पाना चाहते हैं?
- आपको कौन सी चीज़ सुबह उठने को प्रेरित करती है?
- क्या आप कभी असफल हुए हैं?
- आप अगले पाँच वर्षों में अपने आपको कहाँ देखते हैं?
- आप कैसी विरासत छोड़ कर जाना चाहते हैं?

स्वयं से पूछें

जब आप स्वयं से ये प्रश्न पूछते हैं, तो आप अपने एवं विश्वसनीय मित्र को बुलाकर उससे बात करें। आप अपनी जानकारी का आदान-प्रदान करें और उसे कहीं लिख लें। आप इस क्रम को एक बार से अधिक दोहराएँ। प्रश्न बहुत महत्त्वपूर्ण है। आप इस प्रक्रिया को तब तक दोहराते रहें, जब तक आपको स्पष्ट न हो जाए कि आप कौन हैं, आप जो कुछ कर रहे हैं, उसका उद्देश्य क्या है और क्या आपके भीतर एक वास्तविक ब्रांड बनने की आग है! उस प्रक्रिया के माध्मय से, आपको सही मामलों में पता चल जाएगा कि आप किस चीज़ का प्रतिनिधित्व करते हैं।

आपको अपने ग्राहकों और अपने कर्मचारियों से भी ऐसे ही प्रश्न पूछने होंगे। जब वास्तविक उद्यमी और अपनी कम्पनी को उजागर करने की बात होती है तो सभी की आवाज़ एक जैसी होगी।

बड़ी तस्वीर : प्रश्न 2 : आप किस समस्या को सुलझाना चाहते हैं?

एक सच्चे व्यापार का अस्तित्व केवल एक समस्या को सुलझाने और जीवन को बेहतर बनाने के लिए होता है। यदि आप अपने कार्यों से औरों को कोई लाभ नहीं दे सकते, तो आपका जीवन व्यर्थ है। श्रेष्ठ ब्रांड न केवल सच्चे होते हैं, अपितु वे अर्थपूर्ण भी होते हैं।

हमारे ब्रांड एक साथ अच्छा कार्य करते हैं, क्योंकि वे एक जैसी समस्याओं पर काम करते हैं। हालाँकि, हम दोनों आपस में बहुत भिन्न हैं और अमेरिका के भिन्न-भिन्न क्षेत्रों, न्यू यॉर्क और हवाई से आए हैं, फिर भी हम दोनों के पिता बहुत अमीर हैं। हम में से एक बहुत धनी परिवार से सम्बन्ध रखता है और दूसरा एक मध्यम वर्गीय परिवार से है। फिर भी हम दोनों शिक्षा देने वालों के रूप में, परस्पर दिल से जुड़े हुए हैं। हम शिक्षक

हैं और अक्सर बड़ी संख्या में श्रोताओं को सम्बोधित करने के लिए एक साथ मंच को साझा करते हैं और उपस्थित लोगों को अपने सपने पूरे करने के लिए प्रोत्साहित करते हैं। हम दोनों ही शैक्षणिक टेलीविज़न कार्यक्रमों को संचालित करते हैं – डोनाल्ड का लोकप्रिय टी.वी. शो '*द अप्रेन्टिस*' और पी.बी.एस. चैनल पर रॉबर्ट का टेलिविज़न शो। हम दोनों के पास ही वित्तीय-शिक्षा देने वाले गेम्स हैं, वित्तीय शिक्षा देने वाली कम्पनियाँ हैं और हम दोनों ही पुस्तकें लिखते हैं। हम अपने स्कूलों में वित्तीय शिक्षा की कमी के कारण उत्पन्न एक शैक्षिक-शून्यता को भरने के लिए अपनी पूरी कोशिश कर रहे हैं। हम जानते हैं कि हमारे समाज में एक मुख्य समस्या है वित्तीय शिक्षा की कमी। अन्य ताकतों के साथ मिलकर, वित्तीय शिक्षा की यह कमी, एक सिकुड़ते हुए मध्यम वर्ग के साथ-साथ, अमीरों और ग़रीबों के बीच एक बड़ी खाई पैदा कर रही है। नौकरियों का खोना, कम वेतन, ऊँचे कर, गिरते पारिवारिक मूल्य, मुद्रा स्फीति की बढ़ती हुई दर, असहनीय स्वास्थ्य सुविधाएँ और सेवा-निवृति बचतों में कमी इत्यादि सभी मिलकर अधिकांश अमरीकी लोगों के जीवन को नष्ट कर रहे हैं। हम इन समस्याओं के समाधान का एक हिस्सा होना चाहते हैं। यही कारण है कि हम लोगों को शिक्षा प्रदान करके, अपने ज्ञान को उनके साथ साझा करना चाहते हैं, ताकि लोग एक बेहतर जीवन का आनन्द उठा सकें।

हमारे सिद्धान्त बहुत जाँचे-परखे हैं। हम दोनों में से कोई भी व्यक्ति, उन वित्तीय विशेषज्ञों के साथ मंच को साझा नहीं करेगा, जो कहते हैं कि, "अपनी क्षमता से कम खर्च करके जिएँ।" हम लोगों को इतना वित्तीय-ज्ञान देना चाहते हैं कि वे अपने दायरों से ऊपर उठ कर जीवन जी सकें। 'द अप्रेन्टिस' के प्रोड्यूसर, मार्क बर्नेट तथा रॉबर्ट को, डोनाल्ड ट्रम्प की पुस्तक '*द आर्ट ऑफ द डील*' पढ़कर, अपने सपनों से ऊपर उठ कर जीने की प्रेरणा मिली थी। जैसा कि डोनाल्ड ने पीछे बताया है, "मार्क कैलिफ़ोर्निया में वेनिस समुद्र तट पर बच्चों की टी-शर्ट बेचने का काम करते थे। यही वह समय था, जब मार्क ने मेरी पुस्तक पढ़ी। "आज, मार्क बर्नेट रियलिटी टेलिविज़न की दुनिया में एक प्रमुख हस्ती हैं और अपनी कल्पना से कहीं ज़्यादा समृद्ध हैं।

रॉबर्ट की पत्नी, किम कहती हैं, "1987 में, हम भी वित्तीय संकट में फँसे हुए थे। 1986 में, हमने रॉबर्ट के पर्स के व्यापार के लगभग एक मिलियन डॉलर के नुकसान का अंततः भुगतान कर दिया था। हम बिल्कुल शून्य पर खड़े थे। हमारे सिर पर कोई ऋण नहीं था, लेकिन हमारी कोई आय भी नहीं थी। हमने जैसे ही डोनाल्ड की पुस्तक के बारे में सुना, हम एकदम उसे ख़रीदने के लिए दौड़ पड़े, उसे ख़रीदा, पढ़ा, उसका अध्ययन किया और बहुत गहराई से उस पर विचार-विमर्श किया। उस पुस्तक ने हमारे जीवन को बदल कर रख दिया। उसने हमारे जीवन को परिवर्तित किया, क्योंकि डोनाल्ड ने हमें हमारी आंखों से अपनी दुनिया को देखने की अनुमति दी। उन्होंने हमें हमारे प्रश्नों के उत्तर नहीं दिए। उन्होंने केवल सम्भावनाओं की एक दुनिया की ओर हमारी आँखें खोल दीं। महान शिक्षक ऐसा ही करते हैं।"

वर्तमान दुनिया में द ट्रम्प, कियोसाकी और बर्नेट सभी ब्रांड बहुत अर्थपूर्ण हैं। वे समस्याएँ सुलझाते हैं, नौकरियाँ पैदा करते हैं और राष्ट्रीय व वैश्विक स्तर पर जो कुछ घटित हो रहा है, हमें उसके साथ-साथ आगे बढ़ाते हैं। कियोसाकी और बर्नेट, दोनों ब्रांड, ट्रम्प ब्रांड के साथ जुड़े हुए हैं। इसके परिणाम सभी के लिए लाभदायक हैं। वैयक्तिक ब्रांड शक्तिशाली हैं, लेकिन जब वे इकट्ठे हो जाते हैं, तो वे और अधिक महान बन जाते हैं।

निम्नलिखित प्रश्नों पर विचार करके आप यह जानें कि कौन सी चीज़ आपके व्यवसाय को अर्थपूर्ण बनाती है :

- आप कौन सी समस्या को सुलझाना चाहते हैं?
- यह एक समस्या क्यों है?
- इस समस्या का कारण क्या है?
- यदि कल आपका व्यापार बन्द हो जाए, तो इससे दुनिया को क्या हानि होगी?
- आप क्यों सोचते हैं कि आप समस्या को हल कर सकते हैं?
- आपके उत्पाद या सेवाएँ किस प्रकार समस्या को हल कर सकते हैं?
- आपके उत्पाद या सेवाएँ किस प्रकार आपके ग्राहकों के जीवन को बेहतर बना सकते हैं?
- आपके विचार में, ग्राहक आपके जैसी एक कम्पनी से क्या अपेक्षा रखते हैं?

एक बार फिर, अपने आप से यह प्रश्न पूछने के लिए थोड़ा समय निकालें। उसके बाद, अपने किसी मित्र को यही प्रश्न आपसे पूछने के लिए कहें। इस प्रक्रिया को तब तक दोहराते हैं, जब तक आपके सामने यह बात स्पष्ट न हो जाए कि कौन-सी चीज़ आपको अर्थपूर्ण बनाती है। एक महान ब्रांड की यह दूसरी विशेषता है।

बड़ी तस्वीर : प्रश्न 3 : आपका प्रतिस्पर्धी कौन है और क्या है?

प्रत्येक व्यवसाय में प्रतिस्पर्धा होती है और जब आप अपना ब्रांड बना रहे हों, तो आपको सबसे अलग दिखना चाहिए। वास्तव में, एक अच्छे ब्रांड की तीसरी विशेषता होती है – अलग दिखना। "मैं भी" कहते हुए बहुत सारे व्यवसाय यहाँ मौजूद हैं और वे कभी भी प्रतिस्पर्धा से ऊपर न उठ पाते हैं और न ही कुछ नया कर पाते हैं। जब हम किसी को यह कहते सुनते हैं, "मेरे उत्पाद से कोई प्रतिस्पर्धा नहीं कर सकता, क्योंकि हम बहुत विशिष्ट हैं," तो हम जानते हैं कि हमारे सामने एक स्वप्नदर्शी खड़ा है, व्यवसायी नहीं। प्रतिस्पर्धा हमेशा रहती है, तब भी जब ग्राहक को अपनी मौजूदगी का पता न हो। अज्ञानता भी प्रतिस्पर्धी हो सकती है।

अधिकांश लोगों का ध्यान बहुत संकुचित होता है। वे केवल अपने उत्पाद या सेवाएँ ही देखते हैं, जो व्यापार-निवेश त्रिकोण का ऊपरी हिस्सा है। अक्सर, वे एक व्यापार की 8 अखंडताओं के पूरी गुंजाइश को देख पाने में असमर्थ होते हैं। यदि वे समूचे

व्यापार-निवेश त्रिकोण को नहीं देख पाते, तो निश्चित ही दुनिया को देखने वाली उनकी दृष्टि में एक अच्छा बिन्दु है अर्थात् उनकी दृष्टि इस विषय में कमज़ोर है और वे कभी अन्य कम्पनियों पर अपनी श्रेष्ठता को नहीं जान पाएँगे।

अक्सर, आप अपनी पहचान के प्रति सच्चे होकर और जिन लोगों की आप सेवा करते हैं या सेवा करने की इच्छा रखते हैं, उनके प्रति अर्थपूर्ण होकर आप पारिभाषिक रूप से अलग होते हैं। इसलिए कुछ कम्पनियों की इस पर अच्छी पकड़ होती है, जिसका अर्थ है कि आप अलग दिखाई देते हैं। इस उद्देश्य वाली कम्पनियों में काम करना अधिक आनन्ददायक, अधिक सार्थक और अधिक संतोषजनक होता है।

एक कम्पनी की श्रेष्ठता के दृष्टिकोण को उजागर करने के लिए, निम्न बातों को समझने की आवश्यकता होती है :

- लोग अन्य कम्पनियों की अपेक्षा आपकी कम्पनी को क्यों चुनें?
- क्या आप 25 से कम शब्दों में वर्णन कर सकते हैं कि आप औरों से अलग कैसे हैं?
- क्या आपके कर्मचारी आपको श्रेष्ठ बता सकते हैं और क्या सभी कर्मचारियों के इस सम्बन्ध में एक जैसे विचार हो सकते हैं?
- आपके प्रस्तुतिकरण का तरीका क्या है?
- क्या आप अपनी बिक्री की स्थिति के प्रति विश्वस्त हैं?
- क्या मंच पर आप का अपने प्रति भरोसा बना रहता है?
- वे कौन सी चीज़ें हैं, जो आपकी कम्पनी और केवल आपकी कम्पनी के पास ही हैं?
- क्या आप इंटरनेट के लिए तैयार हैं? जब लोग आपकी कम्पनी के बारे में जानने के लिए गूगल सर्च इंजन पर, आपकी कम्पनी को ढूँढते हैं, तो क्या उसके परिणाम आपके ब्रांड को लाभ पहुँचाते हैं?
- आप बदलाव लाने और उसके अनुरूप बनने के कितने इच्छुक हैं?
- आप और आपका संगठन कितनी तेज़ी से अपने में बदलाव ला सकते हैं?

आप स्वयं से ये प्रश्न पूछें और अपने उत्तर ढूँढें। उसके बाद, आप अपने किसी मित्र को वही प्रश्न दोहराने को कह सकते हैं और उससे इस सम्बन्ध में जानकारी ले सकते हैं। इस प्रक्रिया को तब तक दोहराते रहना आवश्यक है, जब तक आप के सामने ये प्रश्न स्पष्ट नहीं हो जाते।

यदि आप किसी कम्पनी के कर्मचारी हैं, तो आप यही प्रश्न अपनी कम्पनी के स्वामी के सम्बन्ध में पूछ सकते हैं और उनके उत्तर दे सकते हैं। दूसरे शब्दों में, क्या कम्पनी के स्वामी आपके इन उत्तरों से सहमत हैं या वे रूढ़िवादी व्यक्ति हैं? यदि आप अपनी कम्पनी के मालिक के उत्तरों से सन्तुष्ट नहीं हैं, तो आप एक नई नौकरी की तलाश

आरम्भ कर सकते हैं, क्योंकि सम्भव है, आपको निकट भविष्य में शीघ्र ही नई नौकरी तलाश करने की ज़रूरत पड़ जाए।

प्रौद्योगिकी में तेज़ी के इस युग में, ग्राहकों का ध्यान, समय और पैसा अपनी ओर खींचने के लिए अधिक से अधिक प्रतिस्पर्धा होती है। आजकल वेब की दुनिया, एक "निःशुल्क" नई दुनिया है, जहाँ हर कोई आप को मुफ़्त में या 'सेल' में भारी छूट या चीज़ें दे रहा है, वहाँ आप कैसे प्रतिस्पर्धा कर सकते हैं या आप कौन सी चीज़ बेच सकते हैं? हम में से 1970 से पूर्व पैदा होने वाले व्यक्तियों में व्यापार का विवेक हो सकता है, किन्तु हमारे साथ आधुनिक काल के तकनीक-प्रेमी न होने की समस्या हो सकती है, बेशक हम ई-मेल का प्रयोग करते हों या अपना फेसबुक खाता रखते हों। जो लोग 1970 के बाद पैदा हुए हैं, वे सामान्यतः तकनीक-प्रेमी हैं, लेकिन उनके पास इन्हें अच्छी तरह से उपयोग में लाने का विवेक नहीं है। आज, उद्यमियों को तकनीक की समझ रखने वाला और बुद्धिमान, दोनों होना चाहिए। जिस उद्यमी के पास ये दोनों गुण हैं, उसे भारी प्रतिस्पर्धात्मक लाभ प्राप्त होता है।

जिस वर्ष बर्लिन की दीवार गिराई गयी थी और वर्ल्ड वाइड वेब की शुरूआत हुई थी, उस वर्ष यानि 1989 से दुनिया पूरी तरह बदल गयी। वे घटनाएँ औद्योगिक युग की समाप्ति और सूचना युग के आरम्भ होने का संकेत थीं। आज, हर ओर आपकी प्रतिस्पर्धा है। आपकी प्रतिस्पर्धा प्रत्येक व्यक्ति के घर, कार्यालय और सेलफ़ोन में मौजूद हैं। आज "निःशुल्क" साइबर दुनिया ने किसी समय बड़े-ब्रांड रही चीज़ों जैसे 'टाइम' पत्रिका को भी नीचे की ओर धकेल दिया है, क्योंकि 'टाइम' को नई दुनिया के साथ प्रतिस्पर्धा करने की कोई जानकारी नहीं है। इसके अतिरिक्त, प्रौद्योगिकी ने लेन-देन के समय में तेज़ी ला दी है। आज 20 वर्ष के करोड़पति और 50 वर्षीय बेरोज़गार लोगों के होने का कारण यह है कि साइबर दुनिया में रहने वाले व्यवसाय तेज़ी के साथ अधिकाधिक लोगों को, कम कीमत पर और कम कर्मचारियों के सहारे अपने उत्पाद बेच सकते हैं। वे अपने लिए, अपनी कम्पनी के लिए और अपने उत्पादों के लिए ऑन-लाइन नाम बनाने की तकनीक जानते हैं। ऐसा करना पहले से कहीं ज़्यादा आसान है किन्तु यह पहले से अधिक कठिन भी है। इंटरनेट उद्यमियों को लोगों तक पहुँचने की सुविधा देता है, लेकिन चूँकि वह हर किसी को यह सुविधा देता है, इसलिए अधिक लोगों के होने से, यह खेल के मैदान में अव्यवस्था फैला देता है। कुछ नया और महत्त्वपूर्ण खोज निकालने के लिए एक रणनीति और लगातार परिश्रम से काम करना पड़ता है। लेकिन एक ब्रांड के अभाव में, आप एक विशाल और अथाह समुद्र में खो जाते हैं।

इंटरनेट एक ख़तरनाक स्थान भी सिद्ध हो सकता है और ग्राहकों के लिए इसका शिकार बन जाना बहुत आसान है। ब्रांड इस निरंकुश दुनिया के विरुद्ध सुरक्षा एवं निश्चिंतता प्रदान करते हैं। यदि आपका ब्रांड आसानी से साइबर की दुनिया और वास्तविक दुनिया और पुनः साइबर की दुनिया में गतिमय हो सकता है, तो यह सबसे अच्छा होगा। सच कहें तो, यह इसकी विश्वसनीयता को बढ़ाता है। एक ब्रांड, जो

वास्तविक और साइबर दुनिया में बड़ी गति के साथ जुड़ सकता है, प्रतिस्पर्धा कर सकता है और व्यापारिक लेन-देन कर सकता है, तो उसमें बहुत अच्छी सम्भावनाएँ होंगी।

सर्वोत्तम ब्रांड

सर्वोत्तम ब्रांड निम्न होते हैं

- सच्चे
- अर्थपूर्ण
- अलग

अपनी कथनी के अनुसार चलना ही वास्तविक होना है : अपने शब्दों पर दृढ़ रहना, अपनी कथनी और करनी में अन्तर न रखें। एक नकली रोलेक्स इसके महत्त्व को स्पष्ट करती है। अगर आप बाहर से धोखेबाज़ हैं, तो आप सम्भवतः अपने भीतर से भी धोखेबाज़ हैं। जो कोई व्यक्ति यह सोचता है कि लोग नकलीपन को नहीं पकड़ पाते तो वे स्वयं अपने साथ मज़ाक करते हैं। बेशक आपके ग्राहक तुरन्त इसे नहीं पकड़ पाते, लेकिन अन्ततः वे पकड़ने में सफल हो ही जाते हैं। एक पुरानी कहावत है कि, "आप थोड़े से व्यक्तियों को थोड़े समय के लिए मूर्ख बना सकते हैं, किन्तु आप सभी लोगों को हर समय मूर्ख नहीं बना सकते।"

आज के युग में, लोग ब्रांड के वायदों, उत्पाद की कीमत और उसके वास्तविक मूल्य के प्रति अत्यन्त संवेदनशील हैं। इसका अर्थ है कि लोग यह जानना चाहते हैं कि आप जो कुछ उन्हें बेच रहे हैं, उसकी तुलना में उनके बारे में ज़्यादा चिन्ता कर रहे हैं। आज आपको, आपके व्यापार को और आपके ब्रांड को, लोगों को यह बताना चाहिए कि आप किसकी चिन्ता पहले करते हैं, कि आप उनकी चिन्ता पहले करते हैं। यदि आप ऐसा नहीं करते, तो आपका प्रतिस्पर्धी ऐसा करेगा। मैं यहाँ यह कहना चाहता हूँ कि एक व्यवसाय केवल पैसा कमाना ही नहीं है, बल्कि यह ग्राहकों की देखभाल करना भी है। यदि आप पूरी सच्चाई के साथ देखभाल करते हैं, अपने शानदार अनुभव के साथ अपने ब्रांड के वायदों को पूरा करते हैं और हर स्थान पर 24/7 सेवाएँ देते हैं, तो आप पर पैसों की बरसात होने लगती है।

महान ब्रांड किसी संगठन के दिल से आरम्भ होते हैं, उसके बाद संगठन में हर व्यक्ति के माध्यम से फैल जाते हैं और फिर सार्वजनिक होते हैं।

हमारी सभी सैन्य शाखाएँ - थल सेना, नौ सेना और वायु सेना, तट-रक्षक तथा मरीन, महान ब्रांड हैं। फिर भी प्रत्येक सैन्य शाखा का ब्रांड सन्देश भिन्न-भिन्न है। जब एक व्यक्ति सेना की किसी विशेष शाखा से जुड़ने का निश्चय कर लेता है, तो वह केवल अपने शरीर पर यूनिफॉर्म नहीं पहनता। नहीं, उसे आधिकारिक वर्दी पहनाने से पूर्व, भविष्य के सैनिक को अलग ले जाकर, उससे उसकी पूर्व पहचान, मान्यताएँ, विचार व

आदतें छीन ली जाती हैं। केवल तभी वह मरीन, थल सेना, नौसेना, तट-रक्षक या वायु सेना का एक सदस्य हो सकता है। सशस्त्र सेनाएँ यह सुनिश्चित करती हैं कि उनके लोग मानसिक, शारीरिक और धार्मिक रूप से सर्वश्रेष्ठ ब्रांड होते हैं।

यह ब्रांडिंग प्रक्रिया विशेष रूप से नौसैना सील (एस.ई.ए.एल.) अर्थात् समुद्र वायु व पृथ्वी के लिए बिल्कुल सच है, जो विश्व की सबसे संभ्रान्त और प्रतिष्ठित लड़ाकू इकाइयाँ हैं। ये 2,500 सील सैनिक, दुनिया के सबसे बेहतरीन योद्धा समझे जाते हैं। इन सील सैनिकों को सील सैनिक बनने से पूर्व, दो वर्ष के अत्यन्त कठिन प्रशिक्षण कार्यक्रम से होकर गुज़रना पड़ता है। इस कठिन प्रक्रिया में 75 से 90 प्रतिशत लोगों को बाहर निकाल दिया जाता है। उनकी इच्छा शक्ति के परीक्षणों में से एक में, एक चुनौती में, प्रशिक्षुओं को हाथ और पैर बाँधकर, गहरे पानी में डुबो दिया जाता है और उन्हें साँस रोककर, सतह तक जाने के लिए कहा जाता है। उसके बाद वे, बंधे-बंधे ही 50 मीटर तक तैरते हैं। इसमें सबसे बुरी चुनौती “नरक का सप्ताह” है, एक ऐसी अवधि जहाँ प्रशिक्षुओं को प्रतिदिन 20 घन्टे जगाया जाता है, उनसे अथक, शारीरिक श्रम का अभ्यास कराया जाता है और उन्हें लगातार वह चुनौती छोड़ देने के लिए आमंत्रित किया जाता है। “नरक के सप्ताह” के अन्त में, यदि प्रशिक्षु प्रशिक्षण छोड़कर नहीं जाते, तो उन्हें शरीर जमा देने वाले ठन्डे पानी में, शून्य से नीचे के तापमान को सहने का आदी बनाया जाता है। उसके बाद वे, दो मील की दूरी तैर कर तय करते हैं। जब प्रशिक्षु तैराकी पूरी करके बाहर आते हैं, तो उन्हें प्रशिक्षक द्वारा गर्म चॉकलेट का एक मग पकड़ा दिया जाता है, लेकिन उन्हें बताया जाता है कि वे अपनी असफलता स्वीकार कर लेने पर और इस प्रशिक्षण से बाहर हो जाने की स्थिति में ही इसे पी सकते हैं। कई सील सैनिक यह स्वीकार करते हैं कि भाप छोड़ते चॉकलेट के उस मग को वापस लौटाना, उनके जीवन की सबसे कठिन चुनौती है।

सैन्य संगठन, दुनिया में सबसे अधिक जटिल ब्रांड-निर्माताओं में से एक है। एक सच्चा ब्रांड, मूल अर्थात् हृदय से आरम्भ होता है और संगठन के सभी लोगों के दिलों व दिमाग़ों से होता हुआ सब स्थानों पर फैल जाता है और फिर बाहरी दुनिया में प्रकट होता है। सर्वश्रेष्ठ ब्रांड हमारी पहचान का एक अंग बन जाते हैं।

जब सील टीम सिक्स (एस.टी. 6) ने ओसामा बिन लादेन को मार गिराया, तो उसके ब्रांड की शक्ति पूरे विश्व में महसूस की गयी। जिन लोगों ने सील सैनिकों के बारे में कभी नहीं सुना था, वे यह पूछते देखे गए, “वे लोग कौन थे?” चूँकि सील सैनिक मौन के नियम का पालन करते हैं, इसलिए उनका घातक मौन उनके ब्रांड को और अधिक प्रभावशाली बना देता है। उन व्यवसायों के सम्बन्ध में क्या कहा जा सकता है, जो हम पर केवल अर्थहीन, ऊँचे स्वर में, अन्तिम विज्ञापनों की बौछार करते हैं? वे दरअसल एक ब्रांड नहीं बन पाते। वे केवल एक सिरदर्द बन कर रह जाते हैं।

सर्वकालीन महान ब्रांड निर्माताओं में से एक है, रोमन साम्राज्य में हूणों के राजा, अत्तिला हूण। उसके ब्रांड ने उसे इतना शक्तिशाली बना दिया था कि उसके विरोधी दुश्मन अक्सर उससे युद्ध करने से पहले ही, उसके समक्ष आत्म-समर्पण कर देते थे। हालाँकि वह 434 से 453 ईस्वी तक हूणों का राजा था, लेकिन लोग आज भी अत्तिला के बारे में बात करते हैं। यह होती है ब्रांड की शक्ति और इससे प्रमाणित होता है कि एक ब्रांड अपनी विरासत भी बना सकता है।

आज ऐपल के स्टीव जॉब्स, फेसबुक के मार्क जुकरबर्ग और गूगल के सर्गेई ब्रिन जैसे उद्यमी, आधुनिक युग के अत्तिला हैं, जो अपने ब्रांड के साथ-साथ अपनी विरासत भी बना रहे हैं। उन्होंने विश्व के इतिहास में कुछ सबसे शक्तिशाली ब्रांडों का निर्माण किया है। जब जॉब्स, जुकरबर्ग या ब्रिन करवट लेते हैं, तो सारी दुनिया हिल जाती है और व्यवसाय या तो बदल जाते हैं या वे नष्ट हो जाते हैं।

यहाँ तक कि आपराधिक संगठनों के भी ब्रांड होते हैं। उदाहरण के लिए, कोसा नॉस्ट्रा का नाम ही दुनिया के लोगों में डर पैदा करने के लिए काफ़ी है। ऐसा ही एक नाम जापान के याकूज़ा का भी है। नशीले पदार्थों की दुनिया में, कोलम्बिया के कैली कार्टेल और मैडलिन कार्टेल कोकीन के व्यापार में जाने-माने अगुआ थे।

धोखेबाज़ों के भी ब्रांड होते हैं। धनी और प्रसिद्ध लोगों की दुनिया में बर्नी मैडोफ का बहुत नाम था। आज वह इतिहास की सबसे बड़ी पोंज़ी योजना को चलाने वाला सबसे कुख्यात नाम है। क्या बर्नी मैडोफ का नाम, निवेशकों को सबसे बड़ा धोखा देने वाले व्यक्ति, चार्ल्स पोंजी से भी ज़्यादा प्रसिद्ध हो सका है? यह समय ही बताएगा कि पोंजी योजनाओं को 'मैडोफ योजनाओं' के नाम से जाना जाएगा या नहीं। कई मामलों में, बर्नी "मैडोफ" का नाम अपराध का बेहतर वर्णन कर सकता है।

एक ब्रांड की ताकत व उसकी कीमत को महसूस करना अत्यन्त महत्त्वपूर्ण है। इस प्रक्रिया को आरम्भ करने से पूर्व, समय और धन, दोनों को लेकर आप जो कुछ करना चाहते हैं, पहले उसमें आपको इच्छा पैदा करनी होगी। कई अग्रणी लोग प्रगति करना चाहते हैं, वे बड़ी कम्पनियाँ बनाना चाहते हैं, किन्तु उन सभी लोगों में वैसी इच्छा शक्ति नहीं होती, जो एक कल्पना या एक विचार को मूर्त्त रूप दे सके। कई मुख्य कार्यकारी अधिकारियों के लिए समय, पैसे से ज़्यादा महँगा है।

हम महसूस करते हैं कि ब्रांडिंग एक कार्यक्रम नहीं, अपितु जीवन को जीने का एक तरीका है। हम जानते हैं कि ब्रांड, हमें हमारे जीवन के उद्देश्य को पूरा करने में सक्षम बनाता है, इसलिए यदि हम इस पर अपनी ऊर्जा और अपना समय ख़र्च करते हैं, तो यह इसके योग्य है। सम्भव है, यही हमारे अन्तर्राष्ट्रीय ब्रांड होने का एक कारण हो। हम इसे महत्व देते हैं।

एक अन्तिम विचार

ब्रांड हर तरफ़ और हर वस्तु में होते हैं। यहाँ वैश्विक ब्रांड भी होते हैं और घरेलू ब्रांड भी। कुछ ब्रांड अमीर लोगों के लिए होते हैं, कुछ कम अमीर लोगों के लिए और कुछ उनके बीच के लोगों के लिए। कुछ ब्रांड बच्चों के लिए होते हैं, कुछ व्यस्कों के लिए। प्रत्येक उद्योग का एक ब्रांड होता है। उदाहरण के लिए, सोने की दुनिया में अमेरिकन ईगल्स, कैनेडियन मेपल लीफ़, ऑस्ट्रेलियन कंगारू और साऊथ अफ़्रीकन क्रूगरेन्ड जैसे नाम हैं, जो अलग-अलग कीमत में बिकते हैं।

धर्म के क्षेत्र में भी, कई ब्रांड और उप-ब्रांड हैं। ईसाइयों में प्रोटेस्टेन्ट और कैथोलिक होते है। बौद्ध धर्म में, तिब्बती, चीनी और जापानी बौद्ध हैं। दलाई लामा, जो अपने आप में एक शक्तिशाली ब्रांड हैं, एक तिब्बती बौद्ध हैं। तिब्बती बौद्ध धर्म में, कई छोटे ब्रांड और छोटे संघर्ष हैं। और आतंकवाद की दुनिया में, हम यहूदियों, मुसलमानों और ईसाइयों के बीच हुए युद्धों से भली-भांति परिचित हैं। वहाँ ऐसा तनाव और टकराव क्यों है? इसका उत्तर आंशिक रूप से ब्रांडों, उप-ब्रांडों और धार्मिक अनुयायियों के दिलो-दिमाग़ के लिए लड़ाई के संदर्भ में समझाया गया है।

राजनीति में, यदि डेमोक्रेट्स के कहने के लिए कुछ नहीं है, तो रिपब्लिकन के लिए भी नहीं है। यदि यहाँ रिपब्लिकन नेता नहीं होते, तो हमें डेमोक्रेट्स की भी आवश्यकता न होती। लोग ब्रांड के रूप में इकट्ठे होते हैं और ब्रांडों के द्वारा ही उनमें ध्रुवीकरण होता है।

व्यापार की तेज़ी से बढ़ती प्रतिस्पर्धी दुनिया में, कम कीमत में उच्च गुणवत्ता की इस दुनिया में, तेज़ी से विकसित होती प्रौद्योगिकी की दुनिया में और तेज़ी से लेन-देन की गति में, एक व्यवसाय के निर्माण की तुलना में एक ब्रांड का निर्माण करना, अधिक महत्त्वपूर्ण हो सकता है। वास्तव में, एक ब्रांड के अभाव में एक व्यवसाय का निर्माण करना, दिनों-दिन कठिन से कठिनतर होता जा रहा है।

याद रखने योग्य बातें/करने योग्य चीज़ें

- जब तक आप अपने व्यवसाय को एक ब्रांड में परिवर्तित नहीं करेंगे, आपके पास जादुई शक्ति नहीं होगी।
- आपका ब्रांड सच्चा होना चाहिए, नकली नहीं। लोग एक नकली ब्रांड को पहचान लेते हैं।
- एक ब्रांड कोई 'लोगो' अर्थात् चिन्ह नहीं है। एक ब्रांड आपके द्वारा किया गया एक वायदा है और आपका एक *अनुभव* है, जो परिणाम देता है।
- लोग अपने मन के आधार पर वस्तुएँ ख़रीदते हैं और अपनी ख़रीद का औचित्य अपने दिमाग़ के साथ प्रमाणित करते हैं। इसलिए, अपना श्रेष्ठ पहलू तलाश करने की हिम्मत करें और उसे अपने ब्रांड में उतार दें।
- आप इसका आकलन करें कि आपको कौन-सी बात झकझोरती है। आपको जादुई शक्ति प्राप्त करने के लिए, अपने भीतर एक आग पैदा करनी चाहिए।
- यदि आप अपने ब्रांड या अपने आप में निवेश करने के प्रति बहुत उदार नहीं हैं, तो जादुई शक्ति आपसे दूर चली जाएगी। कम उदार होने का अर्थ है धन, समय, प्रतिबद्धता और लोगों का अभाव।
- आज सार्वजनिक रूप से बोलने की क्षमता को सुधारने के लिए जितना प्रयास कर सकते हैं, करें। आपको निश्चित रूप से इसकी आवश्यकता होगी।

4
अनामिका उँगली

सम्बन्ध

"अन्त में, सभी व्यापारिक गतिविधियों को तीन शब्दों में समेटा जा सकता है - लोग, उत्पाद और लाभ। यदि आपके पास एक अच्छी टीम नहीं है, तो आप अन्य दो तत्त्वों के साथ ज़्यादा कुछ नहीं कर सकते।"

- ली इकोका

साझेदारी के ख़तरे

रॉबर्ट कियोसाकी

"आप एक बुरे साझेदार के साथ एक अच्छा सौदा नहीं कर सकते।" ये न केवल व्यापार में अपितु जीवन में भी सबसे महत्त्वपूर्ण शब्द हो सकते हैं।

यह ज्ञान के शब्दों से भी अधिक महत्त्वपूर्ण हो सकते हैं। ये मार्गदर्शन करने वाले शब्द हैं, ऐसे शब्द जो किसी व्यक्ति के जीवन को जीवन्त बना सकते है। आप जब भी किसी संघर्ष करते व्यवसाय को, एक बुरी शादी को या एक बुरे निवेश को देखेंगे, तो आप निश्चित रूप से इसके पीछे किसी बुरे साझेदार को पाएँगे।

इसका अर्थ यह कदापि नहीं है कि वह व्यक्ति एक बुरा व्यक्ति है, हालाँकि वे हो सकते हैं। इसका अर्थ केवल यह है कि वे बुरे साझेदार हैं, अपने वर्तमान कार्य के लिए अनुपयुक्त व्यक्ति।

यह दुनिया अच्छे लोगों से भरी पड़ी है, किन्तु वे अच्छे व्यापारिक साझेदार नहीं हो सकते। विवाह की संस्था में भी, दुनिया अच्छे लोगों से भरी हुई है, जिनका विवाह ग़लत

व्यक्ति के साथ हो गया है। और यदि आपका सामना वास्तव ही में एक बुरे व्यक्ति से होता है, एक ऐसा व्यक्ति जिसमें कानूनी, नैतिक और धार्मिक मूल्यों का अभाव है, तो आप भले कितने ही अच्छे क्यों न हों, आपके व्यवसाय या विवाह के साथ बुरा ही होगा।

अनामिका उँगली

अनामिका उँगली, जादुई शक्ति के लिए आवश्यक सम्बन्धों का प्रतिनिधित्व करती है। यदि आपके साझेदार बुरे हैं, तो आप जिस भी वस्तु को छुएँगे, वह बुरी बन जाएगी। और यदि आपके साझेदार बहुत अच्छे हैं, तो आप जिस भी चीज़ को छुएँगे, वह सोना बन जाएगी।

साझेदार नहीं, विदूषक

1970 के दशक में, मेरा नाइलॉन-वेल्क्रो सर्फ़र-पर्स का व्यवसाय बहुत लोकप्रिय हो रहा था। किन्तु मेरी समस्या यह थी कि मेरी सफलता की कीमत था पैसा। मैंने इस पुस्तक में पहले भी इस कहानी के बारे में बताया था। चूँकि हमारी कम्पनी को हमेशा नकदी का अभाव बना रहता था, इसलिए मुझे हमेशा धन उगाहते रहना पड़ता था। हम ताइवान और कोरिया के कारखाने में बने पर्स ख़रदीते थे और उसके बाद, वे पर्स हमारे भण्डारगृहों में पहुँचने के बाद, हम उन्हें विभिन्न दुकानों में भेज देते थे। यह सुनने-देखने में बहुत अच्छा लगता है, या नहीं? उत्पादन होते ही हमारा सामान तुरंत बिक जाता था। समस्या यह थी कि अपने ग्राहकों, दुकानों से पैसा मिलने से पहले ही हमें ऑर्डर देने के लिए तथा और ज़्यादा पर्स ख़रीदने के लिए धन की आवश्यकता होती थी। इसलिए, हमें हमेशा नकदी-प्रवाह का संकट बना रहता था। हमने अनुमान लगाया कि औसतन, हम यदि अप्रैल में एक डॉलर खर्च करते थे, तो प्रत्युत्तर में हमें उसकी वापसी अगली फ़रवरी तक नहीं हो पाती थी। यह दस महीनों का चक्र था। नकदी बाहर तो जा रही थी, लेकिन उस अनुपात में अन्दर नहीं आ रही थी। हमारी सफलता के साथ-साथ, और अधिक नकदी बाहर जाती रही, जबकि उसके अन्दर आने की गति कम होती गयी।

जैसे-जैसे रिपर्स के उत्पादों की माँग बढ़ती चली गयी, नकदी की हमारी माँग में भी बढ़ोतरी होती गयी। शीघ्र ही, 5,000 डॉलर से 10,000 डॉलर तक की राशि उगाहनी भी पर्याप्त नहीं होती थी। अपने व्यापार को स्थापित करने के लिए और दुकानों पर अपने उत्पादों की आपूर्ति बाधित न होने देने के लिए, हमें कम से कम 1,00,000 डॉलर की धनराशि जुटाने की आवश्यकता थी। चूँकि मेरे जानकारों में रिच डैड ही एकमात्र ऐसे व्यक्ति थे, जो हमें इतनी बढ़ी मात्रा में नकदी उपलब्ध करवा सकते थे, इसलिए मैंने उन्हें फ़ोन करके मिलने का समय ले लिया।

रिच डैड लगभग दस मिनट तक मेरे निवेश के तरीके को शांतचित्त होकर सुनते रहे। वह जितनी देर तक मेरी बात सुन सकते थे, उन्होंने सुनी और उसके बाद उन्होंने

बहुत शालीनता से मेरे दोनों साझेदारों को कमरे से बाहर चले जाने का निवेदन किया। दरवाज़े के बन्द होते ही उन्होंने चिल्लाना शुरू कर दिया। यह सबसे बड़ी फटकारों में से एक थी, जो उस दिन मुझे सुननी पड़ी थी।

वह मेरे दोनों साझेदारों को 'साझेदार' की अपेक्षा, 'विदूषक' कहकर बुलाते थे। बात तब और भी उलझ गयी, जब रिच डैड को विश्वास हो गया कि मेरा एक साझेदार, मेरा मुख्य वित्त अधिकारी, एक बुरा, बेईमान और सम्भवतः एक बदमाश व्यक्ति था। वह उसे जानते तक नहीं थे। जिस क्षण से वह उसे मिले थे, वह तभी से उन्हें विश्वसनीय नहीं लगा था।

हालाँकि वह मुझे और मेरे दूसरे साझेदार को पसंद करते थे, लेकिन उन्हें हमेशा यही महसूस होता था कि हम उनके साझेदार बनने के योग्य नहीं हैं और उनके पैसों के साझेदार बनने योग्य तो बिल्कुल भी नहीं। "मुझे तुम लोगों का साझेदार क्यों बनना चाहिए?" रिच डैड ने मुझसे पूछा, "तुम्हारे पास न तो कोई अनुभव है, और न ही तुम सम्पन्न लोग हो और सबसे बड़ी बात कि मैं तुम में से किसी पर भी विश्वास नहीं करता। यदि तुम ऐसे व्यक्ति के साझेदार हो, जिस पर मुझे विश्वास नहीं, तो मैं तुम पर भी विश्वास नहीं कर सकता। इससे पता चल जाता है कि तुम्हें एक अच्छे साझेदार की पहचान नहीं है। तुम व्यापारी लोग नहीं हो, बल्कि तुम विदूषक हो।"

हमारे लिए उनका यह भाषण बहुत कष्टदायक था। और ऐसा लग रहा था मानों ये चलता ही जाएगा। कहने की आवश्यकता नहीं कि हमें वहाँ से खाली हाथ लौटना पड़ा था। उसके बाद, मैंने कई वर्षों तक रिच डैड से बात नहीं की।

हमने, बल्कि मैंने किसी तरह 1,00,000 डॉलर का प्रबन्ध कर लिया। और रिच डैड वाक़ई बिलकुल सही थे। हम बुरे साझेदार थे। वह सारा पैसा हम गंवा चुके थे। वह व्यक्ति, जिसका रिच डैड विश्वास नहीं करते थे, सी.पी.ए., जिसे हमने सी.एफ.ओ. का पद दिया था, वास्तव में ही सारा पैसा लेकर उड़नछू हो गया था।

और भी बुरे साझेदार

काश! कि मैं यह कह सकता कि बुरे अनुभव ने मुझे एक सबक सिखाया था, बहुत बड़ा सबक। यह एक सबक था, लेकिन मुझे कुछ और सबक सीखने की आवश्यकता थी, क्योंकि मुझे एक बार से ज़्यादा यह अनुभव हो चुका था। पिछले कुछ वर्षों में, मुझे एक से एक बुरे साझेदार मिले और रिच डैड की परख के अनुसार, यह चीज़ मुझे एक बुरा साझेदार सिद्ध करती थी।

बुरे साझेदारों का यह रूप, समय-समय पर अपने आप को दोहराता रहा। मैं किसी ऐसे व्यक्ति या व्यक्तियों के साथ अपना व्यापार आरम्भ करता, जो मेरी दृष्टि में अच्छे साझेदार होते थे। व्यापार चलने लगता। लेकिन जब हमें सफलता मिलने लगती

और हमारे पास पैसा आने लगता तो मेरा प्रत्येक अच्छा साझेदार, एक बुरे साझेदार में परिवर्तित हो जाता।

मेरे साथ रिपर्स व्यवसाय में भी ऐसा हुआ, उसके बाद, रॉक-एन्ड-रोल के दौर में भी, फिर मेरी शिक्षण कम्पनी में भी और अन्त में, द रिच डैड कम्पनी में मेरी साझेदार और उसके पति के साथ भी।

मेरे दो व्यवसायों में, सफलता ने बुरे साझेदारों से सामना करवाया जो सफलता को पचा नहीं सके थे। वे वास्तव में कोई बुरे साझेदार या बेईमान लोग नहीं थे। वे केवल सफल व्यक्ति नहीं थे। और जब सफलता दिखी, तो उसके चरित्र के दोष भी दिखाई दिए। उदाहरण के लिए, एक छोटी सी शिक्षण कम्पनी में मेरी एक साझेदार ने इस तरह पैसा उड़ाना शुरू कर दिया, जैसे कि वह बहुत अमीर थी। चूँकि उसने पहले कभी इतना पैसा नहीं देखा था, इसलिए व्यवसाय में इतना पैसा आते देख कर उसकी ख़रीदारी करने की इच्छाएँ प्रबल हो उठीं। जब उसने हमारी कम्पनी के क्रेडिट कार्ड पर अपनी निजी खरीदारी करनी शुरू कर दी, तो किम और मैंने उससे साझेदारी समाप्त कर दी। वह एक अच्छी लड़की थी, जिसे ख़रीदारी करना बहुत पसन्द था।

कुछ मामलों में, मेरे बुरे साझेदार, बेईमान व्यक्ति थे। दिलचस्प बात यह थी कि रिपर्स और रिच डैड कम्पनी में मेरे साझेदार अकाउंटेंट और वकील थे, पेशेवर व्यक्ति, जिन्हें मैंने उन जैसे व्यक्तियों से अपने आपको सुरक्षित करने के लिए काम पर रखा था।

मैं जानता हूँ कि इससे मैं एक मूर्ख व्यक्ति और एक बुरा साझेदार दिखाई देता हूँ। मैं कामना करता कि मेरा अगला व्यवसाय आरम्भ हो, मुझे सफलता मिले और बुरे साझेदारों का दौर समाप्त हो। मैं कामना करता कि इस बार मैं अच्छे साझेदार के अनुभव के संबन्ध में लिखूँ, ताकि मैं सकारात्मकता को महसूस कर सकूं। मैं और अधिक सामान्य होना चाहता था और मैंने अपने बुरे साझेदारों के बुरे चुनाव के बारे में न लिखने का विचार बनाया, फिर भी मैं विश्वास करता हूँ कि मुझे अपने अहं को बनाए रखने या उस भ्रम को, जिसमें मैं जानता हूँ कि मैं क्या कर रहा हूँ, बनाए रखने की अपेक्षा, अपने पाठकों के समक्ष अपने ये सबक उजागर करना ज़्यादा महत्त्वपूर्ण है। कई लोगों के समान, मैं भी अपने काम को बार-बार बिगाड़ता रहा और बीच-बीच में किसी तरह सही काम करने में भी सफल रहा।

सच्चाई उजागर होनी चाहिए

मैं इन विपदाओं से कभी उबर नहीं पाता, यदि किम के रूप में मुझे एक अच्छी पत्नी और व्यापारिक साझेदार न मिलती। 1985 के बाद से, हमें अपने साझेदारों की भयानक ग़द्दारी का सामना करना पड़ा था। यदि मुझे, किम और मेरे कई अच्छे दोस्तों का सहारा न मिलता, तो हमें जितनी वित्तीय और भावनात्मक तबाही का सामना करना पड़ा, उससे

हम कभी नहीं उबर सकते थे। हमें इन धोखों की कीमत लगभग कई मिलियन डॉलर के रूप में चुकानी पड़ी थी, किन्तु हमें जो भावनात्मक हानि हुई, वह उससे कहीं ज़्यादा और कहीं बड़ी थी। कभी अपने मित्र और साझेदार रहे व्यक्तियों को अचानक बेपर्दा देखना और जिन लोगों के साथ हमने वर्षों कंधे से कंधा मिलाकर काम किया, उन लोगों में मानव-व्यवहार के निकृष्टतम रूप का खुलासा होना, बहुत परेशानी पैदा करता है। इस चीज़ को कभी भुलाया नहीं जा सकता।

वियतनाम युद्ध के दौरान, मैं समझता था कि मैंने मानव-पशु का सबसे घिनौना रूप देखा था, लेकिन वियतनाम में युद्ध क्षेत्र में देखा वह पशु वैसा नहीं था, जो मैंने व्यापार के क्षेत्र में देखा। वियतनाम के युद्धक्षेत्र में मृत्यु के डर से कुछ ही सैनिकों के भीतर छिपा जानवर प्रकट हुआ था। व्यापार में लालच और भय, मानव-पशु का संचालन करते हैं। व्यापार में मिले विश्वासघात ज़्यादा डरावने होते हैं, क्योंकि ये विश्वासघात दुश्मन के विरूद्ध नहीं बल्कि अक्सर अपने मित्रों और सहकर्मियों के साथ होते हैं।

विश्वासघात जीवन का एक हिस्सा है

मूल रूप से विश्वासघात दो प्रकार के होते हैं। एक है आपराधिक या जान-बूझ कर किया गया विश्वासघात। और दूसरा विश्वासघात अक्षमता या अज्ञानता के कारण किया जाता है। यदि आप जीवन के विश्वासघातों से सबक लेकर, आगे बढ़ते हैं, तो आपके पास जादुई शक्ति वाले एक उद्यमी के रूप में विकसित होने का एक बेहतर अवसर होता है।

सभी विश्वासघातों का एक दिलचस्प पहलू यह है कि आपके साथ विश्वासघात करने वाले व्यक्तियों को यही लगता है कि उनके साथ विश्वासघात किया जा रहा है। दूसरे शब्दों में, उस व्यक्ति को आपके साथ विश्वासघात करने का औचित्य साबित करने का एक रास्ता मिल जाता है।

इस स्थिति में आपके लिए सबसे बड़ी चुनौती होती है कि आप एक बेहतर व्यक्ति बनकर उबरें। इसका अर्थ यह होता है कि आप इच्छा होते हुए भी इस पर अपनी प्रतिक्रिया न दें। इसका अर्थ यह हो सकता है कि आप आग में घी डालने का काम न करें और विश्वासघात की प्रक्रिया को आगे न बढ़ाएँ। स्वाभाविक रूप से, यह बहुत कठिन कार्य है, लेकिन आपके समक्ष सबसे बड़ी चुनौती है, आपके साथ विश्वासघात करने वाले व्यक्ति की तुलना में, आपका बड़ा बनना। यदि आप को अभी धोखा दिया जाना बाकी है, तो आप अपना एक ऐसा रूप देखेंगे, जो आपने पहले कभी न देखा होगा। यदि आप यह जानते कि वह रूप आपके भीतर मौजूद है, तो शायद आप अपने जीवन में धोखा खा चुके हैं।

विश्वासघात की पीड़ा बहुत तीव्र होती है और आपकी पहली प्रतिक्रिया यही होती है कि आपके साथ विश्वासघात करने वाले व्यक्ति को दण्ड अवश्य दिया जाए। भले

ही, आपको ऐसा करना उचित लगता है, लेकिन मैं आपसे आग्रह करूँगा कि आप इस आदिम सोच को त्याग दें। यदि आप विचार करके देखें, तो आप भी वही कर रहे हैं, जो आपके साथ विश्वासघात करने वाले व्यक्ति ने किया है। उसने आपके एक विश्वासघात करने का औचित्य साबित करने का एक मार्ग पा लिया है, भले ही आप इस योग्य हों या न हों। वस्तुतः, वह आपके विश्वासघात के लिए आपको दण्ड दे रहा है, बेशक आपने कुछ भी न किया हो।

मेरे रिपर्स व्यापार के समय, मेरा अकाउंटेंट स्टैनली, मेरे द्वारा निवेशकों से जुटाई 1,00,000 डॉलर की राशि लेकर चम्पत हो गया था और उसने वह राशि अपने उन मित्रों को लौटा दी थी, जिन्होंने उसके कहने पर निवेश किया था। जब मेरा और उसका आमना-सामना हुआ और मैंने याद दिलाया कि इस राशि से हमने और सामग्री खरीदनी थी, न कि निवेशकों को वह राशि दी जानी थी, तो उसने यह कहते हुए अपनी प्रतिक्रिया दी थी, "लेकिन पहले मुझे अपने मित्रों को पैसा लौटाना था।" उसके दिमाग़ में यह बात थी कि उसने अपने साझेदारों को धोखा देने के बावजूद, निवेशकों का पैसा लौटा कर उचित किया था।

जब मैंने उसे समझाया कि हम 1,00,000 डॉलर से और सामान ख़रीद कर 1 मिलियन डॉलर की बिक्री कर सकते थे, जिससे सारे निवेशकों के पैसे भी लौटाए जा सकते थे, तो उसने मेरी बात जैसे सुनी ही नहीं। जैसे ही उसने पैसा अपने मित्रों को लौटा दिया, उसने तुरंत त्यागपत्र दे दिया और हमारा व्यापार धराशायी हो गया। स्टैनली के चले जाने के बाद, उसने अन्य सभी निवेशकों को जाकर बताया कि मैं कितना अयोग्य व्यक्ति था। शीघ्र ही ज़्यादा से ज़्यादा निवेशक अपना पैसा वापस माँगने लगे। क्या मुझे दोबारा स्टैनली को जाकर पकड़ना चाहिए था? बिल्कुल, मुझे यही करना चाहिए था। लेकिन मैंने ऐसा नहीं किया।

मुझे अपना व्यवसाय सम्भालने में और निवेशकों का पैसा वापस करने में दो वर्ष लग गए। स्वयं को दिवालिया घोषित करने की अपेक्षा, सही चीज़ें करना, जो अक्सर कठिन होती हैं, और एक उद्यमी के रूप में विकसित होना, एक बहुमूल्य अनुभव था। बेशक यह अत्यन्त पीड़ादायक था, लेकिन इससे मैं एक बेहतर व्यक्ति बन गया था। ऐसा दृष्टिकोण आपके भीतर रातों-रात उत्पन्न हो जाएगा, ऐसी अपेक्षा न करें। यदि आप मेरे जैसे हैं, तो आप इस अनुभव की प्रशंसा करना सीखने से पूर्व, इसे कई-कई बार करना चाहेंगे।

रिच डैड ने पहले ही अनुमान लगा लिया था कि स्टैनली एक कमज़ोर व्यक्ति था, जिसमें साहस का अभाव था। जब उसके मित्रों का दबाव उस पर बढ़ने लगा, तो उसने अपने मित्रों और अपने व्यवसाय के साथ विश्वासघात करने का मन बना लिया था।

मैं नहीं जानता कि आजकल स्टैनली कहाँ है, किन्तु मैं अवश्य जानता हूँ कि मैं 1,00,000 डॉलर का अनुभव लेकर एक बेहतर उद्यमी बन चुका हूँ। एक अजीब तरह

से, स्टैनली ने मेरे भीतर जादुई शक्ति उत्पन्न करने में सहायता की थी। अब मैं व्यापार में कमज़ोर व्यक्तियों के प्रति और उनके ख़तरनाक होने के प्रति बहुत सचेत हो चुका हूँ।

एक पूर्व नौसैनिक होने के नाते, प्रतिशोध, पीड़ा और प्रतिकार इत्यादि सभी मेरे चरित्र के एक भाग हैं। नौसैनिकों में स्टैनली जैसे कमज़ोर व्यक्तियों के प्रति बहुत कम सहनशीलता होती है। यह मेरे चरित्र की एक परीक्षा थी कि मैं स्टैनली के साथ नौसैनिकों जैसा न्याय न करूँ। यदि आपने जैक निकल्सन और टॉम क्रूज़ अभिनीत फिल्म 'अ फ़्यू गुड मेन' देखी हो तो आपको नौसैनिक टुकड़ियों की संस्कृति और सम्मान के नियमों के सम्बन्ध में पता ही होगा। स्टैनली जैसे व्यक्ति से प्रतिशोध न लेना, मेरे लिए एक बहुत बड़ा क़दम था।

उपरोक्त स्थितियों से ऊपर उठना और विश्वासघात से एक बेहतर व्यक्ति बनना, मेरे व्यक्तिगत विकास के लिए बहुत आवश्यक था। मेरे विचार में, यह मेरी सफलता की कुंजी थी। हालाँकि मेरे भीतर, एक नौसैनिक के रूप में विकसित प्रबलता बनी हुई है, लेकिन मैं उस प्रबलता को उपलब्ध अवसरों और अपनी क्रियात्मकता में लगाता हूँ, जो दीर्घकाल में अधिक सकारात्मक व अधिक लाभदायक सिद्ध होगी।

इस कहावत में बहुत सच्चाई छिपी है कि, "आँख के बदले आँख का नियम हम सबको अन्धा बना देगा।" एक अन्य व्यक्ति की आँख निकालने की अपेक्षा, यदि मेरे भीतर के एक कठोर नौसैनिक को अवसर मिलता, तो वह यही करता। मैंने इस कहावत पर अमल किया, "दूसरों से प्रतिशोध लेने का सबसे अच्छा तरीका है, जीवन में सफलता प्राप्त करना।" मेरे बुरे साझेदार, मेरी सफलता की आग में लकड़ी के समान हैं। प्रतिशोध की बजाय, मैंने अपने गुस्से का अधिक सफल व्यक्ति बनने में उपयोग किया।

आज, अपनी अधिकांश सफलता का श्रेय मैं अपने बुरे साझेदारों को देता हूँ, क्योंकि इन्हीं बुरे साझेदारों ने मुझे सिखाया कि एक अच्छा साझेदार कैसे बन जाता है। लेकिन इसके बावजूद मुझे बहुत कुछ सीखना शेष है।

सम्बन्धों से मिले सबक

अपने जीवन की लम्बी और ऊबड़-खाबड़ सड़क पर, बड़ी मेहनत से साझेदारों, लोगों और सम्बन्धों के बारे में अर्जित कुछ सबक नीचे बताए जा रहे हैं :

1. आप एक बुरे साझेदार के साथ अच्छा लेन-देन नहीं कर सकते।

मैं इसे पुनः यहाँ दोहरा रहा हूँ क्योंकि यह दोहराने योग्य है। मैं जब भी किसी व्यापार, या विवाह या किसी समूह को वित्तीय रूप से संघर्ष करते देखता हूँ, तो मैं उनमें किसी बुरे साझेदार को तलाशने लगता हूँ। ऐसे में अक्सर एक बुरा साझेदार इसके लिए ज़िम्मेदार होता है, एक ऐसा व्यक्ति जो एक अच्छा इन्सान हो सकता है,

किन्तु वह व्यापार में एक अच्छा साझेदार नहीं हो सकता।

2. एक अच्छा साझेदार और अच्छे व्यापार प्रचुर अवसर।

यह पहले सबक का सकारात्मक पक्ष है। रिच डैड ने मुझे सिखाया है कि यदि मैं बुरे साझेदारों के साथ एक बुरा साझेदार बन कर रहता हूँ, तो मैं कभी सफल नहीं हो सकता। उन्होंने मुझे मानव-प्रकृति और व्यापार का एक विद्यार्थी बनने, लगन से काम करने और लम्बी योजना बनाने तथा भविष्य की चिन्ता न करने के लिए प्रेरित किया। उन्होंने मुझे आश्वस्त किया कि यदि मैं एक अच्छा साझेदार बन जाता हूँ, तो अच्छे लोग और अच्छे सौदे स्वयं आपको ढूँढ लेंगे।

अभी तक, रिच डैड की बातें सच सिद्ध हुई थीं। 2007 और 2010 के मध्य, मेरे पूर्व साझेदारों के साथ मुक़दमेबाज़ी व अर्थव्यवस्था में गिरावट के दौरान, किम और मेरे पास, पिछले समय की तुलना में, कहीं ज़्यादा अच्छे सौदे प्राप्त हुए थे। अच्छे लोगों के साथ लेन-देन से हमने बहुत सारा धन कमाया। यदि हम बुरी प्रतिष्ठा वाले बुरे लोग होते, तो मुझे विश्वास है कि हमें किसी भी कीमत पर अमेरिका में प्रमुख निवेश समूहों में निवेश करने के लिए आमंत्रित न किया जाता।

3. बुरे सौदों से ही अच्छे साझेदार निकल कर आते हैं।

प्रत्येक बुरे सौदे से, मेरा एक अच्छे साझेदार से मिलना हुआ है। मैं बड़े अपार्टमैंट की परियोजनाओं में, एक बुरे सौदे के माध्यम से, किम और मेरे साझेदार, केन मैकेलरॉय से मिला था। केन, उनके साझेदार रॉस मेक्कैलिस्टर, किम और मैंने मिलकर कई मिलियन डॉलर की कमाई की। यदि एक बुरे व्यक्ति द्वारा एक बुरे सौदे के माध्यम से हमें इकट्ठा न किया जाता, तो किम और मेरी मुलाकात केन से न होती। क्या आप इसका तरीका देख सकते हैं? एक उद्यमी के रूप में मेरे साथ ऐसा कई बार हो चुका है। इसलिए, अब मैं इस तरीके को अच्छी तरह जानता हूँ। जब भी कोई सौदा ग़लत होने जा रहा हो, तो मैं अपने नये साझेदार की ओर देखता हूँ।

4. अच्छे लोग भी बुरे साझेदार बन सकते हैं।

अनेकों लोग उद्यमी बनना चाहते हैं, किन्तु उन्हें एक व्यापार का हिस्सा बनने, या कहें, साझेदार बनने के लिए आमंत्रित नहीं करना चाहिए, विशेषतः व्यापार के आरम्भ में। चूँकि अधिकांश लोगों को जीवन में नौकरीपेशा या स्वरोज़गार उद्यमी बनने के लिए तैयार किया जाता है, इसलिए उनमें से अधिकांश लोगों के पास उद्यमशीलता का एक अंग बनने के लिए वांछित अनुभव, शिक्षा या भावनात्मक परिपक्वता का अभाव होता है। इसके परिणामस्वरूप एक अच्छा व्यक्ति भी एक बुरा साझेदार सिद्ध होता है।

मेरा एक मित्र एक बैंक्वेट कम्पनी का मालिक है। उसे खाना बनाना बहुत पसंद है, इसलिए वह अपने व्यवसाय को बहुत प्यार करता है। जागते हुए उसका सारा समय नई-नई पाक-विधियों के बारे में सोचते हुए व्यतीत होता है, ताकि वह दावतों को

यादगार बना सके। उसने कभी अकाउंटिंग, विपणन, वित्त या व्यवसाय विधि में शिक्षा नहीं ली और उसकी इस व्यावसायिक शिक्षा की कमी का ख़ामियाज़ा उसके व्यापार और उसके कर्मचारियों को भुगतना पड़ता है।

दुर्भाग्य से, वह अपने-आप को व्यापार में बहुत कुशल मानता है। उसे कोई व्यक्ति, कुछ नहीं समझा सकता।

जब उसने, मेरे आरम्भिक व्यवसाय के साथ जुड़ने की इच्छा व्यक्त की, तो हमने उसे मना कर दिया था। निस्संदेह, वह एक अच्छा व्यक्ति है, फिर भी हमारे विचार में वह एक अच्छा साझेदार नहीं हो सकता था। मैंने यह चीज़ विशेष रूप से चिकित्सकों और अकाउंटेंटों में देखी है। ये लोग व्यापार में भी स्वयं को बहुत अच्छा मानते हैं, क्योंकि उन्होंने स्कूल में अच्छा प्रदर्शन किया था और वे अपने पेशे को भी अच्छी तरह चला रहे हैं। दुर्भाग्य से, जो चिकित्सक या वकील व्यापार के क्षेत्र में अच्छे हैं, वे किसी नियम के अन्तर्गत नहीं बल्कि एक अपवादस्वरूप अच्छा कर रहे हैं। इसलिए, वे बुरे साझेदार बना लेते हैं।

5. **अनुभवहीन अच्छे व्यक्ति, अच्छे सौदों में आमंत्रित नहीं किए जाते।**

चूँकि अधिकांश लोग कभी किसी सफल व्यापार-उपक्रम का हिस्सा नहीं रहे होते, इसलिए उन्हें अच्छे सौदों में सम्मिलित नहीं किया जाता। वे बुरे सौदों में या जिन सौदों को दूसरा कोई व्यक्ति नहीं करना चाहता, उनमें शामिल हो सकते हैं, लेकिन उन्हें सबसे पहले अच्छे सौदों का प्रस्ताव नहीं मिल पाता।

एक बार जब आप एक उद्यमी के रूप में सफलता प्राप्त कर लेते हैं और आपकी अच्छी ख्याति बन जाती है, तो हर कोई उन्हें अपने साथ रखना चाहता है। दूसरे शब्दों में, आप जितने सफल होते जाते हैं, सफलता आपके पीछे-पीछे भागती है। यदि आपके पास थोड़ा पैसा है, लेकिन व्यावहारिक अनुभव नहीं है और आप एक सफल उद्यमी भी नहीं हैं, तो प्रतिभूति और विनियम आयोग (सिक्योरिटी एन्ड एक्सचेंज कमीशन) के नियम आपको, सबसे अच्छी, लाभदायक और करों के अनुकूल परियोजनाओं में निवेश करने की अनुमति नहीं प्रदान करता।

एस.ई.सी. अच्छे और अनुभवहीन व्यक्तियों को उन बचत योजनाओं, शेयरों, बॉन्डों और म्युचुअल फ़ंडों में टिके रहने की सिफारिश करती है, जो दुनिया में सबसे ज़्यादा जोखिम भरी, उच्च कर दरों वाली और सबसे कम लाभ वाली निवेश योजनाएँ होती हैं।

अनमोल सम्बन्ध

रिच डैड अक्सर कहते थे, "व्यापार करना आसान है, लेकिन लोग बहुत कठिन हैं।" मैं इसे अपने विषय में सही मानता हूँ। पिछले कुछ वर्षों में, मैं कुछ भयानक लोगों से भी मिला हूँ और कुछ शानदार लोगों से भी। मैं डोनाल्ड ट्रम्प, दलाई लामा, स्टीव फ़ोर्ब्स और

ओपरा विनफ्रे जैसे अद्‌भुत लोगों से मिला हूँ। ऐसे लोगों से मैं सम्भवतः कभी न मिल पाता, यदि मैंने अपना पहला व्यवसाय आरम्भ न किया होता और उसे जारी न रखा होता और व्यापार में असफलता के बाद यदि मैंने अपनी ग़लतियों से सबक न सीखे होते।

जब आप नीचे दर्शाये गए व्यापारी-निवेशक त्रिकोण अर्थात् व्यापार की 8 अखंडताओं को देखें, तो यह समझना बहुत आसान हो जाता है कि रिच डैड ने क्यों यह बात कही थी, "व्यापार करना आसान है लेकिन लोग बहुत कठिन हैं।"

एक सच्चे व्यापार को, न्यूनतम आठ विभिन्न कौशल-समूहों की आवश्यकता होती है, आदर्श रूप में, आठ अलग-अलग लोगों की आवश्यकता होती है, जो एक एकीकृत लक्ष्य पर काम करते हैं। हालाँकि कई कारण हैं, जिनके चलते 10 में से 9 व्यवसाय, आरम्भ के पाँच वर्षों में विफल हो जाते हैं, लेकिन उद्यमियों की योग्यता को उन 8 अखंडताओं पर अपना ध्यान केंद्रित करने और एक लाभदायक परिणाम उत्पन्न करने की आवश्यकता होती है, जो अन्ततः अधिकांश व्यवसायों के विफल होने का कारण बनते हैं।

हालाँकि मैं जानता था कि मेरे नाइलॉन और वेल्क्रो सर्फिंग-पर्स के व्यापार में मेरी असफलता की सम्भावना बहुत है, फिर भी मेरे द्वारा यह व्यवसाय आरम्भ करने का कारण था कि मैं उन लोगों के साथ लेन-देन करना सीखने के लिए इससे बेहतर तरीका नहीं जानता था, जो अधिकांशतः थोड़े-बहुत सफल थे लेकिन उनमें अहं बहुत था। मुझे संदेह था कि यदि मैं बुरे लोगों के साथ अच्छा करने, प्रतिशोध की अपेक्षा सीखने और प्रगति करने की प्रक्रिया पर अडिग रहता हूँ, तो मैं एक अच्छा साथी बन सकता हूँ। मैं आज भी इस सिद्धान्त पर अडिग हूँ, केवल इसलिए कि मुझे अभी भी बहुत कुछ सीखना

है। विभिन्न लोगों के साथ व्यवहार करना सीखना, एक अंतहीन प्रक्रिया महसूस होती है और मैं हमेशा कुछ नया सीखने के लिए तत्पर रहता हूँ। एक अच्छी ख़बर यह है कि जितना अधिक मैं लोगों से सम्बन्ध बनाता हूँ और अच्छे साथियों से मिलता हूँ, जीवन उतना ही सरल व खुशहाल होता है और मैं उतना ही सम्पन्न व समृद्ध होता हूँ।

जादुई शक्ति वाले हाथ की पाँच उँगलियों में से, मैं अनामिका उँगली को सबसे महत्त्वपूर्ण उँगली मानता हूँ क्योंकि, यदि आप एक अच्छा साझेदार बनना सीख जाते हैं, तो आपकी कुछ महान लोगों से मुलाकात हो सकती है। ऐसे लोग, जिनसे आप नहीं मिलते तो शायद आपने व्यापार की पथरीली सड़क पर चलने का निश्चय न किया होता।

आप यह बात हमेशा याद रखें कि एक बुरे साझेदार के साथ आप एक अच्छा लेन-देन नहीं कर सकते। यदि आप एक अच्छे साझेदार बन जाते हैं, तो दुनिया अच्छे सौदों और अच्छे साझेदारों से भर जाएगी।

एक अन्तिम विचार

कुछ वर्ष पूर्व, एक बार जब मैं डोनाल्ड के ऑफिस गया, तो वह किसी से टेलिफ़ोन पर बातचीत कर रहे थे।

"क्या वे अच्छे लोग हैं?" डोनाल्ड ने दूसरी ओर से बात कर रहे व्यक्ति से पूछा। "मुझे इसकी परवाह नहीं कि सौदा कितना अच्छा है। मेरे पास बहुत सारे अच्छे सौदे हैं। लेकिन मैं केवल यह जानना चाहता हूँ कि क्या वे अच्छे लोग हैं?"

दूसरे व्यक्ति की प्रतिक्रिया सुनने के पश्चात्, डोनाल्ड ने कहा, "मुझे यह सुनकर खुशी हुई। यदि वे अच्छे लोग हैं, तो मुझे उनसे लेन-देन स्वीकार है।" इतना कहकर, उन्होंने फ़ोन रख दिया।

डोनाल्ड ने मेरी ओर देखा और कहा, "इस उम्र में हमारे पास ग़लत लोगों के साथ व्यापार करने का समय नहीं है। अच्छे लोगों के साथ व्यापार करने में ज़्यादा मज़ा है।"

इतना कहकर, उन्होंने मेरी ओर देखा और कहा, "तो हम अगली किस परियोजना पर काम कर रहे हैं? चलो, हम कुछ मज़ा लेते हैं और पैसा बनाते हैं।"

मज़बूत सम्बन्ध महत्त्वपूर्ण होते हैं

डोनाल्ड ट्रम्प

पिछले कुछ वर्षों में मैंने हज़ारों व्यावसायिक सम्बन्ध बनाए हैं। मैंने पाया कि सम्बन्ध और ख्याति, एक-दूसरे के साथ बड़ी बारीकी से गुंथे हुए हैं।

कभी-कभी किसी व्यक्ति की मज़बूती को देखने या उसके अभाव को महसूस करने में वर्षों लग जाते हैं और कभी-कभी यह रहस्य तत्काल हमारे सामने स्पष्ट हो जाता है। मैंने हेनरी फ़ोर्ड के इस कथन को हमेशा पसंद किया है, "आप जो कार्य कर रहे हैं, उसके आधार पर अपनी प्रतिष्ठा का निर्माण नहीं कर सकते।" और यदि आपके सम्बन्ध या साथी सही नहीं है, तो आप अपनी ख्याति नहीं बना सकते। मैं जानता हूँ कि रॉबर्ट इससे सहमत होंगे। मेरे कई सम्भावनाशील साथी थे, जो असाधारण विचारों से भरपूर थे, लेकिन वे परिणाम नहीं दे पाते थे। और मेरे पास ऐसे शानदार साथी थे, जो हर हाल में अच्छे परिणाम देते थे।

सबसे अच्छा साझेदार

जब मैंने व्यवसाय आरम्भ किया तो मेरे पास एक असाधारण साझेदार था - मेरे पिता। उन्हें किसी भी मायने में मात देना बहुत कठिन था। हम दोनों में बहुत अच्छे सम्बन्ध थे। गर्मियों के दौरान, मैं उनके निर्माण स्थलों पर काम करता था। मैंने पहले ही चीज़ों की बारीक़ियों पर उनके ध्यान देने की प्रवृत्ति के सम्बन्ध में बताया है, जिसका मैं अनुसरण करने लगा था। मुझे याद है, वह हमारे निर्माण-स्थलों पर बेकार पड़ी कीलों को उठाकर, उनको भी प्रयोग में लाते थे।

उनके कोई शौक नहीं थे। उनका कार्य समय और श्रम की माँग करता था और वह अपने काम से कभी थके नहीं, इसलिए वह अपने काम से कभी विचलित भी नहीं हुए। अपने कार्य के दौरान, वह हमेशा महत्त्वपूर्ण बातों को लिखते रहते थे और रात में तथा सप्ताहांत पर, जब वह फ़ोन पर लोगों से बात करते, तो वह बातचीत अपने आप में एक शिक्षा होती थी, हमारे लिए एक सबक। वह सौदेबाज़ी करने में माहिर थे और मेरे विचार में, मेरे भीतर जो सौदेबाजी करने की कुशलता है, वह टेलिफ़ोन पर उनकी बातों को सुनकर ही आई थी। फ़ोन पर उनकी बातचीत हमारे अपने व्यापार के बारे में ही होती थी। वह केवल काम की बातें करना ही पसंद करते थे। उन्हें समय की बर्बादी बिल्कुल पसंद नहीं थी। वह किसी भी बात को तुरन्त समझ जाते थे।

उन्होंने मुझे होशियार रहना भी सिखाया। उनसे ही मैंने सीखा था कि व्यापार में निर्ममता और अंतर्दृष्टि की आवश्यकता होती है। मेरे पिता इतने अधिक परिश्रमी थे कि वह कामचोर लोगों को तुरन्त पहचान जाते थे। इसके साथ ही वह इतने मज़बूत थे कि वह आसानी से किसी व्यक्ति की कमज़ोरी का पता लगा लेते थे।

मैंने भी अपनी सूझ-बूझ पर विश्वास करना सीख लिया था। यह गुण अपने भीतर विकसित भी किया जा सकता है और यह आपको जन्मजात भी मिल सकता है। कभी-कभी, मैं किसी व्यक्ति के बारे में अच्छा महसूस नहीं करता था और कभी-कभी मैं किसी व्यक्ति को शुरू से ही पसंद करने लगता था, जैसाकि मार्क बर्नेट और रॉबर्ट के मामले में हुआ था। अब मुझे इतना अनुभव हो चुका था कि मैं जानता का कि मेरे भीतर यह गुण बहुत अच्छी तरह विकसित हो चुका था।

एक उद्यमी के रूप में, आपके पास कर्मचारी होते हैं। मेरा यह मत है कि एक कर्मचारी का चुनाव करना, दरअसल एक जुआ खेलने के समान है। इसके कोई अन्तर नहीं पड़ता कि उसके पास कितने प्रमाण-पत्र हैं। मैंने कई बार सर्वश्रेष्ठ स्कूलों से पढ़े लोगों का चुना है, लेकिन वे काम में इतने अच्छे नहीं थे। और कई बार मैंने बिना प्रमाण पत्रों के लोगों का चुनाव किया तो वे बहुत शानदार निकले। कई बार, ठीक इसके विपरीत भी हुआ है। लेकिन जब तक आप उनके कार्य को नहीं परखते और उन्हें कोई चुनौती नहीं देते, तब तक किसी व्यक्ति का मूल्यांकन करना आसान नहीं है। पिछले कुछ वर्षों से, मैं सुखद रूप से और दुःखद रूप से, हैरान होता रहा हूँ। लेकिन लोगों को स्वयं को प्रमाणित करने का एक अवसर देना बहुत महत्त्वपूर्ण है।

लेकिन यदि साझेदारों की बात करें, तो यह कुछ अलग होता है। आप किसी व्यक्ति की योग्यता का आकलन करने के लिए "परीक्षण और त्रुटि" सिद्धान्त पर भरोसा नहीं कर सकते। यहाँ आपका सहज जान या सूझ-बूझ काम करती है। यह कैसे काम करता है, बता पाना बहुत कठिन है, किन्तु यह एक ख़ामोश सक्रियता है, जिसकी ओर आपको ध्यान देना चाहिए। साझेदारियों के मूल में निष्ठा एवं अखण्डता का होना बहुत आवश्यक होता है। क्या आपके समक्ष, ये दोनों गुण अपने-आपको स्पष्ट करते हैं या क्या वे दोनों ओर कार्य करते हैं। यदि आपका सम्भावित साथी, अपने बारे में बताने के लिए अधिक बोलने को बाध्य होता है, तो यह संकेत हो सकता है कि कहीं कोई चीज़ ग़लत है। उनके साथ काम आरम्भ करने के लिए आपके भीतर विश्वास का एक स्तर होना चाहिए। आपको एक साझेदार की ज़रूरत है, किसी प्रशिक्षु की नहीं।

साझेदारियों में बातचीत करने की भी आवश्यकता होती है। इस स्थिति का परिणाम दोनों ही साझेदारों के लिए लाभदायक होना चाहिए। अन्यथा, यह एक साझेदारी नहीं होगी। मेरा मानदण्ड यह है कि यहाँ सभी लोगों का अच्छा होना ज़रूरी है। मुझे किसी अन्य प्रकार के व्यक्ति के साथ बात करने की आवश्यकता नहीं है।

रॉबर्ट को भी व्यवसाय के दौरान कई शानदार अनुभव हुए थे और उन्होंने जो सबक सीखे, वे ध्यान देने योग्य हैं। उद्यमियों के रूप में भी, हमें काम करवाने के लिए लोगों पर विश्वास करना पड़ता है। भले ही मूल विचार हमारा हो, किन्तु अपने कार्य पर प्रगति करते हुए हमें सैकड़ों लोगों को अपने साथ जोड़ना पड़ता है। कुल मिलाकर प्रत्येक व्यक्ति हमारी सफलता का एक अभिन्न अंग बन जाता है।

साझेदारियाँ बहुत जल्दी बन सकती हैं

मैं आपको बता ही चुका हूँ कि जिस क्षण मैं मार्क बर्नेट से मिला, मैं उसी क्षण से उन्हें पसंद करने लगा था और हमारी साझेदारी 2003 के बाद से अब तक जारी है। 'द अप्रेन्टिस' का जनवरी 2004 में, टेलीविजन पर प्रीमियर हुआ था और तब से हमारी साझेदारी पहले से अधिक मज़बूत हुई है। मार्क जानते थे कि मैं इस उद्योग में नया था और फिर भी उन्होंने मुझे भरपूर सम्मान दिया। हमने आरम्भ से ही सहभागिता के रूप में काम किया। वह बड़े शान्तभाव से मेरे सुझावों और मेरे प्रश्नों को सुनते थे (और मेरे पास सैकड़ों प्रश्न थे पूछने के लिए।) उन्होंने प्रमाणित किया कि मेरी अंतर्दृष्टि सही थी। वह एक स्वप्नदर्शी होने के साथ-साथ एक शानदार व्यक्ति भी हैं।

मार्क का मनोरंजन उद्योग पर बहुत अच्छा प्रभाव था। उनमें एक विशेषता यह है कि वह कभी आगे बढ़ना बन्द नहीं करते। वह कभी निष्क्रिय नहीं बैठते और चीज़ों पर अपना बहुत अच्छा नियंत्रण रखते हैं। हम दोनों न केवल सह-निर्माता हैं, बल्कि हम मित्र भी हैं और अपना खाली समय साथ-साथ गुज़ारते हैं। मैं जब पहली बार मार्क से मिला, तो मुझे उनके बेलागपन से सबसे ज़्यादा प्रभावित किया था। हमारे पास एक विचार था, हमने आपस में एक बैठक की, सौदा तय किया और फिर हम काम पर लग गए। उन्हें 'द अप्रेन्टिस' को टेलिविज़न पर प्रस्तुत करने की कला का ज्ञान था और उनके पास उसकी सारी जानकारियाँ थीं। उन्होंने स्पष्टतः उस विचार पर बहुत ज़्यादा सोचा था, जिससे मुझे निर्णय लेने में बहुत आसानी हुई। जब वह पूरी तरह तैयार थे, तो मुझे विश्वास दिलाना कठिन नहीं था। स्पष्टतया ही, टेलीविज़न पर उनकी पृष्ठभूमि अत्यंत सफल थी, इसलिए मैं उनके अनुभव के बारे में जानता था और दूसरे, वह यह बात जानते थे कि वह किसके बारे में बात कर रहे थे। उन्हें मुझ पर ज़्यादा मेहनत नहीं करनी पड़ी और इसमें जोखिम का तत्व निश्चित रूप से कम हो गया था।

इसी प्रकार, जब रॉबर्ट से मेरी मुलाकात हुई, तो मैं जानता था कि वह एक अच्छे व्यक्ति थे और बहुत तेज़ भी। मैं उनकी पृष्ठभूमि से प्रभावित था और जितनी आश्चर्यजनक संख्या में उन्होंने अपनी पुस्तकों की बिक्री की थी, उससे भी अत्यन्त प्रभावित था। मैंने सोचा कि यदि उनके साथ मिलकर एक पुस्तक लिखी जाए, तो यह एक शानदार अनुभव होगा। यह एक बहुत अच्छा विचार था। वह मेरे पहले सहयोगी थे। हमारी पुस्तक को बहुत बड़ी सफलता मिली थी और वह शंघाई की बेस्टसेलर सूची में दोबारा चुनी गयी थी, जो 2006 में उसके प्रकाशन के बाद बहुत महत्त्वपूर्ण बात थी।

यदि लोग मुझे निशाना बनाने की कोशिश करते हैं, तो मैं उस स्थिति में एक लड़ाकू हूँ। जब लोग जानते हों कि आप बड़ी मज़बूती से उनका प्रतिरोध कर सकते हैं, तो आपके साथ किसी प्रकार की गड़बड़ी करने के लिए उन्हें दोबारा सोचना पड़ेगा। इससे हर किसी को समय और कानूनी फ़ीस की बचत हो सकती है। लोगों के पीछे-पीछे भागना मुझे बिल्कुल पसंद नहीं, लेकिन कभी-कभी यह आवश्यक हो जाता है। मैं रॉबर्ट की इस

बात से पूरी तरह सहमत हूँ कि सफलता सबसे अच्छा प्रतिशोध है।

छोटी आयु से ही अपने पिता के साथ काम करने और उन्हें काम करते देखने से मिले लाभ ने मुझे 'प्रयत्न और त्रुटि' से बचा लिया था। यह मेरे लिए बहुत ही अच्छी शिक्षा थी और मैं हमेशा उनके उदाहरणों के लिए उनका आभारी हूँ। जीवन के उस पड़ाव तक, रॉबर्ट के पास ऐसा कोई लाभ नहीं था, लेकिन उन्होंने कुछ बहुत कठिन सबक सीखे थे और फिर भी उन्होंने अपने जीवन में सफलता प्राप्त की थी। इसका श्रेय वह अपने जीवन की कठिनाइयों को देते हैं और उन्हें सफलता का एक मार्ग मानते हैं। मेरे पास मेरी अपनी मुश्किलें थीं, किन्तु मेरा विचार है कि मैंने अपने पिता के प्रभाव के कारण, बहुत अल्पायु में लोगों का आकलन करना सीख लिया था।

एक टीम के प्रबंधन की सीख

जब मैं, अपना पहला व्यवसाय आरम्भ कर रहा था, तो मैंने सिनसिनाटी, ओहायो में कॉलेज में पढ़ते हुए, अपने पिता के साथ एक सौदा किया था। हमें एक आवासीय परियोजना, 'स्विफ़्टन विलेज' का काम मिला, जिसमें 1200 अपार्टमेन्ट का निर्माण किया जाना था और उनमें 800 इकाईयाँ खाली छोड़ी जानी थीं। इन अपार्टमेंट के लिए वित्तीय सुविधा संघ की ओर से उपलब्ध करवाई गयी थी। यह इतनी ख़राब स्थिति में था कि कोई अन्य इसके लिए बोली लगाने को तैयार नहीं था। यह एक बहुत बड़ा कार्य था लेकिन हमने न्यूनतम दरों पर निविदा दे दी, जो स्वीकार भी हो गयी।

इस कहानी को संक्षेप में बताएँ, तो एक साल के भीतर ही उस स्थान का बहुत खूबसूरत ढंग से कायापलट हो गया था और हमने सारे अपार्टमेन्ट किराए पर चढ़ा दिए थे। मेरे कहने का अर्थ यह है कि एक उपयुक्त प्रबन्धक को तलाशने से पूर्व, हमें लगभग छः परियोजना-प्रबंधकों को परखना पड़ा था। उनमें से कुछ प्रबंधक ईमानदार थे, लेकिन वे वास्तव में इतने कुशल नहीं थे। उनमें से एक ने तो वास्तव में ही एक अपार्टमेंट के कोने में जाकर अपने आपको पेन्ट कर लिया था। मुझे लगातार बड़ी बारीकी से उनका निरीक्षण करना पड़ा था और कुछ उम्मीदवारों में वांछित गुण नहीं थे, जैसे प्रबंधकीय चातुर्य। हमने अन्ततः अपनी परियोजना के अनुकूल व्यक्ति को पा लिया था। वह वास्तव में ही एक बकवास कलाकार और चोर आदमी था, किन्तु एक प्रबन्धक के रूप में उसमें वाक़ई बहुत प्रतिभा थी। वह अधिकांशतः बहुत अच्छा काम करता था। मुझे सिर्फ़ यही देखना था कि उसे सम्भाला कैसे जाए। मैं जानता था कि उस पर पूरी तरह विश्वास नहीं किया जा सकता था, इसलिए हमारे सम्बन्धों में सर्तकतापूर्ण सम्मान झलकता था। यह एक अच्छी बात तो नहीं थी, लेकिन इससे हमारा काम चल गया था और उसकी देखरेख में स्विटन विलेज में बहुत बढ़िया परिणाम मिले थे। वह एक चोर हो सकता था, लेकिन वह एक क़ाबिल व्यक्ति था। मैं उससे मज़ाक-मज़ाक में कहता था, "हम तुम्हें 50,000 डॉलर देंगे और बाकी तुम जो चाहो चुरा कर ले जा सकते हो।" यह बहुत अजीब किस्म का

लेन-देन था लेकिन उसने उस स्थान को बहुत अच्छा बना दिया था।

कुछ वर्षों के बाद, पास का इलाका बहुत ख़राब होने लगा था और हमने उसे बिक्री के लिए लगा दिया। हमें तुरन्त इसका उत्तर भी मिला। लेकिन इस व्यक्ति के साथ मिल कर सौदे को समझना मेरे लिए मोल-तोल करने और साझेदारी करने की दृष्टि से एक बहुत बड़ा सबक था। स्पष्टतः, मैं उस पर बहुत कम विश्वास करता था, इसलिए मैं हमेशा चौकन्ना रहता था और इसका मुझे प्रतिफल भी मिला।

मेरी टीमें

हमारी राष्ट्रीय और अंतर्राष्ट्रीय परियोजनाओं में, हमारे पास दैनिक आवश्यकताओं से निबटने के लिए और निर्माण स्थलों की माँगों की पूर्ति के लिए कई टीमें थीं। ट्रम्प इंटरनैशनल टावर और टावर शिकागो के लिए और अन्य परियोजनाओं के लिए भी हमारे पास महाप्रबन्धक नियुक्त थे। निश्चित रूप से, वहाँ पूरा स्टाफ़ भी होता था। एक प्रकार से, ये सारी टीमें, साझेदारियों की तरह थीं। सफलता प्राप्त करने के लिए, इन सभी तत्त्वों को इकट्ठे मिलकर काम करना पड़ता था। मेरे सारे प्रबन्धक और मेरे सभी कर्मचारी यह बात अच्छी तरह जानते थे कि मैं उनसे बहुत अधिक अपेक्षाएँ रखता था और वे अपेक्षाएँ अनुचित नहीं होती थीं। जिन मानकों का वे प्रतिनिधित्व करते थे, वे मानक उन लोगों में सर्वश्रेष्ठ प्रदर्शन करने को प्रेरित करते थे। ट्रम्प संगठन में मेरी पास एक नई टीम है, जिसने ट्रम्प होटल कलेक्शन को अंतर्राष्ट्रीय पहचान दी है। जिस टीम की मैं बात कर रहा हूँ, वे मेरे सबसे बड़े तीन बच्चे हैं - डॉन, इवान्का और एरिक। उन्होंने कई परियोजनाओं पर काम किया है और साझेदारों के रूप में, उन्होंने अपने आप को गुणवान व्यक्तियों के रूप में प्रमाणित किया है। भले ही, उन्होंने अपना व्यावसायिक जीवन प्रशिक्षुओं के रूप में आरम्भ किया हो, लेकिन अब वह शब्द केवल मेरे टेलीविज़न शो 'द अप्रेन्टिस' में मेरे सलाहकारों के रूप में उनकी भूमिका पर ही लागू होता है।

जब मैं आदर्श साझेदारों पर विचार करता हूँ, तो मुझे उनमें यह गुण दिखाई देता है। वे कड़ी मेहनत करते हैं, उन्हें अपने काम से बहुत लगाव है और वे अच्छे परिणामों के साथ स्वतंत्र रूप से काम करते हैं, जिस पर किसी भी अच्छे व्यापारी को गर्व हो सकता है। इवान्का का जूतों और हैन्डबैग के साथ-साथ गहनों का व्यवसाय है और वह अपने अतिरिक्त उत्तरदायित्व को एक पेशेवर व्यक्ति की तरह निभाती है। तीनों बहुत सक्रिय हैं और अपनी दयालुता के साथ बड़े सतर्क भी हैं तथा उनके काम नैतिक दोषों से परे हैं। एक पिता के रूप में, मैं इससे अधिक गर्व नहीं कर सकता। जब तीन अच्छे साथियों की बात होती है, तो मैं स्वयं को बहुत भाग्यशाली मानता हूँ।

बुरा साझेदार, अच्छा साझेदार

किसी भी व्यवसाय में, साझेदारों की भूमिका बहुत महत्त्वपूर्ण होती है। रॉबर्ट के लिए, एक अच्छा साझेदार, सबसे बढ़कर, कोई विश्वसनीय व्यक्ति होना चाहिए। निश्चित रूप से, उनके पास रॉबर्ट का साथी बनने के लिए सारे कौशल और प्रतिभा होनी चाहिए, किन्तु रॉबर्ट जैसे नौसैनिक के लिए सम्मान सबसे ऊपर है। वह दूसरों से केवल वही अपेक्षा रखते हैं, जो वह स्वयं देते हैं और इसी तरह आप एक अच्छे साथी को पाते हैं। मुझे उन लोगों की तलाश रहती है, जो मेरे मूल्यों पर ख़रे उतरते हैं। अन्यथा मैं आगे नहीं बढ़ता हूँ।

यदि आप प्रश्न करें कि क्या आप एक अच्छा साथी बन सकते हैं, तो शायद ऐसा प्रश्न पूछने वाले आप कोई पहले व्यक्ति नहीं होंगे। पारम्परिक अर्थों में, हर व्यक्ति साझेदारी के लिए नहीं बना होता। बिना अच्छे संबंधों के एक सफल व्यवसाय का निर्माण करना असम्भव है। लेकिन यदि आप सौदे बना सकते हैं और विशेष परियोजनाओं व निर्माण-खंडों का विकास करने के लिए उपयुक्त प्रतिभा लाने में सक्षम हैं, तो आप बिना साझेदारों के भी ऐसा कर सकते हैं। उदाहरण के लिए, यदि मैं कोई नई इमारत बना रहा हूँ, तो मैं एक ऐसे आर्किटेक्ट का चुनाव करूँगा, जो अपनी टीम साथ लेकर आएगा और इसी प्रकार मैं सही ठेकेदार, भूदृश्यों का निर्माण करने वाले लोगों को ढूँढूगा। निस्संदेह, यह बहुत कठिन है, लेकिन बहुत सार्थक है, क्योंकि सारा निर्माण-कार्य आपका है और आपके नियंत्रण में है। इसलिए, यदि आप प्रश्न करें कि आप अच्छे व्यापारिक सम्बन्धों का निर्माण कर सकते हैं या नहीं, तो मेरे विचार में आपको आइने के सामने खड़ा होकर, स्वयं से यह प्रश्न करना चाहिए कि ऐसा क्यों हैं।

एक अच्छा साझेदार बनने का एक तरीका यह है कि आप स्वयं से यह पूछें कि, "मैं किस प्रकार के साझेदार को पसंद करूँगा?" और फिर खुद वैसा ही साझेदार बनने का प्रयास करें। अखंडता द्वारा अखंडता को आकर्षित करने का एक तरीका है, यह अपने आप नहीं हो जाता। कुछ लोग अनिवार्यतः बुरे नहीं होते। वे केवल अनाड़ी होते हैं। इसी प्रकार, कुछ लोग स्पष्टतः बुरे नहीं होते, किन्तु वे इसमें कुछ कर भी नहीं सकते। इसलिए, मैं तब तक चौकसी बरतता हूँ, जब तक वे अपने आपको मज़बूत प्रमाणित नहीं कर देते।

मेरे कुछ ऐसे मित्र और साझेदार थे, जो प्रॉपर्टी की बात आते ही, विरोधी हो गए थे। मेरा एक मित्र भी उस प्रॉपर्टी के पीछे पड़ गया, जब उसे पता चला कि मैं उस प्रॉपर्टी के पीछे था और वह भी साझेदार या सहयोगी की तरह नहीं। यह मेरे लिए एक झटके की तरह था, क्योंकि मैं उसे काफ़ी लम्बे समय से जानता था और उसे अपना मित्र मानता था। मैं खुश हूँ कि यह मामला सुलझ गया था, लेकिन इसने मुझे एक सबक दिया था। यहाँ मैं उसके नाम का खुलासा करना आवश्यक नहीं समझता, किन्तु ऐसी घटनाएँ होती हैं और यह एक अच्छा सबक था मेरे लिए। जब व्यापार की बात होती है, तो लोग हर तरह से आपको हैरान कर सकते हैं।

हाल ही में '*द सेलेब्रिटी अप्रेन्टिस*' की एक कड़ी में, निकी टेलर प्रोजेक्ट मैनेजर थी और उसकी टीम हार गई। किसी दूसरे को दोष देने की अपेक्षा, उसने उनके हार की सारी ज़िम्मेदारी अपने ऊपर ले ली और अपना त्यागपत्र देने का प्रस्ताव रखा। उसने बहुत ईमानदारी का प्रदर्शन किया था और जैसे उसकी टीम ने किया था, मैंने भी उसके चरित्र की मज़बूती की प्रशंसा की। उसका अपनी टीम के साथ सम्मान का रिश्ता था। उसने पूरे आत्म-सम्मान और प्रशंसा के साथ वह नौकरी छोड़ दी।

सौदे बनाम साझेदारियाँ

मुझे कुछ वर्ष पूर्व, रॉबर्ट के साथ हुई अपनी बातचीत याद आ गयी, जो साझेदारियों और उनकी कठिनाइयों के बारे में थी। उस समय उनकी साझेदारी संकट में थी। मैं अन्य लोगों के साथ काम करना ज़्यादा पसंद करता हूँ, अपेक्षाकृत साझेदारी करने के, क्योंकि वे बहुत जटिल होती हैं और अन्ततः उनका परिणाम बुरा होता है। लोगों के साथ काम करना आसान होता है, दूसरों के साथ आपका सम्बन्ध होते हुए भी, आपमें कोई बंधन नहीं होता, जैसा कि साझेदारी में आवश्यक होता है। साझेदारियाँ, विवाह के समान होती हैं। वे या तो बहुत शानदार होंगी या फिर बहुत भयानक। यदि सम्भव हो, तो आप उन लोगों के साथ काम करें, जिन्हें आप पसंद करते हैं और उन पर विश्वास करते हैं। और उसके बाद आप अपने अगले सौदे की ओर बढ़ सकते हैं।

मैंने सौदेबाजी पर काम करते हुए कई वर्ष व्यतीत किए हैं। मेरी ख्याति ऐसी है कि मैं उपयुक्त लोगों को ही काम करने के लिए बुलाता हूँ और हम बड़ी आसानी के साथ अपने कार्यों को पूरा कर लेते हैं। मैं समझता हूँ कि शायद यह आपके पास इतनी आसानी से उपलब्ध न हो, विशेष रूप से, जब आप अपने व्यवसाय में नए-नए हों। इसलिए, मैं आपको यही सुझाव दूंगा के जब आप अपने व्यवसाय में धीरे-धीरे आगे बढ़ते हैं, तो आपको अपने मस्तिष्क में 'सौदेबाजी' शब्द रखना चाहिए। "यह एक सौदा है" बनाम "यह एक साझेदारी है" या "यह विवाह है" के बारे में सोचना कितनी स्वतंत्रता प्रदान करता है! आपके दिमाग़ में नए विचार आते हैं। यह मुश्किल स्थिति में मेरे दृष्टिकोण के समान है। मैं मुश्किल स्थिति में अपने आप से पूछता हूँ, 'क्या यह एक लक्ष्य है या एक आपदा?" अधिकांश समय यह 'लक्ष्य' की श्रेणी में होता है। यह कितनी अद्भुत बात है कि जब आप ऐसा करते हैं, तो कितनी ही चीज़ें आपके समक्ष एकदम स्पष्ट हो उठती हैं!

मोल-भाव करने की कला

आपके पास मोल-भाव करने का गुण होना बहुत ज़रूरी है। मुझे मेरी मोल-भाव करने के कौशल के लिए जाना जाता है और यह गुण सौदेबाजी करने के क्षेत्र में ही आता है। सर्वोत्तम सौदेबाज़ियाँ सबके लिए अच्छी होती हैं, जो सब पक्षों के लिए लाभदायक स्थिति उत्पन्न करती हैं। मोल-भाव, एक ताकत की अपेक्षा विश्वास अधिक है। यह कुछ-कुछ

कूटनीति के समान है, हालाँकि एक व्यक्ति कूटनीतिक होते हुए भी हठीला हो सकता है। इसमें आपको यह जाँचना होता है कि दूसरा पक्ष क्या चाहता है और वे कैसा महसूस कर रहे हैं। आप अपना रूप विवेकपूर्ण और लचीला रखें और कभी भी किसी को यह एहसास न होने दें कि आप क्या कह रहे हैं और क्या महसूस कर रहे हैं। ज्ञान शक्ति है, इसलिए जहाँ तक सम्भव हो, किसी भी चीज़ को अपने तक ही सीमित रखें और मोल-भाव का स्वर्णिम नियम याद रखें, "जिसके पास सबसे अधिक पैसा है, वही नियम बना सकता है।" लेकिन इसमें समान अवसरों को नकारा नहीं जा सकता। किन्तु यह एक अनकहा तथ्य है, जो निश्चित रूप से वहाँ मौजूद है। आप हमेशा याद रखें कि आप भविष्य में होने वाले सौदों की आधारशिला रख सकते हैं, इसलिए आपका ज़ोर निष्पक्षता और ईमानदारी पर होना चाहिए।

लोग मेरे साथ सौदे करना पसंद करते हैं, क्योंकि वे जानते हैं कि यह उनके लिए लाभदायक होगा, कि मैं जल्दी से कार्रवाई करता हूँ और उनके साथ न्यायसंगत व्यवहार किया जाएगा। यह मेरी साख है, जिसके लिए मैंने बहुत मेहनत की है और मैं हमेशा इस पर अटल रहता हूँ। लेकिन इसका यह अर्थ कदापि नहीं कि मेरे साथ व्यवहार करना आसान है, क्योंकि मैं बहुत ज़्यादा अपेक्षा करता हूँ। लेकिन मैं अपेक्षाओं से सीमित नहीं होता हूँ और सामान्यतः मेरे सौदे सबके लिए लाभदायक होते हैं। जब रॉबर्ट और मैंने अपनी पहली पुस्तक इकट्ठे लिखने का फैसला किया, तो यह कठिन नहीं था। इसमें हमें ज़्यादा मोल-भाव नहीं करना पड़ा, क्योंकि ऐसा करना ज़रूरी नहीं था।

कई बार मेरे सामने ऐसी भी स्थितियाँ आईं, जहाँ मैं जान नहीं पाया कि दूसरे पक्ष को कितनी जानकारी है। मैं केवल उनकी जानकारी और उनकी तैयारी की स्पष्ट कमी के आधार पर तुरन्त जान जाता था कि जीत मेरी ही होने वाली है और वह भी बहुत जल्दी। यह बात हमेशा मुझे चकित कर देती है। लेकिन मैं किसी को बलपूर्वक नहीं हराना चाहता। आप जो भी कार्य करते हैं, उसकी हर सम्भव तैयारी करना एक अच्छा विचार है और कभी-कभी अज्ञानी होने का दिखावा करना भी एक अच्छी नीति हो सकती है। "अज्ञानी होने का दिखावा करने के लिए बहुत चातुर्य की ज़रूरत होती है," जैसा कि लोग कहते हैं। क्यों? क्योंकि यह इस बात को देखने का अच्छा तरीका है कि मोल-भाव में आपके भागीदारों को कितना कुछ नहीं पता है। यह देखना भी अच्छा लगता है कि कहीं आपके भागीदार अर्थात् दूसरे पक्ष के लोग आपको डरा तो नहीं रहे। इन सबका सारांश यह है कि अपने अंतर्ज्ञान पर विश्वास रखें, विशेषतया जब आपके भागीदार पूरी तरह तैयार हों।

नए उद्यमी पूछ सकते हैं कि, "अपने अंतर्ज्ञान को कैसे प्रखर बनाया जा सकता है?" यह चीज़ आप अनुभव से प्राप्त करते हैं, किन्तु मेरे विचार में हम सबके भीतर एक चेतावनी देने वाला यंत्र होता है, जो उपयुक्त समय पर आपको चौकन्ना करता है। इस पर आप अवश्य ध्यान दें। हो सकता है आप इसे अभिव्यक्त न कर पाएँ, किन्तु

एक चेतावनी के रूप में यह अत्यंत उपयोगी सिद्ध होगा। मैं अक्सर लोगों को 'पागल हो जाने' की सलाह देता हूँ। यह आपको सावधान करने का एक तरीका है। दूसरा तरीका, प्रतिदिन अपने आप को तैयार करने का है। वैश्विक और राष्ट्रीय घटनाओं के बारे में जानने के लिए मीडिया का इस्तेमाल करें। आप अधिक से अधिक विषयों और उद्योगों के बारे में अनुभव प्राप्त करने के लिए, यथासम्भव परिश्रम करें।

आलोचना और टकराव

मेरे मीडिया के साथ भी सम्बन्ध रहे हैं, जिनमें कुछ अच्छे हैं, तो कुछ बुरे भी हैं। अच्छे सम्बन्ध लम्बे समय तक क़ायम रहते हैं। मैंने पिछले कई वर्षों में टेलिविज़न पर कई बार रेजिस फ़िल्बिन, बारबरा वॉल्टर्स, लैरी किंग, नील कैव्यूटो, ऐक्सेस हॉलिवुड और अन्य कई लोगों के साक्षात्कार लिए हैं। मैं अक्सर टेलिविज़न पर आता रहता हूँ और हम पेशेवर सम्बन्ध बनाए रखते हैं, कई बार मित्र भी बनाते हैं, क्योंकि दोनों ओर सम्मान की भावना होती है। यहाँ पेशेवर और व्यक्तिगत संबंध एक साथ चलते हैं।

लेकिन पिछले कुछ वर्षों में, कई अवसरों पर, मुझे प्रेस वालों ने बहुत परेशान किया है। फिर भी यह सच है कि कई लेखक और पत्रकार ऐसे भी हैं, जो निष्पक्ष हैं।

मुझे याद है, जब युनाइटेड नेशन्स प्लाज़ा में ट्रम्प वर्ल्ड टावर का निर्माण किया जा रहा था, तो मेरी खूब आलोचना की गयी थी। तब 'द न्यू यॉर्क टाइम्स' में प्रकाशित एक लेख में प्रतिष्ठित वास्तुकला आलोचक हर्बर्ट मस्चैम्प ने प्रशंसा करते हुए लिखा था कि, "यह शीशे का एक खूबसूरत टावर है।" उन्होंने आगे टिप्पणी की, "ट्रम्प जब आलोचकों की बातों पर ध्यान देने की अपेक्षा, उन्हें नज़रअंदाज करते हैं, तो बेहतर काम कर पाते हैं।" तब अपनी आलोचना को ग्रहण करना आसान हो जाता है, जब आप महसूस करते हैं कि जिन लोगों की आलोचना नहीं की जाती, ये वे लोग होते हैं, जो जोखिम नहीं उठाते। आप जोखिमों से न डरें और यह बात जान लें कि यदि आपकी आलोचना की जाती है, तो आप अच्छी संगत में हैं।

यदि आपकी आलोचना करने से लोगों का ध्यान उन आलोचकों की ओर आकर्षित होता है, तो लोग आपकी आलोचना करेंगे। आम तौर पर उनके हमले में एक ऐसा पहलू होता है, जो निशाना बनाए जाने के बाद मैंने महसूस किया कि, वह कुछ होता है, जो कई गुना बढ़ जाता है। उनकी इस आग पर पानी डालने का एक ही तरीका है कि प्रत्युत्तर में उन्हें कुछ न कहा जाए, क्योंकि वे केवल आपकी ओर से प्रतिक्रिया पाने की कोशिश कर रहे हैं। इसी दौरान, वे सारा ध्यान आपकी ओर ले आते हैं, जो कई मामलों में आपको लाभ पहुँचाता है। आप दोनों पक्षों को देख कर सुनिश्चित करें कि ऐसा आपके साथ कब होता है, होता भी है या नहीं क्योंकि कई बार आत्मरक्षा की प्रतिक्रिया न्यायसंगत होती है।

मैं बहुत से मुक़दमों में भी सम्मिलित रहा हूँ, जिन्हें मैं पसंद नहीं करता किन्तु

कभी-कभी ये आवश्यक हो जाते हैं। लोग कई बार अपनी सीमा पार कर जाते हैं और अनुचित व अनैतिक हो उठते हैं। इस स्थिति में, आपको उससे निबटना होता है वरना आप उनके लिए आसान चारे के रूप में जाने जाते है। आपको अपनी रक्षा के लिए उठना ही पड़ेगा।

जैसा कि रॉबर्ट के रिच डैड कहते थे, "व्यापार आसान है, लेकिन लोग बहुत कठिन।" लेकिन आपके अन्दर लोगों से निबटने का हुनर, अनुभव और सावधानी से ही आता है। और रॉबर्ट की तरह, मेरे जीवन में भी ऐसे कुछ शानदार लोग आए हैं, जो सोना हैं, शुद्ध सोना। उनकी पृष्ठभूमियाँ, उनके अनुभव और उनके पेशे भिन्न-भिन्न हैं। उनमें से कुछ तो हमारे सौदों के दौरान ही मेरे मित्र बन गए थे। इसलिए, अपने व्यावसायिक जीवन के पहले दिन से ही, इन भागीदारियों के महत्त्व पर ध्यान दें -अपने व्यक्तिगत स्तर पर भी और व्यावसायिक स्तर पर भी।

निष्कर्ष

व्यापार करना आसान है, किन्तु लोगों के साथ व्यवहार करना बहुत मुश्किल। एक कहावत मशहूर है कि, "अपने परिवार का चुनाव करना आपके हाथ में नहीं है, क्योंकि आपका जन्म आपके हाथ में नहीं है, किन्तु अपने मित्रों का चुनाव आपके हाथ में है।" यदि आप किसी संगठन में एक कर्मचारी हैं, तो अपने सहकर्मियों को आप नहीं चुन सकते। लेकिन यदि आप एक उद्यमी हैं, तो आपका सबसे महत्त्वपूर्ण काम होता है उन लोगों को चुनना, जिनके साथ आप काम करते हैं। सच पूछें तो इससे अधिक महत्त्वपूर्ण कोई कार्य नहीं है, क्योंकि आपके कर्मचारी ही ऐसे व्यक्ति होते हैं, जो आपका और आपकी कम्पनी का प्रतिनिधित्व करते हैं।

आपका व्यक्तिगत विकास कार्यक्रम

एक उद्यमी बनना, आपके व्यक्तिगत विकास का सबसे अच्छा कार्यक्रम हो सकता है और आपका व्यवसाय आपका सबसे अच्छा व्यावसायिक स्कूल हो सकता है। यदि आप व्यक्तिगत रूप से प्रगति करते हैं, तो आपका व्यवसाय भी प्रगति करता है। दुर्भाग्य से, यदि आप व्यक्तिगत रूप से आगे नहीं बढ़ते, तो आपका व्यवसाय भी आगे नहीं बढ़ पाता।

उद्यमशीलता गोल्फ़ के खेल के समान है। गोल्फ़ में यदि आप पाँच फ़ीट की दूरी से गेंद पर प्रहार करने से चूक जाते हैं, तो आप इसका दोष अपने सिवा किसी को नहीं दे सकते। इससे कोई अन्तर नहीं पड़ता कि आपने इसका दूसरा कारण तलाश करने में कितनी मेहनत की है।

हालाँकि दूसरे व्यक्तियों के क्रियाकलाप आपके निर्णायक-बिन्दु को प्रभावित कर

सकते हैं। जब अन्य लोग आपके व्यवसाय का पैसा गवाँ देते हैं, तो वह तब भी आपका व्यवसाय और आपका पैसा होता है। यदि आपके सलाहकार आपको ग़लत सलाह देते हैं, तो उस ग़लत सलाह की कीमत आपको चुकानी पड़ती है, जो उनकी फीस से कहीं ज़्यादा होती है, जो आप उन्हें देते हैं। अगर आप इन नुकसानों का दोष दूसरों को देते हैं, तो आप पैसे से ज़्यादा कुछ खो देते हैं। आप सबक लेने, तरक्की करने और एक बेहतर व्यवसायी बनने का अवसर खो देते हैं।

अधिकांश लोगों के कर्मचारी वर्ग में बने रहने या स्व-रोज़गार उद्यमी के रूप में छोटे स्तर पर बने रहने का कारण यह होता है कि वे दूसरे लोगों के लिए ज़िम्मेदारी नहीं लेना चाहते। लोग आपकी सबसे बड़ी सम्पत्ति सिद्ध हो सकते हैं, या फिर आपकी सबसे बड़ी ज़िम्मेदारी।

आपका सबसे महत्त्वपूर्ण कार्य

अधिकांश लोगों के व्यापार में अच्छे परिणाम न दे पाने का कारण यह होता है कि वे लोगों के साथ ठीक से नहीं निबट सकते। क्या आप ऐसे किसी व्यक्ति को जानते हैं? ऐसा व्यक्ति, जो लोगों को ठीक से नहीं पढ़ पाया हो? सम्भव है, वह एक अच्छा इंजीनियर, अकाउंटेंट, आविष्कारक, वकील, कलाकार या गायक हो, किन्तु वह आसानी से लोगों से सम्बन्ध नहीं बना पाता। जादुई शक्ति आपके और लोगों के साथ आपके सम्बन्धों को दर्शाती है। लोगों के साथ सुचारू रूप से काम करना आपका सबसे महत्त्वपूर्ण कार्य है और यह कार्य आसान नहीं है। क्यों? क्योंकि सभी लोगों का स्वरूप, उनकी प्रकृति, उनका व्यवहार भिन्न-भिन्न होता है। यहाँ हम ऐसे ही कुछ लोगों के बारे में बता रहे हैं, जिन्हें, एक उद्यमी के रूप में आपको समझने की आवश्यकता है।

निवेशकों के साथ कार्य करना

ये ऐसे लोग हैं जिनके पास आपकी कल्पना को एक व्यापार में बदलने की शक्ति होती है। यदि आपकी उद्यमशीलता के कौशल में उनका विश्वास नहीं है, तो वे कहेंगे, "अच्छा विचार है... लेकिन मैं आपके साथ कार्य नहीं कर सकता, धन्यवाद।" हो सकता है, वे इतने शिष्ट ढंग से न कह पाएँ। यह दुनिया निवेशकों से भरी पड़ी है, जो अच्छा निवेश करने की तलाश में रहते हैं। लेकिन समस्या यह है कि यहाँ ऐसे उद्यमी बहुत कम हैं, जिनके व्यवसाय में आप निवेश कर सकते हैं। आपका कार्य एक योग्य उद्यमी बनना है, जिसके व्यवसाय में निवेशक अपना निवेश कर सकें। यह व्यक्तिगत विकास की मांग करता है, क्योंकि एक उद्यमी होने और एक कर्मचारी होने में ज़मीन-आसमान का अन्तर होता है। एक उद्यमी में वे सभी गुण होने चाहिए, जो अधिकांश लोगों में नहीं होते।

यहाँ धन जुटाने का पहला सबक प्रस्तुत है। चलिए, हम इसे "धन जुटाना 101"

के नाम से पुकारेंगे। सबसे पहले, अधिकांश लोगों के पास महान विचार होते हैं, किन्तु समस्या यह है कि वे धन जुटा पाने में सक्षम नहीं हैं, क्योंकि वे इस समूची प्रक्रिया को एक ग़लत दृष्टिकोण से देखते हैं। यदि आप धन जुटाना चाहते हैं, तो आपको पिछले अध्यायों में वर्णित निवेशक चतुर्भाग में निवेशक की दृष्टि से दुनिया को देखने की आवश्यकता होती है। पेशेवर निवेशकों को आपके उत्पादों के सम्बन्ध में परवाह नहीं होती, हालाँकि उत्पाद भी महत्त्वपूर्ण होते हैं। पेशेवर निवेशक सर्वप्रथम यह जानना चाहता है कि : आप कौन हैं, आपका अनुभव कितना है, आपकी टीम में कौन-कौन लोग हैं और आपके पीछे कौन लोग हैं। उन्हें यह जानने की इच्छा रहती है कि आपके साझेदार, आपके परामर्श मण्डल में कौन-कौन लोग हैं, आपके बैंकर कौन हैं और आपके व्यवसाय में अन्य निवेशक कौन हैं। एक पेशेवर व्यक्ति लोगों को देखता है, क्योंकि वे जानते हैं कि व्यापार लोगों से चलता है।

चूँकि अधिकाँश उद्यमियों को, उद्यमी के रूप में कोई अनुभव नहीं होता और पेशेवर निवेशक उनमें या उनके व्यापार में निवेश नहीं करेंगे, इसलिए कई नए व्यापारी अपने मित्रों और अपने पारिवारिक सदस्यों से पैसा जुटा लेते हैं और अपने व्यावसायिक कौशल के स्थान पर अपनी दोस्ती और प्रेम को दाँव पर लगा देते हैं। यहीं आकर सारी चीज़ें पेचीदा हो जाती हैं। यह कैच-22 की स्थिति है। आप अपने आप को एक ऐसे उद्यमी के रूप में प्रमाणित करने का एक अवसर चाहते हैं जिसके पास अच्छा व्यावसायिक कौशल है। किन्तु आपको अच्छा व्यावसायिक कौशल प्राप्त करने से पूर्व लोगों को यह विश्वास दिलाना होता है कि आप एक उद्यमी हैं। ठीक इसी प्रकार, यह बताता है कि साझेदार क्यों महत्त्वपूर्ण है।

साझेदारों के साथ काम करना

कुछ उद्यमी अकेले ही कार्य करते हैं लेकिन अन्य कई साझेदारों के साथ व्यावसाय चलाते हैं। साझेदार महत्त्वपूर्ण होते हैं, क्योंकि कोई व्यक्ति सारे उत्तर नहीं जानता या उसके पास वे सारे गुण नहीं होते, जो व्यापारी-निवेशक त्रिकोण में प्रत्येक स्तर पर चाहिए होते हैं। एक साझेदार होने से, पहले पाँच वर्षों के दौरान आपके व्यवसाय को चालू रहने की सम्भावनाएँ बढ़ जाती हैं। यह वह समयावधि होती है, जिसमें अधिकांश नये व्यवसाय विफल हो जाते हैं।

सबसे अच्छी साझेदारियाँ वे होती हैं, जहाँ प्रत्येक व्यक्ति, कम्पनी के लिए सम्मानार्थ कौशल, प्रतिभा और अनुभव लेकर आता है। उदाहरण के लिए, एक साझेदार का साझेदारी से बाहर जाना और दूसरे श्रेष्ठ साझेदार का अन्दर आना एक सामान्य बात है। अन्य साझेदारियों में, आप एक ऐसे साझेदार को पाते हैं, जो किसी मुद्दे या समस्या को एक व्यापक परिप्रेक्ष्य में देखना पसंद करता है, तो अन्य साझेदार को विस्तृत जानकारियाँ पसंद होती हैं। मैं समझता हूँ कि आप मेरे इस विचार को समझ गए होंगे। एक व्यापारिक

साझेदारी एक विवाह के समान होती है। यदि आप सही साथी का चुनाव करते हैं, तो यह स्वर्ग हो सकती है और ग़लत साथी का चुनाव, आपके लिए एक नर्क सिद्ध हो सकता है।

सबसे अच्छी साझेदारियाँ तीन प्रकार के व्यक्तियों से मिलकर बनती हैं :

1. **स्वप्नदर्शी**

   इस व्यक्ति के पास एक सुन्दर तस्वीर होती है, एक खूबसूरत भविष्य का एक सम्पूर्ण दृष्टिकोण।

2. **व्यापारी**

   यह व्यक्ति व्यवसाय को चलाने वाला होता है। यह व्यावसायिक व्यक्ति सुनिश्चित करता है कि पहेली के टुकड़े सही स्थान पर लग जाएँ और सब कुछ सही समय पर हो।

3. **धूर्त व्यक्ति**

   यह एक शिकारी कुत्ते के समान होता है। ऐसे व्यक्ति किसी पर भी विश्वास नहीं करते। यदि किसी व्यक्ति को कटवाने की आवश्यकता होती है, तो यही वह व्यक्ति है, जिसे आप यह कार्य करने के लिए बुला सकते हैं।

हमने तीनों प्रकार के व्यक्ति बनना सीख लिया है। कुछ उद्यमियों में इनमें से दो व्यक्तियों के गुण होते हैं। क्या आप ये तीनों व्यक्ति बनने में सक्षम हैं? यदि नहीं, तो ऐसे किसी व्यक्ति को नौकरी पर रख लें, क्योंकि आपको तीनों प्रकार के व्यक्तियों की आवश्यकता पड़ेगी।

यहाँ कुछ सस्ता लेकिन प्रभावशाली कानूनी परामर्श दिया जा रहा है। किसी भी व्यवसाय में एक आधिकारिक साझेदार बनने से पहले, सबसे अच्छा यह रहेगा कि कोई अधिवक्ता एक "क्रय-विक्रय" अनुबन्ध तैयार करे। यदि साझेदारी में चीजें सुचारू रूप से नहीं चलतीं या एक साझेदार व्यवसाय को चालू रखना चाहता है और दूसरा उसे छोड़कर जाना चाहता है, तो यह अनुबंध आपके काम आएगा। यह "क्रय-विक्रय अनुबन्ध" विवाह से पहले की जाने वाली तैयारियों की तरह है। जैसाकि आप जानते हैं, अधिकांश विवाह-संस्कारों का अन्त इस पंक्ति के साथ होता है, "हे ईश्वर, मृत्यु होने तक हमें जुदा न करना।" अधिकांश विवाहों में से 50 प्रतिशत का अन्त तलाक में होता है। कारण? क्योंकि तलाक, मृत्यु से बेहतर चुनाव है।

कई जोड़ों की तरह, कई सम्भावित साझेदारियाँ भी, जब अपने क्रय-विक्रय अनुबन्ध पर विचार करती हैं, तो अपने-आप को बेमेल पाती हैं। विवाह-पूर्व अनुबन्ध के मामले में भी यह बात ठीक बैठती है। इसलिए, व्यापार या विवाह के आरम्भ होने की अपेक्षा, बेहतर यही है कि अपनी भिन्नताओं को पहले ही ढूँढ लिया जाए।

यहाँ मैं आपको एक पुराना चुटकुला सुना रहा हूँ, जो इस प्रकार है :

चिकित्सक : "तुम्हारे साथ सम्बन्धों की इतनी सारी समस्याएँ क्यों हैं?

महिला ग्राहक : "मुझे लगता है कि मैं ग़लत पुरूषों को आकर्षित करती हूँ

चिकित्सक : "नहीं, यह सच नहीं है। तुम्हारी समस्या तब शुरू होती है, जब तुम उन लोगों को अपना फ़ोन नम्बर देती हो।"

अपने साझेदारों का चुनाव करते समय सतर्क रहें। जैसाकि कहा भी जाता है, "प्रेम में पड़ जाना आसान है, लेकिन प्रेम को बनाए रखना बहुत कठिन।" समस्या तब शुरू होती है, जब हनीमून समाप्त हो जाता है। यदि आप इकट्ठे मिलकर समस्याओं को नहीं सुलझा सकते, तो समस्याएँ केवल बढ़ती ही चली जाएँगी। विवाह और व्यापार, दोनों में ही, उन लोगों से घृणा करना आसान होता है, जिनसे आप कभी बहुत प्रेम करते थे।

इसलिए, साझेदार बनने से पहले आप क्रय-विक्रय अनुबंध पर काम करें। प्रत्येक व्यक्ति में अच्छा और बुरा, दो पक्ष होते हैं। केवल क्रय-विक्रय पर विचार-विमर्श करने से ही आपको अपने सम्भावित साझेदार की और आपकी अपनी वास्तविकता का ज्ञान हो जाएगा।

केवल स्वप्नदर्शी लोगों का ही यह सोचना है कि सम्बन्ध हमेशा अच्छे होते हैं। असहमति सभी सम्बन्धों में होती है। यदि आपके साझेदार अच्छे हैं, तो आपकी असहमतियाँ अत्यन्त उपयोगी सिद्ध हो सकती हैं। कई बार, आपसी बहस से भी बेहतर विचार निकल आते हैं। लेकिन, यदि आप केवल तर्कों-वितर्कों, लड़ाइयों, असहमतियों और व्यर्थ के विचारों में ही उलझे रहेंगे, तो आपकी साझेदारी अच्छी नहीं होगी। जब लैरी पेज और सर्गेई ब्रिन पहली बार मिले, तो लगभग हर विषय पर ही उनमें असहमति थी। उसके बाद वे गूगल की अवधारणा पर सहमत हो गए।

एक अच्छा साझेदार कैसे बनें?

आपने *'द अप्रेन्टिस'* में ध्यान दिया होगा कि डोनाल्ड बोलने और परामर्श देने की बजाय, सुनते हैं, देखते हैं और प्रश्न ज़्यादा पूछते हैं। हमारे रचयिता ने हमें दो आँखें, दो कान और केवल एक मुँह दिया है। इसमें एक संदेश छिपा है -ज़्यादा सुनो, ज़्यादा देखो और कम बोलो। यदि लोग बोलते रहेंगे और उन्हें सुनने वाला कोई नहीं होगा, तो व्यापार में बहुत बड़ी समस्याएँ पैदा होने लगेंगी। वे नेता, जो बोलते हैं, लेकिन किसी की सुनते नहीं, अच्छे नेता नहीं माने जाते। जब आप किसी निवेशक को पैसों के लिए कहते हैं, तो बेहतर है कि आप कम बोलें और अधिक सुनें। निवेशक आपके सम्बन्धों और आपके व्यवसाय के सम्बन्ध में क्या सोचता है, यह जानना बहुत महत्त्वपूर्ण है और इससे आप व्यवसाय के बारे में बहुत सारा ज्ञान प्राप्त कर सकते हैं।

सलाहकारों के साथ काम करना

निवेशक अक्सर आपके सलाहकारों के सम्बन्ध में जानना चाहते हैं। सभी सार्वजनिक कम्पनियों में निदेशक-मण्डल का होना आवश्यक होता है। यदि आप अपने व्यवसाय को सार्वजनिक बनाने की योजना नहीं भी बना रहे, फिर भी आपके एक सलाहकार-मण्डल का होना अनिवार्य है। उदाहरण के लिए, यदि आप एक रेस्तराँ शुरू करने की योजना बना रहे हैं, तो आपके पास ऐसे सलाहकार होने चाहिएं, जिन्होंने सफलतापूर्वक कोई रेस्तराँ शुरू किया हो और उसे चलाया हो। आपके पास अच्छे कानूनी सलाहकार और अच्छे अकाउंटेंट होने भी अनिवार्य हैं। अपने सलाहकारों को चुनने में पर्याप्त समय दें। यह तय है कि सभी सलाहकार अच्छे नहीं होते। आपका सलाहकार-मण्डल इस दिशा में आपका बहुत सारा समय, सिरदर्द और पैसा बच सकता है। एक पेशेवर निवेशक आपके सलाहकारों और उनकी विश्वसनीयता को अवश्य देखना चाहेगा।

आप अपने सलाहकारों को, अपने व्यावसायिक स्कूल के प्रशिक्षकों और अपने सबसे अच्छे अध्यापकों के समान मानें। आपके पास एक वास्तविक व्यापार और एक व्यवहारिक दुनिया के सलाहकार होना, व्यवहारिक दुनिया के व्यापार की शिक्षा प्राप्त करने का सबसे अच्छा तरीका हो सकता है, लेकिन आपको अपनी भूमिका तो निभानी पड़ेगी, जिसका अर्थ है एक अच्छा विद्यार्थी बनना, सुनना, सीखना और ग़लतियाँ सुधारना। लेकिन इसके यह मायने नहीं हैं कि आप अपने सलाहकार मण्डल की कही सारी बातों पर अमल करें। हाँ, आपको उनकी सारी बातें सुननी अवश्य चाहिएं। यदि आप ऐसा नहीं करते, तो आपको सलाहकारों की कोई आवश्यकता नहीं है या फिर आपको अपने सलाहकार को बदलने की ज़रूरत है।

अपने कर्मचारियों के साथ काम करना

अक्सर, यह सबसे कठिन समूह सिद्ध होता है, जिसके साथ आपको काम करना होता है, किन्तु आप निश्चित रहें क्योकि आपके कर्मचारी आपके सबसे अच्छे शिक्षक हो सकते हैं। चूँकि एक व्यवसाय, विभिन्न कौशलों (जैसे अकाउंटिंग, कानूनी सेवा, ग्राहक-सेवा, विपणन, प्रचार, बिक्री, उत्पाद विकास इत्यादि) से मिलकर बना होता है और वह व्यवसाय की 8 अखंडताओं का प्रतिनिधित्व करता है, इसलिए आप अति विशेषज्ञ लोगों से व्यवहार करते हैं। उनमें से कुछ व्यक्ति प्रेरित होते हैं, कुछ नहीं, कुछ ईमानदार होते हैं, कुछ नहीं। इस समूह को अपने व्यवसाय के उद्देश्यों पर केंद्रित करना कोई आसान काम नहीं है, लेकिन यह आपका काम है। याद रखें कि एक गन्दी मछली सारे तालाब को गन्दा कर देती है। यह सीखना बहुत महत्त्वपूर्ण है कि अपने कर्मचारियों को एक बुरे कर्मचारी से कैसे सुरक्षित रखा जाए। यदि एक निवेशक यह अनुमान लगा लेता है कि आपके यहाँ कर्मचारियों की समस्या चल रही है या आप एक सक्षम नेतृत्व प्रदान नहीं कर सकते, तो वह आपकी कम्पनी में निवेश करने को तत्पर नहीं होगा।

आप अपने यहाँ जो सबसे बड़ी समस्या देखते हैं या कोई अन्य उद्यमी आपको बताता है, वह यह है - "मैं अच्छे लोगों को नहीं ढूँढ सकता।" चूँकि, अधिकांश नए उद्यमियों के पास लोगों का नेतृत्व करने का व्यवहारिक अनुभव बहुत कम होता है, तो वे अक्सर यह कहते हैं, "आपको इन दिनों अच्छे कर्मचारी नहीं मिल सकते।" अधिकांश मामलों में, असली समस्या होती है एक उद्यमी का एक अच्छा लीडर न होना। जैसे ही उद्यमी अपने भीतर नेतृत्व के गुण विकसित कर लेते हैं, उनके कर्मचारियों में भी सुधार होने लगता है।

अपने ग्राहकों के साथ काम करना

अन्तिम लेकिन कमतर नहीं! एक व्यवसाय में ग्राहकों का होना और ग्राहकों के साथ अच्छे सम्बन्धों का होना अत्यन्त आवश्यक है। आपके ग्राहक, सबसे अच्छे शिक्षक हो सकते हैं।

एक पेशेवर निवेशक हमेशा यह पूछेगा, "आपके ग्राहक कौन हैं? और वे आपके उत्पाद या आपकी सेवाएँ ही क्यों लेना चाहते हैं?" आपके ग्राहकों के समय और धन के लिए लगातार बढ़ती हुई प्रतिद्वंद्विता की दुनिया में, आपको यह जानना बहुत ज़रूरी है कि आपके ग्राहक कौन हैं और कैसे हैं, उन्हें आपके व्यवसाय की आवश्यकता क्यों है और आप उनके साथ अपने सम्बन्ध कैसे बनाए रखते हैं।

अक्सर, चतुर्भाग में दिखाए गए स्वरोज़गार उद्यमियों का अपने ग्राहकों के साथ वैयक्तिक सम्बन्ध होता है। कुछ उदाहरणों में, चिकित्सा के क्षेत्र में डॉक्टर और मरीज़ का सम्बन्ध होगा और कानूनी क्षेत्र में वकील और ग्राहक का सम्बन्ध होगा।

व्यापार के क्षेत्र में, सम्बन्धों का स्वभाव अलग हो जाता है। अब वे वैयक्तिक स्तर पर नहीं रह जाते। व्यापार क्षेत्र के उद्यमियों को संचार के विभिन्न माध्यमों से एक-एक के साथ सम्बन्ध रखने चाहिए। इसमें भी अलग-अलग गुणों की आवश्यकता होती है।

हम अपने लाखों ग्राहकों के साथ अपनी प्रबंधन टीमों, टेलीविज़न, रेडियो, सोशल मीडिया, व्यक्तिगत उपस्थिति और पुस्तकों के माध्यम से एक-एक ग्राहक से आमने-सामने का सम्बन्ध बनाए रखते हैं। स्पष्ट है कि, एक निवेशक यह अवश्य जानने की इच्छा रखता है कि आप अच्छे ग्राहकों को कैसे आकर्षित करते हैं, कैसे उन्हें अपने साथ बनाए रखते हैं।

सर्वश्रेष्ठ बिज़नेस स्कूल

यहाँ आपको बताया जा रहा है कि आपका व्यापार क्यों एक बिज़नेस स्कूल बन सकता है और जो हमेशा रहने वाला एक व्यक्तिगत विकास कार्यक्रम हो सकता है। यदि आप प्रगति करते हैं, तो आपसे जुड़ी अन्य सभी चीज़ें भी प्रगति करती हैं और जब आप बहुत

बड़े व्यवसायी बन जाते हैं, तो आप पर धन और यश की बरसात होने लगती है और यदि आप दूसरों को दोष देते हैं, तो याद रखें कि इसका प्रभाव आप पर भी पड़ता है और आप भी 'लंगड़ा कर' चलने लगते हैं। यह संसार लंगड़े उद्यमियों से भरा हुआ है, क्योंकि वे अपने व्यवसाय को एक व्यावसायिक स्कूल के रूप में देखने में विफल रहते हैं।

पूर्व तैयारी

क्या आपने अपने व्यवसाय के लिए तैयारियां कर ली हैं? आपको इसकी आवश्यकता होगी क्योंकि धन जुटाना बहुत महत्त्वपूर्ण है और यह एक नाज़ुक मसला है। सबसे पहले, आपको मालूम होना चाहिए कि आपको क्या करना है और यहीं पर आपकी ब्रान्डिंग और आपकी योजना को अपनी भूमिका निभानी होती है। लेकिन एक बार, जब आप अपने शब्दों को प्रखर कर लेते हैं, तो उनकी तैयारी करने और उन पर कार्रवाई करने का समय आ जाता है, तैयारियों के पूर्व तैयारी करने का समय।

जीवन में किसी भी अन्य चीज़ की तरह, यदि आप अच्छे बनना चाहते हैं, तो आपको अभ्यास अवश्य करना चाहिए। अपने व्यवसाय में अभ्यास करने की कला सीखें। आप जितनी अच्छी तरह अभ्यास करेंगे, उतना ही आपके व आपके व्यापार के लिए बेहतर होगा।

अंगूठे को याद करें। अंगूठा आपके चरित्र की मज़बूती का निर्माण करता है। आपकी तर्जनी उँगली, धन जुटाने के दौरान, आपका ध्यान एक स्थान पर केंद्रित रखती हैं। आपकी मध्यमा उँगली आपको अपने ब्रांड और आप जिस चीज़ का प्रतिनिधित्व करते हैं, उसकी याद दिलाती है और आपकी अनामिका उँगली आपके बेहतर सम्बन्धों के निर्माण का प्रतिनिधित्व करती हैं। इसलिए, आप तैयारी करने की तैयारी करें। आप जितनी तैयारी करते जाएँगे, आपमें उतनी ज़्यादा व्यापार की समझ आती जाएगी और आप उतने ही बेहतर बनते चले जाएँगे। आप जितने बेहतर होंगे, आपके सम्बन्ध भी उतने ही बेहतर होंगे।

लोग इसे तुरंत तैयारी करना कहते हैं, क्योंकि इसका समय बहुत छोटा और बहुत अच्छा होना चाहिए। हममें से अधिकांश लोगों की तरह, निवेशक भी बहुत व्यस्त रहने वाले लोग होते हैं, उनके पास न ज़्यादा समय होता है और न ही लम्बे और उबाऊ बिक्री समय का धैर्य। आप अपने विषय पर आएँ और शीघ्रता से आएँ।

पूर्व तैयारी के लिए मार्गदर्शिका

आपके सही स्थान पर निवेश करने की मार्गदर्शिका चार बिंदुओं पर केंद्रित होती है। दिलचस्प रूप से, ये चारों बिन्दु वही हैं, जो आपके व्यापार के स्वरूप को तय करते समय आवश्यक होते हैं।

इन चारों बिन्दुओं पर विचार करने के लिए आप प्रत्येक को दो मिनट से अधिक समय न दें।

1. **प्रोजेक्ट**

- आपका प्रोजक्ट क्या है?
- यह विशिष्ट कैसे है?
- व्यापार की आवश्यकता क्यों होती है?
- ग्राहक आपके उत्पाद को क्यों पसन्द करेंगे?

2. **साझेदार**

- आप कौन हैं?
- आपके साझेदार कौन हैं?
- आपकी शैक्षिक पृष्ठभूमि क्या है?
- आप सबके पास कुल कितना अनुभव है?
- अपने प्रोजेक्ट को सफल बनाने के लिए, आप और आपके साझेदार कितने योग्य हैं?

3. **वित्त-पोषण (फाइनैन्सिंग)**

- प्रोजेक्ट की कुल लागत कितनी है?
- आपके ऋण कितने हैं और आपकी पूँजी कितनी है?
- क्या सभी साझेदार अपनी निजी पूँजी लगा रहे हैं?
- निवेशकों के जोखिम के विरुद्ध उनका प्रतिफल और ईनाम क्या है?
- प्रोजेक्ट में करों की स्थिति क्या है?
- आपके सी.एफ.ओ. कौन हैं या आपकी अकाउंटिंग फर्म कौन-सी है?
- निवेशकों के साथ बातचीत करने का दायित्व किस व्यक्ति पर है?
- निवेशक के बाहर निकलने की शर्तें क्या हैं?

4. **प्रबन्धन**

- आपकी कम्पनी का संचालन कौन कर रहा है?
- उनका अनुभव क्या है?
- उनका पिछला इतिहास क्या है?
- क्या वे कभी विफल हुए हैं?
- आप उनके अनुभव को अपने उद्योग के साथ कैसे जोड़ते हैं?
- क्या आप अपनी इस प्रबंधन टीम को सबसे मज़बूत मानते हैं?

- क्या आप पूरे विश्वास के साथ इन्हें प्रस्तुत कर सकते हैं?

यह है आपकी प्रस्तुति, जिसमें कुल आठ मिनट या उससे कम समय लगा। एक बार, जब आप संक्षेप में, चारों बिंदुओं को समेट लें, तो आप लोगों से प्रश्न करें, लोगों को सुनें और संक्षिप्त उत्तरों के माध्यम से अपनी प्रतिक्रिया दें। याद रखें कि आपको उत्तर देने की अपेक्षा प्रश्न ज़्यादा करने हैं।

आप भी सम्भावित निवेशकों के सम्बन्ध में प्रश्न पूछ सकते हैं। जैसे :

- क्या आपकी इस परियोजना में रूचि है?
- क्या आपने किसी नये प्रोजेक्ट में निवेश किया है?
- आपके प्रयोजन क्या हैं?

यदि आपके व्यवसाय में वास्तव में ही उनकी दिलचस्पी है, तो आप अपने व्यापार के सम्बन्ध में अपनी योजना और अन्य संबंधित जानकारियों को प्रकट कर सकते हैं। याद रखें, कि जो भी व्यक्ति अधिक बोलता है, नुकसान में रहता है। जो व्यक्ति अच्छा श्रोता सिद्ध होता है, वही विजयी होता है।

लोगों की बात सुनना, एक सम्मान का सूचक है। दिलचस्पी दिखाने की कोशिश करने की तुलना में वास्तव में दिलचस्पी दिखाना भी सम्मान का संकेत है। शिष्ट बनें, और आप विजयी होंगे, न केवल व्यवसाय में, बल्कि जीवन में भी।

धन उगाहने के लिए दो सुझाव

1. व्यापार की प्रस्तुति तैयार करते समय अपने अकाउंटेंट व अटॉर्नी की सहायता लें:

यह न केवल एक अच्छी आदत है, अपितु यह शानदार शिक्षा भी है। यदि वे बहुत तेज़-तर्रार अकाउंटेंट और अटॉर्नी हैं, तो निश्चित रूप से आपके आपसी सम्बन्ध बहुत अच्छे होंगे। वे अन्य महत्त्वपूर्ण लोगों से भी आपका परिचय करवा सकते हैं। यदि वे अक्षम पेशेवर व्यक्ति हैं और उनके जैसे और भी व्यक्ति आपके साथ जुड़े हुए हैं, तो इसका परिणाम आपके व्यवसाय को भुगतना होगा। इसलिए, अपना पर्याप्त समय लें और अकाउंटेंटों व अटॉर्नी का चुनाव करते समय, पूरी सावधानी बरतें।

2. पैसे की आवश्यकता से पहले, पैसा जुटाने की कोशिश करें:

आपको केवल इतना ही कहने की आवश्यकता है, "मैं कुछ ही महीनों में अपना एक व्यापार आरम्भ कर रहा हूँ।" संक्षेप में उन्हें अपने व्यापार के बारे में बताएँ और यह भी बताएँ कि आप इसे आरम्भ करने में इतने उत्सुक क्यों हैं? इस के लिए आपको एक मिनट से कम समय लगना चाहिए। एक बार फिर वही बात दोहराता हूँ कि यदि आप

लगातार बोलते रहे, तो आप अवसर खो देंगे। एक मिनट के बाद, आप प्रश्न कर सकते हैं, जैसे "क्या आपकी इस प्रोजेक्ट में दिलचस्पी है? क्या आप कुछ और जानना चाहेंगे?" यदि आप सकारात्मक उत्तर पाते हैं, तो आप पूछ सकते हैं, "जब हम सम्भावित निवेशकों से बातचीत करने के लिए तैयार हों, तो क्या आपको भी आमंत्रित कर सकते हैं?"

यदि वे 'हां' कहें, तो आप उनका नाम, पता पूछ लें और उनको आमंत्रित करने का अपना वायदा पूरा करें - अगले दिन नहीं, भविष्य में कभी।

यह नियम याद रखें : 'जब आपको पैसे की आवश्यकता न हो तो दूसरों से पैसे माँगना आसान होता है।' आप कभी भी अपने आप को हताश और ज़रूरतमन्द प्रदर्शित न करें, बेशक अगर आप हैं, तब भी नहीं। आप किसी के सामने रोएँ-धोएँ नहीं और न ही अपने कष्टों की कहानियाँ सुनायें। बातचीत में अतिशयोक्तियों और ज़रूरत से ज़्यादा रिटर्न के वायदे से बचने का प्रयास करें। निवेशक सदैव किसी ऐसे व्यक्ति पर विश्वास करना पसन्द करेंगे, जो शेख़ी बघारने वाले और अहंकारी की अपेक्षा परम्परावादी और सतर्क हो। इसलिए जल्दी शुरू करें, अधिक वायदे न करें और पूँजी जुटाने के लिए इन नियमों का पालन करें।

निवेशक किस चीज़ से डरते हैं

कई लोग अपनी नौकरी त्याग कर, अपना व्यापार आरम्भ करने का सपना देखते हैं, लेकिन उन्हें असफल होने का डर सताता रहता है। उनका यह डर जायज़ भी है।

फिर भी, एक उद्यमी बनना कोई बड़ा काम नहीं है। सामान्यतः कोई भी व्यक्ति एक उद्यमी बन सकता है। उदाहरण के लिए, यदि एक युवा लड़का या लड़की, 10 डॉलर में अपने पड़ोसियों के लॉन का घास काटते हैं, तो वे एक उद्यमी हैं। अब, जो चीज़ उस लड़के या लड़की का एक उद्यमी बनना तय करती है, वह यह है कि वे इस 10 डॉलर का क्या उपयोग करते हैं।

कई उद्यमी 10 डॉलर सीधे अपनी जेब में डाल लेते हैं। दुनिया में लाखों छोटे उद्यमी ऐसा ही करते हैं। जब वे पैसा अपनी जेब में डालते हैं, तो वे गुप्त अर्थव्यवस्था में शामिल हो जाते हैं, जहाँ वे न तो उन पैसों का कोई लेखा-जोखा रखते हैं और न ही कोई कर अदा करते हैं।

अधिकांश पेशेवर निवेशक इसी बात से डरते हैं। वे जानते हैं कि अधिकांश छोटे उद्यमी पैसा अपनी जेब में खोंस लेते हैं। वे इस पैसे को अपने व्यवसाय में लगाने या निवेशकों का पैसा लौटाने की अपेक्षा, स्वयं पर खर्च करते हैं। इसके अतिरिक्त, ऐसा पैसा अपनी जेब में खोंस लेना एक अपराध है। अधिकांश निवेशक ऐसे अपराधी व्यक्तियों के साथ निवेश नहीं करते।

यह दुनिया स्वरोज़गार उद्यमियों से भरी पड़ी है, जिनमें से कुछ कर-चोर और अपराधी हैं और गुप्त-अर्थव्यवस्था के सदस्य हैं। इन उद्यमियों से मुलाकात पुरानी वस्तुओं के बाज़ार में, गैराज की बिक्री के समय, किसानों के बाज़ार में, सप्ताहांत पर मकानों की सफ़ाई करते हुए, आप की कार की खिड़कियों के साफ़ करते लोगों के साथ, जबकि आप कार की बत्तियाँ बदले जाने की प्रतीक्षा कर रहे हों, वेटरों और बार टेण्डरों द्वारा अपनी 'टिप' का खुलासा न करते हुए और लाखों अन्य लोगों द्वारा किसी भी तरह पैसा बनाने का जुगाड़ करते हुए अपकी मुलाकात होती है। अकेले अमेरिका में गुप्त अर्थव्यवस्था का अनुमान 1.5 से 2 ट्रिलियन डॉलर का है तथा यह और भी बढ़ता जा रहा है। बिना किसी लिखित प्रमाण के इस अर्थव्यवस्था का मूल्याँकन करना बहुत कठिन है।

यदि आप आँकड़ों-रहित और कर-रहित अर्थव्यवस्था में शामिल हैं, तो बेहतर यही होगा कि आप छोटे स्तर पर और राडार की सीमा में ही रहें। गुप्त अर्थव्यवस्था में समस्या तब आती हैं, जब आप धनी व्यक्ति हैं। यदि गुप्त-अर्थव्यवस्था में कोई व्यक्ति बहुत सारा पैसा कमाता है, तो वह अचानक एक बड़ा मकान खरीद लेता है, चमचमाती कारों में सफ़र करता है, अपनी नई बोट चलाता है और क्रेडिट-कार्ड के ज़रिये बड़ी राशि ख़र्च करता है। इस प्रकार, उनका 'शानो-शौकत' से रहना, उन्हें कर-विभाग की निगाहों में ले आता है। यदि वे कर चोरी के आरोप में पकड़े जाते हैं, तो उनका व्यवसाय अक्सर नष्ट हो जाता है और उन्हें स्वयं को बचाने के लिए बहुत सारा पैसा और समय ख़र्च करना पड़ता है।

हम, स्पष्ट रूप से, गुप्त अर्थव्यवस्था में शामिल एक उद्यमी बनने की सिफ़ारिश नहीं करते। हमने गुप्त अर्थव्यवस्था का वर्णन केवल यह बताने के लिए किया है कि ऐसी अर्थव्यवस्था भी मौजूद होती है और यह निरन्तर सम्पन्न हो रही है। हमने इसलिए भी इसका ज़िक्र किया कि यदि आप जादुई शक्ति की चाह रखते हैं, तो इस अर्थव्यवस्था से दूर ही रहें।

कर्मचारी से स्वरोज़गार उद्यमी तक

कर्मचारियों को रिकॉर्ड रखने या करों का भुगतान करने की आवश्यकता नहीं होती। उनके लिए यह कार्य उनकी कम्पनी करती है। यदि वे कर देते हैं, तो यह मुख्य रूप से कर-वापसी के लिए ही होता है। नौकरीपेशा लोगों को किसी सी.पी.ए. या कराधान के वकील की ज़रूरत नहीं होती, क्योंकि एक कर्मचारी के लिए इन पेशेवर लोगों के पास बहुत कम काम होता है। कर्मचारियों के लिए करों में बहुत कम छूट होती है। उससे भी ज़्यादा बुरी स्थिति यह है कि कर्मचारी जितना अधिक पैसा कमाएंगे, उन्हें उतना ही अधिक कर देना पड़ेगा। वे अपनी आय छिपा नहीं सकते।

करों और आय के प्रमाणों के सम्बन्ध में जानकारी के अभाव के कारण ही, कई बार ईमानदार उद्यमियों को भी संकट का सामना करना पड़ता है। जब एक व्यक्ति कर्मचारी से

स्वरोज़गार उद्यमी बनता है, तो वह करों और सरकारी नियमों के जाल में उलझ जाता है, जिनके सम्बन्ध में बहुत कम कर्चचारियों को ज्ञान होता है। यही कारण है कि अकाउंटेंटों और कर-सलाहकारों जैसे पेशेवर लोगों से सम्बन्ध रखना बहुत महत्त्वपूर्ण होता है।

उद्यमियों को कई अतिरिक्त करों का भी सामना करना पड़ता है, जैसे :

- बिक्री कर
- स्वरोज़गार कर
- एफ.आई.सी.ए. (फेडरल इन्कम कम्पेन्सेशन ऐक्ट, अर्थात् सामाजिक सुरक्षा एवं चिकित्सा)
- राज्य बेरोज़गारी कर
- संघीय बेराज़गारी कर
- अन्य कर व नियम

हम पीछे बताए गए 10 डॉलर के उदाहरण से करों की समस्या को बेहतर ढंग से समझ सकते हैं। कर्मचारी वर्ग में वर्णित एक कर्मचारी, जो 10 डॉलर कमा रहा है, उसे लगभग 30 प्रतिशत कर चुकाना होगा, परिणामस्वरूप उसकी शुद्ध आय 7 डॉलर होगी।

एक स्वरोज़गार उद्यमी जो 10 डॉलर कमाता है, उसे लगभग 60 प्रतिशत कर के रूप में चुकाने होंगे, जिसके परिणास्वरूप उसकी शुद्ध आय 4 डॉलर रह जाती है। यही कारण है कि अधिकांश स्वरोज़गार उद्यमी, अधिक कर दरों के कारण, अपनी कुल आय को छिपा जाते हैं और कर-चोर व अपराधी बन जाते हैं। यही वह चीज़ है, जिससे कई निवेशक डरते हैं।

उच्च बेरोज़गारी दर

यह उदाहरण उच्च बेरोज़गारी के कारणों को दर्शाता है। कोई व्यक्ति एक उद्यमी क्यों बनना चाहेगा, यदि सरकार उन पर अधिक कर दरें लागू करके और अधिक से अधिक नियमों को लाद कर उन पर दबाव बनाती है तो? क्या वे सरकार से दण्डित होने के लिए इतने बड़े जोखिम उठाएँगे? यदि आपका बड़ा खर्चा सरकार है, तो एक छोटा उद्यमी कैसे गुज़ारा करेगा? अगर सरकार कर्मचारियों की नियुक्ति को अधिक से अधिक महँगा बना देगी, तो एक उद्यमी कैसे जीवित रहेगा? यदि आप एक बेरोज़गार हैं, तो आप एक उद्यमी क्यों बनना चाहेंगे जबकि आप बिना मेहनत किए, मुफ़्त में सरकार से बेरोज़गारी भत्ता पा लेते हैं?

यह समस्या ही समाधान है। दूसरे शब्दों में, कर और क़ायदे-कानून एक समस्या है और इस समस्या से पार पाने का एक समाधान भी। एक उद्यमी बनने का सबसे बड़ा लाभ यह है कि सरकार आपको अकाउंटिंग, कानूनी या कर परामर्श के लिए कर-रियायतें

देती हैं कर्मचारियों को यह सुविधा उपलब्ध नहीं होती। यदि एक नौकरीपेशा व्यक्ति या कर्मचारी किसी अकाउंटेंट की सेवाएँ लेता है, तो उसे सेवा मूल्यों के साथ करों का भुगतान भी करना पड़ता है। एक उद्यमी के रूप में, आपको ऐसे परामर्श की जो सेवाएँ मिलती हैं, उनमें कर पहले ही शामिल होते हैं। आसान भाषा में कहें, तो सरकार आपको सलाहकारों की सेवाएँ लेने पर कर-रियायतें देती हैं। यहीं पर उद्यमी को व्यवहारिक दुनिया का ज्ञान प्राप्त होता है, जिससे कर्मचारी वर्ग वंचित रहता है।

अधिकांश छोटे उद्यमी करों, अकाउंटेंटों व वकीलों को परजीवी के रूप में देखते हैं। फिर भी, अपने दृष्टिकोण में एक सकारात्मक बदलाव लाकर, एक उद्यमी करों, अकाउंटेंटों व वकीलों को उनकी जादुई शक्ति को विकसित करने वाले अपने साझेदारों के रूप में देखता है। अधिकांश स्वरोज़गार उद्यमियों के साथ समस्या यह है कि वे पहले कर्मचारी रह चुके होते हैं, जिन्होंने अपनी नौकरी त्याग कर, स्वयं अपना काम शुरू कर लिया है। वे किसी व्यापार के स्वामी नहीं हैं। कर-कानून उन लोगों के लिए बने हैं जिनका अपना व्यवसाय है, उन लोगों के लिए नहीं जिनकी अपनी नौकरी है।

एक स्वरोज़गार उद्यमी का सबसे महत्त्वपूर्ण कार्य है, अपनी नौकरी को एक व्यवसाय में परिवर्तित करना। वे अपनी जादुई शक्ति का विकास करके और स्वयं को व्यापार एवं निवेश के क्षेत्र में लाकर ऐसा कर पाने में सक्षम होते हैं।

एक स्वरोज़गार उद्यमी एक व्यापारी या उद्यमी कैसे बनता है?

यहाँ एक विडम्बना यह है कि कर-कानून वास्तव में एक प्रेरणा होते हैं और लोगों को प्रोत्साहित करते हैं कि वे इन कानूनों को अपनाएँ। कर-कानून हमें व्यापारी एवं निवेशक बनने के लिए प्रोत्साहित करते हैं। और इस के साथ-साथ, कर कानून कर्मचारियों व स्वरोज़गार उद्यमियों को दण्डित करते हैं। पूरे विश्व भर में यह बात सच है।

स्वरोज़गार के क्षेत्र में लगे उद्यमी, अपने काम में अत्यंत व्यस्त रहते हैं। वे असली काम करने में विफल रहते हैं, जो उनके व्यापार को व्यापारी और निवेशकों के क्षेत्र में ले जा सकता है। यदि आप अपना असली कार्य नहीं करते, तो सरकार ऊँचे कर लगा कर आपको दण्डित करेगी।

कर प्रेरणा कैसे है?

कर-रियायतें उन लोगों को दी जाती हैं, जो वही कार्य करते हैं, जिन्हें सरकार करवाना चाहती है। इनमें शामिल हैं :

1. नौकरियों का सृजन करना
2. खाद्य उत्पादन करना

3. आवास उपलब्ध कराना
4. बिजली उपलब्ध कराना

यदि आप करों के सम्बन्ध में अधिक जानकारी पाना चाहते हैं, तो एक अकाउंटेंट या कर-सलाहकार की सेवाएँ प्राप्त करें और उनसे ऊपर लिखे चार विषयों के बारे में पूछें। यदि वे आपको बताएँ कि कर रियायतें नहीं मिल सकतीं या यह बहुत जोखिम भरा है, तो किसी अच्छे परामर्शदाता से सम्पर्क करें, जो आपसे केवल घण्टों के आधार पर फीस ही न वसूले, बल्कि आपको करों के सम्बन्ध में शिक्षित भी करे। कर बहुत महत्त्वपूर्ण हैं, इसीलिए यहाँ हम उनके सम्बन्ध में बात कर रहे हैं। किन्तु जब तक आप किसी अच्छे सलाहकार के सम्पर्क में न हों, आप अपने अधिकारों का लाभ नहीं उठा सकते।

जब आप व्यापारी एवं निवेशक के रूप में करों को व्यापक रूप से समझ लेते हैं, तो आप जान जाते हैं कि जनरल इलैक्ट्रिक जैसी कम्पनियाँ करोड़ों डॉलर कमाने के बावजूद, कानूनी रूप से लगभग शून्य करों का भुगतान करती हैं। उनके पास बहुत अच्छे सलाहकार होते हैं, जिनकी मोटी फ़ीस का भुगतान करने के लिए, सरकार आपकी सहायता करती है - करों में रियायत देकर।

और इसी कारण सरकार, बड़े बैंकों और बड़े व्यवसायियों को करों से सुरक्षा प्रदान करती है और कर्मचारियों व स्वरोज़गार उद्यमियों पर अधिक कर लगाती है। कर राजस्व-तटस्थ होते हैं। इसका अर्थ यह है कि यदि सरकार आपको कुछ देती है, तो वह आपसे कुछ लेती भी है। वह उन लोगों को कर छूट देती है, जो वही कार्य कर रहे हैं, जिन्हें सरकार करवाना चाहती है। वह उन लोगों से कर वसूलती है, जो वे काम कर रहे हैं, जिन्हें सरकार नहीं करवाना चाहती।

एक उद्यमी का काम होता है कर्मचारी से स्वरोज़गार उद्यमी बनना और फिर स्वरोज़गार उद्यमी से व्यापारी वर्ग में जाना और निवेशक वर्ग से पूँजी जुटाना। सरकार भी ऐसा ही चाहती है। यह प्रक्रिया ऐसी दिखती है :

अधिकांश महान उद्यमी इसी मार्ग पर चलते हैं।

- हेनरी फ़ोर्ड ने अपने गैराज से फ़ोर्ड मोटर कम्पनी की शुरूआत की थी।
- माइकल डेल ने डेल कम्प्यूटर्स की शुरूआत अपने कॉलेज के छात्रावास के कमरे से की थी।
- स्टीव जॉब्स ने ऐपल की शुरूआत एक गैराज से की थी।
- सर्गेई ब्रिन तथा लैरी पेज ने कॉलेज में गूगल की स्थापना की।
- मार्क ज़ुकेरबर्ग ने कॉलेज में फेसबुक की शुरूआत की थी।
- ह्यूलेट और पैकार्ड ने अपनी प्रौद्योगिकी कम्पनी की शुरूआत एक गैराज में की थी।
- बिल गेट्स ने एक छोटी सी प्रोग्रामिंग कम्पनी से माइक्रोसॉफ़्ट ऑपरेटिंग सिस्टम खरीदा था।

उसके बाद उन्होंने 'नकदी-प्रवाह' चतुर्भाग से अपना मार्ग बनाया।

एक अन्तिम विचार

स्वरोज़गार उद्यमियों और व्यापारी वर्ग के उद्यमियों में एक बड़ा अन्तर एक शब्द 'नेटवर्क' का होता है। अधिकांश कर्मचारी और स्वरोज़गार उद्यमी नेटवर्क की शक्ति से परिचित नहीं हैं, लेकिन अमीर वर्ग के लोगों तथा बड़े व्यवसायियों के पास अपना एक नेटवर्क होता है। इसी कारण अमीर वर्ग के लोग टेलिविज़न नेटवर्क, रेडियो नेटवर्क, फ्रेंचाइज़ी नेटवर्क, नेटवर्क-मार्केटिंग, व्यवसायों और शेयर दलालों के नेटवर्क के स्वामी होते है।

एक अच्छा समाचार यह है कि प्रौद्योगिकी ने आजकल नेटवर्क के निर्माण को पहले से बहुत ज़्यादा आसान बना दिया है और सभी नेटवर्क को एक-दूसरे से जोड़ दिया है। प्रौद्योगिकी ने व्यापारी व निवेशकों के चतुर्भाग में प्रवेश करना भी सुलभ बना दिया है। आज, व्यवसायी पल भर में दुनिया भर में अपना व्यापार कर लेते हैं। यही कारण है कि आज बीस से तीस वर्ष की अल्प आयु में भी बहुत सारे करोड़पति और अरबपति दिखाई दे जाते हैं।

हालाँकि प्रौद्योगिकी ने हर चीज़ आसान कर दी है, फिर भी व्यवसायियों को व्यापारी एवं निवेशक चतुर्भाग में प्रगति करने के लिए दूसरों के परामर्श, मार्गदर्शन एवं सहायता की आवश्यकता पड़ती है। उद्यमियों को अच्छे लोगों को अपने व्यवसाय की ओर आकर्षित करने के लिए, बेहतर कानूनी और नैतिक चरित्र का निर्माण करना ज़रूरी होता है। उनमें चातुर्य का गुण होना भी आवश्यक है।

भले ही आपके पास कम पूँजी हो, व्यवसाय का बहुत अधिक व्यवहारिक अनुभव न हो और थोड़े बहुत उद्यमी मित्र हों, तो आप अपने व्यवसाय को अपने एक निजी व्यावसायिक स्कूल और वैयक्तिक विकास कार्यक्रम के रूप में देख सकते हैं। यहाँ ज्ञान प्राप्त करने के लिए बहुत कुछ है। आपके सम्बन्ध ही आपके सबसे अच्छे शिक्षक हैं। जितना

आप व्यक्तिगत रूप से प्रगति करते हैं, उतना ही आपका व्यवसाय भी प्रगति करता है।

याद रखने योग्य बातें/करने योग्य चीज़ें

- हर व्यक्ति एक साझेदार बनने के लिए नहीं बना होता और न ही प्रत्येक व्यक्ति को साझेदार की आवश्यकता होती है। किन्तु भिन्न-भिन्न कौशल वाले साझेदार बहुत महत्त्वपूर्ण होते हैं।
- साझेदार किसी विषय पर हमेशा सहमत नहीं होंगे। लेकिन यदि आप असहमति को समाप्त करके कोई अच्छा विचार नहीं अपना सकते, तो यह साझेदारी एक बुरी साझेदारी सिद्ध हो सकती है।
- आपको कई प्रकार के लोगों के साथ काम करना पड़ेगा। आप उनके साथ अपनी आवश्यकता के अनुसार नहीं, बल्कि उनकी आवश्यकता के अनुसार व्यवहार करें।
- आपको निवेशकों को तलाश करने की आवश्यकता होगी। आपके ठोस सम्बन्धों के विकसित होने का एक हिस्सा है उनके समय व उनकी सावधानियों का सम्मान करना और पूर्व तैयारियों के साथ अपने विषय पर आ जाना।
- जब आप कर्मचारी वर्ग से स्वरोज़गार उद्यमी चतुर्भाग में आते हैं और स्वरोज़गार उद्यमी से व्यापारी एवं निवेशक चतुर्भाग में प्रवेश करते हैं, तो कर एक बहुत बड़ा मुद्दा बन जाते हैं। व्यापार-प्रबन्धन के इस महत्त्वपूर्ण पहलू की अवहेलना कदापि न करें। सर्वश्रेष्ठ कर सलाहकारों के साथ अपने सम्बन्ध विकसित करें।
- अन्त में, आप अपने आस-पास मौजूद व्यक्तियों के माध्यम से जितनी प्रगति करेंगे, आपका व्यवसाय भी उतनी ही प्रगति करेगा। सोच समझ कर चुनाव करें।
- केवल उन लोगों के साथ साझेदारी करें, जिनके साथ आप अपने मूल्य, अपना दृष्टिकोण और अपनी कार्यशक्ति को साझा कर सकते हैं।
- क्रय-विक्रय अनुबन्ध की रूपरेखा बना कर, साझेदारी आरम्भ करने से पहले उनसे इसकी समाप्ति की योजना अवश्य बना लें। सम्भव है कि आप साझेदारी अनुबन्ध पर हस्ताक्षर करने से पहले ही अपने आपसी बेमेलपन को जान जाएँ। आपके लिए यह एक अच्छी बात होगी।

5
कनिष्ठा उँगली
छोटी लेकिन महत्त्वपूर्ण चीज़ें

"यदि हम वही सब चीज़ें करें, जिनके हम योग्य हैं, तो यह वास्तव में ही हमें हैरान कर देगा।"

- थॉमस एडीसन

छोटी चीज़ें : बड़ी चीज़ें

रॉबर्ट कियोसाकी

सर्वप्रथम, हम आपको बता दें कि 'छोटी लेकिन महत्त्वपूर्ण चीज़ें' तथा 'छोटी सोच' में बहुत बड़ा अन्तर होता है। यही कारण है कि कुछ ही उद्यमियों में जादुई शक्ति विकसित हो पाती है। बहुत सारे उद्यमी 'छोटा सोचते' हैं और छोटी लेकिन महत्त्वपूर्ण चीज़ों पर ध्यान केंद्रित करने में विफल रहते हैं।

नकदी-प्रवाह चतुर्भाग

हम इसके मूल बिंदुओं के साथ शुरुआत करते हैं। मैं हमेशा नकदी प्रवाह चतुर्भाग पर लौट कर आता हूँ क्योंकि यह व्यावसायिक व्यवहार के बहुत सारे पहलुओं की स्पष्ट रूप से व्याख्या करता है। यह इस चीज़ को समझना हमारे लिए आसान बना देता है कि क्यों इतने सारे उद्यमी छोटी सोच के दायरे में फँस जाते हैं। इसमें उनका कोई दोष नहीं है। वे केवल कर्मचारी और स्वरोज़गार उद्यमी चतुर्भागों के कारण ही वहाँ रह रहे हैं।

कर्मचारी अपनी नौकरी छोड़ कर, अपना छोटा सा व्यवसाय आरम्भ कर सकते हैं। दूसरे शब्दों में, वे स्वरोज़गार उद्यमी चतुर्भाग में स्थानांतरित हो जाते हैं। इसमें ग़लत कुछ नहीं है, सिवाय इसके कि वहाँ स्थानांतरित होने के बाद, अधिकाँश लोग वहीं बने रहते हैं, आगे नहीं बढ़ पाते। स्वरोज़गार उद्यमी, जैसा कि आपको याद होगा, छोटे और विशेषज्ञ उद्यमियों का प्रतिनिधित्व करता है और ये व्यवसाय भी इसी श्रेणी में आते हैं। समस्या यह है कि स्वरोज़गार उद्यमी संघर्ष और कभी-कभी स्वार्थ का प्रतीक भी होते हैं।

इस चतुर्भाग में रहने वाले कई लोग वहाँ रह कर खुश हैं और यह अच्छी बात है। किन्तु कुछ लोग व्यापारी वर्ग में, जो कि व्यवसाय का क्षेत्र है, और कुछ निवेश वर्ग में, स्थानांतरित होना पसन्द करते हैं। ये दोनों भाग स्वतंत्रता तथा अथाह धन-सम्पदा के प्रतीक हैं। ये चतुर्भाग अमीर लोगों के हैं।

ऐसा बिल्कुल नहीं है कि कर्मचारी और स्वरोज़गार उद्यमी इतने सक्षम नहीं होते कि वे व्यापारी और निवेशक क्षेत्र में स्थानांतरित नहीं हो सकते। अक्सर वे अपने कल्याण के लिए पर्याप्त रूप से बुद्धिमान होते हैं, लेकिन उनकी छोटी सोच उन्हें स्वरोज़गार उद्यमी के चतुर्भाग में फँसाये रखती है। अक्सर स्वरोज़गार उद्यमी अन्य किसी से भी अधिक परिश्रम करते हैं।

यहाँ उनकी छोटी सोच के कुछ उदाहरण दिये जा रहे हैं।

उदाहरण #1 : कठिन परिश्रम, छोटी सोच

मेरा एक मित्र एक छोटे रेस्तराँ का मालिक है। वह कई वर्षों से इस व्यवसाय में है। सुबह, सूरज उगने से पहले ही वह अपने रेस्तराँ के लिए ताज़ा फल, सब्जियाँ, मीट, अन्डे और मछली ख़रीदने बाज़ार जाता है। 9 बजे तक, वह अपने रेस्तराँ में लंच तैयार करने के लिए वापस आ जाता है। प्रातः 10:30 बजे, उसकी दो

वेटर आकर, डाइनिंग रूम की साफ़-सफाई करना शुरू कर देती हैं। 11 बजे तक उनका रेस्तराँ ग्राहकों के लिए खुल जाता है। वह सारी दोपहर, व्यक्तिगत रूप से अपने ग्राहकों का स्वागत करने में व्यस्त रहता है। उसे अन्ततः 2 बजे अवकाश मिल पाता है। जब तक उसके बर्तनों की सफाई होती है, वह छोटी सी झपकी लेने घर चला जाता है। वह डिनर की तैयारी के लिए, वापस 5 बजे रेस्तराँ में आता है। रात ग्यारह बजे वह बिस्तर पर होता है, अगले दिन की तैयारी के लिए ऊर्जा समेटता हुआ। सप्ताह में छः दिन उसकी यही दिनचर्या रहती है।

वह अक्सर लम्बे समय तक व्यस्त रहने, करों और खाद्यान्नों की बढ़ती कीमतों, सरकारी कायदे-कानूनों और अच्छे कर्मचारियों को तलाशने व उन्हें वहाँ टिकाये रखने में संघर्ष की शिकायत करता है। वह इसलिए भी परेशान रहता है, क्योंकि उसके पाँच बच्चों में से कोई भी बच्चा उसके व्यवसाय को अपनाना नहीं चाहता था।

उसका मानना है कि इस रेस्तराँ को चलाने में उसके निजी योगदान भी है - सामग्री का चुनाव, प्रत्येक ग्राहक का स्वागत करना, सफेद मेज़पोश, पेय पदार्थों में उदारता बरतना, और खाने की उचित दरें - यह चीज़ उसके ग्राहकों को वापस लौट कर आने को बाध्य करती है। और हो सकता है वह सही भी हो।

लेकिन यह उसकी छोटी सोच ही है, जो उसे लम्बे समय तक व्यस्त रखती है और उसकी आय भी बहुत कम होती है। वह जिन चीज़ों के बारे में सोचता है, वे *छोटी लेकिन महत्त्वपूर्ण चीज़ें* हैं, जो *छोटी सोच* का एक उदाहरण हैं

मेरा वह मित्र ग़रीब नहीं है। वह पर्याप्त आय प्राप्त कर लेता है। लेकिन वह अपने व्यवसाय के बारे में हमेशा सन्देह करता है कि क्या वह कभी प्रगति कर पाएगा या वह बहुत सारा धन कमा पाएगा या नहीं। मुझे मालूम है कि वह कभी ऐसा नहीं कर पाएगा, जब तक वह अपनी छोटी सोच से मुक्ति नहीं पाता और उन छोटी-छोटी चीज़ों के बारे में नहीं सोचता, जो उसके लिए बहुत महत्त्वपूर्ण होती हैं।

उदाहरण # 2 : छोटी सोचः कम प्राप्ति

मेरी एक अन्य मित्र, एक सफल रियल एस्टेट एजेन्ट है। 2007 में जब रियल एस्टेट बाज़ार में बड़ी गिरावट आई, तो उसका व्यवसाय भी इससे प्रभावित हुआ। अपनी सोच में बदलाव लाने की अपेक्षा, उसने अपना व्यवसाय बन्द कर दिया। अपने सारे कर्मचारियों को उसने छुट्टी दे दी और घर से काम करना शुरू कर दिया। वह, अर्थव्यवस्था की तरह, बहुत कमज़ोर हो गयी थी।

हाल ही में एक पार्टी के दौरान, वह मेरे पास आकर कहने लगी, “क्या तुम भी रियल एस्टेट में किया निवेश गवाँ बैठे हो?”

"नहीं," मैंने मुस्कराते हुए उत्तर दिया, "दरअसल, 2010 का वर्ष मेरे लिए सबसे अच्छा रहा। किम और मैंने पाँच बड़े आवासीय अपार्टमेन्ट खरीदे थे, जिनमें लगभग 1400 नई किराए की इकाइयाँ हैं, जिसमें एक रिसॉर्ट होटल और पाँच गोल्फ़ कोर्स हैं। यह सब हमने 87 मिलियन डॉलर में खरीदा है।"

"यदि तुम निवेश करने की सोच रहे थे, तो तुमने मुझे क्यों नहीं याद किया?" उसने हैराने भरे स्वर में पूछा, "तुम तो जानते ही हो, मैं रियल एस्टेट का व्यवसाय करती हूँ और अभी भी इस व्यवसाय में हूँ।"

"तुमने मुझसे सम्पर्क क्यों नहीं किया, जबकि तुम जानती हो कि मैं रियल एस्टेट में निवेश करता रहता हूँ," मैंने उत्तर दिया।

"मैंने तो यह सोचा था कि रियल एस्टेट का बाज़ार बहुत बुरा जा रहा है और किसी की दिलचस्पी ख़रीदने में नहीं होगी।" उसने वापस, असंतोष में भर कर मुझे कहा, "तुमने ऋण कैसे प्राप्त किए? तुमने तत्काल भुगतान के लिए पैसा कैसे जुटाया?"

इस प्रकार की प्रतिक्रिया से, यह स्पष्ट था कि हम अलग-अलग स्तर पर खड़े होकर बात कर रहे थे, जिसमें रचनात्मक कुछ नहीं था। उसके लिए, उसका रियल एस्टेट का व्यवसाय बुरी स्थिति में था और मेरे लिए, मेरा रियल एस्टेट का व्यवसाय बहुत फल-फूल रहा था। पार्टी समाप्त होने पर, उसने एक बार फिर मुझसे सम्पर्क साधने का प्रयास करते हुए कहा, "अगली बार यदि तुम्हें कुछ ख़रीदना हो, तो मुझे फ़ोन करना।"

मैंने भी उत्तर दिया, "जब कोई अच्छी चीज़ तुम्हारे हाथ लगे, तो तुम मुझे फ़ोन करना।"

अभी तक, मुझे उसका फ़ोन नहीं आया।

उदाहरण # 3 : एक विशेषज्ञता प्राप्त विशेषज्ञ

मेरा एक बहुत चालाक सहपाठी, उच्च स्तर का एक विशेषज्ञ चिकित्सक बनने के लिए मेडिकल स्कूल गया। यह एक लम्बी, बहुत लम्बी प्रक्रिया थी। वह स्वरोज़गार उद्यमी चतुर्भाग में, उच्च स्तरीय विशेषज्ञता प्राप्त, एक छोटा सा विशेषज्ञ बन गया।

लगभग तीन वर्ष पूर्व, उसे अपने पेट के कैंसर का पता चला, जिसके कारण उसे अपना क्लीनिक बन्द करना पड़ा। शीर्घ ही, उसकी जीवन शैली बदल गयी, क्योंकि उसकी आय बहुत कम हो गयी थी। लेकिन अच्छी ख़बर यह थी कि वह फिर से ठीक हो गया था। उसने अपनी प्रैक्टिस भी शुरू कर दी थी और फिर से अपने पैर जमाने की कोशिश करने लगा था। उसके साथ समस्या यह थी कि वह शारीरिक रूप से बहुत कमज़ोर हो चुका था। अब वह पहले की तरह अपने काम को ज़्यादा समय नहीं दे सकता था। इसलिए, उसकी आय कम ही बनी रही।

अब वह अपने काम से रिटायर हो जाना चाहता है, लेकिन अपने मरीज़ों के अलावा उसके पास अपनी आय का कोई अन्य साधन भी नहीं है, जिससे वह अपने दैनिक खर्चों की पूर्ति कर सके। शेष जीवन के लिए उसकी योजना काम करते रहने की है, लेकिन उसे स्वयं नहीं पता कि उसके जीवन के कितने दिन शेष बचे हैं।

ये तीनों उद्यमी, सफल लोगों के स्वरोज़गार उद्यमी चतुर्भाग में फँसने के उदाहरण हैं, जो छोटा सोचते हैं और छोटी लेकिन महत्त्वपूर्ण चीज़ों पर अपना ध्यान केंद्रित करने में विफल रहे हैं।

ये छोटी चीज़ें कौन-सी हैं?

छोटी लेकिन महत्त्वपूर्ण चीज़ें एक अवधारणा है, जिसे व्यापार में एक प्रतिद्वंद्वी बढ़त के नाम से भी जाना जाता है। यह एक अद्वितीय चीज़ होती है, जो एक उद्यमी अपने व्यवसाय में लाता है, न केवल स्वरोज़गार उद्यमी चतुर्भाग में अपितु व्यापारी एवं निवेशक चतुर्भाग में भी।

अब, मुझे आप लोगों की शंका महसूस हो रही है, "लेकिन वह रेस्तराँ का स्वामी, रियल एस्टेट और डॉक्टर, सभी के पास अपने-अपने क्षेत्र की विशेषज्ञता है। वे छोटी चीज़ें कर रहे थे, लेकिन ऐसी छोटी चीज़ें, जिनका कोई महत्त्व नहीं था।"

यह सच है, किन्तु इनमें बहुत सूक्ष्म अन्तर है उनकी छोटी चीज़ें, जिनकी उन्होंने गिनती की, वे सब व्यक्तिगत विशेषताएँ थीं, न कि उनकी व्यावसायिक विशेषताएँ। जब तक आपकी छोटी बातें, आपके व्यवसाय की छोटी बातें नहीं बन जातीं, तब तक उनका कोई महत्त्व नहीं है। जब तक मेरे मित्रों की विशेषताएँ उनके व्यवसाय की विशेषताएँ नहीं बन जातीं, वे स्वरोज़गार उद्यमियों के मकड़जाल में ही फँसे रहेंगे। उनके मामले में, वे उनकी वैयक्तिक विशेषताएँ थीं, जिन्हें केवल वे ही कर सकते थे। इसी कारण वे छोटे बने रहे।

छोटी चीज़ #1: तुरन्त तैयार पिट्ज़ा

पिट्ज़ा अमेरिका सहित पूरी दुनिया में सबसे लोकप्रिय खानों में से एक है। अमेरिका के लगभग सभी शहरों में पिट्ज़ा पार्लर हैं और लगभग प्रत्येक जनरल स्टोर में फ्रोज़न पिट्ज़ा मिल जाता है। कुछ क्षेत्रों में आपकी डाक मिलना कठिन है, लेकिन 'टू-पिट्ज़ा डील' कूपन पाना कठिन नहीं है। यह अत्यंत प्रतिद्वंद्विता वाला व्यवसाय है, जहाँ हर कोने में आपको प्रतिद्वंद्वियों की भीड़ मिल जाती है।

कई दशक पूर्व, पिट्ज़ा दुकानों की भीड़ में '30 मिनट में पिट्ज़ा' उपलब्ध कराने की अवधारणा के साथ डॉमिनोज़ पिट्ज़ा का आगमन हुआ। 30 मिनट या उससे कम समय में पिट्ज़ा एक ऐसी छोटी चीज़ का उदाहरण है, जो बहुत महत्त्वपूर्ण है।

डॉमिनोज़ इस बात से वाकिफ था कि जब लोगों के पिद्ज़ा खाने की तलब होती है, तो वे प्रतीक्षा नहीं करना चाहते। इसलिए 1973 में, डॉमिनोज़ ने 30 मिनट की अवधारणा के साथ अपने पूरे व्यापार के स्वरूप में परिवर्तन किया। उनका पहले से सफल व्यवसाय, और भी अधिक धूम मचाने लगा। लेकिन डॉमिनोज़ के लिए, यह एक छोटी चीज़ थी, जिसने उनके व्यवसाय में बहुत बड़ा और बहुत महत्त्वपूर्ण अन्तर ला दिया था।

दुर्भाग्य से, अपने 30 मिनट के वायदे को पूरा करने की जल्दी में, उनकी दो डिलीवरी वैन दुर्घटनाग्रस्त हो गयी थीं। डॉमिनोज़ पर लाखों डॉलर का मुकदमा चला और उसके बाद उन्होंने अपने इस वायदे से अपने कदम पीछे खींच लिए। इसके बावजूद जब मैं कभी पिद्ज़ा ऑर्डर करने की सोचता हूँ, तो डॉमिनोज़ का 30 मिनट में पिद्ज़ा आप तक पहुँचने का उनका वादा मेरे दिमाग़ में आ जाता है, भले ही आज वह इसकी गारंटी नहीं देते।

डॉमिनोज़ का 30 मिनट का वादा एक ऐसी छोटी चीज़ का उदाहरण है, जिसका महत्त्व है। यह एक ऐसा वादा था, जिसके इर्द-गिर्द उनके व्यवसाय का ताना-बाना बुना गया था। आज, दुनिया के लगभग 60 देशों में डॉमिनोज़ का व्यवसाय फल-फूल रहा है। अब बेशक 30 मिनट का वादा रहा या नहीं, लेकिन अभी भी उनका पिद्ज़ा खूब बिक रहा है।

छोटी चीज़ # 2 : कम कीमत, हमेशा

अमेरिका की सबसे बड़ी रोज़गार प्रदान करने वाली कम्पनी, वॉलमार्ट ने अपने व्यवसाय का निर्माण एक छोटी चीज़ के इर्द-गिर्द किया, जिसकी ग्राहकों को बड़ी आवश्यकता थी - कम कीमतें। वॉलमार्ट के संस्थापक, सैम वॉल्टन ने केवल कीमतें ही कम नहीं कीं या कीमतों में ही छूट नहीं दी। वह जैसे ही प्रगति करके स्वरोज़गार उद्यमी से व्यापारी वर्ग में आए, उन्होंने अपने समूचे व्यवसाय का निर्माण एक सरल ब्रांड वादे के इर्द-गिर्द किया - कम कीमतें। कम कीमतें वॉलमार्ट के विशाल और जटिल व्यापार की पहचान हैं, जिसने कम कीमत पर अच्छे उत्पादों को उपलब्ध कराने पर जोर दिया।

वॉलमार्ट ने अपने गोदाम, ट्रकिंग, ख़रीदारी, कम्प्यूटर सिस्टम, हर चीज़ के व्यापार में, हमेशा कम कीमत के अपने वादे पर ज़ोर दिया।

हाल ही में, 2007 में आरम्भ हुए वित्तीय संकट के दौरान, कई व्यवसाय अपने ग्राहकों को आकर्षित करने के लिए, अपने उत्पादों की कीमतों में कमी करने को बाध्य हो गए। दुर्भाग्य से, इन घटी हुई कीमतों ने उन्हें व्यवसाय से बाहर खदेड़ दिया क्योंकि कुछ खुदरा व्यवसायों का ढांचा इन घटी हुई कीमतों के साथ अपना तालमेल नहीं बैठा पाया था।

पूरे विश्व में, लाखों छोटे व्यवसाय, व्यापार की दुनिया से बाहर हो चुके हैं क्योंकि वे वॉलमार्ट, होम डिपो और ऐमेज़ॉन, जैसे दिग्गज स्टोरों से प्रतिद्वंद्विता कर पाने में सक्षम नहीं थे। छोटी-छोटी लेकिन महत्त्वपूर्ण चीज़ें ही किसी व्यवसाय को बड़ा बनाती हैं।

अब आप समझ ही गये होंगे कि कई उद्यमी कैसे अपने व्यवसायों को अपनी सोच और गतिविधियों से छोटा बना देते हैं। हम यहाँ व्यावसायिक दृष्टि से इस पहलू को देखेंगे, जिसके लिए हम व्यापारी-निवेशक त्रिकोण का उपयोग करेंगे :

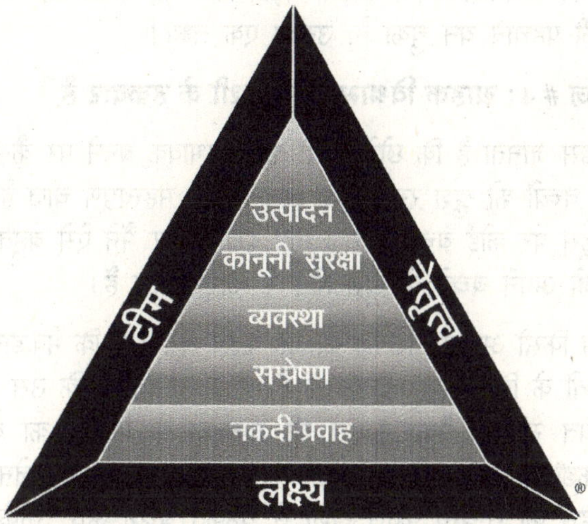

उपरोक्त व्यापारी-निवेशक त्रिकोण छोटी चीज़ों पर केंद्रित है। किसी भी व्यवसाय की पहचान, उस व्यवसाय के लक्ष्य अर्थात् उसके आधार से आरम्भ होती है।

सैम वाल्टन ने जब सबसे कम दामों पर अपने ग्राहकों को अपने उत्पाद बेचने के अपने लक्ष्य पर अपना दृष्टिकोण स्पष्ट कर लिया, तो उन्होंने जैसे अपने जीवन का लक्ष्य पा लिया था। उन्होंने अपने इस लक्ष्य को पूरा करने के लिए, इसे व्यापार की कसौटी बना लिया।

जब स्वरोज़गार उद्यमी अपने दामों में कटौती कर देते हैं या अपनी सेवाओं में छूट देते है, तो वे अक्सर विफल हो जाते हैं क्योंकि वे केवल अपने उत्पादों के दाम कम करते हैं। वे अपने शेष व्यवसाय में कोई परिवर्तन नहीं करते। व्यापारी-निवेशक त्रिकोण के अन्य क्षेत्र अपने वही काम करते रहते हैं, जो वे पहले कर रहे थे। इसका कोई परिणाम नहीं निकलता। एक कम्पनी जो ऊँची कीमतों के लिए ही बनी हुई है, यदि वह अपनी कीमतों में भारी कटौती करती है, तथा उनके अनुसार अन्य

किसी चीज़ में परिवर्तन नहीं करती, तो उसका जीवित बने रहना असम्भव है।

छोटी चीज़ # 3 : रातों रात माल का भेजना

फ़ेडरल एक्सप्रैस ने जिसे अब फ़ेडेक्स के नाम से जाना जाता है, रातों रात माल भेजने का वादा करके व्यापार पटल पर जैसे धमाका कर दिया। रातों रात माल डिलिवर करना एक छोटी चीज़ थी लेकिन उसका महत्त्व बहुत बड़ा था। आज, फ़ेडेक्स कई करोड़ डॉलर का व्यापार कर रहा है।

पूरे विश्व भर में अपने व्यापार के कारण, फेडेक्स निश्चित रूप से रातों रात माल भिजवाने का आश्वासन देना छोड़ना पड़ा। फिर भी, रातों रात माल को पहुँचाना फैडेक्स की पहचान बन चुका है, उसका एक लक्ष्य।

छोटी चीज # 4 : ग्राहक विश्राम और खुशी के हक़दार हैं

मैकडॉनल्ड्स जानता है कि छोटे बच्चों के अभिभावक बनने पर कैसा महसूस होता है। अपने बच्चों को खुश रखना एक छोटी लेकिन महत्त्वपूर्ण चीज़ है। मैंने कभी भी मैकडॉनल्ड्स पर कोई बच्चा नाराज़ नहीं देखा। और मैंने ऐसे बहुत से माता-पिता देखे हैं, जो अपने बच्चों के खुश होने के कारण खुश हैं।

मैं जब भी किसी आहार विशेषज्ञ को यह कहते सुनता हूँ कि मैकडॉनल्ड्स के खाद्य पदार्थ बच्चों के लिए बहुत हानिकारक हैं, तो मैं जानता हूँ कि उस आहार-विशेषज्ञ को निश्चित रूप से मैकडॉनल्ड्स की सफलता के कारणों का कोई ज्ञान नहीं होगा। मैकडॉनल्ड्स के स्टोर पर जाने का खाद्य पदार्थों से कोई लेना देना नहीं है। मैकडॉनल्ड्स का सम्बन्ध केवल खुशी से चहकते बच्चों और उनके माता-पिता से है, जिन्हें कुछ देर के लिए विश्राम मिलता है। मैकडॉनल्ड्स के नवीनतम अभियान

के शब्द ये हैं :

"आई एम लविंग इट।"

व्यापारी-निवेशक त्रिकोण पर फिर से विचार करने पर, आप मैक डॉनल्ड्स की वैश्विक प्रणाली की प्रतिभा की एक झलक भी अवश्य पाएंगे।

जब एक व्यक्ति मैकडॉनल्ड्स के काउंटर पर जाकर कहता है, "मुझे एक बड़ा मैक, मीडियम फ्राईज़ और एक कोक चाहिए, तो पूरे व्यापारी-निवेशक त्रिकोण की अति-दक्षता सक्रिय हो उठती है। दुनिया भर के स्रोतों से एक साथ, बर्गर, फ्राईज़ और कोक यानि व्यापारी-निवेशक त्रिकोण के उत्पाद काउंटर पर आ जाते हैं। इस पूरी प्रक्रिया में पाँच मिनट से ज़्यादा का समय नहीं लगता। यदि यह एक चमत्कार नहीं है, तो मैं नहीं जानता कि चमत्कार किसे कहते हैं। इसके अतिरिक्त, दुनिया भर के शहरों व कस्बों में, यह सटीकता और दक्षता दोहरायी जाती हैं। यह व्यापारी-निवेशक त्रिकोण में प्रदर्शित व्यवस्था है।

यदि आप व्यापारी-निवेशक त्रिकोण की शक्ति को समझना चाहते हैं, तो आप केवल अपने सबसे नज़दीकी मैकडॉनल्ड्स पर जाकर, वहाँ एक घन्टा व्यतीत करें। कल्पना करें कि वहाँ व्यापारी-निवेशक त्रिकोण की कार्यप्रणाली को सफल बनाने के लिए लाखों कर्मचारी कड़ा परिश्रम करते हैं - ग्राहकों को वाँछित सामग्री देना, बच्चों को खुश रखना और माता-पिता को राहत पहुँचाना और वह भी पूरे विश्व में, सिर्फ़ पाँच मिनट में। एक व्यक्ति, एक स्वरोज़गार उद्यमी ऐसा नहीं कर सकता। इसमें लाखों लोगों की आवश्यकता होती हैं

मैं इस कार्य-प्रणाली पर हैरत में हूँ। जिस क्षण आप अपना ऑर्डर देते हैं, उसी क्षण दुनिया भर के गेहूँ के खेतों में और बेकरियों में पाव-रोटी सक्रिय हो उठती है। कई टन आलुओं को काट कर, तलने के लिए तैयार किया जाता है, दुनिया भर में माँस काटा जाता है, उन्हें पैटीज़ में रखा जाता है और जब भी आप चाहें, वह तैयार मिलता है। कोक बहुत बुलबुलेदार, तीखा और करारा होता है। इनका स्वाद हमेशा एक सा रहता है। यहाँ के बाथरूम बहुत साफ़ होते हैं। मैकडॉनल्ड्स वैश्विक व्यापार के क्षेत्र में, कार्य कुशलता का एक शानदार उदारहण है, जो अपने ग्राहकों को बहुत अच्छी तरह जानता है। यह छोटी चीज़, बहुत बड़ी चीज़ है। उन्हें अपने ग्राहकों की पसन्द का पता है।

डोनाल्ड समझते हैं कि मैं इन उदाहरणों के माध्यम से क्या कहना चाहता हूँ। जब उनके व्यवसाय की बात होती है, तो वह छोटी चीज़ों के सम्बन्ध में बिल्कुल सही हैं, जो एक महत्त्वपूर्ण बात है। जब लोग एक ट्रम्प होटल में आकर ठहरते हैं, एक ट्रम्प प्रॉपर्टी ख़रीदते हैं या 18 होल के ट्रम्प गोल्फ़ कोर्स में खेलते हैं, तो वे पैसे, यश और ट्रम्प की ताकत ख़रीदते हैं। यह है डोनाल्ड का ब्रांड! यह है वह छोटी

चीज़, जो बहुत बड़ा अन्तर पैदा करती है। वह उन्हें बड़ी चीज़ों में परिवर्तित कर देते हैं, बहुत बड़ी चीज़ों में। ये सब चीज़ें उनके ग्राहकों के लिए महत्त्व रखती हैं और ये चीज़ें इकट्ठे ही काम करती हैं।

छोटी चीज़ # 5 : साधारण और मज़ेदार

हम लोगों का वित्तीय शिक्षा को साधारण और मज़ेदार बनाए रखना, वह छोटी चीज़ है, जो रिच डैड के लिए बहुत महत्त्वपूर्ण है। जब कभी पैसे, वित्त या आँकड़ों की बात होती है, तो बहुत से लोग जड़ हो जाते हैं। रिच डैड के अधिकांश प्रतिद्वंद्वी बहुत अधिक गम्भीर और उबाऊ प्रकृति के हैं। वे तानाशाहों की तरह व्यवहार करते हैं और आपकी ओर उंगली करके कहते हैं, "अपने क्रेडिट कार्ड काट कर फेंक दो, पैसे की बचत करो और अपनी चादर जितने ही पैर पसारो।" वे लोगों को बच्चों की तरह व्यवहार करते हुए उन्हें समझाते हैं कि उन्हें क्या करना चाहिए। वे वास्तव में लोगों को शिक्षित करने का प्रयास नहीं करते।

वे आपसे अपेक्षा करते हैं कि आप उपलब्ध साधनों के भीतर ही अपना जीवन बिताएँगे, किन्तु इतने कम साधनों के साथ जीना कौन चाहता है? मैं तो कभी भी नहीं। और शायद आप भी ऐसा न करें। मेरे विचार से, कम साधनों के साथ जीना, आपकी आत्मा को मार देता है। शायद अधिकांश लोग मेरी तरह ही सोचते हैं। वे कम साधनों के साथ रहने की अपेक्षा, अपने साधनों को बढ़ाना ज़्यादा पसंद करेंगे।

इसके अतिरिक्त, पिछले वित्तीय संकट के बाद, बहुत सारे लोग यह जान गए होंगे कि मेरे प्रतिद्वंद्वियों की वित्तीय सलाह वाक़ई ग़लत थी। जिन लोगों ने मेरे प्रतिद्वंद्वियों की सलाह को माना था, वे अमीर हो जाने की अपेक्षा, अपना बहुत सारा पैसा गवाँ बैठे थे। अब वे लोगों को परामर्श दे रहे हैं कि उस खोये हुए पैसे की वसूली कैसे करें और आगे उन्हें क्या करना चाहिए। मैं अनुमान नहीं लगा सकता था कि उनकी छोटी सी चीज़ क्या है, जो बहुत महत्त्वपूर्ण है, बड़ी चीज़ है, लेकिन मैं इतना अवश्य जानता हूँ कि रिच डैड की छोटी चीज़ क्या है, जो बड़ी भी है, और वह है वित्तीय शिक्षा, जो साधारण भी है और मज़ेदार भी।

लोग अचम्भित होते हैं कि वर्ष 2006 में डोनाल्ड और मैं अपनी पहली पुस्तक लिखने के लिए इकट्ठे क्यों हुए। हमने ऐसा इसलिए किया क्योंकि हम दोनों ही आने वाली इस समस्या को हल्का-सा देख पा रहे थे यानि मध्यम वर्ग का सफाया। हमने उस पुस्तक में लोगों को सतर्क भी किया था। हमने सब कुछ बहुत सीधे-सादे ढंग से लोगों के सामने रखा था। हम लोगों को धनी देखना चाहते थे क्योंकि हम नहीं चाहते थे कि ग़रीब लोगों के रूप में उनका अन्त हो। मध्यम वर्ग के लुप्त हो जाने के बाद, आपके पास केवल दो ही रास्ते रह जाएँगे - अमीर या ग़रीब। हमारी इच्छा है कि आप अमीर बनें। इसलिए भी, यह पुस्तक आपके लिए बहुत महत्त्वपूर्ण

है। हम बड़े सरल शब्दों में आपको बता रहे हैं कि आप जादुई शक्ति वाले सफल व्यवसाय का निर्माण किस प्रकार कर सकते हैं, ताकि आपका हश्र भी मेरे मित्रों जैसा न हो - उस रेस्तराँ के स्वामी, रियल एस्टेट एजेन्ट और डॉक्टर की तरह।

छोटी चीज़ # 6 : मौज-मस्ती करना सीखें

जब मेरी आयु लगभग नौ वर्ष की थी, तो मेरे रिच डैड ने 'एकाधिकार' (मोनोपॉली) गेम के ज़रिए अपने बेटे और मुझे पैसे के बारे में पढ़ाना शुरू किया। दूसरे शब्दों में, रिच डैड ने शिक्षा को मज़ेदार, चुनौतीपूर्ण और दिलचस्प बना दिया था। मैं एक अमीर व्यक्ति हूँ, क्योंकि एक बालक के रूप में, मुझे *'मोनोपॉली'* खेलने में बड़ा मज़ा आता था।

1984 में, जिस वर्ष मैंने पर्स बनाना बन्द करने का फैसला किया, मैं एक शिक्षक बन गया, जो कई अलग-अलग गेम्स का उपयोग करके, लोगों को व्यापार, निवेश तथा उद्यमिता की शिक्षा देता था। किम और मैंने, शैक्षणिक उपकरण के रूप में गेम्स का उपयोग करके अच्छा शिक्षक बनने में 10 वर्ष व्यतीत कर दिए थे।

वर्ष 1996 में, *'रिच डैड, पुअर डैड'* के प्रकाशन से पूर्व, हमने अपने गेम 'कैशफ़्लो 101' शुरू की। आज वह गेम, पूरे विश्व भर में, लगभग 15 भाषाओं में खेला जाता है।

यह सफल इसलिए रहा क्योंकि लोगों को पैसे के साथ खेलने के अलावा वित्त के बारे में सीखने में मज़ा आ रहा था। एक बार जब वे इस खेल को खेलने लगते, तो कई लोग अपनी रूचि के अन्य वित्तीय विषयों को भी जानने का प्रयास करते थे।

अब हमारे पास 'कैशफ़्लो 101' तथा 'कैशफ़्लो 202' के बोर्ड गेम्स तथा ऑन लाइन गेम्स के साथ-साथ बच्चों के गेम्स भी हैं। इन गेम्स का उपयोग करके हमें एक जटिल और उबाऊ विषय को, सरल व मज़ेदार बनाने में मदद मिलती है। सादगी और मज़ा, रिच डैड की वे छोटी चीज़ें हैं, जो महत्त्वपूर्ण हैं।

सैनिक स्कूल के दो सबक

जैसा कि अब आप जानते ही हैं, डोनाल्ड और मैं, दोनों ही सैनिक स्कूलों में पढ़ चुके हैं। वह न्यू यॉर्क मिलिट्री अकैडमी में थे और मैं यू.एस. मर्चेन्ट मरीन अकैडमी में। यह भी न्यू यॉर्क में है। मेरा मानना है कि सैनिक स्कूलों ने हम दोनों को, व्यापार जगत में एक अनुचित लाभ प्रदान किया है।

पारम्परिक स्कूलों के विपरीत, सैनिक स्कूलों में, लक्ष्य, नेतृत्व, कौशल, साहस, ध्यान-केंद्रण व अनुशासन पर बहुत ज़ोर दिया जाता है। अकादमी से मिले निम्नलिखित दो सबकों ने, व्यापार के क्षेत्र में हमें बहुत सहायता दी है।

सबक # 1 : युक्ति व रणनीति में अन्तर

आप जो कार्य करते हैं, वह व्यूह-रचना कहलाते हैं। सीधे सरल शब्दों में कहें तो, एक लीडर को अपनी एकल व्यूह-रचना को अवश्य परिभाषित करना चाहिए, किसी टीम या किसी संगठन का एकल उद्देश्य।

सभी रणनीतियाँ इस परिणाम का समर्थन करती हैं कि एकल व्यूह-रचना यानि उद्देश्य, को प्राप्त कर लिया गया है।

यदि व्यवसाय में बहुत सारी व्यूह-रचनाओं और बहुत सारी रणनीतियों का प्रयोग किया जाए, तो व्यवसाय असफल हो जाता है। यदि आप एक सफल सैन्य अभियान के निम्न चित्र को देखेंगे, तो आप मेरे आशय को समझ जाएँगे।

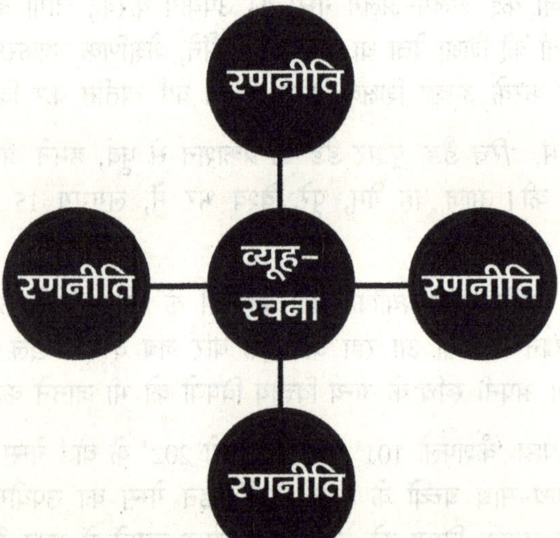

यदि हम डॉमिनोज़ पिद्ज़ा को एक उदाहरण के रूप में उपयोग करें (30 मिनट या उससे कम समय का वादा करता पिद्ज़ा) तो कम्पनी की सभी रणनीतियाँ - विज्ञापन रणनीतियाँ, कानूनी रणनीतियाँ, अकाउंटिंग रणनीतियाँ, उत्पाद विकास रणनीतियाँ, व्यापारी-निवेशक त्रिकोण में शामिल हैं। इन सभी रणनीतियों को, व्यवसाय के केंद्र बिन्दु, ग्राहकों के साथ किये गये वादे, की एकल मुक्ति का समर्थन करना चाहिए। संगठन में, समस्या तब खड़ी होती है, जब एकल एकीकृत व्यूह-रचना की अपेक्षा रणनीतियाँ ज़्यादा महत्त्वपूर्ण बन जाती हैं।

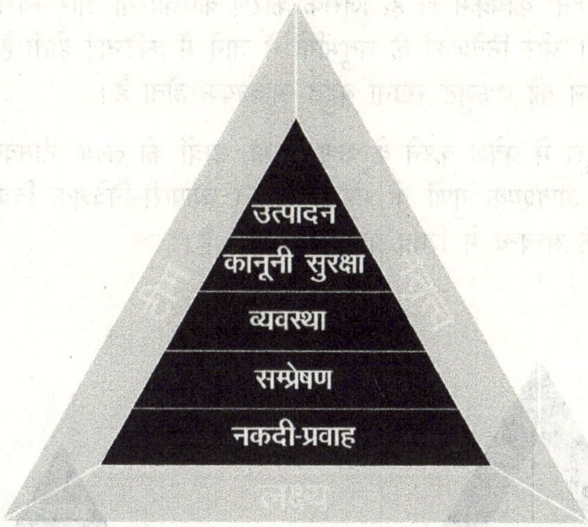

मैंने कई बार ऐसा होते हुए देखा है। अटॉर्नी यह सोचता है कि ग्राहकों की अपेक्षा कानूनी दस्तावेज़ ज़्यादा महत्त्वपूर्ण हैं। अथवा मानव संसाधन विभाग ऐसे कर्मचारियों की नियुक्ति कर सकता है, जिनके पास सभी योग्यताएँ हैं, किन्तु वे व्यवसाय की संस्कृति के अनुकूल नहीं हैं। या लेखा-विभाग, चीज़ों को सही करने के नाम पर, लेन-देन की गति के साथ तालमेल बैठाने के लिए, अपने कम्प्यूटर सिस्टम को नहीं बदलते।

जब रणनीतियों में कोई ख़राबी जा जाती है, तो मूल व्यूह-रचनाओं से हट कर, उन्हें ठीक करने में बहुत सारा समय, धन और ध्यान खर्च होता है। ऐसे में बिक्री घट जाती है, ख़र्चे बढ़ जाते हैं और कम्पनी के लाभ बुरी तरह प्रभावित होते हैं। इसका सबक यह है कि व्यापारी-निवेशक त्रिकोण में वर्णित व्यवसाय प्रतिभाओं में से कोई भी प्रतिभा, अन्य प्रतिभाओं से अधिक महत्त्वपूर्ण नहीं है। यह हमें सैनिक स्कूल में सीखे गए दूसरे सबक की ओर ले जाता है।

सबक # 2 : नेतृत्व क्षमता और व्यापारी-निवेशक त्रिकोण

हम में से अधिकांश लोग 'फूट डालो और जीतो' की सूक्ति से परिचित हैं। हमारी पारम्परिक शिक्षा प्रणाली इसी अवधारणा पर आधारित हैं। जिस क्षण बच्चा स्कूल में पढ़ना शुरू करता है, हमारी शिक्षा प्रणाली उन्हें बुद्धिमान, औसत, और बुरा प्रदर्शन करने वाले (हालाँकि हमारे समय में उन्हें 'बुद्धू' के नाम से पुकारा जाता था) छात्रों में विभाजित कर देते हैं। छात्रों को विभाजित करने और जीतने की यह पद्धति बच्चों को जीवन में कर्मचारी और स्वरोज़गार उद्यमी बनने का प्रशिक्षण देती है।

कर्मचारी और स्वरोज़गार उद्यमी चतुर्भागों में, जीवन केवल एक नौकरी के लिए प्रतिद्वंद्विता या पदोन्नति या वेतन-वृद्धि के इर्द-गिर्द ही घूमता रहता है। यह 'जीत के

लिए विभाजन' कार्यक्रम ही है, जिसके कारण कर्मचारियों और स्वरोज़गार उद्यमियों को व्यापारी और निवेशकों के चतुर्भागों में जाने में कठिनाई होती है, ऐसा चतुर्भाग जहाँ संगठन को एकजुट रखना बहुत आवश्यक होता है।

सैनिक स्कूल में प्रवेश करने के क्षण से ही, छात्रों को लक्ष्य, टीमवर्क कौशल और नेतृत्व के आवश्यक गुणों के महत्त्व अर्थात् व्यापारी-निवेशक त्रिकोण की बाहरी सीमाओं के सम्बन्ध में शिक्षा प्रदान की जाती है।

सैनिक स्कूल

परंपरागत स्कूल

सैनिक स्कूलों में, छात्रों के दिमाग़ में ठूँस दिया जाता है, "जीत के लिए एकजुट हों, जीत के लिए विभाजन करो।" सैनिक छात्रों को संगठित होने के कौशल का प्रशिक्षण दिया जाता है और उसके बाद उन्हें दुश्मनों को विभाजित करने के लिए संगठन की शक्ति और दुश्मनों पर विजय पाने पर ध्यान केंद्रित करने के लिए प्रशिक्षित किया जाता है।

दुर्भाग्य से, पारम्परिक स्कूलों में, छात्रों को जीत के लिए एकजुट होना नहीं सिखाया जाता, उन्हें केवल विभाजित करके जीतना सिखाया जाता है। स्कूलों में छात्रों को ग्रेड पाने, कक्षा में रैंकिंग पाने और कॉलेजों में प्रवेश पाने के लिए अपने ही टीम के साथियों के विरुद्ध प्रतिद्वंद्विता करने का प्रशिक्षण दिया जाता है। स्कूल छोड़ने के बाद, उन्हें नौकरी प्राप्त करने, पदोन्नतियों और वेतन-वृद्धि के लिए संघर्ष करना पड़ता है।

यह एक कारण है कि इतने सारे लोग कर्मचारी और स्वरोज़गार उद्यमियों के चतुर्भाग में ही अटके रह जाते हैं। व्यापारी व निवेशकों के क्षेत्र में सफलता प्राप्त करने के लिए नेतृत्व कौशल और लोगों को एकजुट करने का कौशल चाहिए। युद्ध

क्षेत्र और व्यापार जगत में नेतृत्व प्रदान करने के लिए, लोगों को एकजुट करने की योग्यता बहुत आवश्यक है। स्वरोज़गार उद्यमियों के संघर्ष करने का दूसरा कारण यह है कि उनकी प्रतिस्पर्धा अक्सर एक टीम के रूप में काम कर रहे संगठनों के विरुद्ध होती है।

उदाहरण के लिए, एक छोटे हार्डवेयर स्टोर के स्वामी को होम डिपो जैसे एक बड़े स्टोर के साथ प्रतिस्पर्धा करते हुए बहुत कठिन समय का सामना करना पड़ता है।

अपनी स्थिति मज़बूत कैसे रखें

यदि आपके व्यवसाय में आपकी स्थिति मज़बूत नहीं होगी, तो उस व्यवसाय से लाभ कमा पाना आपके लिए बहुत कठिन होगा। यह मज़बूत स्थिति उन छोटी चीज़ों पर निर्भर होनी चाहिए, जो अत्यंत महत्त्वपूर्ण होती हैं। यही वे छोटी चीज़ें हैं, जिन्होंने मुझे लाभ दिया है और मुझे मेरी जादुई शक्ति में सुधार करने में सहायता दी है। वे यह कार्य आपके लिए भी कर सकती हैं।

- **नेतृत्व कौशल प्राप्त करें**

  जिस क्षण से छात्र यू.एस. मर्चेन्ट मरीन अकैडमी में प्रवेश करते हैं, उसी क्षण से दिन-रात, उनके स्नातक होने तक, उन्हें नेतृत्व कौशल का प्रशिक्षण दिया जाता है। छः वर्ष तक मरीन कोर के अधिकारी और लड़ाकू विमानचालक के रूप में मेरा कार्यकाल व्यापार के लिए शानदार प्रशिक्षण और नेतृत्व विकास में सहायक रहा।

  यदि आप कभी सैनिक स्कूल नहीं भी गए, तब भी आप अपने कार्य स्थल पर, खेलों में और सार्वजनिक गतिविधियों में नेतृत्व कौशल का विकास कर सकते हैं। नेतृत्व एक शैक्षणिक प्रक्रिया है, ऐसी प्रक्रिया जो प्रतिदिन आपके सामने चुनौतियाँ रखती है। जो लोग नेतृत्व करने और नेतृत्व के उत्तरदायित्वों की अवहेलना करते हैं, वे सम्भवतः ख़राब जादुई शक्ति वाले उद्यमी बनते हैं। स्वरोज़गार उद्यमियों से, व्यापारी और निवेशकों के चतुर्भाग में स्थानांतरित होने के लिए नेतृत्व कौशल की आवश्यकता होती है।

- **बिक्री करना और निवेश करना सीखें**

  1973 में जब मैं वियतनाम से लौटा, तो मैंने अपने पुअर डैड की अपेक्षा, अपने रिच डैड के नक्शे-कदम पर चलने का फ़ैसला किया। मरीन कोर में मेरा एक वर्ष का अनुबन्ध शेष था, इसलिए मेरे रिच डैड ने मुझे स्वरोज़गार उद्यमी, व्यापारी और निवेशक के लिए तैयारी आरम्भ करने की सलाह दी। जैसा कि मेरे पुअर डैड ने मुझे वापस स्कूल जाने और मास्टर डिग्री प्राप्त करने की सलाह दी थी, इसके विपरीत, मेरे रिच डैड ने मुझे शिक्षा का एक

अलग मार्ग चुनने का परामर्श दिया क्योंकि व्यापारी और निवेशक चतुर्भाग में बिल्कुल अलग कौशल की ज़रूरत होती है। रिच डैड ने मुझे मरीन कोर जाने से पहले, रियल एस्टेट में सम्पत्तियाँ बेचना और उनमें निवेश करना सीखने की सलाह दी। इसके उन्होंने दो कारण बताए थे। पहला, उद्यमियों में अपने ग्राहकों, अपने कर्मचारियों और अपने निवेशकों को बेचने की क्षमता होनी चाहिए। यदि कोई उद्यमी बेच नहीं सकता, तो व्यवसाय को वित्तीय संघर्ष करना पड़ता है। दूसरा, रियल एस्टेट निवेशकों को प्रबन्धन करने और ऋणों का उपयोग करके लाभ कमाने की कला अवश्य आनी चाहिए। ऋणों से लाभ प्राप्त करने का ज्ञान पाकर मैं स्वयं को निवेशक के रूप में तैयार कर रहा था। इसलिए, 1973 में मैंने अपने पहले रियल एस्टेट निवेश पाठ्यक्रम में प्रवेश ले लिया। 1974 में मैं मरीन कोर छोड़ कर, ज़ैरॉक्स कॉर्पोरेशन में, बिक्री के प्रशिक्षण के लिए शामिल हो गया। मैंने चार वर्ष ज़ेरॉक्स में कार्य किया। बिक्री के क्षेत्र में महारत हासिल करने के बाद मैंने ज़ेरॉक्स को छोड़ दिया। इन दोनों शैक्षणिक कार्यक्रमों ने मुझे बार-बार एक करोड़पति बनने में मदद की। स्कूलों में, विशेषतया पारम्परिक स्कूल में इस कौशल की शिक्षा नहीं दी जाती।

- **एक प्रशिक्षक की सेवाएँ लें**

  स्वास्थ्य, धन और खुशी - ये तीन चीज़ें मेरे लिए सबसे महत्त्वपूर्ण हैं। मेरे जीवन के इन तीनों क्षेत्रों में, प्रत्येक के लिए, मैं एक प्रशिक्षक की सेवाएँ लेता हूँ। निस्संदेह, एक प्रशिक्षक रखना कठिन हो सकता है, विशेष रूप से जब पैसे की तंगी हो। फिर भी, यदि आप एक सच्चे उद्यमी बनना चाहते हैं, तो पैसे का अभाव आपको एक प्रशिक्षक रखने से रोक नहीं सकता। यह कहने की अपेक्षा कि "मैं एक प्रशिक्षक का ख़र्चा वहन नहीं कर सकता," आप इसके लिए एक रास्ता ढूँढने के लिए अपने रचनात्मक दिमाग़ का उपयोग करें, विशेषतया उन चीज़ों के लिए, जो आपके जीवन में बहुत महत्त्वपूर्ण हैं। यदि मैं अपनी "मैं यह नहीं सह सकता" वाली मानसिकता को, मुझे रोकने की अनुमति दे देता, तो आज मैं एक ग़रीब, अस्वस्थ और दुःखी व्यक्ति होता।

- **पैसे के लिए काम न करें**

  मैं जानता हूँ कि कुछ लोगों को यह बहुत विचित्र लगेगा, फिर भी इन शब्दों में ज़बर्दस्त धन के रहस्य छिपे हुए हैं। यदि आपने *'रिच डैड, पुअर डैड'* पढ़ी हो तो आपको याद होगा कि रिच डैड का सबसे पहला अध्याय था : अमीर व्यक्ति पैसे के लिए काम नहीं करता (द रिच डोंट वर्क फॉर मनी)। अधिकांश कर्मचारियों और स्वरोज़गार उद्यमियों का पैसे के लिए संघर्ष करने का एक कारण यह है कि वे पैसे के लिए काम करते हैं। आप सम्भवतः जानना चाहेंगे

कि 'यदि मैं पैसे के लिए काम नहीं करूँगा, तो फिर किसके लिए करूँगा? मैं अपने खाने-पीने का और रहने का प्रबंध कैसे करूँगा?' ये सभी प्रश्न बहुत अच्छे हैं, जिनका उत्तर मैं यहाँ दे रहा हूँ।

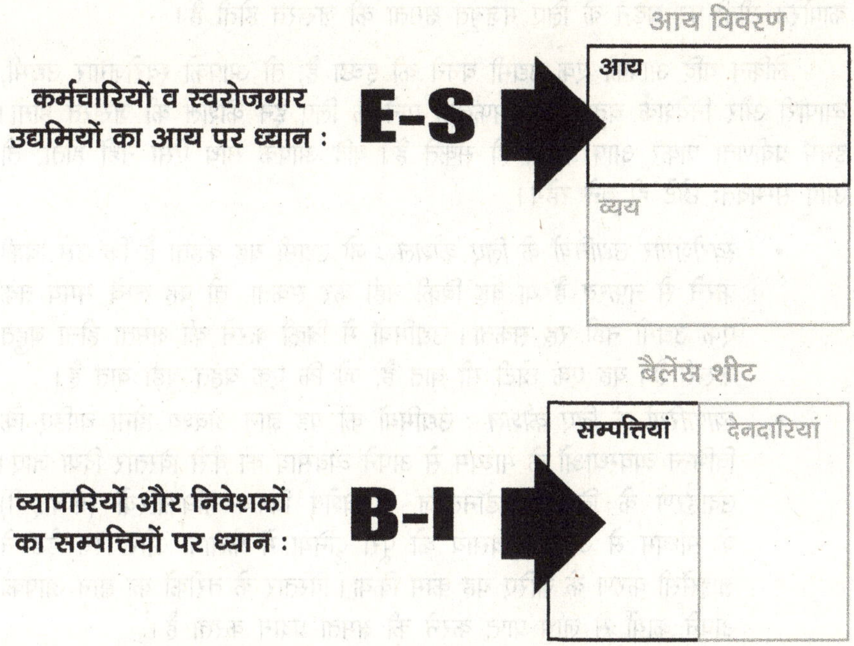

व्यापारी और निवेशक इतना अधिक पैसा इसलिए कमा पाते हैं, क्योंकि वे निर्माण करने, ख़रीदने या सम्पत्तियाँ अधिग्रहित करने के लिए कार्य करते हैं। नीचे दिये गये वित्तीय विवरण आपको अन्तर बता देंगे।

सम्पत्तियों में सभी व्यवसाय, ब्रांड, पेटेंट, ट्रेडमार्क, अचल सम्पत्तियाँ, दस्तावेजी सम्पत्तियाँ, जैसे शेयर, बॉन्ड, फ़ण्ड इत्यादि और अन्य वस्तुएँ शामिल होती हैं। पैसे की अपेक्षा सम्पत्तियों के लिए कार्य करना अत्यंत महत्त्वपूर्ण छोटी चीज़ है, जो एक उद्यमी के जीवन में बहुत बड़ा अन्तर पैदा करती है। यह आपकी स्थिति को मज़बूत बनाता है। इसका कारण यह है कि आप चाहे काम करें या न करें, लेकिन सम्पत्तियाँ आपको धन अर्जित करके देती रहती हैं, या कई सम्पत्तियाँ आपको एक ही समय पर धन अर्जित करके दे सकती हैं। इस प्रकार आप धन-सम्पत्ति का निर्माण करते हैं। पैसे के लिए काम करने का अर्थ है कि आपको प्रत्येक उस घन्टे काम करना पड़ता है, जिसके लिए आपको भुगतान किया गया है। इस प्रकार, पैसा बनाने का यह तरीका ठीक नहीं है।

वे कौशल, जिनमें आपको महारत चाहिए

इस पुस्तक में, मैंने कई बार नकदी-प्रवाह चतुर्भाग का संदर्भ प्रस्तुत किया है। आपको सफलता पाने के लिए, प्रत्येक क्षेत्र में भिन्न-भिन्न कौशल चाहिए। कर्मचारी चतुर्भाग में, वास्तव में, श्रेष्ठता प्राप्त करने के लिए उच्च श्रेणी की शैक्षणिक योग्यताएँ तथा बड़ी कार्पोरेट सीढ़ी पर चढ़ने के लिए मज़बूत क्षमता की ज़रूरत होती है।

लेकिन यदि आपको एक उद्यमी बनने की इच्छा है, तो आपको स्वरोज़गार उद्यमी, व्यापारी और निवेशक चतुर्भाग में सफलता पाने के लिए इन कौशल की ज़रूरत होगी। इनमें प्रवीणता पाकर आप सफल हो सकते हैं। यदि आपके साथ ऐसा नहीं होता, तो आप सम्भवतः छोटे ही बने रहेंगे।

- *स्वरोज़गार उद्यमियों के लिए कौशल :* जो उद्यमी यह कहता है कि उसे बिक्री करने से नफ़रत है या वह बिक्री नहीं कर सकता, तो वह लम्बे समय तक एक उद्यमी नहीं रह सकता। उद्यमियों में बिक्री करने की क्षमता होना बहुत ज़रूरी है। यह एक छोटी सी बात है, जो कि एक बहुत बड़ी बात है।
- *व्यापारियों के लिए कौशल :* उद्यमियों को यह ज्ञान अवश्य होना चाहिए कि विभिन्न व्यवस्थाओं के माध्यम से अपने व्यवसाय को कैसे विस्तार दिया जाए। उदाहरण के लिए, मैकडॉनल्डज़ ने विशेष विक्रय-अधिकारियों (फ्रैंचाइज़ी) के माध्यम से अपने व्यवसाय को पूरी दुनिया में फैलाया और रिच डैड ने लाइसेंसी करण के ज़रिए यह काम किया। विस्तार के तरीकों का ज्ञान आपको अपने कार्यों से लाभ प्राप्त करने की क्षमता प्रदान करता है।
- *निवेशकों के लिए कौशल :* उद्यमियों को धन जुटाने के तरीकों में प्रवीण होना चाहिए। एक सच्चा उद्यमी यह कभी नहीं कह सकता, "मैं इसका आर्थिक भार वहन नहीं कर सकता" या "मेरे पास पैसे नहीं हैं।" जब एक रियल एस्टेट निवेशक किराये की सम्पत्ति में निवेश करने के लिए बैंक से ऋण लेने जाता है, तो वह निवेशक दरअसल पूँजी जुटाने का कार्य करता है।

जब उद्यमी, स्वरोज़गार उद्यमी चतुर्भाग में बिक्री करना सीख जाते हैं, व्यापारी चतुर्भाग में व्यापार को आगे बढ़ाना सीख जाते हैं और निवेशक चतुर्भाग में पूँजी जुटाने का ज्ञान प्राप्त कर लेते हैं, तो वे एक ऐसी दुनिया में प्रवेश कर जाते हैं, जहाँ कम ही लोग जा पाते हैं। यदि आप एक उद्यमी बनने के प्रति पूरी तरह गम्भीर हैं, तो आपको बिक्री का प्रशिक्षण प्राप्त करना चाहिए। ऐसी व्यवस्थाओं की तलाश करनी चाहिए, जो आपके व्यापार को विस्तार दे सकें और उन्हें ऋणों का उपयोग करके रियल एस्टेट में निवेश करने का चातुर्य आना चाहिए।

अपनी ही चीज़ करना

यहाँ मैं आपके लिए सतर्कता की एक बात प्रस्तुत कर रहा हूँ, जिसे मैंने अपने जीवन की ग़लतियों से सीखा है। कई उद्यमियों के असफल होने का सबसे प्रमुख कारण यह होता है कि वे बस अपनी ही चीज़ करना चाहते हैं या करने का प्रयास करते हैं। वे बेशक स्वयं को परम्परा को तोड़ने वाला मानें और इस धारणा का आनन्द लें, लेकिन दरअसल, ऐसा करके वे अपनी ही पराजय की ओर बढ़ रहे होते हैं। इस मामले में मैं अपने आपको सबसे बुरा मानता हूँ। इस प्रकार की काउब्वॉय मानसिकता आपको बहुत आकर्षित तो करती है, लेकिन दुर्भाग्य से, स्वरोज़गार उद्यमी, व्यापारी एवं निवेशक चतुर्भाग के उद्यमियों के लिए बहुत अनुशासन की ज़रूरत होती है। अपनी ही चीज़ करने की मानसिकता, सामान्यतः आपको असफलता या वित्तीय रूप से जूझने के लिए बाध्य कर देती है।

सच्चाई यह है कि कर्मचारियों की अपेक्षा, स्वरोज़गार उद्यमियों को अपने अस्तित्व को बचाए रखने के लिए अनुशासन की ज़्यादा ज़रूरत होती है। स्वरोज़गार उद्यमियों को व्यक्तिगत, वित्तीय और व्यापारिक उत्तरदायित्वों के नए स्तरों की आवश्यकता होती है। जब आप एक कर्मचारी की अपेक्षा एक नियोक्ता या किसी संगठन के स्वामी बन जाते हैं, तो श्रम कानून, कर कानून और पर्यावरण कानून जैसे कानूनों का एक नया वर्ग आपके जीवन को संचालित करना आरम्भ कर देता है।

व्यापारी चतुर्भाग, स्वरोज़गार उद्यमी चतुर्भाग की अपेक्षा अधिक अनुशासन की माँग करता है। व्यापारी वर्ग में सफलता प्राप्ति के लिए विभिन्न प्रणालियों जैसे संचालन, लेखापद्धति, कर्मचारी, वित्त कानून, और वेतन भुगतान पर बहुत ध्यान देना होता है। इसके अतिरिक्त, व्यापार की प्रगति के लिए अधिक योग्य और उच्च आय वर्ग के कर्मचारियों की आवश्यकता भी पड़ती है।

निवेशक वर्ग में सबसे अधिक अनुशासन चाहिए। जब आप पूँजी जुटाते हैं, तो आपको सरकारी संस्थाओं जैसे प्रतिभूति एवं विनिमय आयोग के निवेश कानूनों के बारे में कहीं अधिक अनुशासन की ज़रूरत होती है। कानून तोड़ने वाले अधिकांश निवेशक अब जेल में हैं।

दूसरे शब्दों में, यदि आप बस अपनी ही चीज़ करना चाहते हैं, तो बेहतर यही होगा कि आप छोटे स्तर पर ही बने रहें।

अधिक सीखें, शीघ्र सीखें

यह तो आपको पता ही होगा कि एक उद्यमी बनने के लिए आपको कई चीज़ें सीखनी पड़ती हैं। यदि आपको विभिन्न चीज़ों के बारे में सीखना पसन्द नहीं है और आप शीघ्रता से नहीं सीखना चाहते, तो अच्छा यही होगा कि आप एक वेतन भोगी कर्मचारी बन कर जिएँ या अगर स्वरोज़गार उद्यमी बनें, तो निम्न स्तर पर ही रहें।

मेरी एक मित्र शेफ़ हैं और वह अमेरिका के उत्तरी कैलिफोर्निया में प्रीमियम शराब उत्पादक क्षेत्र में अपनी एक कैटरिंग कम्पनी चलाती है। वह बहुत मेहनत करती है, उसके पास आठ निष्ठावान कर्मचारी हैं और एक स्वरोज़गार उद्यमी के रूप में उसकी अच्छी आय है। समस्या यह है कि वह अधिकांशतः कुकिंग कक्षाएँ ही लेती है। उसे अपने ग्राहकों के दिल और पेट को प्रसन्न करने के लिए, अन्य शेफ़ के साथ कड़ी प्रतिस्पर्धा करनी पड़ती है। व्यवसाय का अध्ययन करने या निवेश करने में उसकी कोई दिलचस्पी नहीं है। उसे अपने व्यवसाय से बहुत लगाव है और वह जीवन भर इसी क्षेत्र में मेहनत करना चाहती है। वह अरसे से इसी स्तर पर बनी हुई है।

सरल शब्दों में कहें तो, उसे अपना शेफ का काम बहुत पसंद है और वह यही काम कर रही है। लेकिन एक उद्यमी बनने के लिए उसे जो कुछ करना चाहिए, वह नहीं कर रही।

सम्भवतः आपने ध्यान दिया होगा कि मैं जिस सबसे महत्त्वपूर्ण छोटी चीज़ में विश्वास करता हूँ, वह है आजीवन शिक्षा के लिए प्रतिबद्धता। यह जीवन और व्यापार में अन्य किसी भी चीज़ की तुलना में ज़्यादा मायने रखता है। व्यवहारिक दुनिया में, वे लोग, जो वही कार्य करते हैं, जिन्हें करने की *ज़रूरत* होती है, वे उन लोगों को मात दे देते हैं, जो केवल वही कार्य करते हैं, जो उन्हें *पसन्द* होते हैं।

यदि आप वे कार्य करते हैं, जो आपको करने चाहिएं, बेशक आपमें उन कार्यों को करने की इच्छा न हो, तो यह एक छोटी सी चीज़ है, जो बहुत बड़ा अन्तर उत्पन्न कर सकती है। हर हाल में, इसका अर्थ होगा, ऐसे विषयों के सम्बन्ध में अध्ययन करना और सीखना, जिन्हें आप पसन्द नहीं करते, जिनके साथ आपको लगाव नहीं है। याद रखें, कि आपको एक विशेषज्ञ बनना ज़रूरी नहीं। आपको केवल इतनी जानकारी होनी चाहिए कि आप उस विषय में बात कर सकें और फलस्वरूप, आप उस विषय के विशेषज्ञ व्यक्तियों की सेवाएँ ले सकें अथवा उन्हें अपने संगठन में नियुक्त कर सकें। अधिकांश साधारण कॉलेजों में उचित कीमत पर, महत्त्वपूर्ण पाठ्यक्रम उपलब्ध हैं। और आपके उपयोग के लिए अनगिनत पुस्तकें और ऑनलाइन साधन भी मौजूद हैं।

यदि आप जादुई शक्ति के प्रति पूरी तरह प्रतिबद्ध हैं, तो मैं आपको निम्नलिखित बुनियादी विषयों का अध्ययन करने की सलाह दूँगा :

- **बिक्री प्रशिक्षण :**

  यहाँ बिक्री प्रशिक्षण भी उपलब्ध है और ब्लेयर सिंगर का बिक्री प्रशिक्षण भी। वह तकनीक के अलावा भी बहुत कुछ सिखाते हैं। इस बहुत कुछ की अधिकांश उद्यमियों को बहुत ज़रूरत होती है। अन्य लोगों ने नेटवर्क मार्केटिंग कम्पनी का एक भाग बन कर सफलता पायी है, जहाँ आप वास्तविक जीवन का बिक्री प्रशिक्षण प्राप्त करते हैं।

- **बुनियादी व्यावसायिक कानून :**

व्यावसायिक कानून के बारे में बुनियादी जानकारी प्राप्त करना और वह आपके व्यवसाय के क्षेत्रों जैसे बौद्धिक सम्पदा, श्रम, पर्यावरण, कर और अनुबंध इत्यादि को कैसे प्रभावित करता है, यह जान लेना आपके लिए अत्यंत उपयोगी सिद्ध हो सकता है। यह आपका बहुत-सा पैसा भी बचाएगा और सिरदर्द भी। लेकिन इसका यह अर्थ नहीं कि आपको किसी अटॉर्नी की आवश्यकता नहीं। लेकिन कम से कम आप इस विषय में किसी से बातचीत तो कर सकते हैं।

- **बुनियादी लेखा-पद्धतिः**

मैंने आपको इन्कम स्टेटमेंट और आय-व्यय चिट्ठा (बैलेंस शीट) के महत्त्व के बारे में बताया है। यह एक अच्छी शुरूआत है। एक बुनियादी लेखा-पद्धति की कक्षा में आप अपने व्यवसाय में सही क़दम के साथ शुरूआत करने के बारे में जान सकते हैं अथवा यदि आप पहले ही अपने व्यवसाय में हैं, तो आप उसे व्यवस्थित करना सीख सकते हैं। लेकिन इसके बावजूद, आपको एक अकाउंटेंट की आवश्यकता पड़ेगी।

- **मार्केटिंग एवं विज्ञापन :**

मार्केटिंग व विज्ञापन के क्षेत्र में निवेश से पूर्व, आपको इन क्षेत्रों के सम्बन्ध में अधिक से अधिक जानकारी प्राप्त कर लेनी चाहिए। इनके बारे में बहुत सारी जानकारी उपलब्ध है - कक्षाओं में, पुस्तकों में और ऑनलाइन।

- **वेब, इंटरनेट और सोशल नेटवर्किंग :**

इनकी शिक्षा लें और इस क्षेत्र की नवीनतम घटनाओं के बारे में अपने पास पूरी जानकारी रखें। यह एक ऐसा क्षेत्र है, जिसमें लगातार बदलाव होते रहते हैं। इनकी गति के साथ तालमेल बैठाने के लिए आपको भी लगातार पढ़ते रहना पड़ेगा।

- **लोगों के साथ सम्पर्क बनाने का कौशल :**

आप दूसरों के साथ प्रभावी ढंग से संवाद स्थापित करने में सक्षम होने के लिए, नेटवर्किंग समूहों या ऐसे ही संगठनों में शामिल हो सकते हैं। आपको भिन्न-भिन्न लोगों से और भिन्न-भिन्न व्यावसायिक कौशल वाले लोगों से व्यवहार करने में सक्षम होना चाहिए।

- **तकनीकी निवेश :**

  तकनीकी निवेश अर्थात् फ़्यूचर ट्रेडिंग की कक्षाएँ लें। एक उद्यमी को इसका ज्ञान अवश्य होना चाहिए कि ऊपर जाते हुए बाज़ार में और नीचे गिरते हुए बाज़ार में पैसा कैसे बनाया जाए। यह मान लेना कि बाज़ार केवल ऊपर ही जाता है, एक अनुभवहीनता के अलावा कुछ नहीं है।

याद रखें, कि ये जानकारियाँ प्राप्त करने का उद्देश्य आपको 'ए' श्रेणी का छात्र बनाना बिल्कुल नहीं है। आप केवल इतना ही जानें कि व्यापार के दौरान इन विषयों के माध्यम से आप लोगों के साथ कैसे बातचीत कर सकते हैं। आपको इसके लिए पूरा पाठ्यक्रम पढ़ने की ज़रूरत नहीं है। आप केवल, समय के साथ, अपना जीवन इन विषयों को लगातार जानने के लिए समर्पित कर दें। सीखने के लिए आपका यह आजीवन समर्पण एक छोटी चीज़ है, जो बहुत बड़ा अन्तर पैदा कर सकती है। हम सब ऐसे लोगों को जानते हैं, जो लगातार सीखने का वायदा तो करते हैं, किन्तु उसे पूरा नहीं कर पाते। इस वायदे को पूरा करना एक छोटी चीज़ है, जो बहुत मायने रखती है। याद रखें, कि उद्यमशीलता के लिए किसी स्कूल का कोई महत्त्व नहीं है। सफलता केवल उसी उद्यमी को मिलती है, जो लगातार सीखता रहता है, स्कूल पूरा करने के बाद भी।

उदारता के सम्बन्ध में दो शब्द

लोगों के विश्वास के विपरीत, व्यापारी और निवेशक चतुर्भाग में धनी बनने के लिए उदारता की आवश्यकता होती है, जो कर्मचारी और स्वरोज़गार उद्यमी चतुर्भागों में नहीं मिलती। व्यापारियों और निवेशकों को सफल होने के लिए उदार होना पड़ता है, लेकिन कर्मचारियों व स्वरोज़गार उद्यमियों के साथ ऐसी कोई बाध्यता नहीं है। एक व्यवसायी के रूप में, आपको स्वयं धनी बनने से पूर्व कई अन्य लोगों को धनी बनाना पड़ता है।

धनी निवेशक बनने के लिए, आपको निवेशकों के साथ धन साझा करने के लिए तैयार रहना पड़ेगा।

यदि आप में उदारता नहीं है, तो सम्भव है आप अपनी निजी प्रगति के बारे में ही सोचें। आपको अन्य लोगों को भी पैसा बनाने का अवसर देना चाहिए और यदि आप जादुई शक्ति प्राप्त करना चाहते हैं, तो आपको अन्य लोगों को भी आपको प्राप्त होने वाले लाभों में शामिल करना चाहिए।

अन्तिम विचार

यदि मुझे पता होता कि मुझे इतना कुछ सीखना होगा, तो मैंने शायद अपना करियर एक उद्यमी के रूप में आरम्भ ही न किया होता। एक वेतनभोगी कर्मचारी बनना इससे कहीं ज़्यादा आसान है। यदि मैं, अभी तक की अपनी पिछली बातों का आकलन करूँ, तो मैं

यही कहूँगा कि एक उद्यमी बनना, मेरे जीवन का सबसे अच्छा शैक्षिक कार्यक्रम रहा है और मैं अभी भी सीख रहा हूँ।

क्या इसकी कोई कीमत है? जितनी कठिन यह प्रक्रिया थी और जो अभी भी जारी है, मेरे लिए, इसकी कीमत बहुत ज़्यादा है। इसने मुझे ये दिया है :

- *असीमित धन*

  हालाँकि आरम्भ में बहुत संघर्ष करना पड़ा था, किन्तु आज किम और मेरे पास इतना धन है कि हम अपनी इच्छा का जीवन जी सकते हैं।
- *वैश्विक स्वतंत्रता*

  एक वैश्विक उद्यमी होने के कारण, मैं विश्व भर में व्यापार करने के लिए स्वतंत्र हूँ।
- *अच्छे मित्र*

  यदि मैं एक उद्यमी नहीं होता, तो मैं शायद ही कभी डोनाल्ड ट्रम्प, स्टीव फ़ोर्ब्स और ओपरा विनफ़्रे जैसे महान उद्यमियों से मिल पाता।
- *मन की शान्ति*

  अपने पुअर डैड के विपरीत, जो हर समय पैसों के बारे में और अपनी नौकरी छूट जाने के सम्बन्ध में चिन्तित रहते थे, कम से कम मेरे साथ ऐसी समस्या नहीं है। अब मैं पैसे का गुलाम नहीं हूँ।

मेरे रिच डैड अक्सर कहते थे, "यदि आप दुनिया में किसी व्यक्ति को एक मिलियन डॉलर देकर, उसे एक वर्ष में खर्च करने को कहें, तो अधिकांश लोग इस कार्य को बखूबी कर देंगे। लेकिन यदि आप दुनिया में किसी व्यक्ति को कहें, 'शून्य से आरम्भ करके एक वर्ष में एक मिलियन डॉलर कमाओं।" केवल कुछ लोग ही ऐसा कर पाएँगे। और वे कुछ लोग शायद उद्यमी ही होंगे।"

दुनिया ऐसे बहुत सारे लोगों का उपयोग कर सकती है, जो धन उत्पन्न कर सकते हैं और इस प्रक्रिया में, हमारे सामने आने वाली कई चुनौतियों का सामना कर सकते हैं। इससे यही प्राप्त किया जा सकता है। असली उद्यमी शायद ही ऐसा पैसे के लिए करें। वे हमेशा इससे बेहतर ही करेंगे। लेकिन जब वे अपने लिए धन को प्राप्त करते हैं, तो इसके साथ उन्हें ऐसी स्वतंत्रता भी प्राप्त होती है, जो उनमें उत्साह भर देती है और उन्हें अगले कार्य में लग जाने की प्रेरणा देती है।

यदि मैं अपना सारा पैसा गवाँ दूँ, तो मैं जानता हूँ कि मैं पुनः वह पैसा वापस पा लूँगा और अपने लक्ष्य की ओर बढ़ता रहूँगा। अधिकांश लोगों के लिए यह ज्ञान, एक छोटी सी चीज़ हो सकता है, लेकिन यह शक्ति मेरे लिए एक बहुत बड़ी चीज़ है।

मैं कामना करता हूँ कि आपके पास भी वैसी ही शक्ति हो।

सुख-साधन और जानकारियाँ :
एक छोटी चीज़, जो बड़ी चीज़ बन गयी

डोनाल्ड ट्रम्प

ट्रम्प टावर का काम पूरा होने ही वाला था और मैं निश्चित नहीं था कि इसका क्या नाम रखूँ। मैंने अपने एक मित्र को बताया कि मैं इसका नाम 'टिफ़नी टावर' रखने की सोच रहा था, क्योंकि यह टिफ़नीज़ के बिल्कुल पास था। उसने मुझसे प्रश्न किया कि मैं अपने नाम की अपेक्षा किसी दूसरे का नाम क्यों इस्तेमाल करना चाहता हूँ। यह एक अच्छा प्रश्न था। चूँकि नाम लगभग एक सा था, इसलिए मैंने उसका नाम ट्रम्प टावर रख दिया। यह छोटी सी चीज थी, एक जानकारी जो कि बाद में मिली थी, एक बड़ी चीज़ में बदल गयी थी। अन्ततः मेरा नाम अब जाना-पहचाना नाम बन गया था। यह मेरे ब्रांड की शुरूआत थी।

ट्रम्प टावर की शुरूआत करके, मैंने कम्पनी को एक पहचान दे दी थी, जिसके फलस्वरूप ट्रम्प व्यापक रूप से एक बड़ा नाम बन गया था। सारांश में, एक नाम और एक लैंडमार्क के साथ मैं अपना विज्ञापन स्वयं कर रहा था। आप प्रचार की ताकत को कम न आंकें, बेशक वह एक बहुत बड़ा अभियान न हो। इससे कोई अन्तर नहीं पड़ता कि वह क्या स्वरूप लेता है। जब हर प्रकार से भव्य ट्रम्प टावर का मुहूर्त हुआ, तो यह ट्रम्प ब्रांड की शुरूआत थी, जो भव्यता का पर्याय बन रहा था। अन्ततः प्रचार से प्रसिद्धी भी मिली और हमारा ब्रांड पैसे, ताकत और भव्यता का दूसरा नाम हो गया था। आपके ब्रांड का प्रतिबिम्ब आप पर पड़ता है, इसलिए बड़ी सावधानी से चुनाव करें कि आप किस चीज़ का प्रतिनिधित्व करना चाहते हैं।

जब छोटी चीज़ महत्त्वपूर्ण होती है

जब रॉबर्ट छोटी लेकिन महत्त्वपूर्ण चीज़ों पर ध्यान केंद्रित करने की बात करते हैं, तो वह ठीक ही कहते हैं। ट्रम्प ब्रांड के लिए वह छोटी बात है, जीवन में अच्छी चीज़ें प्राप्त करने की लोगों की इच्छा यानि प्रसिद्धी, ताकत और ख्याति प्राप्त व्यक्ति का दर्जा। यह प्रतिष्ठित जीवन का एक अंग है, कि हमारी प्रॉपर्टी और हमारा नाम खुद हमारे उत्पाद के माध्यम से सच हो गया था। यह छोटी चीज़ मेरे लिए और द ट्रम्प संगठन के लिए बहुत महत्त्वपूर्ण बन गयी थी। लोगों को छोटी प्रतीत होती इच्छा हमारी समूची कम्पनी की एक बुनियाद बन गयी थी। क्या आप अनुमान लगा सकते हैं कि आपके लिए अथवा आपके व्यवसाय के लिए वह छोटी चीज़ क्या है?

जब रॉबर्ट छोटा सोचने की बात करते हैं, तो मुझे हँसी आ जाती है क्योंकि मैं अपने 'बड़ा सोचें' सिद्धान्त के लिए जाना जाता हूँ। मुझ पर कभी छोटी सोच का आरोप

नहीं लगाया गया और मैं इसे अपनी प्रशंसा के रूप में लेता हूँ। बड़ी सोच ने मुझे बहुत लाभ दिया था, किन्तु लोग मुझे जानकारी उन्मुख व्यक्ति के रूप में भी जानते हैं। बड़ी सोच आपको अनगिनत जानकारियाँ लेने को बाध्य करती है, जिसके लिए सावधान रहने की ज़रूरत होती है। दरअसल, बहुत ज़्यादा सफल होने के लिए, आपको महसूस करना होगा कि दुनिया में कोई चीज़ छोटी नहीं होती। प्रत्येक वस्तु मायने रखती है, विशेषतया तब, जब आपके पास ऐसा ब्रांड हो, जो भव्यता के लिए जाना जाता हो। जैसा कि कभी किसी ने कहा था और जैसा कि मैं पहले भी कह चुका हूँ , 'एक छोटा सा छेद, पूरे जहाज़ को डुबो सकता है।'

रॉबर्ट का कहना है कि यदि वह अपना सारा पैसा गवाँ भी देते हैं, तो वह उस पैसे को वापस पाना जानते हैं। यह उनकी ताकत का प्रतीक है। उनके पास वह ताकत है, क्योंकि वह आर्थिक रूप से बहुत ही शिक्षित है और उनके पास इस ताकत को आकर्षित करने का बहुत अनुभव है।

मैं उनकी इस भावना को जानता हूँ, क्योंकि मैं 1990 के दशक में एक बड़ी वित्तीय उथल-पुथल से गुज़र चुका हूँ और उससे निकल पाने में सफल रहा था। मैं पहले से अधिक सफल होकर वापस आया था, क्योंकि मोटे तौर पर मैंने इस प्रक्रिया से बहुत कुछ सीखा था। मैं दोबारा उस दौर से नहीं गुज़रना चाहूँगा, किन्तु मैंने महसूस किया कि इसके पीछे भी एक उद्देश्य था।

मेरे मुख्य वित्त अधिकारी ऐलन वीज़ेलबर्ग, जो पिछले 30 वर्षों से मेरे साथ हैं, मुझे सलाह देते हैं कि 'अपने व्यवसाय को दैनिक तौर पर यह मान कर चलाएँ कि बुरा समय हर वक्त यहाँ मौजूद है।' यह एक बहुत शानदार चेतावनी है।

जब बड़ी चीज़ महत्त्वपूर्ण होती है

जब आप बड़ा सोचते हैं, तो आप नैसर्गिक रूप से अधिक जानकारी प्राप्त करने का प्रयास करते हैं क्योंकि जानकारियाँ किसी चीज़ को बड़ा बनाने के लिए प्रमुख होती हैं। वे उच्च गुणवत्ता और मज़बूत संरचना के लिए एक सीढ़ी हैं।

मैं सदैव निर्माण के संदर्भ में सोचता हूँ और जब आप अपना व्यवसाय आरम्भ करते हैं, तो अन्तिम रूपरेखा एक ऐसी चीज़ है, जिसके बारे में विचार करने की आवश्यकता होती है। क्या यह एक छोटी रूपरेखा है? क्या उसे विस्तार दिया जा सकता है? क्या बड़ी रूपरेखा बनाने से समय की बचत नहीं होगी? कई वर्ष पूर्व, मैंने यह कहा था, 'यदि आप सोचने ही जा रहे हैं तो कुछ बड़ा सोचिये।' मेरा लक्ष्य था गगनचुम्बी इमारतों का निर्माण करना और इस मामले में आपको बड़ा ही सोचने की ज़रूरत थी। मेरे लिए, बड़ा सोचना एक व्यवहारिक निर्णय था।

रॉबर्ट कहते हैं कि "छोटी लेकिन महत्त्वपूर्ण चीज़ें" और "छोटी सोच" में बहुत

बड़ा अन्तर होता है। वह ठीक कहते हैं। जब मैं ट्रम्प टावर का निर्माण करवा रहा था, तो मेरे पिता यह समझ नहीं पा रहे थे कि जब ईंटें मौजूद थीं, तो मैं शीशों का प्रयोग क्यों करना चाहता था। उनके लिए ईंटें ही उपयुक्त थीं और कम ख़र्चीली भी। लेकिन मेरा विचार एक चमकीला और आकर्षक टावर बनाने का था और इसके लिए शीशा एक ऐसी चीज़ था, जो इमारत को असाधारण और खूबसूरत बना सकता था। मैं जानता हूँ कि जब ट्रम्प टावर के मुहूर्त पर लोगों की प्रतिक्रियाएँ आईं तो मेरे पिता बहुत प्रभावित थे और गर्व महसूस कर रहे थे, लेकिन कोई भी व्यक्ति उन्हें यह नहीं समझा सकता था कि ईंटों की अपेक्षा शीशे बेहतर क्यों हैं ? मैं केवल अपने दृष्टिकोण पर अटल था। मेरे दिमाग़ में एक बड़ी तस्वीर थी और मैं उसे किसी भी कीमत पर बदलने नहीं वाला था। मेरा सपना उसे मैनहटन की सबसे शानदार इमारत बनाने का था।

जैसे डॉमिनोज़ जानते थे कि लोग तुरन्त पिट्ज़ा पाना चाहते थे, वैसे ही मैं भी जानता था कि वहाँ ऐसे भी लोग थे, जो शानदार वातावरण चाहते थे और व्यक्तिगत, असाधारण सेवा भी। मुझे पूरा यकीन था कि छोटी चीज़ों और जानकारियों पर ध्यान देकर, हम इस आवश्यकता को पूरा कर सकते थे।

प्रत्येक बड़े परिप्रेक्ष्य में छोटी-छोटी जानकारियाँ छिपी होती हैं। हर बड़ी संगीत-रचना में उपकरणों की एक अद्धुत संख्या होती है और अत्यंत सूक्ष्म ब्यौरे होते हैं, जो अविश्वसनीय ध्वनि पैदा करते हैं। मैं अक्सर जब कुछ बड़ा सोचता हूँ, तो आप निश्चिंत रहें कि मुझे उन अनगिनत छोटी बातों के बारे में पता होता है, जिन पर हमे ध्यान देना होता है। एक इमारत को नींव से लेकर अन्त पर निर्मित होते देखने से उन चीज़ों का अच्छा अन्दाज़ा हो जाता है, जिन्हें हम अक्सर महत्त्वपूर्ण नहीं मानते। वे विवरण, जो एक इमारत को मज़बूत नींव और एक चरित्र प्रदान करते हैं। इस दौरान एक समय ऐसा भी आता है, जब मैं अपनी इमारत की सीढ़ियों से होता हुआ सबसे ऊपरी मंज़िल तक जाता हूँ (जो बहुत ऊँची भी हो सकती है) ताकि मैं इमारत की संवेदना को महसूस कर सकूँ। निश्चित रूप से, ऐसा करते हुए मैं सीढ़ियाँ और अन्य कई चीज़ों का निरीक्षण भी कर लेता हूँ क्योंकि प्रत्येक वस्तु मायने रखती है, चाहे वह दिखायी दे या न दे। यह मुझे और मेरे सुरक्षा कर्मियों को भी चुस्त-दुरुस्त बनाए रखता है।

द ट्रम्प होटल कलेक्शन को काफ़ी सफलता प्राप्त हुई थी। हमने न्यू यॉर्क में ट्रम्प इंटरनैशनल होटल ऐंन्ड टावर के लिए मोबाइल फ़ाइव-स्टार पुरस्कार के साथ-साथ, ट्रम्प इंटरनैशनल होटल ऐंन्ड टावर शिकागो के लिए 'ट्रैवल + लीज़र ' पत्रिका का "अमेरिका और कैनेडा का सर्वश्रेष्ठ होटल" का पुरस्कार भी प्राप्त किया। सोहो, न्यू यॉर्क में हमारे होटल ट्रम्प सोहो को 'ट्रैवल + लीज़र' पत्रिका की सर्वश्रेष्ठ नये होटलों की सूची में स्थान दिया गया। यह न्यू यॉर्क का एकमात्र होटल था, जिसे इस सूची में स्थान मिला था।

आख़िर वे कौन सी विशेषताएँ हैं, जो हमारे होटलों को इन सम्मानों के योग्य बनाती हैं? यह भव्यता के प्रति हमारी प्रतिबद्धता है, जिन्हें हम उन छोटी-छोटी चीज़ों के माध्यम

से पूरा करते हैं, जो हमारे मेहमानों के लिए बहुत महत्त्व रखती हैं। इस प्रतिबद्धता का अर्थ है सभी स्तरों पर हमारी चुस्त-चौकस और अत्याधुनिक सेवाएँ तथा सुख-सुविधा की वस्तुएँ। हमारे लिए कोई भी जानकारी कम महत्त्व की नहीं है, इसलिए, हमें बड़े पुरस्कार भी मिलते हैं। हाँ, हमारे होटल बड़े हैं, किन्तु उनमें हमारे मेहमान अपनी आवश्यकता के अनुसार सेवाओं को पाने की जितनी कल्पना कर सकते हैं, वे उन्हें हमारे यहाँ उपलब्ध होती हैं। हमें मालूम है कि हमारे मेहमान हमसे एक विशेष स्तर की सेवाओं की अपेक्षा करते हैं, हम उन्हें वे सुविधाएँ और सेवाएँ उपलब्ध कराते हैं। कई बार तो ऐसा भी होता है कि जब वे दोबारा हमारे होटल में आते हैं, तो वे यह देख कर हैरान होते हैं कि हमने उनकी आवश्यक सूचनाओं और सुविधाओं को तैयार रखा होता है, जैसे क्या वे अपने प्रवास के दौरान बच्चे की आया की सेवाएँ या अन्य व्यक्तिगत सेवाएँ लेना चाहेंगे। हमारी सेवाएँ उच्च स्तर की होती हैं। तथाकथित छोटी चीज़ों में से कोई भी चीज़ हमारे लिए छोटी नहीं है।

लोग यह सुन कर हैरान होते हैं कि अपने चेक मैं स्वयं साइन करता हूँ। हर सप्ताह ढेरों चैक होते हैं, अम्बार लगा होता है उनका। यह उन छोटी चीज़ों में से एक है, जो बहुत महत्त्वपूर्ण है। मैं हमेशा यह जानना पसंद करता हूँ कि मेरा पैसा कहाँ जा रहा है।

मेरा एक काम ऐसा था, जो कुछ कारणों से बहुत महँगा प्रतीत होता था। मैं उस पर आने वाली लागत से खुश नहीं था। उस समय, मैं उस चीज़ के लिए चेक साइन नहीं कर रहा था। जो लोग उस काम को देख रहे थे, मैं उनसे एक दिन बहुत नाराज़ हो उठा और उन्हें कहा, "अब से, हर चेक को मैं साइन करूँगा।" और उसी क्षण से, अपने आप मेरी लागत 15 प्रतिशत कम हो गई, बिना कुछ किए। अब, सारे चैक मैं ही साइन करता हूँ।

पुस्तकें और गगनचुम्बी इमारतें

मेरी परियोजनाओं की सम्भावनाओं को देखते हुए लोग अक्सर मुझसे पूछते हैं कि मैं पुस्तकें लिखने में अपना समय क्यों व्यर्थ करता हूँ। मैं पुस्तकें लिखने को कोई छोटा काम नहीं मानता क्योंकि मैं शिक्षा को सबसे बहुमूल्य वस्तु समझता हूँ, जैसा कि रॉबर्ट भी समझते हैं। पुस्तकें लिखने का अर्थ है अपने अनुभवों को दूसरों के साथ साझा करना। इस दुनिया में ऐसे भी बहुत सारे लोग हैं जो अपने ज्ञान को साझा नहीं करना चाहते। यहाँ आत्म-विश्वास के एक स्तर की ज़रूरत होती है। लेकिन रॉबर्ट और मेरे, दोनों के पास ऐसी सफलता है, जिसके बारे में हमारे श्रोता-पाठक जानने को उत्सुक रहते हैं कि हमारे सोचने और हमारे काम करने का तरीका क्या है। अपनी सफलता के सम्बन्ध में अपने सुझावों को दूसरों से साझा करने में मुझे कभी आपत्ति नहीं होती, क्योंकि मुझे पता है कि मैं काम करता रहूँगा और सफलता मुझे मिलती रहेगी। पुस्तकें लोगों को शिक्षा देने का एक माध्यम होती हैं। भले ही वे गोल्फ़ कोर्स और गगनचुम्बी इमारतों की अपेक्षा बहुत

छोटी दिखाई दें, किन्तु वे बहुत शक्तिशाली उपकरण सिद्ध हो सकती हैं।

इसका एक अच्छा उदाहरण, मेरी पहली पुस्तक *'द आर्ट ऑफ़ द डील'* हो सकती है, जो 1987 में प्रकाशित हुई थी और उसने मार्क बर्नेट और रॉबर्ट व उसकी पत्नी किम को बहुत प्रभावित किया था। उन दिनों, मार्क कैलिफोर्निया में, वेनिस समुद्र तट पर टी-शर्ट बेचा करते थे, जब उन्होंने यह पुस्तक पढ़ी। रॉबर्ट और किम ने जिन दिनों यह पुस्तक पढ़ी, तब वे अपनी परिस्थितियों के साथ जूझ रहे थे क्योंकि तब उन्होंने अपना नया व्यवसाय शुरू ही किया था। इन सभी ने मुझे बताया कि उन पर इस पुस्तक का बहुत सार्थक प्रभाव पड़ा था और इसने सफलता की ओर जाने में उनका मार्गदर्शन किया था। ये केवल तीन उदाहरण हैं, जो एक पुस्तक के लोगों पर सार्थक प्रभाव को दर्शाते हैं।

2008 में, कैनेडा में रहने वाले एक व्यक्ति ने, ब्रिटिश कोलम्बिया के कैमलूप्स से स्थानीय समाचार पत्र की एक प्रति मुझे भेजी। उसमें एक तस्वीर में एक बेघर व्यक्ति को, अपने सामान के साथ बैठे दिखाया गया था और वह 'द आर्ट ऑफ़ दी डील' पढ़ रहा था। उस तस्वीर ने मुझे तुरंत उसकी सहायता करने पर मजबूर कर दिया। उस बेघर व्यक्ति को लोगों ने बताया था, कि मैं उसकी कहानी अवश्य पढ़ूँगा और इस पर उसने मज़ाक करते हुए कहा था, "देखना, मेरी डाक में कोई चेक तो नहीं पड़ा?" न तो वह जानता था और न ही उसे विश्वास था कि मैं उसे कोई चैक भेजूँगा, जो कि मैंने भेजा। जब उसे चैक दिया गया तो उसने हैरानी भरे स्वर में कहा था, "अपने जीवन में मैं पहली बार अवाक रह गया हूँ। मेरे पास बोलने के लिए शब्द नहीं हैं। आमतौर पर, मैं बहुत बातूनी हूं, लेकिन यह? मैं बिल्कुल निःशब्द हूँ।"

उस बेघर व्यक्ति को मेरा संदेश था, "उसे मेरा नमस्कार और उसे खूब मेहनत करने को कहें। हालाँकि मैं जानता हूँ कि यह आसान नहीं है।" उसको चैक भेजना, मेरी ओर से एक छोटी सी कोशिश थी, लेकिन छोटी चीजें बहुत महत्त्वपूर्ण सिद्ध हो सकती हैं। छोटी चीजें भी मायने रखती हैं।

दूसरे उदाहरण में, एक रविवार की रात मैं टेलिविज़न शो *'60 मिनट्स'* देख रहा था, जिसके एक खण्ड में मेटैग कॉर्पोरेशन द्वारा अपने एक संयंत्र को आयोवा राज्य के न्यूटन क्षेत्र से मैक्सिको स्थानांतरित किया जाना था, जिसका इस मेहनती शहर पर बहुत विनाशकारी प्रभाव पड़ा था। इसमें तीन लोगों का साक्षात्कार दिखाया गया था और तीनों ही व्यक्तियों ने किसी न किसी दृष्टि से, मुझे प्रभावित किया था। इन में से एक युद्ध में अनुभवी व्यक्ति था, दूसरा व्यक्ति, डॉमिनोज़ पिट्ज़ा दुकान का स्वामी था और तीसरा व्यक्ति एक विज्ञापन कम्पनी का मालिक था। मैं उनकी कार्यनीतियों और उनके संकल्प से बहुत प्रभावित हुआ था, जिन्होंने मेटैग के उस राज्य से चले जाने पर और उनका दिल टूटे जाने पर भी आर्थिक संकट नहीं आने दिया था। एक बार फिर, एक छोटी सी कोशिश के रूप में, मैंने उनमें से दो व्यक्तियों के नाम चैक भेज दिए थे, एक को उसकी बेटी की कॉलेज की पढ़ाई के लिए और दूसरे को, पिट्ज़ा की दुकान में हुए नुकसान के

लिए। तीसरे व्यक्ति के लिए, मैंने इसे अपने एक ट्रम्प ब्रांड के एक व्यवसाय के साथ जोड़ लिया था, ताकि वह हमें उच्च गुणवत्ता वाले माल की आपूर्ति करता रहे। मेरी ओर से यह एक छोटी सी कोशिश थी लेकिन उनके जीवन के उस कठिन समय में, इसका बहुत सार्थक प्रभाव पड़ा था।

मेरा कार्यालय और मैं

लोग तब बहुत हैरान होते हैं, जब वे मेरे कार्यालय आने पर मुझे फ़ोन पर सिंक, कुर्सियों, लैम्पों, शीशों, झूमर और अन्य कई चीजों की कीमतों के लिए मोल-भाव करते देखते हैं। मुझे सभी कीमतों, विक्रेताओं और उनके साथ होने वाले लेन-देन की अंदर-बाहर की सारी बातों का ज्ञान है। इस समय, मेरे कार्यालय में और मेरे आस-पास लगभग 20 शीशे पड़े हैं, जिनमें से मुझे तय करना है कि मेरे एक गोल्फ़ कोर्स के लिए सबसे अच्छा कौन-सा रहेगा। अन्य दिनों में, आप यहाँ कुर्सियाँ या सिंक की कई किस्में देख सकते हैं। मैं इन चीज़ों की कीमतों, उनके आकार व रूप-रंग और उनके स्पर्श के बारे में बहुत चौकस रहता हूँ।

मेरे कंट्रोलर, जेफ़री मेकॉनी ने द ट्रम्प संगठन के साथ रह कर, अपने करियर में एक बहुत बड़ा सबक सीखा है। वह छः या आठ महीनों के लिए मेरे साथ था। वह हर सप्ताह मेरे पास आता था और आकर नकद लेन-देन के सम्बन्ध में पूरी जानकारी मुझे देता था। एक दिन उसने आकर मुझे बताया कि उस सप्ताह, पिछले सप्ताह की अपेक्षा, नकद लेन-देन में बहुत अधिक गिरावट आयी थी। ठीक उसी समय, फ़ोन की घंटी बजी और मैंने फ़ोन उठा लिया। बातचीत के दौरान ही मैंने ज़ेफरी की ओर देखा और कहा, "तुम नौकरी से निकाले जा चुके हो।" कुछ मिनटों के बाद ही, मैंने वापस उसे काम पर रख लिया था। लेकिन मैं अपना दृष्टिकोण उसके सामने स्पष्ट कर चुका था। यह उसके लिए एक चेतावनी थी। काम में मेरा पैसा लगा हुआ था और उसका काम मेरे पैसे की रक्षा करना था। अब मेरे साथ काम करते हुए, उसे 25 वर्ष से भी ज़्यादा हो चुके हैं।

'द अप्रेन्टिस' के बारे में

लोग यह सोचते होंगे कि मैं बस हर सप्ताह बोर्डरूम में या *'द अप्रेन्टिस'* और *'द सेलेब्रिटी अप्रेन्टिस'* में दिखाए गए स्थानों पर आता था। इसकी हर कड़ी में बहुत सारे विवरण और जानकारियाँ हैं और मैं निश्चित रूप से इस प्रक्रिया का एक भाग हूँ - भूमिकाओं के लिए चरित्रों का चयन, स्थानों का चुनाव, लोगों के कामों को विभाजित करना इत्यादि। प्रत्येक अवधि की तैयारी बहुत जटिल होती है और जिसमें निर्माताओं और मेरे बीच बहुत समन्वय रखना पड़ता है। मैं हर चीज़ की देखरेख करता हूँ - शुरुआत से लेकर मार्केटिंग तक, भूमिका निभाने वाले कलाकारों की सूची से लेकर योग्यता-परीक्षण तक।

निर्माण-पूर्व और कलाकारों के चुनाव के कई महीने इसमें शामिल होते हैं। शूटिंग आरम्भ होने से दो महीने पहले ही निर्माण की तैयारियाँ चालू हो जाती हैं। निर्माण के बाद का काम शो की अन्तिम कड़ी के प्रसारित होने तक चलता रहता है।

यहाँ कुछ नाटकों पर विचार किया जाना है, जो आमतौर पर बोर्डरूम पर केंद्रित हैं। एक दिन अचानक, सुबह छः बजे एक आपात स्थिति पैदा हो गयी थी, जब कलाकारों के दल का एक सदस्य धोखाधड़ी के आरोप में पकड़ा गया था। कई बार बोर्डरूम में पाँच घंटे लग जाते हैं, लेकिन शो की कड़ी के लिए इसे सम्पादित किया जाता है। एक बार मैं बोर्डरूम में काली टाई पहन कर आ गया था, क्योंकि मुझे बाद में, तुरन्त ही एक औपचारिक अवसर में शामिल होना था। पिछले कुछ वर्षों में, मैंने एक साथ कई काम करना सीख लिया है। मैं शो की शूटिंग के बीच में ही कई बार व्यावसायिक बैठकें भी निबटा लेता हूँ। चूँकि, हम बहुत सारी शूटिंग ट्रम्प टावर में करते थे, मैं आसानी से अपने कार्यालय आ-जा सकता था। कई बार तो कर्मीदल मेरे कार्यालय के अंदर ही शूटिंग करते थे। अब हम फ़िल्म-दल के आदी हो चुके हैं, इसलिए, कार्यालय में भी अब यह सामान्य व्यवसाय की तरह ही प्रतीत होता है।

यहाँ कुछ ऐसी ही छोटी-छोटी चीज़ें होती हैं, जिनके लिए समय ख़र्च करना पड़ता है और उन पर विचार करना होता है, जिनके बारे में अधिकांश दर्शकों को, यदि वे इस उद्योग में नहीं हैं, पता नहीं होता। न्यू यॉर्क की पृष्ठभूमि में, हमारे पास शानदार शूटिंग स्थल है, लेकिन इसके अलावा भी कई तत्वों के बारे में विचार करना पड़ता है, जैसे परमिट, मौसम, यातायात, परिवहन-व्यवस्था, इत्यादि। मैं केवल शो में ही नहीं होता बल्कि पूरे शूटिंग सीज़न में कई चीज़ों पर काम करता हूँ और मार्क बर्नेट के साथ मिल कर कार्य करता हूँ। जब सीज़न शुरू होता है, तो टेलिविज़न पर उपस्थिति और साक्षात्कारों के साथ प्रचार-व्यवस्था पर भी विचार करना होता है। यह लगातार चलने वाली प्रक्रिया है, और एक बार फिर कहूँ तो, विचार करने हेतु कोई भी जानकारी बहुत छोटी नहीं होती।

छोटी चीज़ों के सम्बन्ध में मैंने तब एक सबक सीखा था, जब मैं लगभग दस हज़ार लोगों के सामने एक भाषण देने जा रहा था। यह व्याख्यान देने के मेरे करियर का शुरुआती दौर था। मुझे याद है, तब मैंने अपने ड्राइवर से अचानक ही पूछ लिया था कि मैं किस विषय पर व्याख्यान देने जा रहा था। वह मेरे प्रश्न से चौंक उठा था और उसने मुझसे पूछा था, "बॉस, क्या आप नहीं जानते? वहाँ हज़ारों लोग जमा हैं और आपकी प्रतीक्षा कर रहे हैं और आप यह भी नहीं जानते कि वहाँ बोलना क्या है?" मैंने उसे आश्वासन दिया कि मुझे अवश्य ही याद आ जाएगा। लेकिन वह मेरे उत्तर से बिल्कुल भी संतुष्ट दिखाई नहीं दे रहा था।

मैंने दर्शकों को, लोगों की एक विशाल भीड़ की अपेक्षा, वैयक्तिक रूप से देखने का फैसला किया था। मैंने यह भी सोच लिया था कि वे क्या सुनना पसंद करेंगे। उस समय, मैं बड़ा सोचने की बजाय, वास्तव में छोटा सोच रहा था। निश्चित रूप से, हर

चीज़ मेरे सामने स्पष्ट हो गयी थी और मेरा भाषण बहुत सफल रहा था। मैंने अपना ध्यान वहाँ केंद्रित किया, जहाँ से श्रोता सुनना चाह रहे थे, न कि वहाँ से जहाँ से मैं बोलना चाहता था। यह तालमेल बहुत स्पष्ट था। यह भविष्य की मुलाकातों के लिए एक अच्छा नुस्खा था और आप में से उन लोगों के लिए बहुत सहायक था, जो सार्वजनिक रूप से बोलने में घबराते हैं।

ध्वज फहराने की कोशिश

जब मैंने कैलिफ़ोर्निया में, प्रशान्त महासागर के सामने बने अपने गोल्फ़ कोर्स, ट्रम्प नैशनल गोल्फ़ क्लब लॉस एंजेल्स के कार्य से निबट गया, तो मैंने उस इमारत पर अमेरिका का ध्वज फ़हराने का फ़ैसला किया। मेरे विचार में यह हमारे ध्वज के लिए एक शानदार व्यवस्था थी। लेकिन लोग ऐसा नहीं सोचते थे। उनके विचार में यह बहुत ज़्यादा हो जाता। बहुत ज़्यादा किस के लिए? मेरी प्रतिक्रिया थी। "यह प्रशान्त महासागर के बिल्कुल सामने है।" अन्ततः हर किसी ने मेरा समर्थन किया और अब वह ध्वज पूरे गौरव के साथ उस स्थान पर लहरा रहा है। यह पारम्परिक अर्थ में बड़ा बनाम छोटा था और छोटा बनाम बड़ा।

हम यहाँ बड़ा बनाम छोटा की बात कर रहे हैं और मैं अक्सर कठिन परिस्थितियों को या तो राडार का लक्ष्य (छोटा) मानता हूँ या कोई आपदा (बड़ा)। एक ओर तो, हर जानकारी महत्त्वपूर्ण है, किन्तु यह देखने में ही समझदारी है कि आपदाओं में युद्ध, भूकम्प, सुनामी और आतंकवादी हमले शामिल होते हैं, ताकि हमारा दृष्टिकोण बरकरार रहे। कौन सी चीज़ क्या है, इसे पहचान पाने की योग्यता ही हमारी बुद्धि का एक अंग होती है।

यदि मैं अपनी कम्पनी के लाभ में बहुत बड़ी गिरावट देखता हूँ, तो यह किसी भी तरह से एक छोटी चीज़ नहीं है और इस गिरावट पर बातचीत करने के लिए हमें पीछे जाना पड़ेगा। लेकिन यह कोई सुनामी भी नहीं है। इससे निबटना बहुत आवश्यक है और इससे निबटा भी जा सकता है। अक्सर यह कहा जाता है कि प्राथमिकता तय करने में सक्षम होना भी एक कला है, जिसका विकास करना बहुत महत्त्वपूर्ण है।

बड़ी नाव का नियंत्रण

एक दिन, एक बोट पर कुछ देर के लिए मेरे जाने का कार्यक्रम था। मैनहटन के आसपास, शाम को चलने वाली वह बोट लोगों से खचाखच भरी हुई थी। मैं सूर्यास्त होने पर वहाँ पहुँचा, अपने परिचय में दो चार बातें कहीं और बोट पर मेहमानों से मिला। मैं बातचीत करने में व्यस्त था, जब मैं अचानक घूमा और मैंने महसूस किया कि हम घाट को छोड़ कर हडसन नदी की ओर बढ़ रहे थे। किसी ने भी मेरे वहाँ से प्रस्थान करने पर ध्यान नहीं दिया था और इससे मैं खुश नहीं था। मेरी मैनहटन के आसपास, तीन घंटे क्रूज़

पर बिताने की कोई मंशा नहीं थी, लेकिन चूँकि मैं उस समय कुछ नहीं कर सकता था, इसलिए मैंने आराम करने, बढ़िया भीड़ के साथ-साथ शहर के शानदार नज़ारों का लुत्फ़ उठाने का फ़ैसला किया। हडसन नदी से मैनहटन को रोशनी में जगमगाते देखना वाक़ई एक अद्भुत अनुभव था। समय से पहले मेरी बोट का चल देना, एक बहुत बड़ी चीज़ हो गयी थी, लेकिन यह अचानक मिला झटका ऐसा था, जिसका मैंने बुरा नहीं माना था।

विवरण के बारे में बात करना!

किसी व्यावसायिक उद्देश्य से किसी जगह को तलाश करने की योग्यता भी एक महत्त्वपूर्ण कौशल है, विशेषकर तब, जब आप एक डेवेलपर या एक उद्यमी हों। विवरण के बारे में बात करना! मुझे याद है, जब न्यू यॉर्क सिटी में उस प्रॉपर्टी को ख़रीदने का मेरे पास विकल्प था, जहाँ आज जैवित्स कन्वेन्शन सेंटर खड़ा है। जैवित्स सेंटर को विकसित करने में मैंने भी मदद की पेशकश की थी और मैं जानता था कि इस परियोजना को मैं 110 मिलियन डॉलर की लागत में पूरा कर सकता था, जबकि शहर को इसकी कीमत 750 मिलियन डॉलर से 1 बिलियन डॉलर के बीच पड़ी थी।

मैंने इस परियोजना को इस लागत पर हाथ में लेने का प्रस्ताव रखा था, जो स्वीकार नहीं हुआ, जो कि शहर को और इसमें आने वालों को, कई स्तर पर, बहुत बड़ा नुकसान था। सर्वप्रथम तो, इसकी लागत ऐसी थी कि जिस पर केवल हँसा ही जा सकता था, लेकिन इसका परिणाम तो और भी चौंकाने वाला था। मैनहटन की सबसे प्रमुख इमारतों में से एक, जैवित्स सेंटर, नदी के बिल्कुल सामने पड़ता है, जहाँ से नदी के खूबसूरत दृश्यों को साफ़ देखा जा सकता है। किन्तु उन्होंने इस इमारत का निर्माण इस तरह से किया कि उसका मुख सड़क की ओर था - नदी की ओर नहीं। जिसने भी ऐसा किया था, मुझे लगता है कि उसकी सोच बिल्कुल स्पष्ट नहीं थी या हो सकता है उसने कुछ सोचा ही न हो। क्या नदी उनके लिए एक छोटी चीज़ थी या उसका कोई महत्त्व नहीं था? इसकी अनदेखी कैसे की गयी थी? इसके परिणाम देख कर कोई भी विश्वास नहीं कर सकता था। किसी प्रॉपर्टी में उसकी गुंजाइश को देखना और यह उसके लिए कितनी लाभदायक सिद्ध हो सकती है, यह एक ऐसी जानकारी है, जिसकी अवहेलना नहीं की जा सकती। हो सकता है, इसमें बहुत सारे लोग शामिल हों, लेकिन इस बिन्दु की अनदेखी पर विश्वास कर पाना बहुत कठिन है।

ट्रम्प टावर की कहानी एक ऐसी कहानी है, जो बताती है कि एक इमारत का नामकरण कैसे एक छोटी चीज़ को बड़ी चीज़ में बदल देता है और बाद में वही इमारत न्यू यॉर्क में एक प्रतिष्ठित गगनचुम्बी इमारत बन जाती है। एक उद्यमी के रूप में, मैं अपने ब्रांड को स्थापित करने में लगा हुआ था और यह जानकारी मेरे भविष्य की सफलता के लिए बहुत निर्णायक सिद्ध हुई थी। वास्तव में, मेरा साक्षात्कार करने वाले एक व्यक्ति ने मुझसे कहा था कि मैं एक ब्रांड बन गया हूँ और इस बात ने वास्तव में ही मुझे परेशान

नहीं किया था। क्यों? क्योंकि मेरा ब्रांड सर्वश्रेष्ठ था। और सर्वश्रेष्ठ होना मुझे परेशान क्यों करेगा भला?

एक उद्यमी के रूप में, आपको अपने प्रति अवश्य ही सच्चा बनना चाहिए। आपको स्वयं पर और अपने उत्पाद पर पूर्ण विश्वास होना चाहिए। आप आत्म-विश्वास बनाए रखें, कड़ी मेहनत करें और अपना ध्यान उन छोटी चीज़ों पर केंद्रित रखें, जो आपके दिमाग़ में बड़ी तस्वीर बनाने के समय महत्त्वपूर्ण सिद्ध होंगी। यह एक ऐसी विधि है, जो रॉबर्ट और मेरे, दोनों के लिए सफल रही है। यह आपके लिए भी बहुत सफल होगी।

निष्कर्ष

आप स्वयं से यह महत्त्वपूर्ण प्रश्न पूछ सकते हैं: "आप कौन सा काम औरों से बेहतर कर सकते हैं?" यह एक महत्त्वपूर्ण प्रश्न है, क्योंकि आपका उत्तर आपके व्यवसाय के लिए आपकी अपनी "छोटी लेकिन महत्त्वपूर्ण" बातों का मूल है। आपको अपना ध्यान दूसरी ओर करने के लिए, जो कि आपके लिए स्वयं ऐसा करना आसान नहीं है, पहले हम किसी बड़ी कम्पनी का उदाहरण देखते हैं और फिर उसे स्पष्ट करने के लिए कुछ और उदाहरणों को जोड़ देंगे। हालाँकि, यहाँ बहुत सी छोटी कम्पनियाँ हैं, जो उन छोटी चीज़ों का उदाहरण हैं, जो बड़ा लाभ बन गयी हैं, फिर भी बड़ी कम्पनियों ने इन अध्यायों को हम में से अधिकांश लोगों को समझाने के लिए, बहुत आसान बना दिया है।

हम यहाँ हर बड़ी कम्पनी की छोटी चीज़ों की समीक्षा कर रहे हैं।

वॉलमार्ट की छोटी चीज

जैसा कि आप शायद जानते ही होंगे, सैम वॉल्टन ने दूसरों की अपेक्षा एक चीज़ बेहतर करके अपने साम्राज्य को खड़ा किया था - कम कीमतें। उसने न केवल कीमतें कम कीं, बल्कि अरकांसास में एक डिस्काउन्ट स्टोर की शुरुआत करके अपने वैश्विक साम्राज्य का निर्माण कर लिया। उसकी यह योजना इतनी आसान थी कि जिसे हर कोई समझ गया था। लगभग 20 वर्षों तक, वॉलमार्ट का आदर्श-वाक्य था: 'हमेशा कम कीमतें ...हमेशा'। सितम्बर 12, 2007 को उन्होंने पुराना वाक्य बदल कर, नया आदर्श-वाक्य प्रस्तुत किया : 'पैसा बचाओ, बेहतर जीवन पाओ।' वाक्य दोनों अलग-अलग, लेकिन छोटी चीज़ वही रही।

डॉमिनोज़ पिज्ज़ा की छोटी चीज़

रॉबर्ट छोटी चीज़ के बारे में बात करते हैं, जिसने पिज़्ज़ा व्यवसाय को अस्त-व्यस्त करके रख दिया था। 1960 में, पिट्ज़ा से भरी एक दुनिया में, टॉम मॉनाहैन ने इप्सिलांटी, मिशिगन में, पिज़्ज़ा की एक छोटी सी दुकान, डॉमिनिक्स पिट्ज़ा को ख़रीद लिया। इसके लिए, उन्होंने 75 डॉलर नकद, और 500 डॉलर महीना की राशि का भुगतान किया। एक बार जब टॉम ने पिट्ज़ा व्यवसाय को समझ लिया,

तो उन्होंने एक वादे के इर्द-गिर्द अपने व्यवसाय की स्थापना कीः 'तीस मिनट या कम समय में पिट्ज़ा, वरना मुफ़्त।' कभी उनका विज्ञापन गीत हुआ करता था, 'केवल एक लोकप्रिय नम्बर- आपके लिए'। डॉमिनोज़ पिट्ज़ा काम करके दिखाता है।' कई दशकों के लिए पिट्ज़ा का रूपांतरण हो गया था।

मेरी के कॉस्मेटिक की छोटी चीज़

मेरी के ऐश ने मेरी के कॉस्मेटिक्स की स्थापना की क्योंकि वह महिलाओं का सशक्तिकरण करना चाहती थीं। वह कहती थीं, "मेरे जीवन का उद्देश्य महिलाओं को यह बताना है कि वे वास्तव में बहुत महान हैं।" हालाँकि, वह एकल माँ थीं, फिर भी मेरी के ने सफलतापूर्वक अपनी कॉलेज की पढ़ाई पूरी की। वह अमेरिका के कॉरपोरेट जगत में भी सफल रहीं, लेकिन व्यापार जगत में जिस प्रकार औरतों को पीछे रखा जाता था, उससे वह बहुत निराश थीं।

1960 में, 5,000 डॉलर की अपनी निजी बचत के साथ, उन्होंने अपने बेटे के साथ मिल कर मेरी के कॉस्मेटिक्स की शुरुआत की। 2001 में उनकी मृत्यु के समय, उनके पास दुनिया भर में 4,75,000 सलाहकार थे और उनकी कम्पनी की कुल बिक्री 2 बिलियन डॉलर से ज़्यादा थी। अपनी कम्पनी में सबसे अच्छा प्रदर्शन करने वाले को एक गुलाबी कैडिलैक कार भेंट करने के लिए प्रसिद्ध, वह कारों की सबसे बड़ी कॉरपोरेट क्रेता बन गयीं, जिन्होंने अकेले 1997 में ही अपने कर्मचारियों को 8000 गुलाबी कैडिलैक भेंट की थीं। कई वृत्तचित्रों और पत्रिकाओं में उनका वर्णन होता है, उन्हें अनगिनत सम्मान प्राप्त हुए हैं, जिनमें 'फॉर्चून' पत्रिका द्वारा दिया जाने वाला सम्मान, 'नैशनल बिज़नेस हॉल ऑफ़ फ़ेम' भी शामिल है। वह प्रतिष्ठित, होराशियो एल्गर पुरस्कार भी प्राप्त कर चुकी हैं। अत्यंत धार्मिक विचारों वाली, मेरी कहती थीं, "ईश्वर के पास एक 'कोई नहीं' बनाने का समय नहीं है, बल्कि वह 'कोई एक' बनाता है। मेरा मानना है कि हम में से प्रत्येक व्यक्ति के भीतर ईश्वर प्रदत्त प्रतिभा छिपी हुई है, जो बाहर आकर सम्पन्न होने की प्रतीक्षा करती रहती है।" उनकी छोटी चीज़ थी, महिलाओं को सशक्त बनाने की उनकी योग्यता।

फ़ेसबुक की छोटी चीज़

मार्क जुकेरबर्ग ने फेसबुक की शुरुआत 2004 में हॉवर्ड विश्वविद्यालय के छात्रावास में अपने कमरे से की थी। वर्तमान में इस कम्पनी की कीमत कई बिलियन डॉलर की है। जब मार्क हाई स्कूल में ही थे, तो उन्होंने 'जुकनेट' नाम का एक प्रोग्राम बनाया था, जो उनके पिता के डेंटल क्लीनिक को घर से जोड़ देता था। उनका शौक है, 'खुलापन : ऐसी चीज़ें बनाना, जो लोगों को आपस में जोड़ें और उनके महत्त्वपूर्ण विषयों को दूसरों से साझा करें।" हालाँकि, मार्क और फेसबुक के उद्गम से कई विवाद भी जुड़े हुए हैं, लेकिन इसमें कोई संदेह नहीं कि वह और उनका व्यवसाय लोगों को आपस में जोड़ते हैं और उनके लिए जो विषय या जो बात

महत्त्वपूर्ण होती है, वे आपस से साझा करते हैं। उनकी छोटी बात यह है कि वह किसी भी अन्य व्यक्ति से बेहतर तरीके से, लोगों को आपस में जोड़ते हैं।

ज़रा, इन व्यवसायों पर एक निगाह डाल कर देखें। प्रत्येक मामले में, उन्होंने स्वरोज़गार उद्यमी के रूप में, बहुत छोटे स्तर पर शुरुआत की। वहाँ से, उन्होंने कड़ी मेहनत करके, ऐसी छोटी चीज़ों के इर्द-गिर्द अपने व्यवसाय का निर्माण किया, जो बहुत मायने रखती थीं। उसके बाद, उन्होंने व्यापारी या उद्यमी चतुर्भाग में अपने व्यावसायिक साम्राज्य को खड़ा किया। एक बार उनके व्यापारी चतुर्भाग में स्थानांतरित होने के बाद, निवेशक चतुर्भाग के पेशेवर निवेशक उन्हें पैसा देने के अवसर के लिए उत्सुक हो उठे।

लालच बनाम उदारता

मेरी के ऐश ने कहा था, "ईश्वर के पास एक 'कोई नहीं' बनाने का समय नहीं है, बल्कि वह 'कोई एक' बनाता है। मेरा मानना है कि हम में से प्रत्येक व्यक्ति के भीतर ईश्वर प्रदत्त प्रतिभा छिपी हुई है, जो बाहर आकर सफल होने की प्रतीक्षा करती रहती है।" सारांश में, वह हम सब के बारे में बात करती हैं, यह प्रत्येक उद्यमी पर निर्भर है कि वह अपने भीतर देखे और स्वयं से पूछे, 'मेरा उपहार क्या है? मैं दुनिया को क्या दे सकता हूँ? जादुई शक्ति, पैसे के लिए या धनी बनने के लिए, एक व्यवसाय शुरू करने से बढ़ कर किसी अन्य चीज़ के बारे में बताती है।

लोगों में प्रचलित विश्वास के विपरीत, जो लोग बहुत धनी होते हैं, वे लालची नहीं होते। बहुत धनी बनने के लिए, उद्यमियों को बहुत उदार बनना चाहिए, उन्हें दूसरों को उपहार अथवा सहायता देनी चाहिए और ईश्वर की प्रदान की हुई प्रतिभा को दूसरों के साथ साझा करना चाहिए। जादुई शक्ति प्राप्त उद्यमी केवल अपने ग्राहकों को देते ही नहीं, बल्कि वे उन लोगों के जीवन में धन एवं समृद्धि भी लेकर आते हैं, जो उनके व्यवसाय के लिए काम करते हैं। ये उद्यमी लोगों के लिए रोज़गार और समृद्धि पैदा करते हैं, जो एक स्थिर अर्थव्यवस्था और एक स्थिर दुनिया के लिए आवश्यक है।

धार्मिक आस्थाएँ यह सिद्धान्त सिखाती हैं : 'दूसरों को दो, तो आपको मिलेगा।' कई लोग इसीलिए धनी नहीं हो पाते, क्योंकि वे देने की अपेक्षा लेने में ज़्यादा विश्वास रखते हैं। कुछ लोगों को यह पूछने का प्रशिक्षण मिलता है, 'आप मुझ कितना दे सकते हैं? मेरे लाभ क्या हैं? यदि मैंने ज़्यादा देर तक काम किया, तो मुझे क्या मिलेगा? नौकरी के अलावा मुझे छुट्टियाँ कितनी मिलेंगी? आप मेरी सेवा निवृत्ति योजना में कितने पैसे का योगदान देते हैं? बीमारी की छुट्टियाँ कितनी होंगी? साप्ताहिक अवकाश कितने होंगे - एक या दो?'

स्वरोज़गार उद्यमी चतुर्भाग में पेशेवर लोग कह सकते हैं, "मेरी फीस 150 डॉलर प्रति घंटा है, यात्रा भत्ता अलग होगा। मैं सप्ताहांत पर काम नहीं करता। मैं घर पर फ़ोन

नहीं करता। मैंने आपकी परियोजना पर जितने घंटे काम किया है, उसके लिए अतिरिक्त पैसे पाने का अधिकारी हूँ। मैं व्यस्त होने के कारण आपसे एक महीने के लिए नहीं मिल सकता।" ऐसा तब होता है, जब लोगों को पैसों के लिए काम करने का प्रशिक्षण दिया जाता है, न कि लाखों लोगों की सेवा करने के लिए। इन दो मानसिकताओं में बहुत बड़ा अन्तर है। एक व्यक्ति अपना ध्यान लेने पर केंद्रित करता है, तो दूसरा देने में।

अनिवार्य छोटी चीज़ें

व्यापारी एवं निवेशक चतुर्भाग में जाने के लिए विचार करने से पूर्व, आप स्वयं से निम्नलिखित प्रश्न पूछें :

- क्या आप एक उदार व्यक्ति हैं?
- क्या आपके पास दुनिया को देने के लिए कुछ है?
- क्या आपके पास व्यापारी और निवेशक चतुर्भाग में व्यापार का निर्माण करने के लिए पर्याप्त समर्पण और प्रेरक शक्ति है?
- क्या आप दूसरे लोगों के जीवन को समृद्ध बनाने की इच्छा रखते हैं?

यदि आपके उत्तर 'हाँ' में हैं, तो आपमें एक महान उद्यमी बनने के लिए मूल चरित्र मौजूद है। यदि आप में व्यापारी चतुर्भाग के व्यवसाय का निर्माण करने योग्य समर्पण और प्रेरक शक्ति हैं, तो आपको निम्नलिखित 'छोटी चीज़ें' अवश्य करनी चाहिए :

सुझाव # 1 : जीवन भर व्यवसाय के छात्र बने रहें

कई छोटे व्यवसाय इसलिए जूझते हैं या विफल हो जाते हैं, क्योंकि व्यवसायी की रूचि वास्तव में ही व्यवसाय करने में नहीं है। इसकी बजाय, उनका रूझान मुख्य रूप से अपनी विशेषज्ञता के क्षेत्र में होता है। आपको उस रेस्तराँ के मालिक की याद है, जिसका ध्यान अपने व्यवसाय की अपेक्षा अपने कौशल पर ज़्यादा केंद्रित रहता था? हम यहाँ इसी के सम्बन्ध में बात कर रहे हैं। डोनाल्ड की रूचि हमेशा अपनी परियोजनाओं में रहती है, लेकिन वह समग्र रूप से, अपने व्यापार में भी पूरी प्रबलता के साथ दिलचस्पी लेते हैं। ऐसा ही रॉबर्ट भी करते हैं।

स्वरोज़गार उद्यमी चतुर्भाग में कोई उद्यमी व्यवसायी नहीं अपितु तकनीशियन होते हैं। उदाहरण के लिए, डॉक्टर अत्यंत प्रशिक्षित तकनीशियन होते हैं। डॉक्टर निजी प्रैक्टिस में हो सकते हैं, किन्तु उनका ध्यान मुख्य रूप से अपनी प्रैक्टिस के व्यापार पर नहीं, बल्कि मरीज़ों को देखने पर रहता है। डॉक्टरों से अपेक्षा की जाती है कि वे नवीनतम जानकारी प्राप्त करने के लिए चिकित्सा सम्बन्धी पत्र-पत्रिकाएँ पढ़ेंगे, न कि व्यापारिक पत्रिकाएँ। कई डॉक्टर चिकित्सा सम्बन्धी नवीनतम कार्य प्रणालियों और तकनीकों की जानकारी प्राप्त करने के लिए चिकित्सा-सम्मेलनों में भाग लेते

रहते हैं, लेकिन कम ही डॉक्टर व्यापार सम्मेलनों या निवेश संगोष्ठियों में जाते हैं।

जीवन पर्यन्त सीखने का अर्थ है कि उद्यमियों को अन्य उद्यमियों के साथ समय अवश्य बिताना चाहिए और प्रगति करने के लिए एक-दूसरे के अनुभवों को आपस में अवश्य साझा करना चाहिए। अन्य उद्यमियों से मिलने और अपने अनुभव साझा करने की सबसे अच्छी जगह है उद्यमी संगठन। यह एक वैश्विक संगठन है, जिसकी शाखाएँ लगभग सभी प्रमुख शहरों में हैं। इसके सदस्यों को उद्यमियों के व्यापक शैक्षणिक कार्यक्रमों के माध्यम से नियमित आधार पर सीखने का अवसर मिलता है। सभी व्यावसायी एक मूल्यवान कार्यक्रम 'मंच' के माध्यम से, हर महीने छोटे समूहों में मिलते हैं और अपने अनुभव व समस्याएँ इत्यादि साझा करते हैं। वे एक साथ मिल कर अपनी समस्याओं को सुलझाते हैं और अपने व्यवसायों को गति प्रदान करते हैं तथा अपने जीवन को आगे बढ़ाते हैं। उद्यमियों के इस संगठन के नेटवर्क में मौजूद अनगिनत कम्पनियाँ स्वरोज़गार चतुर्भाग में अपने व्यापार आरम्भ करने और फिर व्यापारी वर्ग में स्थानांतरित होने में सफल रही हैं।

रिच डैड कम्पनी भी अपना एक महत्त्वाकांक्षी कार्यक्रम वैश्विक उद्यमी संगठन (जी. ई.ओ. - ग्लोबल एंटरप्रेन्यॉर्स ऑर्गेनाइज़ेशन) को विकसित कर रहे हैं। यह कार्यक्रम शिक्षा, अनुभव और ऐसे कौशलों पर निर्भर होगा, जिसकी आवश्यकता उद्यमियों को स्वरोज़गार उद्यमियों के चतुर्भाग में व्यवसाय आरम्भ करने और फिर व्यापारी व निवेशक चतुर्भाग में स्थानांतरित होने के लिए होती है। एक व्यवसायी होने का लाभ यह है कि जैसे-जैसे आप व्यवसाय का अध्ययन करते हैं, आपका व्यवसाय एक व्यावसायिक स्कूल बन जाता है। आपके पास आपकी कम्पनी एक प्रयोगशाला की तरह मौजूद है, इसलिए आप इसमें कूद जाएँ और ज्ञान प्राप्त करने के लिए आजीवन चलने वाली एक यात्रा बना लें।

सभी उद्यमियों को मैल्कम ग्लैडवेल की लिखी पुस्तक 'आउटलायर्सः द स्टोरी ऑफ ए सक्सैस' अवश्य पढ़नी चाहिए। 'आउटलायर्स' बताती है कि लोग बिल गेट्स और द बीटल्स को क्यों पसन्द करते हैं, जो सफलताओं से ऊपर हैं। यह पुस्तक बताती है कि 'रातों रात सफलता' वाले मामले थोड़े-से क्यों होते हैं। इसकी अपेक्षा ग्लैडवेल कहते हैं कि हम अदृश्य लाभों, असाधारण अवसरों व सांस्कृतिक विरासतों का परिणाम हैं। जो हमारे अस्तित्व और हमारी प्राप्त की गयी सफलता को एक स्वरूप देती हैं। यह हमारे जीवन में इन चीज़ों की तलाश को अर्थपूर्ण बनाती है और हम इनसे जो कुछ सीख सकते हैं, सीखते हैं। आप स्वयं को विविध अनुभवों के लिए खुला छोड़ दें, व्यवसाय के जीवन पर्यन्त शिक्षार्थी बने रहें और इस प्रकार आप, अधिकांश उद्यमियों से कहीं अधिक सफल होंगे।

सुझाव # 2: पता लगाएँ कि आप कौन हैं

सभी उद्यमी विशिष्ट होते हैं। एक व्यवसाय का निर्माण करना और इसे एक ब्रांड में परिवर्तित करना, यह जानने का एक तरीका है कि आप कौन हैं

इसी प्रकार, एक और पुस्तक अध्ययन करने योग्य है, *द हीरो ऐन्ड द आउटलॉ : बिल्डिंग एक्स्ट्राआर्डिनरी ब्रांड्स थ्रू द पावर ऑफ आर्किटाइप्स,* जो मारग्रेट मार्क तथा कैरल एस. पियर्सन द्वारा लिखी गयी है। यह पुस्तक उद्यमियों को अपने भीतर और अपने व्यवसाय के भीतर बेहतर ढंग से झांकने का एक अवसर देती है। पुस्तक पौराणिक कथाओं में और व्यवसाय में उपस्थित मूल आदर्शों का वर्णन करती है और यह बताती है कि उद्यमी और ब्रांड मूल आदर्शों का प्रतिनिधित्व करते हैं। यहाँ कुछ चरित्रों और उनके संबंधित आदर्श वाक्यों को प्रस्तुत किया जा रहा है। क्या आप पता लगा सकते हैं कि आप इनमें से किस प्रकार के हैं?

- **शासक की पहचान** राजा, रानी, किसी निकाय के मुख्य कार्यकारी अधिकारी (सी.ई.ओ.), राष्ट्रपति, सभासद, महापौर, अति कार्यकुशल माँ से की जाती है। शासकों के हाथ में सारा नियंत्रण होना चाहिए। इसका सम्बन्ध लोगों की देख रेख करने से नहीं है। शासकों का आदर्शरूप 'नियंत्रण की सनक' को दर्शाता है। उनके विचारानुसार, उन्हें ही नियम बनाने और उन्हें लागू करने का अधिकार है। आई.बी.एम. एक शासक ब्रांड है, ऐपल एक निर्वासित ब्रांड है। यदि आप शासकों की पहचान करेंगे, तो आप शायद अपने आप को ऐपल से जोड़ेंगे। यदि आप दिल से एक नियम तोड़ने वाले हैं, तो आप ऐपल को प्यार करेंगे।

  शासक का आदर्श वाक्य है: 'सत्ता सब कुछ नहीं है। लेकिन बस यही एक चीज़ है।'

- **कानून से निर्वासित** या अपराधी की पहचान प्रचलित सामाजिक संरचना के बाहर के व्यक्ति के रूप में होती है। कानून से निर्वासित कुछ लोग रूमानी व्यक्ति होते हैं, क्योंकि वे गहरे और सच्चे मूल्यों के प्रति वफ़ादार होते हैं, भले ही वे कानून के बाहर हों। ज़ोरो और रॉबिन हुड को अच्छे अपराधी माना जाता है। तियांआनमेन स्कवेयर के प्रदर्शनकारियों को अच्छे अपराधी माना जाता है, जो अपनी स्वतंत्रता से प्रेम करते हैं। चीनी सरकार की दृष्टि से, यही लोग बुरे अपराधी थे। कई तथाकथित अपराधी ऐसे विद्रोही हैं, जो व्यवस्था का विरोध करते हैं।

  बॉनी और क्लाइड, दोनों अमेरिका के रूमानी लोकनायक अपराधी हैं और दूसरी ओर, वे शातिर बैंक लुटेरे हैं। ठीक ऐसे ही बिली द किड तथा जेसी जेम्स भी थे। जॉन विल्केस बूथ ने सोचा होगा कि वह राष्ट्रपति लिंकन को

मार देने के बाद एक नायक बन जाएगा। लेकिन इसकी अपेक्षा, वह इतिहास के सबसे बड़े अपराधियों में से एक बन गया।

मार्क जुकेरबर्ग निश्चित रूप से एक अपराधी व्यक्ति हैं। वर्ष 2010 में, *'हैकर्स: हीरोज़ ऑफ द कम्प्यूटर रिवोल्यूशन'* के लेखक, स्टीवन लेवी ने लिखा कि 'जुकेरबर्ग स्पष्ट रूप से अपने आपको एक हैकर मानते हैं।' आज, फेसबुक 'हैकाथन" का आयोजन करता है। यह कम्प्यूटर प्रोग्रामिंग की प्रतियोगिता है, जिसमें प्रतियोगी एल्गोरिथम सम्बन्धी समस्याओं को सुलझाते हैं। यहाँ तक कि इस क्षेत्र में एक हैकर कप भी विजेताओं को दिया जाता है और उसमें नकद पुरस्कार प्रदान किया जाता है।

ऐसे लोग नियमों को तोड़ना पसंद करते हैं। यह कहना शायद सुरक्षित होगा कि प्रत्येक उद्यमी के भीतर एक छोटा-सा नियम तोड़ने वाला व्यक्ति अवश्य बैठा होता है।

इस सम्बन्ध में एक शानदार फिल्म *'द पाइरेट्स ऑफ सिलिकन वैली'* भी याद आती है। यह बिल गेट्स तथा स्टीव जॉब्स नामक दो उद्यमियों की कहानी है और बताती है कि वे किस तरह व्यापार जगत के दो दिग्गजों, आई.बी.एम. और ज़ेरॉक्स से सबसे बड़े नये व्यवसायों को 'चुराते' हैं। इस फ़िल्म को ढूंढेंगे तो आपको यू-ट्यूब पर आठ मिनट की वीडियो फ़िल्म दिखाई देगी, जो वाकई देखने योग्य है।

कानून से निर्वासितों का आदर्श वाक्य है: 'नियम तोड़ने के लिए ही बनते हैं।'

- **देखरेख** करने वाले उन लोगों के लिए आदर्श रूप हैं जो स्वास्थ्य, नर्सिंग होम, विस्तारित देखभाल, धर्मशालाओं, अस्पतालों, स्वास्थ्य क्लबों, शारीरिक स्वास्थ्य लाभ और दवा व्यवसाय के क्षेत्रों में हैं। रेड क्रॉस, मेयो क्लिनिक, यूनाइटेड हेल्थ केयर, तथा जॉनसन एन्ड जॉनसन जैसे संगठन व व्यवसाय इसी के अंतर्गत आते हैं। वे उद्यमी जिन्हें स्वास्थ्य एवं चिकित्सा के क्षेत्र में वरदान प्राप्त है, वे डॉक्टरी पेशा, घरेलू स्वास्थ्य सेवा कम्पनियाँ, बायोमेडिकल कम्पनियाँ तथा वरिष्ठ नागरिक सुविधाओं के क्षेत्र में काम करते हैं।

  देख रेख करने वालों का आदर्श वाक्य है: 'अपने पड़ोसी को, अपने समान ही प्रेम करो।'

- **नायक** की पहचान साहस से होती है और उसे 'योद्धा' का आदिरूप भी माना जाता है। सेना, पुलिस और अग्निशमन कर्मचारी इस श्रेणी के अंतर्गत आते हैं। जिस प्रकार सितम्बर 11, 2001 के बाद न्यू यॉर्क पुलिस और अग्निशमन कर्मचारी उस हादसे में नायक बन कर उभरे थे, उसी प्रकार नौसेना के सील सैनिकों को भी वही दर्जा दिया जाता है।

नायकों का आदर्श वाक्य है : "जहाँ चाह, वहाँ राह।"

- **निष्कपट** लोग पवित्रता तथा मोक्ष का प्रतिरूप होते हैं। चर्च और धर्मोपदेशक इसी श्रेणी में आते हैं, जैसे कि मुक्ति सेना (सैल्वेशन आर्मी)। साबुन के एक ब्रांड, आइवरी स्नो ने एक बार शुद्धता, मासूमियत और स्वच्छता को बढ़ावा देने के साथ, अपनी पहचान को इस आदर्श रूप के साथ जोड़ने का प्रयास किया था। शिशु ईसा मसीह का जन्म, होली ग्रेल नामक एक महान पवित्र पोत, गोल मेज़ के योद्धा, तथा सफेद खूँटों वाली बाड़ के साथ एक छोटा सा घर, इसी आदर्श रूप में आते हैं।

  निष्कपटों का आदर्श वाक्य है: 'तुम और मैं स्वतंत्र रहने के लिए पैदा हुए हैं।'

- **प्रेमी** को प्रेम और कामुकता के लिए जाना जाता है। हाल ही के वर्षों में, विक्टोरियाज़ सीक्रेट ब्रांड को इसी आदर्श रूप के अंतर्गत देखा जाता है। खाद्य पदार्थों में, गोडीवा चॉकलेट और हागेन डाज़ आइसक्रीम जैसे ब्रांड इस आदर्श रूप के बिल्कुल अनुकूल हैं। कई पॉप कलाकार, जैसे जेनिफर लोपेज़ तथा ब्योन्से उत्कृष्ट प्रेमी ब्रांड हैं।

  प्रेमी का आदर्श वाक्य है: 'मेरे पास सिर्फ़ तुम्हारे लिए ही आँखे हैं।'

- **खोजी** का सम्बोधन उन लोगों के लिए है, जो स्वतंत्रता के लिए जाने जाते हैं। पैटागोनिया क्लोदिंग कम्पनी और द नार्थ फ़ेस जैसे ब्रांड इसी श्रेणी में आते हैं। खतरनाक पहाड़ी क्षेत्रों पर साइकिल चलाने वाले, नाविक और यात्राओं के जुनूनी इस आदर्श रूप के साथ जोड़ कर देखे जाते हैं।

  खोजियों का आदर्श वाक्य है: 'मुझे चारदीवारी में बन्द मत रखो।'

- **विदूषक** को मजे और मस्ती के साथ जोड़ा जाता है। स्वाभाविक है कि हास्य अभिनेता इसी आदर्श रूप में आते हैं। बियर के विज्ञापनों में अक्सर, ग्राहकों को लुभाने के लिए विदूषक के आदर्श रूपों का उपयोग किया जाता है। इन टेलिविज़न विज्ञापनों में नासमझों का अभिनय करने के लिए युवा लड़कों का उपयोग किया जाता है। कई वर्ष पहले की नवोदित इंटरनेट कम्पनियाँ जैसे, गूगल व याहू, अक्सर इस आदर्श रूप का उपयोग करती थीं।

  विदूषकों का आदर्श वाक्य है: 'यदि मैं नाच नहीं सकता, तो मैं तुम्हारी क्रान्ति का हिस्सा नहीं बनना चाहता।'

- **साधारण पुरुष/महिला** एक आम आदमी का प्रतिनिधित्व करते हैं। राजनीतिज्ञ अक्सर अपने भाषणों में इस प्रकार के 'साधारण आदमी के स्पर्श'

का ज़िक्र करते हैं। सारा पॉलिन राजनीति में और राजनीति के बाहर, अपने करियर को आगे बढ़ाने के लिए साधारण पुरुष/महिला के आदर्श रूप का प्रयोग करती हैं। लोकगीतों पर आधारित पश्चिमी संगीत, पड़ोसी क्षेत्रों के त्योहार तथा श्रमिक संघों में इस साधारण आदमी का बड़ी मात्रा में उपयोग किया जाता है।

साधारण पुरुष/महिला का आदर्श वाक्य है: 'सभी पुरुष व सभी महिलाएँ एक समान हैं।'

- **ज्ञानवान** व्यक्ति एक शिक्षक है। हम दोनों एक ज्ञानी व्यक्ति की देखरेख में काम करते हैं। हम उद्यमशीलता की दुनिया और वित्तीय शिक्षा के ज्ञानी पुरुष हैं। अन्य ज्ञानी पुरुष हैं जार्ज वाशिंगटन कार्वर (एक अमरीकी वैज्ञानिक व शिक्षक), ऐल्बर्ट आइन्सटाइन, सुकरात, कन्‌फ्यूशियस, बुद्ध तथा ओपरा। आप कह सकते हैं कि अलग-अलग लोगों के लिए अलग-अलग ज्ञानी व्यक्ति होते हैं। व्यापारी/उद्यमी चतुर्भाग में तथा अमेरिका के कॉर्पोरेट जगत के लिए, अमेरिका के प्रबंधन-सलाहकार पीटर ड्रकर ज्ञानी गुरुओं में से एक थे। निवेशक चतुर्भाग की दुनिया में, वॉरेन बुफ़े को 'ओमाहा का ज्ञानी पुरुष' कहा जाता है। इन सभी ज्ञानी पुरुषों का उन सभी लोगों में पूरा विश्वास है, जो ज्ञानी पुरुषों से सीख कर और अपने आप को विकसित करके, एक बेहतर दुनिया का निर्माण करते हैं।

ज्ञानी पुरुषों का आदर्श वाक्य है: 'सत्य ही मुक्ति का मार्ग है।'

अब, जब आप विभिन्न प्रकार के आदर्श रूपों के बारे में जान गए हैं, तो आप स्वयं से ये प्रश्न पूछें :

- मेरा आदर्श रूप क्या है?
- मैं अपने व्यवसाय के लिए, अपने आदर्श रूप का कैसे उपयोग कर सकता हूँ?

यहीं पर सुझाव # 1: जीवन भर व्यवसाय के बारे में सीखते रहें' प्रासंगिक हो जाता है। 'द हीरो एन्ड आउटलॉ' एक ऐसी पुस्तक है, जिसे अधिकांश स्वरोज़गार उद्यमी चतुर्भाग के उद्यमी आमतौर पर नहीं पढ़ते, जब तक कि यह उन उद्यमियों की विशेषज्ञता के दायरे में न आती हो। कभी-कभी व्यवसाय का अध्ययन लोगों और नेताओं का अध्ययन बन जाता है और यह पुस्तक इसी प्रकार की है। यदि आप पढ़ना और अध्ययन करना नहीं चाहते, तो व्यापारी और निवेशक चतुर्भाग में जाना, आपके लिए बहुत कठिन हो सकता है।

सुझाव # 3 : पैसा नहीं, सम्पत्ति के लिए काम करें

अपने भीतर जादुई शक्ति विकसित कर लेने वाले उद्यमी पैसे के लिए काम नहीं करते। वे सम्पत्तियाँ बनाने अथवा प्राप्त करने के लिए कार्य करते हैं। यदि आप इस पुस्तक से कोई एक चीज़ सीखना चाहते हैं, तो वह है : सम्पत्तियों पर ध्यान केंद्रित करें, पैसे पर नहीं।

अधिकांश उद्यमी इस बात को महसूस नहीं कर पाते कि पैसा काम करने से नहीं आता, बल्कि यह सम्पत्ति बनाने से आता है। उदाहरण के लिए, अधिकांश लोग डोनाल्ड को भव्य अपार्टमेंट, गोल्फ़ मैदानों और कैसीनो इत्यादि अचल सम्पत्तियों के लिए जानते हैं, जो उन्होंने अपने जीवनकाल में बनायी हैं। लेकिन केवल ये अचल सम्पत्तियाँ ही उनकी एकमात्र सम्पत्तियाँ नहीं हैं। डोनाल्ड का टी.वी. शो 'द अप्रेन्टिस' भी उनकी एक सम्पत्ति है। उनकी और रॉबर्ट की लिखी यह पुस्तक भी एक सम्पत्ति है। डोनाल्ड के पास ऐसी अन्य कई सम्पत्तियाँ हैं, जो अचल सम्पत्तियाँ नहीं हैं।

रॉबर्ट के व्यवसाय ने भी कई सम्पत्तियाँ बनायी हैं, जैसे गेम्स, गोष्ठियाँ और पुस्तकें, जो पूरी दुनिया में बिकती हैं। रॉबर्ट चाहे काम करें या न करें, लेकिन उनको उनके रियल एस्टेट तथा तेल व्यवसाय से हर महीने एक नियमित आय प्राप्त होती है। रॉबर्ट ने अपने निवेश व्यवसाय के माध्यम से, अपार्टमेंट, सोने, चाँदी और तांबे की खदानें, गोल्फ़-मैदान और तेल के कुएँ उपार्जित किये हैं। ये सब उनकी सम्पत्तियाँ हैं।

अधिकांश स्वरोज़गार उद्यमी पैसे के लिए काम करते हैं, इसीलिए उनका व्यवसाय, एक व्यवसाय न होकर, उनके लिए एक नौकरी है। अधिकांश मामलों में, यदि वे काम करना बंद कर देते हैं, तो उनकी आय भी बंद हो जाती है। यदि आप व्यापारी और निवेशक चतुर्भाग में, एक व्यवसाय का निर्माण करने के लिए प्रतिबद्ध हैं, तो आपको अचल सम्पत्तियाँ अवश्य बनानी चाहिएं। ये अचल सम्पत्तियाँ ही हैं, जो स्वरोज़गार उद्यमी को एक व्यापारी चतुर्भाग के उद्यमी से अलग करती हैं।

सुझाव # 4 : एक अनुपयुक्त व्यक्ति न बनें

अधिकांश व्यवसायों में देखा गया है कि उपयुक्त लोगों को ग़लत पदों पर बैठा दिया जाता है, या फिर इससे भी बुरा तब होता है, जब किसी अच्छे पद पर ग़लत व्यक्ति को नियुक्त कर दिया जाता है। औद्योगिक युग में, किसी कम्पनी के लिए लोगों का कोई महत्त्व नहीं होता था। तब, सभी उद्यमियों को कुछ नहीं करना होता था। वे केवल एक कारखाना लगाते थे, जिसमें एक असेम्बली लाइन होती थी, वे श्रमिकों को नियुक्त करके उन्हें पेच वगैरह कसने जैसे छोटे-मोटे सहायक काम करवाते थे और उत्पादन करते थे। दूसरे शब्दों में, लोगों की अपेक्षा, असेम्बली लाइन उत्पादित वस्तुओं की कीमत तय करती थी। सूचना युग में, चीज़ें पूरी तरह बदल गईं। अब लोग महत्त्वपूर्ण हो गए हैं। सूचना युग में सफलता की कुंजी तीव्र गति की असेम्बली लाइन नहीं, बल्कि उच्च गति

और उच्च गुणवत्ता वाली मानवीय सोच है, जो एक साझा उद्देश्य के लिए काम करती है।

औद्योगिक युग में, किसी मशीन के गियर में रेत डाल देने से सारी प्रक्रिया ठप्प हो जाती थी। आज सूचना युग में, मानवीय सोच और लोगों के परस्पर संवाद को रोक दिया जाए तो कम्पनी की उत्पादकता रुक जाती है। उदाहरण के लिए, व्यापार में एक भावनात्मक परेशानी रेत के समान है, जो उत्पादकता के गियर में फेंकी जा सकती है।

लोगों को परेशान करना आसान है, विशेषतया व्यापार के क्षेत्र में। यह निश्चित है कि एक कम्पनी में दो व्यक्ति 100 मील प्रति घंटा की गति से चल रहे हैं, तीन व्यक्ति 20 मील प्रति घंटा की गति से चल रहे हैं और एक व्यक्ति लंच पर जाने के लिए तैयार बैठा है, तो वहाँ अवश्य परेशानी होगी। एक परियोजना में, यदि कोई व्यक्ति कार्ययोजना को क्रियान्वित करने के लिए तैयार है और दूसरे व्यक्ति उस परियोजना पर और ज़्यादा प्रारंभिक अनुसंधान और उस पर विचार-विमर्श करना चाहते हैं, तो भी समस्या खड़ी हो सकती है। ये समस्याएँ व्यवसाय को विचार की गति से दूसरों पर दोष लादने और तर्क-वितर्क करने की गति से धीमा कर देते हैं। इसके परिणामस्वरूप, सब कुछ रुक जाता है, आपकी जादुई शक्ति भी।

मनुष्य मशीन नहीं है। मनुष्य अलग-अलग गति से काम करते हैं। गैस पैडल और मनुष्य एक ही गति से नहीं चल सकते। अधिकांश मामलों में, यदि आप किसी कार्य में मनुष्य को लगाते हैं, तो उत्पादकता गिर जाती है। एक कम्पनी को सफल बनाने के लिए, उस कम्पनी के लोगों को एक साथ काम करना चाहिए।

जादुई शक्ति प्राप्त उद्यमी इस के महत्त्व को पहचानते हैं। योग्य व्यक्ति स्वयं को अच्छी तरह जानने की कोशिश करते हैं, ताकि वे उन टीमों का गठन कर सकें, जो एक साथ काम करने में सक्षम हों। यदि आपके पास ऐसी टीम नहीं है, तो महत्त्वपूर्ण छोटी चीज़ के अलावा, कोई भी चीज़ मायने नहीं रखती।

अपने आप को जानने और अपनी कम्पनी में कर्मचारियों को जानने के लिए रॉबर्ट का सबसे पसंदीदा तरीका है, इंडेक्स कॉर्पोरेशन का कोल्बे इंडेक्स। हालाँकि, बाज़ार में कई लोग और कई इंडेक्स तालिकाएं उपलब्ध हैं, लेकिन कोल्बे क्रम-प्रणाली की विशेषताएँ अनूठी हैं, और वे विशेष रूप से उद्यमियों के लिए अत्यंत उपयोगी हैं। नए उद्यमियों के लिए, यह दिमाग़ के तीन हिस्सों को आंकता है, जैसा कि हमारे प्राचीन दार्शनिक और आधुनिक मनोवैज्ञानिक भी कहते हैं कि हम सब मनुष्यों में सोचने, महसूस करने और कार्य करने की क्षमता होती है।

सोचना

स्कूल एक व्यक्ति के मानसिक स्तर अथवा बुद्धि का मूल्याँकन करते हैं, जो इस बात को दर्शाता है कि वह कितनी अच्छी तरह सोच सकता है।

महसूस करना

यह एक व्यक्ति की भावनाओं, इच्छाओं, दृष्टिकोण, प्राथमिकताओं और मूल्यों का एक प्रतिबिम्ब है।

कार्य करना

यह एक व्यक्ति की प्रकृति, प्रतिभा, कर्मशक्ति और मानसिक क्षमता का प्रतीक है।

कोल्बे तालिकाएं अत्यंत विशिष्ट हैं, क्योंकि ये मस्तिष्क के तीसरे हिस्से का मूल्याँकन करती हैं, अर्थात् एक व्यक्ति स्वाभाविक रूप से और अपने सहज ज्ञान से कैसे कार्य करता है। यह उसकी कार्य करने के माध्यमों, उनकी कर्म शक्ति और उनकी अद्वितीय प्रतिभा को मापता है।

एक पुराना कार्टून चरित्र, पॉपआय हमेशा कहता था, "मैं जैसा हूँ, वैसा ही हूँ।" कोल्बे तालिका आपका मूल्याँकन करके बताती है कि आप वास्तव में क्या हैं। यह जागरुकता आपको अपने सर्वश्रेष्ठ रूप में कार्य करने को प्रेरित करती है और फिर आप हमेशा ऐसे लोगों से घिरे रहते हैं, जो आपकी सराहना करते हैं तथा आपके व अपने बीच के अन्तराल को भर देते हैं। जब आप अपनी टीम के सदस्यों के कोल्बे प्रोफ़ाइल से परिचित हो जाते हैं, तो आप सही स्थान पर सही व्यक्ति को नियुक्त कर सकते हैं।

अक्सर, व्यापार पॉपआय को एक ऐसा व्यक्ति बनने का प्रयास करता है, जो कि वह नहीं है। वे एक प्रोजेक्ट मैनेजर की नियुक्ति करते हैं और उसे एक विक्रय-प्रतिनिधि बनाने की कोशिश करते हैं। वे एक विक्रय-प्रतिनिधि का चुनाव करते हैं, लेकिन उसे एक प्रशासक के रूप में परिवर्तित कर देने की चेष्टा करते हैं। या फिर वे पूर्णतः ग़लत व्यक्ति को चुन लेते हैं और वह कर्मचारी कम्पनी की संस्कृति के लिए बिल्कुल बेमेल सिद्ध होता है। किसी पॉपआय की नियुक्ति से पहले, आप को पॉपआय की वास्तविकता जान लेनी चाहिए।

यह जानने के लिए कि आप कौन हैं, आप कौन सा कार्य सहज और स्वाभाविक रूप से करते हैं और आपमें कौन-कौन से अद्वितीय गुण हैं, आपको कोल्बे डॉट काम वेबसाइट पर जाकर और ऑन लाइन कोल्बे 'ए' इंडेक्स के सर्वेक्षण को देख कर पता लगा सकते हैं। बहुत कम कीमत में और कम समय में, आप अपने बारे में जानकारी के भण्डार को तलाश कर सकते हैं। एक बार, जब आप अपने प्रति सचेत हो जाते हैं, तो आप अपनी टीम को भी ऐसा करने को कह सकते हैं।

कोल्बे कॉर्प की संस्थापक, कैथी कोल्बे का कहना है कि हर किसी की चार अलग-अलग कार्य विधियाँ होती हैं। व्यक्तिगत तालिका के अंकों के आधार पर, हम अपने मज़बूत पक्ष को ढूंढते हैं और अपने व्यवहार के सबसे स्वाभाविक रूपों के बारे में जानते हैं। कोल्बे इंडेक्स यह दिखाता है कि हमें किस प्रकार अपने मज़बूत पक्ष के साथ काम करना चाहिए और एक ऐसी टीम बनानी चाहिए, जो एकजुट होकर काम कर सके।

© 2011 Kolbe Corp

कर्मचारियों के पास अपने सहकर्मियों के चुनाव की सुविधा नहीं होती, लेकिन उद्यमियों के पास ऐसा विकल्प उपलब्ध होता है। यह उनका सबसे महत्त्वपूर्ण कार्य है। दुर्भाग्य से, कुछ उद्यमी ऐसे कर्मचारियों को चुनने की ग़लती कर बैठते हैं, जिनके मज़बूत पहलू उनके जैसे ही होते हैं। उद्यमी क्रियाशीलता प्रणाली में बहुत ऊँचे अंक पाते हैं, जिसे 'अति सक्रियता' के नाम से जाना जाता है। एक उद्यमी द्वारा चुने गए 'अति सक्रिय' कर्मचारी निश्चित रूप से व्यवसाय के लिए बहुत सारे अच्छे विचार सुझा सकेंगे और अच्छे परिणाम देंगे, लेकिन वे कभी-कभी असफल भी हो सकते हैं। इसके परिणाम ग्राहकों की शिकायतों, अधूरे हिसाब-किताब, परिणाम पाने के छोटे रास्तों के रूप में सामने आते हैं और यदि लालच ज़्यादा बढ़ जाये, तो सरकार द्वारा आपराधिक छानबीन भी सम्भव है। इसके विपरीत, एक व्यवसायी, जब 'तथ्यान्वेषकों' की टीम से तेज़ गति से परिणाम देने की उम्मीद लगा बैठता है, तो उसे निराशा का सामना करना पड़ता है। वे बिना यह जाने कि उनके पास कार्य को गतिशीलता प्रदान करने और एक निर्णय लेने के लिए, पर्याप्त जानकारी है या नहीं, वे आंकड़ों को खंगालने और उनका संकलन करने में जुट जाते हैं।

सही काम के लिए उपयुक्त व्यक्ति के सम्बन्ध में सच्चाई को देखें तो व्यवसाय को ऐसे लोग चाहिए, जो चारों प्रणालियों में दक्ष हों। इसके अतिरिक्त, व्यवसाय को ऐसे व्यक्तियों की आवश्यकता होती है, जो किसी एक ही प्रणाली में प्रवीण न हों। छोटे व्यवसाय, विशेष रूप से एक व्यक्ति द्वारा संचालित व्यवसाय, अक्सर चारों प्रणालियों में से एक या दो प्रणालियों में कमज़ोर होते हैं। बड़े संगठन एक प्रणाली की अपेक्षा दूसरी प्रणाली को प्राथमिकता देते हैं। इसलिए, छोटी और बड़ी कम्पनियाँ, दोनों ही उस अतिरिक्त मज़बूती से वंचित हो जाती हैं, जो व्यवसायों को सुचारू रूप से कार्य करने के लिए आवश्यक होती हैं। उदाहरण के लिए, विश्वविद्यालयों में कोई भी निर्णय लेने से पूर्व, तथ्यान्वेषकों की खोजबीन की स्वाभाविक प्रवृत्तियों को ज़्यादा महत्त्व दिया जाता है। वे किसी कार्य को करने में 'अति सक्रियता' नहीं दिखाते।

व्यापार में जादुई शक्ति की प्रक्रिया

आप अपनी जादुई शक्ति को विकसित करने के लिए सभी महत्त्वपूर्ण सिद्धान्तों को जान चुके हैं। जीवन में किसी अन्य सार्थक चीज़ के समान, इसमें भी कड़ी मेहनत करनी पड़ती है। जिन लोगों को धन-सम्पदा प्राप्त करने के आसान मार्गों की तलाश रहती है, यदि वे उसे पाने में सफल हो जाएँ, तो कृपया एक पुस्तक लिख कर दूसरों का भी मार्गदर्शन करें। हम दोनों के लिए ही, वैध सम्पत्तियों का निर्माण करना न तो त्वरित रहा है और न आसान रहा है। यहाँ हम उन चार महत्त्वपूर्ण क़दमों का वर्णन कर रहे हैं, जो आपको व्यापारी एवं निवेशक चतुर्भाग को विकसित करने के लिए उठाने आवश्यक हैं। हम इसे जादुई शक्ति की प्रक्रिया कहते हैं।

1. **स्वयं को मजबूत बनाएँ :**

   स्वरोज़गार उद्यमियों को अपने व्यवसाय को मज़बूती प्रदान करने का तरीका अवश्य तलाशना चाहिए। उनके व्यवसाय को व्यापारी अथवा उद्यमी चतुर्भाग में ले जाने के लिए, उद्यमियों को उपहार में मिले अपने गुणों में और भी मज़बूती लानी चाहिए। यहाँ कुछ उदाहरण प्रस्तुत किये जा रहे हैं :

   - गायक अपने रिकार्ड बना कर उन्हें बाज़ार में बेचते हैं।
   - निजी प्रशिक्षक नई व्यायाम प्रणाली की डी.वी.डी. बना कर, उन्हें टेलिविज़न पर 'सूचनात्मक विज्ञापनों' के माध्यम से बेचते हैं।
   - विशेषज्ञ अपना ज्ञान, मोबाइल और कम्प्यूटरों पर इंटरनेट के माध्यम से साझा करते हैं, जो जनता के लिए पूर्णतः निःशुल्क है, लेकिन बड़ी कम्पनियाँ उन्हें प्रायोजित करती हैं।
   - प्रोग्रामर एक नया सॉफ्टवेयर प्रोग्राम बनाते हैं और उन्हें लाइसेंस के ज़रिये ग्राहकों को उपलब्ध कराते हैं।

आपका उपहार आपकी वह छोटी चीज़ है, जो दुनिया को बेहतर बनाने का काम करती है। ऐसा करने में पर्याप्त मज़बूती और परिश्रम की आवश्यकता होती है। आप यह काम अकेले नहीं कर सकते। आप जितनी देर तक और जितना अधिक परिश्रम करते हैं, आपको उतने ही अधिक करों का भुगतान करना पड़ता है।

आप स्वयं से पूछें : 'मैं लोगों की सेवा करने के लिए, उपहार में मिले गुणों को कैसे शक्ति प्रदान कर सकता हूँ?'

2. **अपने व्यवसाय को विस्तार योग्य बनाएँ :**

   यदि कोई चीज़ न्यू यॉर्क में सफल है, फ़ीनिक्स में सफल है और कोलम्बस में सफल है, तो वह पूरे विश्व में विस्तार पाने के योग्य है। रॉबर्ट पूरी दुनिया के लोगों को पैसे के सम्बन्ध में बताते हैं। डोनाल्ड पूरी दुनिया में भव्यता

और विलासिता का निर्माण कर रहे हैं। दोनों की लिखी पुस्तकें विश्व भर में बिक रही हैं, स्वरोज़गार उद्यमियों को अपने व्यवसायों को विस्तार देने में कठिनाइयों का सामना करना पड़ता है। कई मामलों में, स्वरोज़गार उद्यमी, किसी चिकित्सक, वकील, रियल एस्टेट एजेंट या मसाज चिकित्सक के समान एक लाइसेंसशुदा पेशेवर व्यक्ति के समान दिखाई देता है। इन व्यवसायों में और अन्य व्यवसायों में लाइसेंस की आवश्यकता होती है। यदि उनके पास किसी दूसरे शहर, राज्य अथवा देश में व्यवसाय करने का लाइसेंस नहीं होता, तो उन्हें वहां व्यवसाय करने की अनुमति नहीं होती। यदि वे किसी भी कारण से अपना लाइसेंस खो बैठते हैं, तो क्या वे पूरी तरह से व्यापार के क्षेत्र से बाहर हो जाते हैं? स्वरोज़गार उद्यमी सामान्यतः दो अलग-अलग स्थानों पर व्यवसाय करने में सक्षम नहीं होते। इस प्रकार उनका व्यवसाय सीमित बना रहता है। व्यापारी या उद्यमी चतुर्भाग में यह बाध्यता नहीं होती। वे अपने व्यवसाय को कहीं भी विस्तार दे सकते हैं और कहीं भी कार्य कर सकते हैं। उनका आदर्श वाक्य होता है, 'जहाँ चाह होती है, वहीं राह होती है।'

आप स्वयं से पूछें : 'अपने व्यवसाय को विश्व भर में फैलाने के लिए मुझे क्या करना चाहिए?'

3. **पूर्वानुमान के योग्य बनें :**

किसी व्यवसाय के बारे में जितना पूर्वानुमान लगाया जा सकेगा, वह उतना ही मूल्यवान बनेगा। व्यापार में, आय, ख़र्च, प्रगति का पूर्वानुमान लगाने में सक्षम होने और भविष्य की आय व लाभ प्राप्तियों का पूर्वानुमान लगाने में सक्षम होने की आवश्यकता होती है। इस पुस्तक में वर्णित कई कम्पनियों को पूर्वानुमान लगाने में दक्षता प्राप्त है। कुछ मामलों में, सार्वजनिक कम्पनियों को भी पूर्वानुमान लगाने की ज़रूरत होती है। पूर्वानुमानों के चलते ही अक्सर बाज़ार में ये टिप्पणियाँ सुनाई देती हैं, 'ऐपल ने उम्मीदों से ज़्यादा अच्छा प्रदर्शन किया और उसके शेयर अब तक से उच्चतम स्तर पर हैं।'

किन्तु पूर्वानुमान का अर्थ ब्रांड के अनुभव की निरंतरता भी होता है। इस क्षेत्र में भी मैकडॉनल्ड्स को महारत हासिल है। आप विश्व में कहीं भी चले जाएँ, उनकी सेवाएँ, स्वाद, उनका नियंत्रण और वातावरण का पूर्णतः अनुमान लगाया जा सकता है।

स्वरोज़गार उद्यम चतुर्भाग की समस्या यह होती है कि उसमें उद्यमी ही व्यवसाय होता है। इससे व्यवसाय के सम्बन्ध में पूर्वानुमान नहीं लगाया जा सकता। यदि उद्यमी बीमार हो जाये, घायल हो जाये, अथवा उसकी मृत्यु हो जाये, तो व्यवसाय का क्या होगा? इससे कम्पनी को चलाये रखने की क्षमता पर एक प्रश्नचिन्ह लग जाता है और उसके बारे में सारे पूर्वानुमान धुँधले पड़ जाते हैं। जब स्वरोज़गार उद्यमी अपने व्यवसाय को विस्तार देना आरम्भ करते हैं,

तो भी उनके व्यवसाय के सम्बन्ध में पूर्वानुमान नहीं लगाया जा सकता। वे अक्सर उन छोटी-छोटी चीज़ों पर भी अपना नियंत्रण खो बैठते हैं, जिन्हें वे पहले बहुत अच्छी तरह कर लेते थे। ऐसे में पूर्वानुमान लगाने की सम्भावना कम हो जाती है और अव्यवस्था फैल जाती है। आपके व्यवसाय के लिए वित्त उपलब्ध कराने में भी यह बहुत महत्त्वपूर्ण है।

आप स्वयं से पूछें : 'पूर्वानुमान के योग्य बनने से, मेरा व्यवसाय कितनी दूर है और उसे प्राप्त करने के लिए मुझे क्या करना चाहिए?'

4. **निवेश किए जाने के योग्य बनें :**

जब एक व्यवसाय छोटी चीज़ों को प्रभावशाली बनाने की अपनी योग्यता को प्रमाणित कर देता है, तो व्यवसाय किसी भी अन्य चीज़ से बेहतर परिणाम देता है और निवेशक उसकी ओर आकर्षित होने लगते हैं। जब एक व्यवसाय अपने विस्तार की सम्भावना और अपनी प्रगति को प्रमाणित कर देता है, तो निवेशक की दिलचस्पी उसमें जाग जाती है। एक बार व्यवसाय के पूर्वानुमान के योग्य बनने के बाद, उसमें प्रगति की अपार सम्भावनाएँ उत्पन्न हो जाती हैं। इन्हीं कारणों से वॉलमार्ट, मैकडॉनल्ड्स, ऐपल, माइक्रोसॉफ़्ट और गूगल शेयर बाज़ारों की पसन्द बने हुए हैं।

आप स्वयं से पूछें : 'क्या मेरी कम्पनी में हर चीज़ अपने सही स्थान पर है, जिससे उसे वित्त मिलने में आसानी हो? यदि नहीं, तो उसमें किस चीज़ की कमी है?'

सबसे महत्त्वपूर्ण चीज़:

उद्यमी को मिले सभी उपहारों और छोटी चीज़ों को देखते हुए, जिन्हें उद्यमी अपने वैश्विक व्यवसाय के निर्माण में उपयोग कर सकता है, एक छोटी चीज ऐसी भी है, जिसे उद्यमी को अपनी सबसे प्रिय और महत्त्वपूर्ण क्षमताओं में शामिल करना चाहिए। और वह छोटी चीज़ है किसी उद्यमी का स्वयं को एक ऐसा नियोक्ता मानना, जो उन लोगों को रोज़गार के अवसर प्रदान करता है, जिन्हें नौकरी की सुरक्षा, अन्य लाभ और भत्ते और एक शानदार भविष्य की इच्छा रहती है। यह एक बहुत बड़ा दायित्व है और इसे एक जादुई शक्ति प्राप्त उद्यमी को पूरी गम्भीरता से लेना चाहिए। हमारा मानना है कि नौकरी के छूटने से एक कर्मचारी के भावनात्मक तत्त्व पूरी तरह नष्ट हो सकते हैं और इस प्रक्रिया में, उसके परिवार की खुशी भी ख़तरे में पड़ जाती है। हम जिस समाज, राष्ट्र या दुनिया में रहते हैं, उसमें बढ़ती हुई बेरोज़गारी उन्हें भी प्रभावित कर सकती है। सबसे अच्छे उद्यमियों का मानना है कि उनकी सफलता के सही मापदण्डों का उनके धन और उनके घरों के आकार से कोई लेना-देना नहीं है। हाँ, इसका सम्बन्ध उन नौकरियों से अवश्य है, जिन्हें ये व्यवसाय उत्पन्न करते हैं। आप स्टीव जॉब्स जैसे उद्यमी की कल्पना करके

देखें। उनके व्यवसाय ने न केवल ऐपल में अनगिनत रोज़गार के अवसर पैदा किए, बल्कि करोड़ों में नहीं तो लाखों में उन उद्योगों व व्यवसायों में भी रोज़गार की सम्भावनाएँ उत्पन्न कीं, जो ऐपल के उत्पादों को सहायता प्रदान करते हैं। यही जादुई शक्ति है।

हमें यह समझ लेना चाहिए कि सरकार वास्तविक रोज़गार के अवसर पैदा नहीं कर सकती। यह काम केवल उद्यमी ही कर सकते हैं। इस सम्बन्ध में कोई भी कार्रवाई करने और बेहतरी के लिए दुनिया में बदलाव लाने का दायित्व हम पर है।

याद रखने योग्य बातें / करने योग्य चीज़ें :

- आप अपने व्यवसाय में उस छोटी चीज़ को तलाश करने की कोशिश करें, जो आपके ग्राहकों के लिए एक बड़ी चीज़ सिद्ध हो सकती हैं। अपनी शक्ति को उजागर करें।
- अपनी व्यूह-नीति का चुनाव करें और उसके बाद, उसके क्रियान्वन के लिए अपनी रणनीति को चुनें। इसे बहुत साधारण रखें, जिससे क्रियान्वयन करना आसान रहे।
- याद रखें कि लक्ष्य पर ध्यान केंद्रित करना आपका सबसे महत्त्वपूर्ण कार्य है और व्यापारी-निवेशक त्रिकोण को अपने जीवन में उतारें।
- जादुई शक्ति के लिए अनुशासन की अत्यंत आवश्यकता होती है। आप में बेशक विद्रोह का भाव हो सकता है, किन्तु आपको यह बात समझनी होगी कि जादुई शक्ति व्यक्तिगत, वित्तीय और व्यावसायिक उत्तरदायित्व के नए स्तरों की माँग करती है।
- आप अपनी ऊर्जा और सफलता के साथ उदार बनने का प्रयास करें। दूसरों को अपने साथ लेकर चलें और उनकी योग्यता का पुरस्कार दें। जादुई शक्ति कोई व्यक्तिगत नहीं, अपितु पूरी टीम का एक सम्मिलित प्रयास है।
- यहाँ कोई भी चीज़ छोटी नहीं होती, हर चीज़ महत्त्वपूर्ण है, इसलिए पूरी सावधानी और विवेक से अपने अधीनस्थ कर्मचारियों का चयन करें और अपने दृष्टिकोण से अपनी टीम का नेतृत्व करें। वही लोग, आपको आपके लक्ष्यों तक पहुँचाएंगे और आपका प्रतिनिधित्व करेंगे।
- बड़ी चीज़ों के बारे में सोचें, अपने दृष्टिकोण और दूरदर्शिता को उच्च स्तर पर रखें और इसके लिए अपने सर्वश्रेष्ठ प्रयास करें। आप यह देखकर स्वयं हैरान होंगे कि आप अपने प्रयासों से क्या कुछ हासिल कर सकते हैं।
- यदि कोई काम करने योग्य है, तो उसके लिए संघर्ष भी किया जाना चाहिए। आपके मार्ग में कई लोग और कई रुकावटें पैदा होंगी। उनसे पार पाने के लिए कड़ी मेहनत और कड़ा संघर्ष करें।
- अपने किसी भी कार्य में देरी न करें। आपके व्यवसाय में बिना दूरदर्शिता, बिना योजना और बिना कार्य उपलब्धता का प्रत्येक दिन, आपकी सफलता में एक और दिन की देरी कर देगा।

- अपने वास्तविक स्वरूप की तलाश करें और अपने आस-पास ऐसे लोगों को रखें, जो सदैव आपके प्रकृति प्रदत्त गुणों और आपकी कार्यप्रणाली की सराहना करें।
- आजीवन कुछ न कुछ सीखते रहने के लिए प्रतिबद्ध रहें। आप उन छोटी चीज़ों को समझने के लिए, सफल व्यवसायों और सफल व्यक्तियों का अध्ययन कर सकते हैं, जिनके व्यवसाय के लिए ये छोटी चीज़ें बहुत महत्त्वपूर्ण हैं।
- आरम्भ से ही अपने व्यवसाय के स्वरूप की एक रूपरेखा बना कर रखें ताकि वह मज़बूत बने, विस्तार योग्य बनें, पूर्वानुमान के योग्य बनें और वित्त प्राप्त करने के योग्य बनें।
- हमेशा याद रखें कि एक उद्यमी का दुनिया को दिया गया सबसे महत्त्वपूर्ण उपहार होता है लोगों को रोज़गार की सुरक्षा देना और दूसरे लोगों का कल्याण करना।
- याद रखें कि दुनिया को अधिक से अधिक उद्यमियों की आवश्यकता है। और लोग आपसे अपेक्षा कर रहे हैं।

उपसंहार

कई शताब्दियों से, न्यू यॉर्क बंदरगाह में एलिस द्वीप ने 'स्वतंत्रता से साँस लेने को तड़प रहे' लोगों को अपने पास बुलाया है और उनका स्वागत किया है। आशा और स्वतंत्रता के आलोक से प्रभावित विश्व के सभी भागों से पुरुष और महिलाएँ 'सुअवसरों की धरती' की ओर निकल पड़ते हैं।

ये अप्रवासी किसी उत्पीड़न से भाग कर यहाँ आते हैं या अमरीकी स्वप्न के आकर्षण से। इनमें से अधिकांश लोग 'सुअवसरों की धरती' को एक ऐसे स्थान के रूप में देखते हैं, जहाँ वे अपनी भागीदारी का दावा कर सकते हैं, अपनी पहचान बना सकते हैं और अपने व अपने बच्चों के लिए स्वतंत्रता तथा खुशियों से भरे जीवन की रचना कर सकते हैं। ये दृढ़निश्चयी और महत्त्वाकांक्षी अप्रवासी यहाँ अपने पैर जमाने के लिए और शुरुआत करने के लिए, अपने सपनों के निर्माण के लिए एक नींव के रूप में, एक विनम्र शुरुआत करने के लिए, कुछ भी करने को तैयार हैं।

जीवन यहाँ जिस प्रकार दिशा पकड़ता है, जिस प्रकार वे लोग एक पीढ़ी से दूसरी पीढ़ी की ओर जाते हैं और जिस प्रकार वे अपरिहार्य ढंग से उभर रहे हैं, उन तरीकों पर कई तत्त्व अपना प्रभाव डालते हैं। यदि यह धरती उन्हें वहाँ पैर जमाने, एक शुरुआत करने का अवसर प्रदान करती है, तो प्रथम पीढ़ी के कई अप्रवासी यहाँ कोई भी कीमत अदा करने के लिए तैयार हैं, वे कोई भी कार्य करने और कोई भी बोझ अपने कंधों पर उठाने को तैयार हैं। अपने सपनों के जीवन का निर्माण करने वाले अवसरों के लिए, और अपने बच्चों को वह सब कुछ देने के लिए, जिसे वे अपने लिए हासिल नहीं कर पाए, वे अपनी ओर से भरपूर प्रयास करते हैं। और उसके लिए कोई भी कीमत उनके लिए बड़ी नहीं है, कोई भी चुनौती उनके लिए कठिन नहीं है और कोई भी बोझ उनके लिए भारी नहीं है।

जब वे अपने बच्चों को और अपने जीवन के सपनों को अपनी बाँहों में उठाते हैं, जिनका आनन्द उसके बच्चे उठा सकते हैं, तो वे सहज रूप से, अपने आप को जीवन की कठिनाइयों के लिए तैयार करना चाहते हैं और अक्सर उन्हें अपनी स्वतंत्रता के लिए बहुत ऊँची कीमत चुकानी पड़ती है। पहली पीढ़ी के ये बच्चे एक अलग प्रकार की स्वतंत्रता का आनन्द उठाते हैं, ऐसी स्वतंत्रता और मज़बूती, जो एक निश्चय से आती है। वे जानते हैं कि उनके माता-पिता अब जीवन की कठिनाइयों से पार पा चुके हैं, बल्कि अब वे फलने-फूलने भी लगे हैं और उन्होंने अवसरों के द्वार खोल दिये हैं। आमतौर

पर, यह दूसरी पीढ़ी होती है, अप्रवासियों की सन्तानें, जो अपने सपनों को साकार करने की कोशिश में, स्वतंत्रता के पहले सच्चे रूप का आनन्द उठाते हैं - एक उद्यमी होने का सपना। वे उद्यमशीलता की सभी बातों को और जीवन को कल्पनाओं की अपने गले से लगाते हैं, जो उनके जीवन का निर्माण करेंगी।

इन उद्यमियों की पहली पीढ़ी के लोग जैसे ही अपनी मेहनत के फलों का स्वाद चखते हैं, तो वे अपने बच्चों के लिए कुछ ऐसी चीजों, सुख-साधनों की कामना करते हैं, जिन्हें देखने और पाने का सुख, उन्हें या उनके माता-पिता को कभी प्राप्त नहीं हुआ था। वे अपने बच्चों को कॉलेज की डिग्रियाँ प्राप्त करते देखते हैं और उन्हें पेशेवर व्यक्ति जैसे डॉक्टर और वकील बन कर, अच्छी सामाजिक स्थिति और प्रतिष्ठा का आनन्द उठाते देखते हैं। और जैसे-जैसे जीवन में सकारात्मक बदलाव आते हैं, वे उद्यमी अपने बच्चों को उच्च शिक्षा प्राप्त करने और ऊँचे वेतन प्राप्त कर्मचारी बनने के लिए प्रोत्साहित करते हैं, जिन्हें वे स्वयं कभी अनुभव नहीं कर सके। यहाँ कितनी शीघ्रता से आज़ादी की तड़प, सुरक्षा की इच्छा करने और स्वीकृति व सम्मान की प्राप्ति की कोशिश की ओर चल देती है।

पीढ़ी-दर-पीढ़ी अक्सर इन डॉक्टरों और वकीलों के बच्चे और पोते, ऐसे अवसरों और स्वतंत्रता की तलाश में रहते हैं, जिनका आनन्द उद्यमी ही उठा पाते हैं वे अपने सपनों की इस तलाश में, अपनी वर्तमान स्थिति और अक्सर अपने माता-पिता और अपने दादा-दादी को चुनौती देते हैं।

अधिकांश लोग जहाँ अपने मार्ग में बाधाएँ देखते हैं, वहाँ उद्यमी अपने लिए सुनहरे अवसर और सम्भावनाओं को देखते हैं। किसी भी तरह की सुरक्षा से चिपके रहने की अपेक्षा, वे हर कीमत पर और अक्सर, सभी विषमताओं के विरुद्ध, उपलब्ध अवसरों को गले लगाते हैं।

आज, पूरा विश्व व्यवसाय और लेन-देन के लिए खुला है। प्रौद्योगिकी ने सभी देशों में अवसरों को एक समान और प्रगति को अत्यंत गतिशील बना दिया है। पिछली पीढ़ियों को चुनौती देने वाली भौगोलिक सीमाएँ, आज पूरी तरह समाप्त हो चुकी हैं और समूचे परिदृश्य में अभूतपूर्व अवसर शामिल हो गये हैं। दुनिया आज ऐसे महत्त्वाकांक्षी उद्यमियों के लिए सम्भावनाओं के वादे के साथ प्रकाशमान है, जिनका विश्वास है कि वे भविष्य को बना सकते हैं और उसे एक आकार दे सकते हैं।

अपने जुनून और अपनी दूरदृष्टि से प्रेरित, उद्यमी इस सच्चाई के प्रमाण हैं कि मुक्त उद्यम और पूँजीवाद अभी भी जीवित हैं और अच्छे हैं। परिवर्तनों द्वारा चुनौती का सामना करती और अनिश्चितताओं से हिल चुकी दुनिया में, हम दुनिया की कमान अपने हाथों में लेने के लिए, आज के और भविष्य के उद्यमियों की ओर देखते हैं।

डोनाल्ड जे. ट्रम्प

द ट्रम्प संगठन के चेयरमैन और अध्यक्ष, डोनाल्ड जे. ट्रम्प अमेरिका की सफलता की कहानी की परिभाषा हैं, जो निरंतर उत्कृष्टता के मानकों की स्थापना करते हुए, रियल एस्टेट, खेल और मनोरंजन के क्षेत्र में अपने हितों का विस्तार करते हैं। वे दुनिया भर में गुणवत्ता पर आधारित रियल एस्टेट का विकास करने वाले विख्यात व्यक्ति हैं, जिन्होंने द ट्रम्प ब्रांड को स्वर्ण-मानकों का पर्याय बना दिया है।

उन्होंने उत्कृष्टता के लिए अपनी प्रतिबद्धता को, अचल सम्पत्तियों के व्यवसाय से मनोरंजन उद्योग तक विस्तार दिया है। टी.वी. चैनल एन.बी.सी. के सह-निर्माता और 'द अप्रेन्टिस' तथा 'द सेलेब्रिटी अप्रेन्टिस' में अपनी एक भूमिका से लेकर, उनके पुरस्कार विजेता गोल्फ मैदानों और गगनचुम्बी इमारतों तक, उनका व्यावसायिक कौशल अद्वितीय है।

एक निपुण लेखक, डोनाल्ड जे. ट्रम्प ने दस से भी अधिक लोकप्रिय पुस्तकें लिखीं हैं, और उनकी प्रथम पुस्तक 'द आर्ट ऑफ द डील' को एक बिज़नेस क्लासिक पुस्तक माना जाता है। उन्हें वर्ष 2007 में 'हॉलिवुड वॉक ऑफ़ फ़ेम' पुरस्कार से सम्मानित किया गया था। ट्रम्प एक आदर्श व्यवसायी हैं - बिना किसी मदद के सफलतापूर्वक सौदों को अन्जाम तक पहुँचाने वाले और अत्यन्त उत्साह से भरे एक परोपकारी व्यक्ति।

रॉबर्ट टी. कियोसाकी

रॉबर्ट कियोसाकी व्यक्तिगत वित्त-प्रबंधन पर आधारित सर्वश्रेष्ठ पुस्तक 'रिच डैड-पुअर डैड' के लेखक के रूप में विख्यात हैं। रॉबर्ट कियोसाकी ने पैसे के बारे में सोचने वाले, दुनिया भर के लाखों लोगों की सोच को एक चुनौती दी है और उनकी सोच को बदला है। वह एक उद्यमी, एक शिक्षक और एक निवेशक हैं, जिनका विश्वास है कि इस दुनिया को और अधिक उद्यमियों की आवश्यकता है। वित्त और निवेश के परिप्रेक्ष्य में उनके विचार, अक्सर पारम्परिक सोच का खण्डन करते प्रतीत होते हैं। रॉबर्ट ने एक स्पष्ट वक्ता और एक साहसी व्यक्ति के रूप में अपनी प्रतिष्ठा अर्जित की है।

डोनाल्ड ट्रम्प और रॉबर्ट कियोसाकी द्वारा मिल कर लिखी गयी पुस्तक 'वाय वी वॉन्ट यू टु बी रिच' को द *न्यू यॉर्क टाइम्स* द्वारा सर्वाधिक बिकने वाली पुस्तकों की सूची में पहला स्थान प्राप्त हुआ था, और अकेले अमेरिका में ही इसकी 5,00,000 प्रतियाँ बिक गई थीं।